本研究得到2010年度江苏高校哲学社会科学研究重点课题
"江苏高校本科拔尖创新人才培养模式研究"资助（GQA106007）

高等教育研究：
原理·历史·个案
系列丛书

大学课程与教学：原理与问题

张红霞　吕林海　孙志凤　著

教育科学出版社
·北京·

前　言

　　众所周知，在我国"教育学"这个一级学科中，"课程与教学论"与"高等教育学"是两个并列的二级学科。且不论这种对学科进行分级管理的做法是否科学，这种分类法首先暗示着课程与教学研究主要是以基础教育为研究对象的。实际情况也确实如此。长期以来，我国高等教育研究的重心主要在管理学、政策学和经济学领域，而对课程与教学的研究则凤毛麟角。近年来，随着高等教育规模的扩大，教学质量受到空前关注，越来越多的注意力开始指向课程与教学问题。其内在原因是什么？

　　让我们回顾一下高等教育扩招前的精英教育阶段的

教学活动特点。

第一，精英教育阶段的高等教育对象具有超常的认知能力。几乎所有高等教育学经典著作中关于"高等教育"的定义都表达了这样一种认识，即高等教育对象"身心发展已趋成熟"，具有较强的独立性和较高的自学能力，他们所驾驭的知识在普通人看来是"高深知识"。由此，那时的学生对教学内容的思想性和前沿性的要求，往往高于对生动性和条理性等教学技巧的要求。学生们能够辨别教师不同授课方式的特点，如循序渐进的系统讲授方法，从不同主题、问题切入的专题讲座法，以名著研讨为手段的方法，并能够根据自己的知识结构和背景，在纵横交错的信息中，采取适当的学习方法对知识进行重组，甚至能够以此为基础，提出新的问题。而且，他们能够对教师的教学水平和学术水平做出较为正确的评判。

第二，精英教育阶段的师生关系为共同探索知识的伙伴型关系。由于学生具有较高的独立性和自学能力，"教"与"学"的界限就不那么分明了。教学过程在一定程度上成为教师与学生、学生与学生之间学术交流的过程，并能达到所谓"教学相长"的境界。在这种情况下，大学教师便成为学生有经验的同行和合作者。大学教师以专家、学者的身份与学生交往，这时的教师则以学术自由式师生关系为第一原则。因此，基础教育中教学法的重要性在高等教育中无用武之地。教学效果主要取决于教师的学术水平，而不是教师对教学法的掌握程度。此时，对一所大学教学质量的评价往往简化为对教师队伍学术能力的评价。同理，精英教育阶段的学生考核也采用类似科学研究活动的原则："科学共同体中的通货是承认。"因此，毕业生的标准是统一的，考核的机制是优胜劣汰。

第三，以学术自由理念为基础的自由教学模式。由于前沿知识的生长速度快于大学课程改革和教材改编的速度，教师来不及写出教材就要上课，因此他们往往用散页讲义代替正式出版的教材。只要是一个好的研究者、科学家，就拥有了成为好教师的能力。优秀的大学教师一定是优秀的科研人员。反之，没有优秀的科研成果和科研能力的教师，不会是或不能一直是优秀教师。因此在精英教育阶段，没有大学教师专业发展这个概念，因为每位教师有自我发展的能力。

对于精英教育环境下的大学生而言，虽然教师的学术观点对他们学术观点的形成具有不同的影响作用，但无论教师持什么样的观点，只要他具有一致的逻辑体系、具有积极向上的世界观、具有随时准备纠正错误的态度，一定比无观点、无主见的授课要有益。而这个原则在基础教育阶段是难以实行的，因为基础教育阶段的学生更需要正面的、系统的、具有更多确定性的教学。

鉴于精英教育阶段的上述特点，在今天大众化的高等教育环境下，几乎所有学校的所有学科，都必须进行程度不同的调整。更重要的是，始于经济的全球化已经带来了世界各国在社会、政治、文化上不同程度的变革，作为文化传承与创新核心部门的高等教育系统必然首当其冲。在教育目标、教育方法，乃至知识的概念、学习的概念、学术的概念、教育与研究的关系等方面，都发生了巨大的、根本性的变化。今天教育改革面临的任务、教育研究面临的课题，不仅是怎样借鉴基础教育研究成果、将其恰当地应用到高等教育的问题，而应该更加关注教育与文化转型、文化传承的关系。事实上，21世纪的全球化、信息化，各级教育的大众化、普及化趋势，高等教育的市场化、产业化成分的提高，科技发展的跨学科、跨行业的大合作，都将对大学的课程与教学改革产生重大影响。

本书撰写分工：张红霞负责撰写前言、引言，以及第一、二、三、六、七、九、十章，并附录的组织翻译和审校工作；吕林海负责撰写第四、五两章；孙志凤负责撰写第八章。由于时间紧迫、认识有限，本书中必定存在不少错谬，真诚希望读者批评和指正。

目 录

001　**引言　21世纪的挑战与机遇**

001　第一节　高等教育使命的新发展

004　第二节　挑战之一：大众化

010　第三节　挑战之二：学科发展

012　第四节　挑战之三：体制改革

014　第五节　挑战与机遇共存：全球化

017　**第一章　关于教育目标的反思**

018　第一节　当前我国教育目标面临的问题

022　第二节　中国文化与教育现代化

028　第三节　素质教育与创新教育概念的再审视

031　第四节　构建"体用一致"的教育目标

036　第五节　人才培养目标与学校的定位

043　**第二章　学科特点与课程教学**

044　第一节　"学科"内涵及其历史文化属性

052　第二节　学科的演变过程与人才培养

059　第三节　人文社会科学性质的变迁

062　第四节　大众化带来的学科与教学问题

066　第五节　信息化带来的课程与教学变革

077　**第三章　通识教育理念与课程体系**

077　第一节　通识教育的概念

081　第二节　通识教育中的科学教育

089　第三节　通识教育中的人文教育

096　第四节　通识教育内容的国际比较

111　第五节　我国通识教育的实践与问题

118　**第四章　本科生课堂学习与教学设计**

118　第一节　本科生课堂学习研究的历史

123　第二节　本科生课堂学习的基本规律

128　第三节　大学课堂教学的设计策略

135　**第五章　本科生学习经历及其评价**

136　第一节　学生的转变和教育质量评价的意义

141　第二节　评估大学影响的 I－E－O 模型

148　第三节　大学影响及其评估的案例解析

　　　　　　——以信息技术经历为例

168　**第六章　科研与教学的关系**

169　第一节　科研与教学关系的历史演进

174　第二节　科研成果转化为教学内容的原理

182　第三节　科研与教学关系的实证研究

185　第四节　促进科研与教学融合的制度建设

191　第五节　中国的特殊问题

197　第七章　课程设置与开发
198　第一节　课程的概念、类型及其功能
203　第二节　课程纵向结构与学生发展
208　第三节　课程开发与更新
214　第四节　选修制与学分制的意义与功能
222　第五节　学科特点与课程管理

235　第八章　当代课程与教学评价的理论与实践
236　第一节　主要的评价理论及发展趋势
242　第二节　评价工具的类型
246　第三节　西方主要学习评价工具及其在中国的应用
254　第四节　评价的实施与管理

270　第九章　大学教学制度建设
271　第一节　美国大学教学制度的主要内容
282　第二节　学校制度背后的国家制度支持
289　第三节　教学制度建设的原理
297　第四节　我国特殊的制度问题及其反思

303　第十章　大学教学的文化传承与创新
305　第一节　国际化过程中不可回避的文化问题
310　第二节　发达国家和地区国际化人才培养目标和模式
316　第三节　现代化是一个历史过程
325　第四节　中国文化的教育价值
330　第五节　探索我国课程国际化改革的设想

342　附录1　哈佛大学通识教育特别工作组教育改革报告
366　附录2　加利福尼亚大学学术岗在职教师行为规范
376　附录3　哈佛大学德里克·博克教学中心介绍

引言

21 世纪的挑战与机遇

第一节　高等教育使命的新发展

人类文明的进步是非线性的、加速的。最近两三百年的发展不仅在量上超过了人类以往历史积累的总和，而且在质上已使人类自身的认知能力受到挑战。首先必须面对这种挑战的是教育：一方面呼吁教育公平、区域均衡发展，另一方面又被迫展开全球性的人才大战；一方面追求高等教育的自由、自治，或信任市场化这一"看不见的手"的无形力量，另一方面又不得不借助于政府这一"看得见的手"的有形作用。这些多元化的思潮对于承担着引领、支撑、补给社会发展作用的高等教育机构来说，无疑既是巨大的挑战又是发展重构的难得机遇。

从教育层次来说，人类教育事业的发展过程是从初等教育、中等教育，再发展到高等教育的过程；从教育规模来说，每一层次的教育又是从精英型向大众化、普及型逐步发展的。教育走向大众化、普及型之后，便是所谓终身教育、学习型社会的时代。不过，后一阶段并不是对前一阶段的简单否定，而是对它的继承和发展。不妨将其称为教育发展层次与规模的二维模型（见表1）。这个模型实际上又一次验证了"历史的就是逻辑的"：历史发展的过程与人类认识发展过程是一致的。教育发展过程揭示了社会发展的历史推动力与教育新理论产生的社会需求之间存在必然联系。

特别值得注意的是，自20世纪90年代以来，经济的全球化使得这个二维模型已经发展出一个新的维度：全球化。更确切地说，历史悠久、发展缓慢的高等教育国际化进程在21世纪开始成为快速的全球化运动，并越发凸显其重要地位。这就是说，在高等教育向着越来越高层次的普及化方向发展的同时，以全人类共同利益为诉求的教育国际化和全球化过程也必然伴随其中，由此必然带来教育目标和教育内容的重大变化——越来越关注符合全人类共同发展目标、代表人类先进文化的教育内容及其方式方法。同样，全球化不仅是人类知识发展的必然结果，而且也是社会发展的必然趋势。借用马克思的共产主义理论抑或民族国家发展理论来看，所谓"世界大同"的社会将以政治地理上的国家消亡和教育上的民族主义消亡为标志。不过，在民族主义偏见消亡的同时，各民族优秀文化传统必须得到甄别与传承，而这一点恰恰是新世纪高等教育的重要使命。

全球化过程从根本上讲是自然的、历史的过程，是不以人的意志为转移的。所谓全球化，并不是说地球上各个国家的高等教育从管理体制到教育目标、教育内容，及其在推动知识发展和社会经济、文化发展中的作用，都趋于相同，而是说通过人才的竞争、流动和重组，各国高等教育在以全球为单位的教育大系统中全面调整自己的位置和功能，以使全球经济、社会发展、环境与资源保护整体上成效最大化、最优化。每个国家都是这个相互联系的大系统中的一个子系统，每个子系统在大系统中的功能、地位和作用主要由进出其中的人才流的数量和质量来决定，因此人才大战将是21世纪的"世界大战"。而高等教育是培养人才和吸引人才的核心部门，所以发展高等教育必然是各国政府的要务，是国家提高综合实力、参与国际竞争的保证。另一方面，从人类文明发展进程来看，伴随全球化、国际化，高等教育在三大传统职能（教学、科研和社会服务）之外产生了第四大职能：推动国际交流与理解，培养国际化人才。可以设想，如果要彻底消除种族歧视、信仰冲突和区域经济社会发展不平衡等一系列全球性问题，只有通过培养大批的具有全球意识的下一代公民、管理者和政治家才能实现。

表0-1 教育发展层次与规模的二维模型

	精英型	大众化	普及型
初等教育	中世纪以前的"非学校教育"	其标志是夸美纽斯的《大教学论》(1632) 应"学校教育"的需要而诞生	继续教育、终身教育、远程教育、学习型社会概念的形成，其标志是《学会生存》的出版
中等教育	20世纪以前	其标志是泰勒的《课程与教学的基本原理》(1949) 应运而生	
高等教育	第二次世界大战以前	其标志是鲁道夫的《1636年以来美国本科生课程历史》(1977) 应运而生	

随着我国高等教育改革向纵深方向发展，国际化已经明确写进2010年制订的《国家中长期教育改革和发展规划纲要（2010—2020年）》（以下简称《纲要》）中，并在随后发布的《国务院办公厅关于开展国家教育体制改革试点的通知》中得到具体贯彻。可以预见，21世纪初高等教育国际化的新趋势，给我国当前的教育理论和实践带来的挑战和机遇，将与19世纪末20世纪初我国引进现代高等教育体系后带来的挑战和机遇一样巨大。一百年来"体用两分"的人才培养模式将会在国际化的洪流中得到根本性的调整。

由此带来的现实问题是，我们还未圆满解决20世纪90年代末开始的高等教育大众化带来的质量问题的情况下，又被迫加入了国际化的高速运行轨道。这个"跨越式"发展的机遇既鼓舞人心，又充满玄机，因而需要我们审慎地拿出应对方案。在这个新的历史关头，就高等教育质量而言，我们必须至少回答这样一个问题：政府管理部门和高等学校怎样将解决质量问题与国际化进程融为一体，充分利用国际化契机，做到《纲要》中提出的"统筹谋划，系统设计"，解决好与质量问题有关的诸多理论问题和制度问题。这也是本书的中心主题和研究目标。

第二节　挑战之一：大众化

从"课程与教学论"的"学科"① 发展过程来看，历史上初等教育、中等教育、高等教育的每一次大规模扩招或发展，都会不同程度地带来教学质量问题，继而必然带来课程与教学论学科的大发展。纵观世界教育史，初等教育的大众化大致以 1632 年欧洲启蒙运动的成果之一、夸美纽斯的《大教学论》的问世为标志；中等教育的大众化大致以 1949 年美国课程改革运动的成果之一、泰勒（R. W. Tyler）《课程与教学的基本原理》的出版为标志；高等教育的大众化则以美国大众化高潮时期的 1978 年鲁道夫（F. Rudolph）《1636 年以来美国本科生课程历史》的出版为标志。这些著作的出版反映出相应层次的课程与教学问题的研究已经在教育实践中大量涌现，进而呼唤专门研究领域的形成。

我国现代意义上的课程与教学研究历史相对较短。1949 年以后开始扫盲运动。改革开放以后才引进西方的基础教育课程理论，继而开始基础教育课程改革。1985 年《中共中央关于教育体制改革的决定》首次提出实行九年义务教育的目标。1993 年中共中央颁布《中国教育改革和发展纲要》，要求进一步转变教育思想，改革教学内容和教学方法，关注高等学校存在的不同程度地脱离经济建设和社会发展需要的现象。1994 年《国家教育委员会关于加强普通高等学校教学工作的意见》进一步号召深化教学改革。1999 年高校开始大规模扩招，2001 年高等教育毛入学率达到 15%，进入了大众化阶段。由此不难看出，我们确实是在"跨越式"发展：不到半个世纪走完了西方几百年的历程。但毋庸讳言，在这一系列的改革之后仍然存在很多问题，其原因很多，其中之一便是相关课程与教学理论研究明显滞后于大学教学改革的实

---

① 此处为了便于读者理解沿用惯称，其实，这里的"学科"称为"研究领域"更准确。参见"学科特点与课程教学"一章的相关内容。

践，尤其是缺少针对我国具体问题的调查研究作支撑。

这一点可以通过与美国的比较得到更好的说明。美国高等教育在大众化过程中也经历了质量低谷阶段。由于从前不能考上大学的"非传统学生"（nontraditional students）增多，学生差异增大，加之学校数量的激增，产生了很多问题。（Stark，1997；博耶，1988）但得益于美国基于实用主义传统的实证研究范式，有关大学生学习规律的研究、倡导多样化的教学方法研究、科研与教学关系协调机制研究、通识教育课程改革实验研究等一系列成果，为提出改革方案、解决实际问题提供了及时而有力的支撑，并带来了实践上的成效。根据有关国际文献，美国大众化初、中期的教育质量问题至少在 2000 年前后得到控制，各个层次和各种类型高校的学生对教学的满意度已不存在显著差异。（张红霞，2008；Zhang et al.，2011）

从美国大学课程研究专家施达克（J. S. Stark）等人的总结中可以看出，美国自 20 世纪 50 年代开始的高等教育大众化以来，教学改革经历了以下五个阶段。

1. 20 世纪 60 年代大众化早期阶段，占主导地位的教育理念是"学习为了生活，教育为了学生个人的发展"。这一时期，高校开发了一些新的跨学科领域，如伦理研究、女性研究、环境研究，减少了对学生独立学习的要求，减少了考核的等级数，出现了学生自由学习的实验学校和自由大学。

2. 20 世纪 70 年代大众化高速发展阶段，大量"非传统学生"进入高等教育系统。为了适应非传统学生的需要，院校采取了以下措施：弹性学制、自主设计培养方案、半工半读、工作时间计入学分，以及补偿教育等。用斯塔克等人（Stark，1997）的话讲：高等教育已经不是只关注知识深度这一个维度，还有另外两个维度——职业宽度和时间长度，即职业性技术训练、生活性知识也纳入其中，并且在一生中任何阶段都可以进行（见图 0 - 1）。

3. 20 世纪 80 年代开始纠正 70 年代的某些过激做法，从强调自由选修回到 40 年代强调课程结构和课程连贯性。增加了必修课比例，修订了通识教育课程。有关社会团体、学术组织和教授们纷纷关注教学质量问题，呼吁政府提高教学质量（见表 0 - 2）。其中主要的调查报告有《投身学习：发挥美国高等教育的潜力》［美国国家教育研究院（NIE）的高质量高等教育研究小组，1984〕和《学院：美国本科生的经历》 （卡内基教学促进基金会，1987）。大众化早期出现的实验学校和自由大学几乎全部消失。

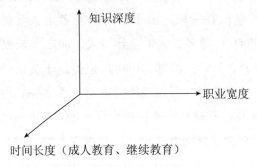

图 0-1 高等教育的三维含义

表 0-2 美国 20 世纪 80—90 年代关于质量问题的批评报告与改革建议文献

年 份	报 告
1984	《开发一项遗产：关于高等人文学科教育的报告》，William Bennett，国家人文学科捐赠基金（NEH）
1984	《投身学习：发挥美国高等教育的潜力》，美国高质量高等教育研究小组，国家教育研究院（NIE）
1985	《高校课程的完善：给学术界的一项报告》，美国高校协会（AAC）
1985	《高等教育与美国的复兴》，Frank Newman，卡内基教学促进基金会
1986	《保证自由的福祉》，州立大学作用与前途委员会报告，美国州立大学协会（AASCU）
1986	《转变州政府在高等教育中的作用》，美国教育委员会（ECS）
1986	《该有结果了：政府关于教育的 1991 年报告》，国家政府管理人员协会，国家政策研究与分析中心
1987	《学院：美国本科生的经历》，欧内斯特·博耶，卡内基教学促进基金会
1988	《美国人文学科：给总统、国会和美国人民的一项报告》，Lynne V. Cheney，（NEH）
1988	《拉紧纽带：融合本科生的通识教育与专业学习》，J. S. Stark and M. A. Lowther，密歇根大学专业准备组织
1988	《为通识教育注入新的活力》，美国高校协会通识教育工作组

续表

年份	报告
1988	《未完成的设计：工程学本科生教育中的人文与社会科学》，J. S. Johnson, Jr., S. Shaman and R. Zemsky
1990	《学术的重新定义：教授的首要职责》，欧内斯特·博耶，卡内基教学促进基金会
1991	《来自教学一线的报告》，美国高校协会
1991	《互联式学习的挑战》，文理学院各学科中人文经典学习及深度钻研项目，美国高校协会
1992	《课程体系审查及教学质量》，美国高校协会
1993	《美国的必然选择：提高对高等教育的要求》，高等教育展翅研究会，约翰逊基金会等
1994	《保持通识教育的活动力》，通识教育的坚实基础项目，美国高校协会
1998	《重构本科教育：研究型大学教学改革蓝图》，卡内基教学促进基金会

资料来源：根据 Stank, J. S., Lattuca, L. R.（1997）专著编译。

4. 20 世纪 90 年代呼吁质量控制，并进行了大量的改革实验。卡内基教学促进基金会和美国高校协会（AAC）等组织在大量调查研究的基础上，提出了一系列政策建议（见表 2），如《学术的重新定义：教授的首要职责》《重构本科教育：研究型大学教学改革蓝图》。报告中的重要理念是，研究型大学要充分发挥研究课题的丰富资源优势，开发出不同于普通学校教学改革的方法和手段；提出教授要成为教师；教学是与科研同等重要的学术活动；教学与科研是共生关系；高校教师应该有四个方面的能力：发现能力、综合能力、应用能力和教学能力。这两个报告对后来的教学改革起到了重要的作用。与此相应，高校分层、分类发展的趋势更加明显。在研究型大学，限制平权运力，强调录取标准，精选教育目标和内容，对课程选择和安排次序有严格的要求，但在普通学院则更加宽松。

5. 新世纪伊始以大学生学习过程评价为中心的质量控制阶段。2003 年新组建的美国区域认证委员会理事会（Council for Higher Education Accreditation, CHEA）为认证组织和被评价学校出台了两套围绕"学生学习和学业成就评价标准和实践"的指导性原则。其中针对认证院校的原则如下。

（1）学生的学习在院校使命中是否位于中心位置，提出"学生的学习质量就是教育质量"的全新质量观。

（2）院校要提供关于学生学习的文件，其内容包括：A. 制定不同的内容和成就层次上清晰的学习目标；B. 使用恰当的评价工具收集目标达成的证据；C. 集体讨论收集到的证据的内涵和功用；D. 使用证据改进工作，并使学生的学习达到院校规定的学业标准。

（3）学习数据的汇编，即从多种渠道收集到的学习数据应是相互补充、相互印证的，且能说明院校对学生学习的影响。

（4）相关人员的参与，即学生学习数据的收集、诠释和使用是一种集体行为，而非单个部门或职位的责任，所有相关人员都应该参与其中。

（5）能力建设，即广泛参与对学生学习数据的收集、分析和使用，有助于提高院校教育质量改进的能力（CHEA，2003）。

根据已有研究可以看出，大约半个世纪以来美国等发达国家在大学课程与教学研究领域的主要发展如下。

（1）对"学术"（Scholarship）的内涵有了重新认识，对科研与教学的关系进行了大量的研究和讨论。曾任卡内基教学促进基金会主席的欧内斯特·博耶（Ernest L. Boye）在《学术的重新定义：教授的首要职责》中首次提出，高校教师应该有四个方面的"学术"能力：发现能力、综合能力、应用能力和教学能力。同时，在实践上加大对相应的教学改革的政策支持与鼓励力度，加强校园的"教学文化"建设。

（2）对学科性质和课程、教学的关系进行了深入研究。主题包括教师对本学科性质的理解与其教学方式方法的关系，科学与人文、科学与技术、自然科学与社会科学等学科的教学方式方法的特点，学习评价与学科类型的关系。与此相应，学科教学的实证研究非常活跃。事实上，美国等发达国家在课程与教学领域的研究都与一定的学科、一定的课程性质、一定的学校层次紧密相连。

（3）关于大学生的学习科学研究成果丰硕。如不同类型学生的认知特点、学习动机、学习风格的研究，学生认知发展过程的研究，学生心理问题的研究，新生适应的研究；批判性思维的研究，跨文化环境下的学习心理的研究等。

（4）注重学科综合与课程的连贯性。强调通识教育与核心课程，鼓励跨学科课程建设与教学活动，形成了本科四年相互联系、循序渐进的一系列"特殊课程计划"：大一大二的新生研讨课、通识教育课程，大三的科研计划，大四的顶峰课程等。这些课程计划都是在大量实证研究的基础之上设置的。

（5）开展教师教学专业发展研究。与基础教育中提出"教师成为研究者"相对应，高等教育提出了"教授成为教师"的口号，并从政策和制度上给予支持，如将教学评价结果与教师晋升和终身教职相联系，成立校级"教与学服务中心"。

（6）改革教学方式方法。基于学习科学的新进展，开发了大量的以学生为中心、以培养批判性思维为目的的教学方式方法；加强信息技术的应用，尤其对研究性学习、小组讨论、合作学习等教学方法进行了大量探索，并与不同课程类型和学生特点进行联系。针对研究型大学的特殊情况，对教学与科研结合的方法、途径进行了深入的研究。

（7）加强课程开发与管理。课程在发达国家的高等教育理论与实践中具有重要地位。课程认证与新课程开发的管理程序非常严格，并与人才培养目标的关系紧密而且明确。选修制与学分制在管理上也发挥了重要作用，如引导学生自主设计专业知识结构，管理跨学科、跨校选修课程，平衡学生的自主性、选择性与培养标准之间的关系，以及对教师的教学效果评价等。

（8）积极开展教学评价研究。随着心理测量学和学习科学的发展，教与学的评价理论迅速发展。针对不同的评价主体（政府、社会团体、学校、院系、学生等）和不同的评价对象（学生、教师、校友、同行等），开发出了各种类型的评价工具。此外，关于评价的实施过程、评价结果的使用，也得到全面的研究。近年来尤其关注学生的满意度和学习经验过程的评价。

（9）深入推进课程与教学的国际化研究。关注全球发展，积极开展国际合作，加强教师、学生的国际交流，既是发达国家保持其世界高等教育领袖地位的需要，也是保持其世界高等教育领袖地位的重要途径。高等教育的国际化不仅表现在校内增加外国文化课程、聘用国际教师、有目的地招收国际学生以使学习环境多样化，而且还表现在学生跨国选修、实习和学分互认上。

这些研究成果的产生是为了应对美国的高等教育大众化挑战，对于中国而言还有特殊情况：中国的大众需要与创造人才培养的关系处理更加复杂，因为这不仅涉及公平与效率的关系问题，还涉及中国传统文化与西方科技文化的关系问题。

第三节　挑战之二：学科发展

巨大的挑战还来自于知识和学科发展本身。相对于大众化的挑战，由学科发展带来的挑战是隐性的，而且贯穿于高等教育发展过程而长期存在，因而容易被忽视。从改革举措上看，为应对源于知识和学科发展的挑战，高等院校多进行全校范围的课程体系调整。而应对大众化带来的挑战，高等教育的改革举措多表现为教学方式、方法的改革，或学校分类发展的体制改革。

近几十年来，知识和学科的发展在自然科学与技术领域自不待言，这里仅以人文社会科学为例。在美国等发达国家，现代语言学和文学除了保持其部分经典的小规模的专业方向外——如"现代文学""莎士比亚研究"，已演化出至少四种新的与其他学科领域融合的课程。一是与社会职业相关的职业课程，如"秘书学""传媒学""健康与卫生"；二是强调语言的工具性的公共必修课程，如"英文写作""语言表达"；三是强调人文学科思想性的综合类、跨学科通识教育课程，如"文化分析""文学与艺术""社会分析"；最后一类是为其他专业服务的应用课程，它们往往作为跨学科大课程中的一个模块，如社会科学专业的社区研究、家庭研究，和外交学中的有关人文的内容（Cohen，1998）。现代哲学学科除了开设专业的哲学课程以外，也发展出许多应用哲学课程，如已成为普通教育"核心课程"中重要主题的科学哲学和伦理分析课程——它们也是实现科学与人文学科相融合的重要渠道（张红霞，2003）。实际上，我国的高等教育学专业也是 20 世纪 60 年代以来世界高等教育发展的结果。

另外，哈佛大学 2007 年版通识教育课程体系的新变化也很说明问题。例如：原"文学艺术"类课程改为"艺术与诠释"类，反映了 20 世纪 80 年代以来国际社会科学界重视实证类科学方法之外的人类学研究方法的趋势；原"自然科学"类课程分为"物质科学"与"生命科学"两类，反映了近年来生命科学的长足发展及其在整个科学事业中越来越重要的地位；原"定量推理"改为"实证推理"，反映了人们对科学方法与定量分析手段的联系、区别认识的提高。这些改变是不可能首先出现在我国目前的一流大学的。与此相应，目前我们照搬哈佛大学的许多做法是难以实现的。

实际上在这些学科发展问题的背后是对知识定义的改变。然而，自 19 世纪末至 20 世纪初现代知识体系引进我国以来，教育界还没有在真正意义上对其进行认真研究，即便在我国哲学界也很少有人对"知识论"感兴趣。哈佛大学通识教育课程在古代—当代、美国—世界、人文—科学三个维度上基本做到平衡发展，而我国一些著名大学正在实施的通识教育课程体系在古—今、中—外、文—理三个维度上片面强调古、中、文三个端点。对知识内涵认识的缺乏和落后，必然影响大学学科的建设与发展。所以我们看到"不少高教管理者们对学科制度与学科建设以及学科发展的关系认识尚浅，有的甚至颠倒了学科制度为学科发展服务的宗旨，人为地造成了学科制度阻碍学科发展的事实"（苏娜，陈士俊，2008）。

与前述大众化环境下学生变得多样推动教与学方式的改变一样，知识内涵与产生方式的改变，也要求学习方法与教学方法作出改变；而学习方法与教学方法的改变又是建立在对知识和学科的正确认识并不断更新基础之上的。因此从长远来看，课程改革要难于教学方法的改革。与此相应，知识和学科发展带来的挑战要大于大众化带来的挑战。

这一点从"高等教育哲学"主题的变化也可以看出。在布鲁贝赫 1978 年出版的《高等教育哲学》一书中，讨论课程与教学问题的第六章只有十几页，而今天，这些内容在发达国家的高等教育哲学研究中具有重要的地位。这一点可以通过对泰希勒（Teichler，1996）对国际刊物中高等教育哲学研究常见主题的概括与布鲁贝赫《高等教育哲学》目录的比较中（见表 0 - 3）

反映出来。

表 0 - 3　"高等教育哲学"研究主题的变化

布鲁贝赫《高等教育哲学》目录，1978	高等教育哲学主题（Teichler，1996）
Ch. 1. 高深学问	1. 研究与学术发展在高等教育系统中的作用
Ch. 2. 学术自治	2. 有关课程与教学的主要途径和方法问题，
Ch. 3. 学术自由	尤其基于学科的与专业的不同考虑
Ch. 4. 高等教育为谁服务	3. 教与学的形式以及与之相应的互动与交流
Ch. 5. 普通教育和专业教育	形式
Ch. 6. 高等教育学	4. 高等教育系统的普遍性与多样性的关系
Ch. 7. 治学的道德	5. 正确处理学术、学校管理、政府与社会的
Ch. 8. 作为教会的大学	关系

　　根据英国兰卡斯特大学（Lancaster University）泰特（Tight，2007）教授对 2000 年在欧洲和北美出版的高等教育研究期刊中 406 篇论文的统计发现，大众化以后欧美课程设计、学生学习和教学方法方面的高等教育论文占据主导地位，欧洲尤其如此，而美国自 20 世纪 80 年代以后比例有所减少。（侯定凯，2009）

第四节　挑战之三：体制改革

　　在西方，关于市场与经济发展关系的思想自第一次工业革命就已经产生了，洛克、卢梭等对此有系统的论述；亚当·斯密的"看不见的手"的原理一直被奉为经济学的圭臬，直到 20 世纪初经济危机出现，传统经济学已不能解释新的经济现象，20 世纪 30 年代凯恩斯主义经济学应运而生。20 世纪 80 年代，建立在凯恩斯主义基础上的新公共管理理论又推波助澜。前者鼓励政府在市场经济体制的框架下对包括高校在内的"市场"进行宏观调控，纠正由完全自由经济带来的混乱；后者强调政府对包括高校在内的"公共领域"的问责，强调为经济建设服务；大学虽然可以从政府那里获得一定的经费，但同时必须接受政府和社会的问责。而此时的我国，市场经济刚刚从计划经济的土壤中破土而出。1992 年 10 月 12 日召开的中国共产党第十四次全国代表大会明确提出"建立适应社会主义市场经济体制和政治、科技体制改革需要的教育体制"。1993 年 2 月中共中央、国务院印发的《中国教育改革和发展纲要》，明确提出高等教育市场化的改革目标。

南京大学冒荣教授是我国学术界最早对高等教育市场化做出反应的学者。他在 20 世纪 90 年代初就系统地论述了高等教育市场化、大众化、为地方服务等思想（1993，1994），对当时我国高等教育改革政策的制订产生了重要影响。高等教育市场化的核心是以市场作为资源配置的主要调节手段，这就要求引入竞争机制，使高等学校能够根据产业结构、人才市场、就业市场等自主调节自身的办学活动。为此政府主管部门必须一方面进一步简政放权，让高等学校享有更充分的办学自主权，另一方面则要建立健全引导和规范高等学校办学行为的教育法规。二十多年来，我国高等教育界在市场化方面已经取得一定的进展，但至今还有一些根本性问题没有得到解决。例如，政府主管部门仍然掌控大多数高校学位证书的发放、专业设置、教师职称评定等权力。这在过去是一种管理权力的集中，在今天其实已经成了一种管理权力的滥用。因此"要在高等教育领域充分引入市场需求机制，还需要政府主管部门不是从恩赐给高等学校更多自主权的角度而要从避免滥用管理权力的高度在简政放权上跨出更大步伐"（冒荣，2001）。市场机制离不开竞争机制，高等教育市场的竞争有利于扩大高等教育的供给，也有利于扩大教育消费者对教育的选择，因而可以促进高等学校教育服务质量的提升。（冒荣，2001）

香港城市大学的莫家豪、罗浩俊（2004）两位学者认为，高等教育市场化主要有以下三个方面的表现：（1）政府对高等教育经费投资比例减少，鼓励非政府部门（包括市场、个人或家庭）对高等教育的投资；（2）强化高等教育与私有经济部门的联系，甚至加强大学与商界及工业界的联系；（3）加强私立（民办）高等教育机构的作用。他们还提出了教育市场化的八个特征：自负盈亏原则、市场的兴起、国家提供者角色的减弱、市场管理原则的采纳、市场主导课程、院校创收、内部竞争及强调效益。

我国香港和台湾学者对教育市场化带来的负面作用进行了较全面的总结：

（1）市场化带来了学校之间的负面竞争，例如教师聘任的"合同常额""兼职教师"等岗位将会取代常额教师岗位，影响教师职业的稳定性及专业发展规划；（2）政府倾向以标准化、无止境的评估来确保和提升教育质量，使教师产生过于强烈的危机感和挫败感，有碍学术自由，限制了教师创新或追求卓越的空间；（3）教育市场化改变了学校生态，课程由过去的教授主导转变至以消费者（用人单位和学生及家长）主导，从而形成消费者霸权，改变我国社会传统的尊师重教的风气，令教师进一步"去专业化"；（4）教育事业从"为社会做贡献的公共产品（public good）"转移至"学生个人投资增值的私人产品（private good）"，加重学生的经济负担，结果使家庭社会经济地位成为影响学生教育机会的一大关键因素。

就大学教学角度而言，今天的高等教育市场化问题还来自于教育全球化背景下发达国家互联网优秀公开在线课程对发展中国家普通常规课堂教学的冲击。在联合国教科文组织等国际组织的推动下，这些课程一方面提高了优秀课程资源的利用率，推进了世界范围内教育公平的实现，另一方面也带来了生源市场的问题，教学岗位编制数的问题，以及对非西方文化传承的冲击问题。这些问题亟待研究。

第五节　挑战与机遇共存：全球化

我国目前面临的上述三个挑战是与经济全球化进程分不开的，其根源在于中西文化的不同、社会发展阶段的错位和发展路径的差异，导致了一个又一个的冲突和改革怪圈，并且难以走出这个怪圈。克拉克·科尔（Kerr，1994）通过对世界高等教育历史的回顾精辟地指出，国际化、全球化有史以来就没有停止过；尽管民族主义也在不断增长，但由于所有民族国家都越来越认识到参与全球化学习过程的重要性——不仅由此可以接触科学技术前沿，而且有利于培养能够参与全球化竞争的下一代，因此全球化一定能够战胜民族主义。

因此，从有效解决上述这些问题的角度看，目前高等教育国际化新维度给我们带来更多的是机遇而不是挑战。当然，能否抓住这个机遇，怎样处理上述三个挑战与国际化、全球化关系是问题的关键。换句话说，如果站在全人类共同利益的角度，与其将国际化看成是一个新的挑战，倒不如将其看成是一个机遇。改革的根本举措就在于怎样借助于高等教育国际化的契机，统筹谋划，系统设计，走出怪圈。具体而言，本书试图回答以下一些问题。

我国高等教育目标与国际主流的、代表未来发展方向的教育目标存在哪些共同之处和差异之处？在教育理论的根本问题——知识论上，中西方存在哪些差异、有哪些可以融合、互补的地方？在教学活动中，中西方学生和教师的学习方式和教学理念是否存在差异、是什么性质的差异、怎样调和这些差异？我国一流大学在代表其人才培养目标的课程体系上，与科学研究、社会发展需求之间究竟存在哪些不协调或距离，它们与世界一流大学在这些方面有什么差距？高校在人才培养和科学研究投入之间存在什么矛盾、怎样协调这些矛盾？从国际标准看，我们现有的教学管理与质量评价制度成效低下的原因是什么？怎样在《国家中长期教育改革和发展规划纲要（2010—2020年)》指导下，利用国际化新机遇构造全新的教育质量保证制度？

参考文献

[1] 侯定凯 . 2009. 国际高等教育研究主题的流变［J］. 复旦教育论坛，(4)：11 – 15.

[2] 冒荣 . 1993. 高等教育在市场经济中的变革和抉择［J］. 上海高教研究，(3)：29 – 33.

[3] 冒荣 . 1994. 高等教育大众化与市场经济［J］. 新华文摘，(10)：120.

[4] 冒荣 . 2001. 高等教育产业化的论争与启迪［J］. 中国统计，(1)：27 – 29.

[5] 莫家豪，罗浩俊 . 2004. 市场化与大学治理模式变迁：香港与台湾比较研究［J］. 教育研究集刊：47.

[6] 欧内斯特·博耶 . 1988. 美国大学教育——现状、经验、问题及对策［M］. 复旦大学高等教育研究所，译 . 上海：复旦大学出版社，445.

[7] 苏娜，陈士俊 . 2008. 当前我国高等学校学科建设若干问题的理论思考［J］. 学位与研究生教育，(11)：49.

［8］张红霞．2008．大众化早期教学质量问题及其应对［J］．教育发展研究，（3－4）：11－14．

［9］张红霞．2003．美国高校人文社会科学的演变及其启示［J］．清华大学教育研究，（1）：49－54．

［10］CHEA. 2003. Statement of Mutual Responsibilities for Student Learning Outcomes：Accreditation，Institutions，and Programs. Approved by the Council for Higher Education Accreditation Board of Directors September［DB/OL］［2014－09－29］http：//www. chea. org/pdf/stmnt studentLearningOutcomes 9－03. pdf.

［11］Cohen，A. M. 1998. The Shaping of American Higher Education：Emergence and Growth of the Contemporary System［M］. Jossey－Bass Publishers，105.

［12］Malcolm，T. 2003. Researching Higher Education，Society for Research into Higher Education［M］. Open University Press，288.

［13］Richard，F. 2005. The Flight of the Creative Class：The New Global Competition for Talent［M］. Harper Business，326.

［14］Rudolph，F. 1978. Curriculum：A History of the American Undergraduate Course of Study Since 1636［M］. Jossey－Bass Publishers，361.

［15］Stark，J. S. ，Lattuca，L. R. 1997. Shaping the College Curriculum：Academic Plans in Action Massachusetts［M］. Allyn and Bacon，460.

［16］Teichler，U. 1996. Comparative Higher Education：Potentials and Limits［J］. Higher Education，（38）：440－441.

［17］Tyler，R. W. 1949. Basic Principles of Curriculum and Instruction［M］. University of Chicago Press.

［18］Zhang，H. & Foskett，N. et al. 2011. Student Satisfaction with Undergraduate Teaching in China—A Comparison between Research－Intensive and Other Universities［J］. Higher Education Policy，（1）：1－24.

第一章

关于教育目标的反思

前些年，教育行政主管部门提出了各种口号，如素质教育、创新教育、拔尖计划等，但是这些口号并未解决教育领域中的许多现实问题和矛盾，"钱学森之问"以及社会各界对此广泛而持久的讨论即是反映。与此同时，反映我国教育发展中特有的价值冲突的文章几乎出现在教育研究的各个领域，如：道德教育的文化困惑（戚万学，2009），教育考试中的功能性缺陷与价值冲突（王后雄，2010），高等教育评价体系的结构多元化和价值冲突等（苏昕，侯鹏生，2009）。更为严重的是，大学生中普遍出现了价值冲突与民族文化认同危机。一项对上海五所高校大学生的问卷调查发现，高达51%的大学生认为根本没有必要了解中国历史。（樊娟，2009）这些现象都说明了必须彻底地重新审视我国的教育目标，而且迫在眉睫。

"教育目标"在我国高校常被称为"人才培养目标"，这里的"人才"完全等同于"人"的含义。"人才培养目标"决定一所学校教育活动的方向和标准，其他各项工作都应该围绕这个目标展开，如专业设置、课程体系、教学方法、学生与教师管理及其评价，乃至学科建设等。然而，由于目前学校与政府及社会的关系没有理顺，学校很难自主地对快速变化的社会需求做出及时有效的反应，教育目标问题无论是从国家层面还是从学校层面，都未被纳入研究视野。在过去封建专制时代或计划经济时代，社会对人才素质的要求很统一，人才类型很单一，因此教育目标不会成为研究对象。然而在全球化、市场化的今天，以行政命令的方式推行教育思想的做法已经与社会需求、学生需求格格不入。本章将以全球化形势为背景，从中西教育理论、实践，乃至文化根源的角度，对教育目标、创新人才培养等问题进行初步探讨。

第一节　当前我国教育目标面临的问题

早在 1983 年邓小平就提出了教育改革"三个面向"的任务：面向现代化、面向世界、面向未来。这就是说，教育不再是一种狭隘的政治工具或传播传统文化的工具，教育必须融入现代化建设的总进程之中。"三个面向"奠定了教育改革的总方针，是制订教育目标的大法。自 20 世纪 80 年代以来，为了推进教育改革，培养适应 21 世纪需要的创新人才，我国除了在体制上进行了一系列的调整之外，在学校层面也持续不断地开展了各种形式的文化素质教育活动。与此相应，在学术圈也开展了代表 20 世纪国际教育理论核心的"以学生为本"还是"以知识为本"的教育思想大讨论。可以说，今天，无论是教师还是学生，在教与学的层面上已经基本解决了认识上的问题，中小学教师对"以学生为中心"的现代教育思想都有了初步的了解。然而，毋庸讳言，在教育实践上却成效甚微。论其原因，不能不使人想到我们的教育理论之间、教育理论与教育实践之间，长期存在着的一系列内在矛盾。

一、"公民教育"与传统道德教育的矛盾

早在 18 世纪 90 年代，美国大学就出现了关于"美国历史与政府"的课本，可以说大学公民教育由此发源，并在 19 世纪末达到极盛。进入 20 世纪后，大学公民教育虽然衰落，但到 20 世纪 90 年代后再度引起重视。（郭芳芳，侯怀银，2008）前哈佛大学校长德里克·博克（2001）认为，培养公民

道德素质最好的时机是在大学阶段。在过去的几十年里，美国家庭、教会、中小学校对学生的影响越来越小，而高等学校却发挥着越来越重要的作用。

我国关于公民教育的研究发轫于十多年前的世纪之交。"公民"具有与"私民""臣民"相对立，与"国民""人民"相区别的内涵，因此公民教育不是传统德育名词的简单更换，而是标志着我国德育的历史性转型——从传统德育走向一种崭新的教育目标体系。公民教育必然是主体性教育，权利与义务相统一为其基本的教育取向，而且它是区别于"圣人教育"的"平民教育"。（李萍，钟明华，2002）显然，这对我国传统的教育目标是一个巨大的挑战。

几年前一项基于首都大学生的问卷调查显示，目前我国大学生现代公民意识处于初级水平，整体状况较为复杂，具体表现在：（1）公民的角色意识基本处于不自觉状态，而国家认同意识则表现出高度的统一。（2）具有宪法意识，但对宪法在国家生活中的重要性认识不够；对公民基本权利的了解不够全面；权利意识中的利益意识已经充分觉醒，但缺乏对权利实现的理性行动，特别是通过现代制度使受到侵犯的权利获得法律救济的意识不强；缺乏对权利现象的正确价值评价和判断，更多地表现出与自己切身利益相关联的实用主义倾向。（3）在公民参与方面，在表现出很强的主体意识的同时，暴露出好高骛远、不切实际的参与意愿。（4）在社会参与方面，价值判断与实际行动之间缺乏高度的统一性。（李俊卿，2010）其深层原因，有研究认为，当前我国民众的公民性可以分为四种类型：公民型、臣民型、商人型、熟人型。"公民型"的特征是：强调权利与义务平衡，崇尚人人平等，在面对公私冲突、人我关系矛盾时能够为公共利益牺牲个人利益，并赞同以契约方式处理这些关系。"臣民型"的特征是：缺乏自我意识，权利和义务不平衡，在面对公私冲突和人我关系时，为了上级利益能够牺牲个人利益。"商人型"的特征是：重视个人权利胜于公共利益，不能够自觉为公共利益牺牲个人利益，但愿意服从契约规定。"熟人型"的特征是：既没有规则意识也缺乏公共概念，倾向于将他人分为"自己人"和"外人"两类，把社会和国家事务分为"分内"与"分外"两种，能够为"自己人"的利益而不是公共利益牺牲个人利益，无视契约关系（杨宜音，2008）。显然，传统道德教育有利于"臣民型"人格的养成，而不利于公民意识的形成。传统道德教育与"熟人型"人格的养成似乎没有直接联系，后者实质上与封建小农经济条件下产生的宗族观念一脉相承，这在费孝通的《乡土中国》中早已有精辟的描述。

二、思想政治教育低效

思想政治教育是中国特殊的大学德育形式。然而，由于其内容几十年基本不变，因此在整体上与社会转型时期的客观现实存在多种矛盾（彭忠秋等，2007）。这种矛盾不仅导致了广大学生的价值困惑，不少专门从事学生思想品德教育的高校德育教师在内心深处也存在价值冲突或迷失（李英林，2008）。造成这些困惑和迷失的原因还在于思想政治教育方法仍然停留在说教阶段，对于多以命题形式呈现的逻辑不一致的教学内容，不加分析、不容讨论。这一点且不说与哈佛大学"伦理推理"类（Moral Reasoning）通识课程的教学方式存在巨大差距，甚至不及《墨子》中众多的伦理推理方法。如墨子是这样透彻地论证其"非攻""兼爱"思想的：

　　杀一人，谓之不义，必有一死罪矣。若以此说往，杀十人，十重不义，必有十死罪矣。杀百人，百重不义，必有百死罪矣。当此天下之君子皆知而非之，谓之不义。今至大为不义攻国，则弗知非，从而誉之，谓之义……此可谓知义与不义之辩乎？是以知天下之君子也，辩义与不义之乱也。（孙诒让，2009）

显然，墨子采取逻辑推理，令人信服地得出了最后的结论。

三、自然科学原理与儒家思想矛盾

在许多著名大学的课程体系中，自然科学课程已经国际化，普遍采用英文原版教材，但社会科学课程很少能够与国际接轨，而人文学科（文、史、哲）问题更多，总体上仍然以中国传统人文经典为主要教学内容。由于西方的人文精神有助于科学素养的培养，而我国以儒学为代表的传统人文精神，虽然有助于克服科学的负面作用，却不利于科学素养的培养，这样的课程体系呈现给广大学生的必然是一幅人文与科技断裂的画面。它们似乎在向学生证实文化"冲突论"的正确性而否定"相容论"。而且，如上所述，由于面对这些冲突又缺少教师的有效引导，学生们产生价值冲突与民族文化认同危机就不可避免了。

与此相关的是，现代人文精神与以儒家思想为核心的中国传统人文教育内容相矛盾。"如果说，中国儒家的'人—文'是由'仁—礼'构成的，那么古希腊人与之相对应的'人—文'是由'自由—科学'构成的。"（吴国盛，2001）换句话说，不同的国家由于有不同的价值观，就有不同的人文主义。在西方文化中，科学既是"用"，又是"体"，而在我国则体、用分离。这个矛盾目前在高校素质教育与通识教育的对话中再次表现出来，前者以全球视野看待人类知识和社会问题，而后者片面强调对中国传统文化的传承。由于对这些关系没有厘清，我们常常错将以人为本的教育片面理解为崇尚中国传统人文主义而排斥科学理性的教育，或者崇尚为学生发展服务的教育而排斥为社会发展服务的教育。（马凤岐，2009）

四、人才计划层出不穷与创新成果缺乏的矛盾

一方面，不少本可以做出创新成果的"人才"，由于不精于"关系学"，很难拿到课题；另一方面，具有很强"社会活动能力"的"人才"出不了创新成果。事实上，许多所谓"杰出人才"的社会活动不是为了发展知识，也不是为了公共意志和公共利益，而是为了个人利益或小团体利益，通过争取权力和资源发展更多的"熟人"，结果使"大师加团队"转化为"大佬加团伙"了。

那么生活在这样的游戏规则中的学生会获得怎样的"隐含课程"呢？又怎么可能养成诚信品质、公民意识和创新能力呢？2006年的一项调查显示，我国一流大学的学生对教授在学术上给予的帮助表示"非常满意"和"较为满意"的只占24%，选择"一般"的占45%，认为"不大满意"和"不满意"的占32%。（龚放等，2009）

与此相关，学科建设活动与现代学术发展规律相矛盾。现代学科体系包

括自然科学、社会科学和人文学科三大类。每一大类又由既相互独立又相互
联系的次一级学科所组成。而这些学科的产生和未来发展都是与以逻辑分析、
实验方法为代表的思维方式，与学术自由、公平竞争的管理机制分不开的。
而我们的大学却很少关注这些基础性的问题，总是热衷于设置所谓"重点学
科"或"学科特区"，人为地将学科分为三六九等，而不重视学科之间的逻
辑联系。究其原因，当然与近代以来中国现代学科的建立是一种"全方位的
文化迁移"现象分不开（复旦大学历史学系等，2007）；我国传统学术文化
和管理文化与这些近代引进的西方学科体系的内在发展逻辑存在着根本上的
不和谐，而我们对此没有足够的认识。我们许多人把知识增长仍然理解为
"经史子集"式的整理、综合和诠释，对人才也按照这样的标准去甄别。我
国历史上此类杰出人才当推孔子和朱熹，从"述而不作"到"述作不分"，
发展到今天的"编"而不作，何以创新？

第二节　中国文化与教育现代化

全球化是人类社会发展的必然趋势，它在促进和深化发展中国家与世界
联系的同时也带来了一系列挑战。在教育领域中最大的挑战就是怎样在教育
目标中处理好传统文化与现代化的关系，这也是我国乃至世界各国面临的教
育基础理论上的重大挑战。在我国过去几十年的改革实践中，正是由于对这
个挑战重视不够，对中西两种文化各自的教育意义及其相互关系的认识不是，
导致了如上所述的一系列矛盾的出现。

关于"现代化"的理论或定义多种多样。从社会形态转化的角度看，
"现代化"的内容通常包括工业化、城市化、普遍参与、社会结构分化、文
化价值观念的世俗化和理性化等（金耀基，1999）。显然，人的现代化不仅
包括知识、技能的现代化，也包括价值观念和思维方式的现代化（英克尔
斯、史密斯，1992）。那么，现代化与以儒学为核心的我国传统教育理念之
最大差异无疑在于儒学所缺乏的以实验思想和归纳逻辑体系为特征的科学思

维方式上。然而，如果超越"人类社会形态"这一时空尺度，而以"人类物种的未来命运"为时空尺度来讨论问题，那么，怎样有效处理当今，尤其是未来世界越来越严重的"人口与资源冲突"危机的潜力将成为更加重要的现代化指标。科学技术当然是指标之一，但以中庸、谦让为特征的中国文化（杨国枢，2004；胡金生，黄希庭，2009）则具有补充、完善西方科技价值体系的功能，因为通过处理人与人的关系而解决人与自然的关系是中国文化的特长（张红霞，吕林海，2013）。下面从代表20世纪教育思想核心的杜威教育哲学的逻辑及其在我国教育实践中的应用问题为切入点，对中西教育文化的差异进行分析。

在杜威的教育哲学体系里，知识增长与发展的内在逻辑与学生的需求、民主社会的需求是和谐一致的，科学家的研究过程与学生的学习过程在本质上也是一致的。这就是说，"知识""学习""研究"三者与"社会需求"（人民大众的需求）、"国家需求"（政府需求）相一致。杜威的思想体系是历史上第一个将知识发展的科学逻辑、探究式学习的心理逻辑以及国家治理的政治学逻辑统一起来的教育学理论。杜威的政治哲学认为，在民主国家里，由于国家利益和社会大多数人的利益是一致的，所以国家需求代表了社会需求；国家需求与个人利益之间必然是一种动态平衡的关系。杜威的知识论认为，知识不是先验的，而是不断经受经验检验的东西，所以学习的过程就是不断地"经验"（experiencing）的过程，而检验知识的过程是以民主探讨的组织方式进行的，这无论对于职业科学家还是学生都是如此。杜威的教育哲学认为，教育的任务不是让学生知道或记住一些对民主社会有用的知识，为成年后参与民主生活做准备，而是让学校成为一个微型的民主社会，生活于其中的学生通过经历适合于他们的民主合作、协商的方式，解决探究知识过程中遇到的问题，从而培养民主精神和能力。"杜威将民主看成是科学在政治上的表现形式，包括它的客观性与目的性的结合、自由与纪律的结合、个人探索与集体验证的结合。"（Archambault，1964）因此，教育过程应该是学生自然"成长"的过程，而不是外界给予的过程。学生们基于已有"经验"，在民主协商的环境中自由探究、构建新的知识。在这个过程中，由于学习内容与学生的经验紧密联系，因而学生学习动机强烈，学习自然地发生了，知识自然地增加了，学生自然地"成长"了。应用到高等教育层面，科研与教学融合的理想也顺理成章地实现了；教育为社会服务，社会反过来赞助教育事业也就自然而然了。总之，杜威教育哲学体系的关键在于，无论是学生的成长还是科学家的创新，其机理是一致的，而且，他们对社会发展的作用——以间接和直接的方式，也是方向一致的，教育由此推动社会进步和经济繁荣。

不难看出，在杜威的教育哲学体系里，由于决定教育目标的社会需求、国家需求与学生需求，以及学术界探索知识的过程存在一致性，所以教育现代化是这个体系的必然结果。然而，在后发国家情况很不相同。由于外力使社会转型加速，"跨越式"发展打乱了自然进化的秩序，一些思维定势和文化传统必然有意地阻碍改革或无意地曲解改革，所以，相应的国家需求与社会需求、学生需求、学术界探索知识的过程之间的关系，是一种漂移于封建保守的旧模型与杜威式的新模型之间的交叉状态或过渡状态。我国的旧模型大概可以概括为"信而好古、述而不作的知识传承方式—学而优则仕的学生需求—官本位的权力结构控制下的政府需求"。若将孔子与杜威进行比较，可以看出二者的异同：第一，孔子以"仁"为教育目标，以"礼"为教育方法；而杜威以民主为教育目标，以"经历探究"为教育方法。第二，儒学是以家、国为单位的社群主义，以种族社群的共同利益为起点。《论语》中充满了对个人服从群体的行为规范的具体指引。而杜威的民主没有摆脱西方个人主义的传统。从《民主与教育》的开篇隐喻可以看出，杜威的自然主义哲学是从关注生命个体活动为逻辑起点的，因此尽管鼓励民主生活方式，但其目标还是自我实现。第三，儒家处理社群关系的方式是礼让，而杜威的还是民主交往。第四，孔子的理想是上下有别的和谐社会，杜威的理想则是人人平等的民主社会。（徐陶，2012）

实际上，传统文化与现代文化的关系早在一百年前就被先辈们关注过，但最终的结果是沿用至今的"中体西用"模式，即仅仅吸收西方科学文化中的技术性成分，而排斥作为产生这些技术性成分之土壤的社会文化性成分。在20世纪80年代初邓小平提出"三个面向"论断时，还有人质疑：将本国传统放到什么地方？今天，不少人已经从直觉上感到以儒家思想为核心的中国传统文化将成为未来全球文化的主体部分或重要部分，不过其中的道理或机制尚未得到澄清，往往简单地将今天的"以人为本""和谐"等概念贴上"儒学"标签，结果引起更复杂的争论。在政治外交层面上，有关两种文化关系的争论则更复杂，如有学者认为，尽管儒家思想中的积极成分应该继承与弘扬，尤其是其中有利于克服西方社会弊病的那些成分，"然而在中国人民民主革命将近百年、在中华人民共和国成立60年之后，由美国国会和约瑟夫·奈（'软实力'概念）来引导中国文化复古到五四运动以前，就离开今天中国人民的历史要求太远太远了。"（卫建林，2010）

从思维方式上看，有人认为现代科学已经进入了"非线性"阶段，从学科分类发展进入学科综合阶段，进而以为中国传统的整体思维模式具有领先优势。而事实上尽管科学的发展由混沌到分析、由分析到综合，但任继愈（2001）指出"从混沌到统一，经过近代科学分析的洗礼，再进行综合，这个否定之否定的认识步骤必不可少"；那么，认为中国的综合哲学比西方的分析思维更高明，这是一种误解。"有人讲今天电子计算机的二进制法《易经》早已讲过了；火箭发射原理宋代早已发明，只是西方火箭飞得更高而已。这是极端无知的说法。"同样，我国不少学者错将西方后现代反科学的思潮当作是对中国传统文化的回归；有些甚至荒谬到对始于17世纪夸美纽斯的学校教育提出质疑，理由竟然是学校教育"体现科学文化的特征"，"限制了人的生成，简化了人的丰富性"（姜月，2009）。

对于这些问题的复杂性，有人敏锐地指出我国面临"双重转型"的任务，即从传统到现代的转型和从现代向后现代重构同步进行（冯建军，2011）。不过对于怎样发展出能够既"坚守启蒙的理想与抱负，捍卫人之为人的尊严，培育具有健全主体性的公民"这一明显具有西方文化价值的理想，又符合中国本土文化诉求的教育理论尚需进一步努力。

中西方截然不同的自然地理环境产生了不同的文明类型，因而教育理论和过程各异。但任何一种文化之所以存在和想要继续存在的话，都必须尊重"适者生存、优胜劣汰"这一科学定律。而这一点正是各种社会从传统向现代转型的巨大动力和教育现代化的逻辑起点，也是人的科学素养或现代化的认识基础。如果借用罗尔斯的"初始状态"分析工具便可以找到中西方教育哲学的契合之处。这里的"初始状态"指的是自然资源与人口之间处于"生态平衡"的一种原始社会状态。那时尽管中西方自然环境、人口规模和居住模式截然不同，但自然资源相对充足，科技水平都处于零起点状态，因而不存在自由与自制关系问题。此时如果有哲学存在的话，必然是彻底的、纯粹的机械唯物主义：生存就是一切，因此生存即善、即知识。之后随着人口指数式增长，自然资源迅速耗减，自然界能够提供给人类的生存空间越来越小，人的自由越发受限，所以东西方都经过了中世纪或封建社会约束人性的历练。于是在物竞天择、优胜劣汰自然法则控制下，基于不同的自然环境，东西方演化出不同的生存技巧：东方善于协调人际关系，通过提高人的"修养"遵从旧制，减少资源消耗，维护社会稳定；西方善于征服自然，通过提高人的"科技素养"发展科技，拓展生存空间，甚至问鼎太空，从而规避人际冲突危机。

那么，如果将"文化"定义为一个民族自然形成的处理自然资源与人口之间矛盾的独特方式的话，中西方教育功能的内涵便得以统合：向下一代传承某种有效的生存方式。这个定义的有效性可以从一系列的历史经验得到验证。例如，孔子时代的教育反而比今天更加因材施教，师生有更多的互动机会，因为当时的生师比小。其实西方中世纪限制人性的宗教制度和中国的"三纲五常"都是人类原始的节约资源举措或派生的后果，所以托马斯·阿奎那在其著作中"大讲存天理之气，去人欲之私，以及原罪论，居然与程朱学说若合符节"（任继愈，2001）。全球化时代人类的生存方式将发生重大改变。一方面，地球人口规模巨大，而且流动性加大，人际关系随着人口规模的增加和交往范围的扩大而日趋复杂，因而需要更好的组织制度和道德约束；所以对什么是好的制度、什么是好的教育，要根据有利于人类的可持续原则重新定义。

那么怎样处理好传统文化与现代化的关系呢？我国香港和台湾地区以及东南亚原殖民地国家处理文化冲突的经验值得我们借鉴。针对公民教育中出现的"民族认同"与"全球公民"（Global citizenship）两个概念之间的冲突，香港基础教育课程开发委员会在其课程改革报告中指出，为了应对21世纪的挑战，香港的教育必须以博大的胸怀面对全球化的趋势。学校的课程在帮助学生获得基本知识的同时，要给予学生全球视野（Global outlook）。"在新课程中，尽管民族认同是重要的教育目标，但还要有许多'全球公民价值观'内容，如多元、民主、自由、共同意志（Common will）、宽容、机会均等、人权、责任等。在80条价值观列表中，只有少数与爱国主义、文化与文明传统有关。"（Lee，2008）

新加坡是个多民族国家，为了增进各民族对国家的认同，防止民族文化中心主义，新加坡政府在基础教育中积极倡导在各民族融合基础之上建设更高层次的"新加坡文化"。这种文化融合了东西文化的精华，具有国际性、开放性和包容性，它将儒家观念、马来西亚人的传统、印度人的精神气质同西方科学精神结合在一起。（吴玉军，吴玉玲，2008）

台湾学校的公民教育随着台湾社会政治制度的变迁可以分为三个阶段：20世纪50年代到20世纪80年代中期的蒋介石的"民族主义教育"课程；20世纪80年代中期改革伊始到20世纪90年代的"过渡型公民教育"课程；2000年至今的"综合型公民教育"新课程。新课程思想在肯定儒家文化优秀成分的同时，引进了全球化理念。（Doong，2008）

台湾高等教育改革的力度很大。以台湾大学为例，近几年的通识教育课程特别重视全球意识和先秦诸子众家思想的挖掘，如《荀子甲上》的课程目标表述为：中国传统政治形态是阳儒阴法，今天的教育也多以《论语》和《孟子》为教材。而《荀子》中有许多现代法制思想，因此读荀子可以由儒入法。中国人相信天人合一、靠天吃饭，但荀子以为"天有其时、地有其财、人有其治"，人定胜天。荀子思想积极向上，研读《荀子》，可以帮助处于今天多元社会中的学生正视问题、正本清源、培养积极进取精神；让传统人文经典"入世"，让文化遗产发挥现代价值（陈思敏，2008）。

我国人多地广，国情复杂。改革开放至今才30多年时间，经济领域的跨越式发展难以在教育领域同步实现。不过，任继愈一段高瞻远瞩的话对认识今天的教育问题大有裨益。

西方经过文艺复兴运动，经过三四百年的反对封建思潮，中世纪的封建文化受到长期的清算，西方近代科学思想得到社会多数的认同、接受。可是当时"近代"中国的封建思想并没有得到批判性的清算。批判性的研究不是把旧文化一棍子打死，抛弃不顾，而是仔细分析，采取其中有用的，抛弃其中过时的糟粕。"五四"时代有志之士、爱国学者，把主要精力用在反对外来侵略势力，反对替外国侵略势力充当帮凶的军阀，全力用于救亡图存，没有顾得上对封建文化进行剖析，取其可用，弃其糟粕。这一任务直到今天还不能认为已经做够了，应当说还远远不够。（任继愈，2001）

20 世纪初，我国在尚未完成新文化启蒙的条件下，被迫从"经史子集"的范式"跨越式"地进入现代学科体系阶段，于是不可避免地产生了一个"中体西用"的模式。然而，一百年后的我们是否还要将这个"中体西用"的模式带入 21 世纪呢？若要真正实现培养创新人才的目标，办能够培养创新人才的大学、世界一流大学，我们应该将"中体西用"的教育目标升级到"体用一致"的新体系。中国教育现代化的关键应该是在多元文化环境中创建"体用一致"的教育目标以及与之相适应的教育内容和教育方法。关于中国文化在这个新体系中的贡献将于第十章第四节中做进一步讨论。

第三节　素质教育与创新教育概念的再审视

改革开放以来，我国最重要的教育理念和教育改革实践当推"素质教育"和"创新教育"，因此对其进行剖析有利于对我国教育目标问题进行透视。21 世纪伊始，我国基础教育研究领域发生了一场关于素质教育的激烈争论。它在我国教育研究史上的地位，将会与发达国家 20 世纪 60 年代的大论战相媲美。王策三教授的《认真对待"轻视知识"的教育思潮》一文在这场争论中发挥了重要作用。

首先，正如王策三教授所指出的那样，任何教育都是为了发展素质，至少是某种素质，因此"素质教育"一词无异于"教育"一词（王策三，2004）。其次，如果我们将"素质"一词仅仅定义为优秀的东西，那么，我国长期以来坚持的"德、智、体、美、劳全面发展"的教育方针便是最全面的素质教育，因为它无所不包，甚至可以包含现今国际教育界已达成共识的

《学会生存》《学习——内在的财富》中的所有思想——只需稍加拓展其外延即可。既然如此，为什么20世纪80年代又要提出"素质教育"一词呢？显然那是对从前的提法、做法不满意，它们不能对教育实践产生实际的影响；或者说教师们面对太"全面"的教育目标时，不知哪里是重点、哪里是关键，因此无从下手。

回顾一下当时的历史背景就不难看出，素质教育的提出起因于改革开放带来的向发达国家学习的热潮。人们沉重地发现，尽管发达国家学生的"知识"水平比我们低，而"素质"却比我们高。到此为止的认识是符合事实的，只可惜下一步对事实成因的解释太简单草率了。有人推理认为，中国学生素质低的原因是知识的学习妨碍了素质的提高。即便如此，也还需要进一步分析究竟是哪一种素质最缺乏：是认知上？是情意上？还是价值观上？认知与情意又皆可分为多个发展阶段和不同组成成分。那么是哪个阶段的哪种成分缺乏呢？但我们的思维模式或研究模式没有引导我们做这样细致的分析。

结果是，几十年的"全面发展""素质教育"不能令人满意，问题出在我们的文化是追求趋同、排斥求异的，我们的学生和教师都缺少"个性"这个"素质"。换句话说，我们不少教师不能正确地理解什么是知识、什么是素质以及知识与素质的联系，因此当认识到学生素质不理想时，就连同知识一起泼出去了。此外，由于"素质教育"的实现程度是与社会经济文化条件直接相关的，是与教育资源的多少直接相关的，因而仅仅通过课堂教学去纠正"应试教育"的弊端，其效果是很有限的。

2000年后，继"素质教育"之后又提出了（或引进了）"创新教育"的概念。当然，它对于素质教育的提法而言，是一大进步——因为至少在形式上指出了重点和关键，而不再是漫无边际包罗万象的一切优良素质。但怎样进行创新教育？具有创新精神的人一般具有哪些品质？关于创新教育、创新人才的研究已可谓汗牛充栋。根据龚放等对2000年到2004年CSSCI教育学期刊进行的检索统计，具有相关关键词（包括创新教育、创新能力、创新人才、创新精神、创新意识、创造性思维）的文献共1095篇。（龚放，叶波，2006）

什么叫创新？有人说，创新是指能为人类社会的文明与进步创造出有价值的、超越前人的精神产品或物质产品。也有人说创新是指能为人类社会的文明与进步创造出有价值的、前所未有的精神产品或物质产品。"创新人才"是具有创新意识、创新思维和创新能力的人才；具有博专结合的充分的知识准备，高度发达的智力与能力，自由发展的个性，积极的人生价值取向和崇高的献身精神，国际视野、竞争意识和国际竞争力，强健的体魄的人才。（钟秉林，2007）

有人甚至强调，我们的传统文化中不乏创新精神。孔子确实十分重视质疑在思维和学习活动中的作用。他要求学生要"每事问"，因为"疑是思之始，学之端"，"学而不思则罔，思而不学则殆"。在孔子看来，疑与思是学习的基本功，但遗憾的是他没有阐述怎样思、怎样评价思的可靠性等方法论问题。后来的追随者也与此类似。孔子的学生子夏提出"博学、笃志、切问、近思"的学习方法。孟子则说过"尽信书，则不如无书"。宋代朱熹也曾说"读书无疑者，须教有疑；有疑者却要无疑，到这里方是长进"，此话可谓辩证，但在知识论上并没有本质上的改进。稍后陆九渊提出的"为学患无疑，疑则有进，小疑则小进，大疑则大进"（岳晓东，2000），与孔子的"疑是思之始，学之端"相比并没有实质性的进步。

由于大量文献中创新的概念不清晰，由此而导致的创新精神培养途径的论述也莫衷一是，有些甚至大相径庭。不少人把创新精神完全归结为情意问题、"情商"问题，似乎"人有多大胆，地有多大产"。然而，如果能够全面地阅读国际研究文献的话，便不难发现，要具有创新精神必须具备批判性思维（Critical thinking）技能。那么，什么叫批判性思维呢？依据认知心理学家的观点概括如下。

在认知能力方面，要具备：（1）发现问题、收集信息、分析数据、评估证据的能力；（2）鉴别事实与个人主张、事实与逻辑判断之间的差异的能力；（3）得出普遍规律，并评定其逻辑严密程度的能力；（4）正确、清晰地进行推论，并有效解释结论的能力；等等。在情意方面则具备：（1）不草率、不盲从，对问题深思熟虑、考虑周到；（2）保持好奇和质疑的态度，让判断建立在收集大量信息的基础之上；（3）意识到自己可能存在的偏见、歧视，不让这些偏见影响判断；（4）能以一种开放的态度理性地看待各种观

点，理解他人；等等。（王玮，2004）

问题是，这样一来，培养创新素质就必须回到"学科知识"上去了，因为没有学科知识做载体，怎样辨别观念与事实、观念与推论、推论与事实之间的差别呢？因此，提素质教育、创新教育，还不如提"在学科知识学习中，注重培养分析、批判、独立思考能力"更确切、更具操作性。实际上目前世界一流大学的人才培养目标无不体现这一思想。耶鲁大学校长莱文（R. C. Levin）2010 年年初在英国皇家学会高等教育政策研究所发表的《亚洲大学的崛起》的讲话中谈到了世界一流大学的教育目标："大家比较能达成共识的是，世界一流大学必须培养学生独立的、批判性的思维能力。"（Levin，2010）

有人说发达国家在高等教育大众化初、中期，也存在与我国目前类似的对教育目标认识模糊的阶段。正如斯塔克（Stark，1997）所言，美国当时学术界和校园内常见的讨论主题为：教育目标、人才培养目标，精英还是大众（入学标准的高低），通识与专业、选修与必修，教学方式方法、教育技术的运用，教学评价与改进机制。显然他们是在"批判性思维"与"新自由主义"抑或是"世界公民"之间进行权衡，而我们是在民族主义与国际主义、科学素养与封建传统"体用两分"之间寻求平衡。

第四节　构建"体用一致"的教育目标

综上所述，可以认为，素质教育的提法曾经为改变我国传统、封建的教育理念做出了巨大的贡献，但目前已经完成了它的历史使命。我们需要重新调整教育目标。从《纲要》的精神看，我国社会发展和经济基础已经为此提供了足够的资源。如果说 30 年前的改革开放主要在经济建设和科学技术领域的话，从 2010 年开始，我国进入了政治体制、教育体制改革的新阶段。当然，这一新阶段改革成果的大量出现从时间上也不会少于 30 年。

我国高等教育目标存在问题的根源在于没有站在全球视野下理顺各种关

系。根据 21 世纪对人才的要求，我们必须建立"体用一致"的教育目标，只有这样才能培养学生在情意领域形成平等、开放的心态，求真、务实的精神，质疑、创新的勇气；在认知领域养成权利与义务平衡的公民意识与能力，掌握人类共同意义上的历史与文化知识、科学知识与方法，提高发现问题、分析问题和解决问题的能力；从而在全球化社会中使中国文化的精华得到发扬与光大。具体而言，应确立三个层次的人才培养目标：层次（1）培养能够胜任自己职业和生活的公民（就业）；层次（2）培养能服务于社会具体专业领域建设与发展的有用人才（创业）；层次（3）培养人类文明（包括中华文明）的传播者和创造者（正确处理中西方文明的关系）。这三个层次的培养目标，除了最后一点，实际上反映了美国 1636 年以来教育目标的历史演变过程。（Rudolph，1978）

怎样构建这样体用一致的教育目标呢？

首先，要弄清 21 世纪的全球社会特点。自 20 世纪晚期，始于经济领域的全球化已经渗透到科技、政治、文化、教育等几乎所有领域，因此国际社会已经将自然科学和社会科学的众多问题放在全球尺度上加以考量，如全球气候变化问题、能源问题、疾病与卫生问题。社会科学中也出现了一系列超越经典现代性意义的批判理论（或称后现代），其中哈贝马斯的交往行动理论是突出代表。

哈贝马斯在《交往行动理论》中提出人的四种行动类型：工具性行动、规范调节行动、戏剧式行动和交往行动。哈贝马斯认为，在韦伯与法兰克福学派的理论中，所谓合理的行动主要局限于工具性行动。哈贝马斯提出对应工具性行动的有效语言交流的合理性以"真实性"为标准；规范调节行动对应的标准是符合社会规范的程度或"正确性"；戏剧式行动，意指"行动者在观众面前，以一定方式进行自我表述……想让观众看到并接受自己"，其对应的标准是"真诚性"；关于交往行动，哈贝马斯并没有提出任何标准，尽管它被赋予统摄其他三种行动的高度。（哈贝马斯，1994）哈贝马斯对此只是描述，没有标准，这说明无论从规范调节行动的"正确性"上看，还是从交往行动的"协调"程度上看，实际上是没有终极目标的。而儒家给出了一个最高标准——礼让。

怎样将"礼让"与"科学与民主"的思想统一起来呢？这里的"礼让"不同于怯弱，也不同于老子的"无为"，而是为了更有效地避免冲突，调用策略性知识做出的行动，是最高层次的智慧决策。它需要参与交往的人做出适时、适地、适度的选择，以达成最小的效率损失。这就是说，教育的功能不仅是传递科学的工具性行动、个人表现的戏剧式行动，而且要传递当不同规范性行动产生冲突时，消除冲突的策略性行动。与上述真实性、正确性、真诚性标准不同，礼让的标准是和谐。而这里的适时、适地、适度是需要运用科学方法才能完成的。

从《民主主义与教育》的开篇隐喻可以看出，杜威的自然主义哲学是以关注生命个体活动为逻辑起点的。而且，尽管鼓励民主生活方式，但其目标也是以学生个体的发展为出发点，没有摆脱个人主义的立场。而儒家思想则以种族社群的共同利益为起点。自远古时代起，我国解决生存问题的途径就不是个体化的，而是集体性的行动，因此处理人际关系的交往行动极为发达。不同于杜威的"科学和民主"理论在描述教育活动过程时详细列出探究教学的五个步骤，孔子的《论语》中饱含了行为规范的具体指引。因此，当杜威理论应用于 20 世纪的我国时必然出现一系列悖论：德育与智育对立，公民教育与德育对立，文科与理科对立。不少教师将杜威学生中心的教育误解为崇尚人文主义而排斥科学理性，或者是为学生发展服务而排斥为社会发展服务。

在 21 世纪，杜威的《民主主义与教育》开篇隐喻需要补充和修订。在针对个体的类比描述基础上增加群体的类比：生物种群为了繁衍生息，在个体力量不能战胜自然力量的情况下，就会形成群体的力量；而为了保证群体的利益，有时需要牺牲个体利益。这一点在西方文化中是难以接受的。事实上杜威理论也遭到同行质疑，其中一个问题是"怎样在一个自由社会内部进行集体探索"（Noddings，2007）。不过，对于谁做出牺牲、谁具有决定权以及以怎样的方式进行等问题，必须依靠科学与民主的方法，乃至基于此的法制保证。

这样，如果说 20 世纪的教育是以杜威的"科学加民主"为目标，那么 21 世纪的教育目标则是"科学加儒学"。这里的儒学包含与科学理性一致的"正义"概念，而且这个"正义"不排斥经典的"民主"的元素，但超越了西方民主的范畴，扩大到对异质文化的宽容与忍让。因为较之杜威理论产生的时代，全球化时代的科学活动和民主生活是更加多元的社会交往活动，而保证这样的交往行动合理、有效进行的基本人文条件和程序，已经在两千多年前的中国完成了初步的准实验。

其次，体用一致的大学教育目标的实现还要有相应的管理体制相配合。要创造有利于人才"自然成长"的环境，而不是置"环境"于不顾，对少数几棵苗"揠苗助长"。管理层首先要研究和尊重不同学科发展的内在规律和人才成长规律，然后根据此规律制定相应的人才政策；要区分生产知识的学术活动与各种社会活动在创新中的不同作用与价值，在资源配置上不可本末倒置。各种人才计划的评选工作要公平公正、坚持标准，否则一方面会打击真正的人才，另一方面使拔起来的"人才"不堪重负，最终逼上弄虚作假的道路。

此外，体用一致的教育目标的实现还需要体用一致的教育内容作保证。这里仅仅借鉴我国香港和台湾等地区的经验还不够，还要有所创新，做到既重视对理科学生的人文素养的培养，也重视对文科学生科学素养的培养。在学科建设上既要重视对理科的投入，也要重视对文科的改革。如果说理科的创新更多关乎"用"之领域，那么人文社会科学的创新则多在于"体"了。无体之用或体用两分都是沉痛的历史教训。近几年由 OECD 主持的一项跨国学生学习评价项目（PISA）调查结果显示，我国香港和台湾地区的初中生科学知识和数学能力在 57 个国家中名列前茅，但"科学的自我概念"（Self-concept in science）排名很后，甚至属倒数几位。（OECD，2010）2001 年我国公众科学素养调查数据反映，从中学开始，中美两国学生的科学素养差距开始加大，在大学阶段这种差距更大。（谭小琴，2008）这些调研在一定程度上反映了"体用分离"教育思想的深远影响和中国文化圈擅长"整体性思维"而缺乏科学思维的特点。耶鲁大学校长莱文教授在 2010 年年初英国皇家学会发表的著名讲话《亚洲大学的崛起》中指出，由于缺乏原始创新，日本的工业在 20 世纪 90 年代以后失去了增长势头。这种由于缺乏创新而导致的不良后果值得我国警惕。

构建体用一致的教育目标要继续完成中国的"文艺复兴"。复兴大业无非有两条路可循：一条当然是以全球视野看问题，借鉴外国先进文化；而另一条同样重要的是复兴中国古代科学文化。近年来已有不少人开始关注中国文化的复兴问题，但复兴的思路大多在儒家文化上做文章，提出重构"新儒家"的口号。这样做的困难在于，即便不是狭隘的民族主义思路，也难避牵强附会之嫌。虽然儒学中有许多精华值得继承，但除了儒、释、道三家，我国古代文化中还有许多与现代文化精神更相容却被长期冷落的成分，如《墨子》中的科学思想、实验方法、逻辑体系，荀子《天论》、王充《论衡》中的科学思想，还有法家思想等。近年来许多国学大师指出，墨家的衰落是中华文明的一个重大损失。实际上，复兴墨学等科学思想有利于从根本上解决一百多年来"体用两分"的难题，有利于提高学生的民族文化认同——因为我们的科学技术理性和平等兼爱的思想并非一定要从外邦引进"嫁接"不可，而是可以通过"寻根"实现本土生长、复兴！

最后，体用一致的教育内容要有体用一致的教育方法来实现。对于21世纪全球化时代的青少年，简单的说教只能给他们以知识贫乏、保守落后的印象。解决文化冲突最好的办法是将各种矛盾如实地交给学生，与学生一起开诚布公地、实事求是地讨论。在讨论的过程中培养学生的批判性思维。

解决文化冲突问题说到底就是解决价值问题，所谓"解决"文化冲突问题，不是要得出非此即彼的结论，而是让学生——未来的公民，学会分析价值冲突的方法，知道处理问题的方法有多种多样，但在一定条件下存在一个最优的方法，而且随着条件的改变方法和结果也会改变，从而使他们能够在毕业时具有独立思考的头脑，具有明确的目标，具有强大的能力和意志为所确立的目标去奋斗。这种认知水平和精神状态正是哈佛大学人文社科专业的男生在毕业时不同程度地达到的标准。（Perry，1977）相反，如果对差异和冲突采取回避的态度，必然使学生陷于迷茫之中。由于这种迷茫不仅事关学术知识，而且事关价值观和道德情操，结果导致学生们在走出校门、走向社会的时候，还没有弄清什么是真、什么是假，更谈不上弄清什么是对、什么是错，甚至不知道是否应该弄清这些问题，因而更不可能为了自己认定的价值、理想去奋斗、拼搏了。那么，创新又从何谈起呢？

综上所述，我国现有的许多教育改革实践还停留在诸如教学论或课程论等具体教育过程的层面，而缺少教育哲学层面的有效探讨。实际上"以知识为中心"还是"以学生为中心"的话题从根本上讲关乎"教育与民主"的关系，而这个关系问题不解决，素质教育必然难有实效。在美国，这个问题早在一百年前由杜威解决了，这是因为科学与民主的关系在西方文化中，无论从历史的角度还是逻辑的角度上看都是一对孪生兄弟，但在我国完全不同。21 世纪的教育又在我们尚未准备充分的情况下进入了全球化时代，人类教育研究的前沿已经超越了"教育与民主"的话题，进入了"教育与文化"的阶段。那么，对我们发展中国家而言，在继续耕耘于科学—民主问题的同时，还要密切关注多元文化与教育发展的问题。为此，处理好本土文化与现代化的关系，充分认识科学文化与现代化的必然联系至关重要。只有这样，中国的大学才可能进入世界一流的行列，我们的后代才能在全球化社会中大展宏图。

第五节　人才培养目标与学校的定位

上文所谈的教育目标事关宏观的教育思想，属于教育哲学研究的范畴，即关乎培养什么样的人、为谁培养人的问题，英文用 Aims 表示。下面谈谈不同学校类型的定位问题，涉及的是 Objectives 层面的问题。大众化首先带来了学校的分类发展，继而带来高等学校办学目标的调整。而办学目标直接决定着一所学校的教育目标。

按照卡内基 2000 年的分类方案，美国将高等院校分为七类：（1）具有广泛研究领域的博士学位授予权的顶尖研究型大学（D/R－E）；（2）具有重点研究领域的博士学位授予权的研究型大学（D/R－I）；（3）具有硕士学位授予权的一类大学（M－I）；（4）具有硕士学位授予权的二类大学（M－II）；（5）具有学士学位授予权的文理学院（BLA）；（6）具有学士学位授予权的普通学院（BGC）；（7）两年制学院。显然，这些学校在知识发展、社会发展中的作用与使命是非常不同的。以世界一流大学为例，其作用与使命就是发展知识，引领社会向更加健康和谐的方向发展，控制全球化的速度、方向与进程。这样的目标定位是与其独特的条件一致的：一流的教师、一流的管理（学术自由、学校自治）、一流的科研成果、一流的学生、一流的投入。

斯塔克（J. S. Stark）系统地概括了影响学校定位和教育目标的环境因素（1997），其中包括外部因素和内部因素。外部因素主要有：来源于社会的价值体系、经济、政府政策、宣传媒体、经费与资源、学生就业市场、教育认证机构；来源于教育事业内部的知识的发展与变化、学会组织、认证标准制订、学生素质、实习基地建设、校友情况。内部因素主要有教师素质、学生质量、行政管理模式。

教育目标的问题常常隐含于课程与教学中。与教育哲学注重回答价值层面的问题不同，课程理论注重回答的是怎样落实到实践层面的问题，诸如为了达到培养某种特定类型人才的目标，教学内容需要怎样选择，怎样组织这些知识，怎样给学生展现这些知识，怎样评价它们的有效性等。

在哈佛大学 2009 年开始实施的通识教育新方案中，关于该校教育目标的陈述是："哈佛的教育是自由教育（liberal education）——即一种在自由质疑精神下进行的，不需要顾虑教育论题是否恰当或者是否有职业用途……自由教育是有用的，但这并不意味着它的目的是为了学生的职业目标，或者给他们大学毕业后生活的直接指导，它也并不意味着奉承许多人所持有的观念：我们所熟悉的世界是唯一重要的，从而借此向学生灌输自信。完全相反，自由教育的目的是动摇陈见，是使'习惯的'变成'不习惯的'，揭示隐藏在表面之下与之后的东西，摒弃原来方向并帮助他们找到确定新方向的方法。通过教会学生质疑陈规，促进自我反思，训练批判性的、分析性的思考，通过让他们体验一种由于接触极其不同的历史事件与文化现象而产生的疏离感，这种事件与文化是超越他们甚至是我们教师自己理解能力的东西，自由教育由此达到上述目的。"（Harvard University，2007）

根据泰勒原理，从教学内容、学生需求、社会需求这三个因素来看，不同类型的高校将形成不同的课程模型。如果将高校分为两类，即研究型大学与普通教学型高校，那么研究型大学是一个通过科学研究发展知识的、开放的循环的体系（如图 1 - 1 中实线所示）；而普通教学型高校，则是一个被动地服从于社会的封闭体系（如图1-1中虚线所示）。

图1-1　高等教育目标与学校类型的关系

———→ 研究型大学　·····▶ 教学型高校

研究型大学以发现新知识、创造新技术为使命，而这就是它的社会需求；同时，它的优秀学生往往具有与教师以教学与科研融合的形式共同探究未知世界的学习动机与学习能力。这些学生毕业后有很大的创造性，通过创新与创业活动，反过来又引领社会需求。普通教学型高校往往相反，教师的任务主要是满足社会和学生的需要，传递知识，其学生的目标主要是掌握一技之长，以适应社会具体职业的要求。

斯坦福大学校长卡斯帕尔说，斯坦福大学坚持三点：精选学生；主要致力于探索知识；培养富于批判性的追根究底的精神。他还直言要以科研带动教学，建设在研究与教学方面的学术的"卓越性尖端"，而不是训练工程师及商业管理人员（1999）。德里克·博克认为研究型大学扩招最多不能超过15000人（1991）。"精英教育机构不应承担高等教育大众化的任务。"（潘懋元，2003）无论是在精英教育阶段，还是在大众化教育阶段，研究型大学都应该是产生新知识、新思想的源头。大众化教育永远不会是研究型大学的大众化。在大众化教育阶段，研究型大学的定位仍然应该是：探索新知识，追求卓越的科研成果，培养创造性的科学、文化或高新技术英才；坚持根据知识的产生、发展规律和社会文明、健康发展的需求，保持客观地定义、评价知识，探求知识的态度和方法。

研究型大学即便承担为社会服务的责任，其形式和内容也应该与其他高校有所不同。布鲁贝克（2001）说过，一所大学如果试图办成满足所有人需要的万能机构，那它若不是骗人就是愚蠢。哈佛大学若干年前继续教育的成功经验说明，研究型大学的成人教育对象应该主要是政府高级官员、法官、高级新闻记者等社会"英才"人士，因为他们具有向教授们发出挑战的社会经验，他们给学校带来社会新问题和新动向，他们的学习也是对学校课程实用性的检验。"他们带给大学的和他们带走的一样多。"（博克，1991）换句话说，研究型大学的成人教育仍然要坚持精英教育的培养目标。

综上所述，与基础教育相比，我国高等教育目标的影响因素具有两个特点。（1）无论什么类型的大学，社会因素的影响居首位，尽管影响的方式不同［或是直接对知识发展方向（研究课题内容）产生影响，或是对学生需求产生影响］。质量认证与社会问责制度的出现，使人们更加重视社会组织对大学的评价。（2）学校的定位决定了人才培养的层次，也影响了在人才培养过程中如何贯彻重视学生能力多样性与差异性的原则。普通高校比一流大学更要注意以学生为中心，更加关注传统"高深知识"以外的生活性知识，更加关注学生个别需求或"个人知识"。而一流大学仍然肩负着发展公共知识、推动知识产生的责任，正在向着更加严谨、更令人信服、更经得起学术共同体推敲的方向发展。总之，基础教育与普通高校应该以传承中国优秀传统文化为教育目标的重要内涵，以服务社会和大众需求为己任。少数著名大学应以创新中国文化，为培养适应全球化社会的批判性、创新性人才为主要目标；为推动世界和平，发展人类共同知识体系做贡献。

参考文献

［1］布鲁贝克，J. S. 2001. 高等教育哲学［M］. 王承绪，等，译. 杭州：浙江教育出版社，189.

［2］陈思敏. 2008. 台湾"通识教育"与大陆高校德育之互鉴——以对传统道德文化资源的认知、定位、开掘为视角［J］. 福建师范大学福清分校学报，（4）：53－57.

［3］德里克·博克. 1991. 美国高等教育［M］. 乔佳义，编译. 北京：北京师范大学出版社，100.

［4］德里克·博克. 2001. 走出象牙塔——现代大学的社会责任［M］. 徐小洲，陈军，译. 杭州：浙江教育出版社，350.

［5］樊娟. 2009. 新生代大学生文化认同危机及其应对［J］. 中国青年研究，（7）：36－42.

［6］冯建军. 论当代中国教育的双重转型［J］. 南京师范大学学报（社会科学版），

2011，（3）：104 – 109.

[7] 复旦大学历史学系，等.2007. 中国现代学科的形成［M］. 上海：上海古籍出版社，458.

[8] 龚放，叶波.2006.2000—2004 年教育学期刊论文统计［J］. 高等教育研究，（9）：1 – 9.

[9] 龚放，张红霞，余秀兰，曲铭峰.2009. 教授上讲台是提高高等教育质量的必由之路［M］. 北京：高等教育出版社，293.

[10] 郭芳芳.侯怀银.2008.20 世纪 90 年代以来中美学者视野下的美国大学公民教育［J］. 外国教育研究，（6）：59 – 62.

[11] 哈贝马斯.1994. 交往行动理论［M］. 重庆：重庆出版社，135.

[12] 姜月.2009. 论学校教育的悖谬——基于文化视角的分析［J］. 教育研究，（1）：64 – 68.

[13] 金辉基. 从传统到现代［M］. 北京：中国人民大学出版社，1999.98 – 103.

[14] 卡斯帕尔，G.1999. 研究密集型大学的优越性［A］. 21 世纪的高等教育［M］. 北京：北京大学出版社，101 – 104.

[15] 李俊卿.2010. 大学生公民意识的实证研究与培育路径［M］. 社会科学家，（11）：106 – 109.

[16] 李萍，钟明华.2002. 公民教育——传统德育的历史性转型［J］. 教育研究，23（10）：66 – 69.

[17] 刘泽华.2010. 对弘扬国学、儒学若干定位性判断的质疑［N］. 中国社会科学报，2010 – 01 – 15，2010 – 01 – 21.

[18] 彭忠秋，李仲伟，李正辉.2007. 当代青年学生的价值冲突及效应分析［J］. 理论与当代，（11）：35 – 37.

[19] 李英林.2008. 高校德育主体价值取向的矛盾及其文化解析［J］. 社会科学战线，（3）：262 – 265.

[20] 马凤歧.2009. 教育实践的特性与教育学的科学化［J］. 教育研究，（11）：37 – 38.

[21] 潘懋元.2003. 大众化阶段的精英教育［J］. 高等教育研究，（6）：1 – 5.

[22] 戚万学.2009. 当前中国道德教育的文化困惑与文化选择［J］. 教育研究，（10）：23 – 29.

[23] 任继愈.2001. 二十一世纪的中国哲学［J］. 中国哲学史，（1）：6 – 7，8.

[24] 苏昕，侯鹏生.2009. 高等教育评价体系的结构多元化和价值冲突［J］. 教育研究，（10）：60 – 65.

［25］孙诒让.2009. 墨子间诂·非攻上［M］. 北京：中华书局，129.

［26］谭小琴.2008. 从公众科学素养看科学全球化中的中国教育［J］. 自然辩证法研究，
（1）：85 - 89.

［27］王策三.2004. 认真对待"轻视知识"的教育思潮［J］. 北京大学教育评论，（3）：
5 - 23.

［28］王后雄.2010. 论教育考试的功能性缺陷与价值冲突［J/OL］.［2010 - 02 - 08］
http.//lilun. hbksw. com/html/ksll/2010 - 01/67996. html.

［29］王玮，2004. 重新认识"批判性思维"及其在课程中的运用［J］. 比较教育研究，
（11）：62 - 66.

［30］卫建林.2010. 中国文化力量的历史逻辑与理论体系［N］. 中国社会科学报，
2010 - 01 - 12.

［31］吴国盛.2001. 科学与人文［J］. 中国社会科学，（4）：4 - 15.

［32］吴玉军，吴玉玲.2008. 新加坡青少年国家认同教育及其启示［J］. 外国中小学教
育，（7）：47 - 49.

［33］徐陶.2012. 杜威与孔子的教育哲学：历史视野与当代意义［J］. 教育科学，（4）：
66 - 71.

［34］杨宜音.2008. 当代中国人公民意识的测量初探［J］. 社会学研究，（2）：54 - 68.

［35］杨国枢等. 中国人的心理与行为：本土化研究［M］. 北京：中国人民大学出版社，
2004，99 - 100.

［36］英克尔斯，A.，史密斯，D. 从传统人到现代人［M］. 顾明，泽. 北京：中国人民
大学出版社，1992，510.

［37］岳晓东.2000. 批判思维的形成与培养：西方现代教育的实践及其启示［J］. 教育
研究，（8）：65 - 69.

［38］钟秉林.2007. 在西安交通大学举行的"中国 - 耶鲁大学领导暑期研讨班"上
的讲话.

［39］张红霞，吕林海. 杜威教育哲学在全球化时代的发展［J］. 教育发展研究，2013，
17，64 - 71.

［40］Archambault，D. D. 1964. Introduction. in John Dewey on Education. University of Chicago
Press：xvii.

［41］Doong，Hiowlan，2008. Taiwan's New Citizenship Curriculum：Changes and Challenges
［M］//Grossman D. L. et al. Citizenship Curriculum in Asia and the Pacific. Dordrecht，
Netherlands：Springer，43 - 60.

［42］ Harvard University. The Task Force on General Education. 2007. Final Report of the Task Force on General Education ［EB/OL］［2009 – 08 – 29］. http：//www：fas. harward. edu/ ~ secfas/General. Education_ Final. Report. pdf.

［43］ Lee, W. O. 2008. The Development of Citizenship Education Curriculum in Hong Kong after 1997：Tensions between National Identity and Global Citizenship. ［M］//D. Grossman, W. O. Lee, & K. Kennedy. Citizenship Curriculum in Asia and the Pacific. Dordrecht, Netherlands：Springer, 29 – 42.

［44］ Levin, R. C. 2010. The Rise of Asian's Universities. As the Seventh Annual Lecture of the Higher Education Policy Institute. The Royal Society, London, England.

［45］ Noddings, N. 2007. Philosophy of Education ［M］. Westview Press, 270.

［46］ OECD. PISA 2006 Science Competencies for Tomorrow' s World, Volume 1：Analysis. p. 138. ［EB/OL］［2010 – 01 – 20］
http. //www. pisa. oecd. org/pages/0, 2987, en_ 32252351_ 32235731_ 1_ 1_ 1_ 1_ 1, 00. html.

［47］ Perry, W. G. 1970. Forms of Intellectual and Ethical Development in the College Years：A Scheme ［M］. New York：Halt, Rinehart and Winston, 285.

［48］ Rudolph, F. 1978. Curriculum：A History of the American Undergraduate Course of Study Since 1636 ［M］. Jossey – Bass Publishers, 361.

［49］ Stark, J. S. , Lattua, L. R. 1997. Shaping the College Curriculum：Academic Plans in Action Massachusetts ［M］. Allyn and Bacon, 161.

第二章

学科特点与课程教学

大学是生产、传播知识的专门场所，因此，对知识性质的认识无疑是大学各项工作的基础。学科是知识在大学的具体表现形式。一方面，学科或专业代表了知识发展过程中自然形成的知识分类体系，学科和专业的演变过程代表了知识的发展过程；另一方面，学科和专业设置及其相互关系是大学组织结构的依据，其中包括研究机构（如研究所、研究中心），教学机构（如院系、教研室）。因此，关于学科特点的研究应该是高等教育研究和大学课程与教学研究的基础。然而，由于我国大学学科体系的主要成分来自于西方，而且至今也只有一百年的历史，加之我国源自儒、释、道的传统知识观与西方源自"古希腊三杰"的知识观有很大不同，造成学科特点及其与大学课程、教学的关系的研究发展缓慢。无论从哲学还是从教育学的角度，我国对学科进行系统的研究都十分不够，这给大学的科研和教学工作带来了许多问题，如学科建设问题、本科专业建设问题、通识教育课程设置问题、跨学科研究与教学问题，甚至包括第一章所述的有关教育目标问题。20世纪下半叶以来，在全球高等教育大众化、国际化的大背景下，学科的快速发展、重组、融合等又带来了新的挑战。而且，伴随全球化带来的社会民主化和多元主义思潮对传统知识观的冲击，以及大学类型和生源类型的多样化，这个研究主题的重要性越发凸显出来。所有这些都给高等教育课程与教学研究领域提出了许多研究课题。本章首先阐述学科的历史文化属性及其带来的冲突，在此基础上重点论述人文社会科学的演变过程，信息化和大众化带来的知识与学科新定义，学科分化、统整与跨学科问题，学科建设与教学改革、专业设置等问题。

第一节　"学科"内涵及其历史文化属性

英美20世纪60年代教育哲学的主题是基于通识教育意义上的知识分类，因为学界认识到知识分类是通识教育课程的基础（韦斯特伯里，2008），学科是一个民族在自己独特的文化发展过程中自然形成的知识分类体系，因此学科及其体系具有鲜明的文化属性。不同的文化类型产生不同的知识论或认识论传统，也就形成了不同的学科体系。东京大学教授中岛隆博曾经评论道："中国自古以来就热衷于学问的分类。按照经、史、子、集进行四部分类就是其代表……但是，这并不仅仅是为了对图书进行分类。它来自于这样一种世界观：我们该怎样把握这个世界，用何种原理进行区分，又在何种形式下进行理解。学问的分类，规定了其文化的根本姿态。"（小林康夫，2005）

中西方的知识体系至少在两千多年前就开始分野。古希腊有"七艺"（文法、修辞、逻辑、算术、几何、天文和音乐），我国则有"六艺"（礼、乐、射、御、书、数）。两者的主要差异在于：西方特别关注人与自然，注重对自然规律与逻辑的探索；中国特别关注对人与人关系的伦理学意义上的探讨。七艺，作为学科概念，尽管在古罗马灭亡之后至中世纪有一些变化，但总体而言一直沿用到文艺复兴运动以前。文艺复兴时代开始分化：文法分为文法、文学、历史等，几何学分为几何学和地理学，天文学分为天文学和力学。到了17、18世纪，学科进一步分化：辩证法分为逻辑学和伦理学，算术分为算术和代数，几何学分为三角法和几何学，地理学分为地理学、植物学和动物学，力学分为力学、物理学和化学。在学科的发展史上，中世纪的七艺处于承上启下的重要地位。（Bowen，1975）

中西方的差异到文艺复兴时期更加显著，西方逐步产生了以实验思想为核心的近代科学，我国则从"六艺"演化为宋明理学的"六经"或"四书五经"，原来"六艺"中仅存的一点与科学技术有关的内容也被排挤出局。对知识增长方式的认识则集中体现在孔子、董仲舒、朱熹等的整理、综合和诠释的范式上。正如夏威夷大学美籍华人成中英（2001）教授所说："在中国哲学思想的整个系统中，中国的知识哲学是比较次要的。"与西方知识论相近的中国古代墨子、荀子的知识论和分析哲学萌芽没有得到传承。

我国最早对中西方学科、知识的差异进行系统研究的人当推梁启超。梁启超在 1896 年开始对西方的"格致学"进行研究时，深感其分类之复杂性，于 1902 年转而对西方科学发展史进行梳理，这是认识科学本质的有效路径。1911 年，他首次用"科学"代替"格致"，并从学理上阐明"科学"之本质，进而区分"学"与"术"："科学（英 Science；德 Wissenschaft）也者，以研索事物原因结果之关系为职志者也……学者术之体，术者学之用。二者如辅车相依而不可离。学而不足以应用于术者，无益之学也；术而不以科学上之真理为基础者，欺世误人之术也。"（梁启超，2004）进入 20 世纪，他既倡导作为基础研究的科学，又日益注重科学实务的发展，直至明确地意识到科学与国家振兴的深层关联。（姚雅欣，高策，2004）

继梁启超之后，王国维和陈寅恪在建设中国现代学术体系、倡导科学研究方法等方面做出了重大贡献。鉴于当时中国学术的现状，王国维清醒地认识到，与其被动接受西方学术体系，不如主动地对传统学术体系与研究理念进行反思并借鉴和吸收西方学术思想。（刘克敌，2008）陈寅恪与王国维的看法一致，他对当时中国学术界的评论是："社会科学则本国政治社会财政经济之情况，非乞灵于外人之调查统计，几无以为研求讨论之资。教育学则与政治相通，子夏曰仕而优则学，学而优则仕，今日中国多数教育学者庶几近之。至于本国史学文学思想艺术史等，疑若可以几于独立者，察其实际，亦复不然。"至于原因，王国维与陈寅恪不约而同地归于国人的急功近利的态度。其实，急功近利并不是原因，仍然是现象。真正的原因在于我国文化中对知识论研究兴趣的缺乏，对客观规律的麻木和藐视。

仔细考察起来，一个世纪后的我国大学中，社会科学学科仍然带有浓厚的儒家学术文化的印迹。例如，中国考古学中金石学的影响仍然存在。20世纪初调查殷墟文化时，以获取刻辞甲骨为目的，忽视陶器、兽骨等遗物的收集，更加不顾对遗迹与遗物的"出土环境"和"关系"的研究（唐际根，2010）。中国社会科学院旅英博士唐际根研究员精辟地指出，东方传统对中国考古学的影响最显著的方面是我们对待"古代"的态度。"古代"在考古学里本是真实的存在，但在中国学术传统中，在真实的"古代"之外还存在一个哲学概念上的"古代"。唐际根研究员指出了问题的实质。

虽然不同时期的知识分子对"古代"赋予了不同的价值内核，但总的说来都热衷于"营造"一个美好的"古代"。这个"古代"活跃着尧、舜、禹等生而知之的圣贤。因此，历代的社会改造、礼制建设、秩序整治，甚至科学发明，常常都在"托古"的背景下进行。例如，医学著作要自称为"黄帝内经"，《九章算术》要伪托是伏羲所作，就连当代的美酒也效"古法酿制"。"托古"文化背后隐含着中国文明机制之内盲目崇古的文化因子。受这种传统的影响，部分考古学家在研究工作中，热衷于"寻找"中国古文化的光明面。这种偏颇的态度对考古学发展是不利的。现代考古学的任务应该通过科学研究澄清历史，还原真实的"古代"。虽然这又意味着某种传统的丧失，但如果传统的丧失是学科进步的代价，我们乐见这种丧失。

事实上直到今天，不少著名大学的考古学科还放在历史系，而我国历史学的研究范式与西方的差异非常之大：我国主要视之为人文学科（Humanity），而西方则视为社会科学。在考古学中反映的这个问题，其实或多或少存在于所有文科中。以教育学为例，教育史研究又何尝不是如此呢？今天任何一种新的教育理念，都会被一些教育史家在孔子的典籍里找到关联，而对两者的差异却视而不见。目前我国各级各类高校都重视学科建设，热衷于为"重点学科"、博士点、硕士点四处奔跑，但对学科性质的研究却少有人关心。不少博士点、硕士点是先"搞"下来然后再讨论培养方案。在回答后辈提问"学科与专业有什么差异"时，我们的专家说："学科是属于研究生院管的；专业与本科教育相关，属教务处管。"关于西方的学科、专业、本科教育的关系将在后文阐述。下面我们先从一些案例来仔细考察一下西方在学科分类研究上经历了怎样的发展过程，获得了哪些研究成果。

　　知识的分类在古希腊学术全盛时期就有了萌芽，即上述的"七艺"。亚里士多德把科学分为三类。第一类，理论的科学，包括数学、自然科学和后来被称为形而上学的第一哲学；第二类，实践的科学，包括伦理学、政治学、经济学、战略学和修饰学；第三类，创造的科学，即诗学。但从完整的现代学科体系的角度看，知识分类始于文艺复兴时期罗杰·培根的工作。罗杰·培根将知识分为语言学、数学、光学、实验科学、道德哲学等五类。（Thorndike，1934）

　　培根在他的著名散文《论学习》（On Study）中提出"历史使人聪慧，诗歌使人机智，数学使人精确，科学使人深刻，道德使人崇高，逻辑和修辞赋予人以魅力"的精辟论断以外，他还以思维方式为分类标准，将知识分为三大类：历史学（记忆型）、诗歌（想象型）、哲学与科学（推理型）。培根将历史学又分为人类史与自然史，哲学与科学又分为神学、人类学、自然科学（数学、物理学）和形而上学。培根当时对数学的认识与我们今天不少人的认识一样，以为它是科学的一种，这是具有历史的局限性的。数学实为科学的语言工具。由于该方案从人的心理角度进行分类，容易产生类型上的重叠，因而招致了不少批评。但培根将哲学与科学放在一类，正反映了科学从哲学中逐步分化出来的过渡阶段的特点。

　　英国功利主义伦理学创始人、哲学家、经济学家和社会改革者边沁（Bentham，1748—1832）和法国数学家安培尔（Andre Marie Ampere，1775—1836）在19世纪对"科学"做出了类似的分类（任鸿隽，2002），将科学分为物质科学和精神科学。前者包括天文、地质、物理、化学、生物等，后者包括历史学、语言学、法律学、经济学等。该方案以研究对象为分类标准，得到了人们的普遍认同。

　　现代社会学的鼻祖、哲学家孔德（August Comté，1798—1857）也提出了科学分类方案。（Comté，1855）他将科学分为无机与有机两类。无机科学包括天文学、几何学、力学、物理学、化学；有机科学包括"关于个体的"生物学、动物学、植物学和"关于集体的"社会学。他认为，先有了无机的知识才有有机的研究。但他没有对"有机"与"有生命"加以区别。现在看来，将几何学看成科学，将动植物仅仅看成是个体现象，都反映了早期对知识认识的局限性。

社会进化论创始人、提出"科学知识最有价值"论断的斯宾塞（Spencer，1820—1903）在孔德分类方案的基础上进行了发展和修订。（Spencer，1864）他将科学分为三类。第一类，抽象科学，包括逻辑学、数学；第二类，抽象—具体科学，包括力学、物理学、化学；第三类，具体科学，包括天文学、地质学、生物学、心理学、社会学。这里可以看出斯宾塞已经将数学和逻辑与科学进行了区分，而且开始意识到基础学科与应用学科的差异，同时受社会进化论思想的影响，将社会学列入了应用科学的范畴。

英国科学家、统计学家、哲学家、伦理学家皮尔生（Karl Pearson，1857—1936）提出了一个足以反映他百科全书式知识结构的详尽的分类体系（见图 2 - 1）。（Pearson，1892）如此详尽的分类，对于当时的实际科学研究活动和教学都是很有价值的。不过，从知识论上看，此方案似乎并没有明显超越前人。

实验心理学的创始人冯特（Wilhelm Wundt，1832—1920）的分类突出了他对心理学的兴趣。他将科学分为"形式科学"（包括数学等）和"实质科学"两类。"实质科学"又分为自然科学和精神科学。后来的李凯尔特（Richert）将精神科学改为"文化科学"。不过，人文主义研究方法的鼻祖韦尔海姆·狄尔泰也用"精神科学"一词。（任鸿隽，2002）

20 世纪以后，更多的分类方案对社会科学（Social sciences）与人文科学（Humanities）进行了明确的区分。著名科学家、教育家、哈佛大学校长、"通识教育之父"科南特（Conant，1951）提出了一个普及性的综合的知识分类方案。他将知识分为两类：可累积的知识（包括自然科学知识和社会科学知识）和非累积的知识（包括哲学、诗与艺术）。这种分类特别具有教育上的指导意义，因为累积性不同的知识，反映了人在认知过程、思维方式上的不同，因此需要采用不同的教学方法、不同的研究方法。这个思想至今仍然为大多数教育家所认同，其中包括与他同时期并存有很大学术分歧的时任芝加哥大学校长罗伯特·赫钦斯（Robert M. Hutchins，2001）。

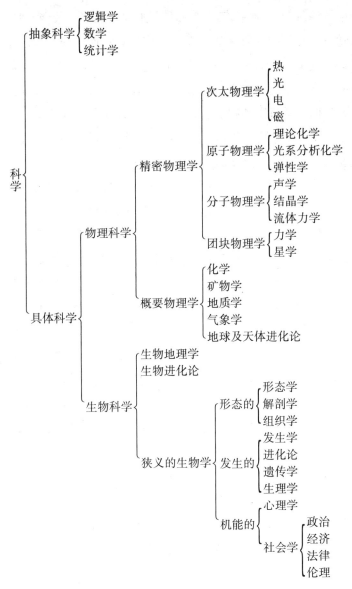

图 2-1　皮尔生科学分类体系

英国牛津大学哲学教授、著名教育家赫斯特（P. H. Hirst）在 1965 年提出了"七大知识与经验形式"（Seven modes of knowledge and experience）的分类方案（他对"经验"一词的定义与杜威是一致的），并对不同学科及其特点进行了专门的论述（1965）。①表示抽象关系的逻辑与数学。这类知识以公理系统中的演绎推理为其真理性标准，如欧氏几何、黎曼几何、逻辑学。②依靠感觉进行观察的物质科学。③不必依靠观察而依靠心智理解的人为学科，与信仰、决策、倾向、希望、欣赏的过程与情感有关。这类知识中有关客观判断的根据问题还没有得到足够的认识。④道德判断与意识。⑤美学感受。⑥宗教信仰。⑦哲学理解。赫斯特还建议以这七类知识构成通识教育的内容。"因为通识教育关心的是心智在获得知识过程中的全面发展……这意味着不仅要获得知识，而且要获得复杂的概念系统，以及相应的不同类型的推理和判断的技术。"他指出，学生学习的关键是弄清知识的形式、特点及其局限性。如果混淆不同的知识形式，学习就会受阻。而这一点正是我国的教育教学中所欠缺的。我们倾向于对所有的学科知识都采用千篇一律的教学法——无论在传统模式下，还是在当代引进现代化的教学模式下都是如此。

赫斯特的理论影响广大，但也受到一些批评。如用以区分知识的标准还很模糊，不能把知识的形式区分开来。不过最根本的批评来自于对立的学派，他们认为赫斯特只关注了统治阶层的知识，而忽视了其他知识。（Young，1971）前面的批评总体上是建设性的，因为随着人类认识的不断深化，标准会逐步清晰起来。后一条是带有情绪化的、感情用事的批评，以至于后来出现了"默会知识""个人知识"。"默会知识"实际上可以理解为一种形成中的知识。人类对这个世界知道的东西只占整个世界知识总量很小的一部分，因此至少从教学上讲，如果连这部分知识都没有搞清楚，谈什么尚未形成的知识便毫无意义了。而且，既然属于还没有形成的知识，就不应该急于进入明确具体的分类标准体系。

我们常用的学科分类概念来源于科尔伯（D. Kolb）的方案（Kolb，1981）（见表2－1）。这个方案被更多地用于科学研究和研究成果转化的相关领域，而很少用于教育教学领域。

表2－1　科尔伯的学科分类

	基础学科	应用学科
硬学科	数、理、化	材料科学、生物工程
软学科	文、史、哲	新闻、管理、社会学

上述学科分类的对象属于经典学科范畴或"基础学科"范畴，即真正的

"Disciplines"。弗莱克斯纳（Abraham Flexner，2001）曾经对基础学科教育与职业教育的差异进行讨论。他认为：基础学科教育是学术性的，扎根于文化和理想主义的土地；其知识的本性来自理智，它运用自由灵活的理智去理解问题，如医学是理解历史遗留给我们并因为进化和变异而变得复杂的种种疾病问题和社会生活问题；基础学科对待研究结果的态度是利他的，至少在理想上是无私利的，是为了崇高的目标，如医学就像希波克拉底誓言那样。而职业教育主要是技能训练，是很少与文化和理智相联系的。实际上，可以看出，与职业教育相关的知识更对应于"默会知识"和"个人知识"。

20 世纪 70 年代以后，更多的西方学者开始探讨经典学科以外的新型学科的性质及其教育问题。（Stark，1997）在更高的层次上将目前高校中的学科归为三大类：基础学科（Disciplines，如：数学、物理、化学、天文、地理、生物、历史、哲学、社会学、人类学、考古学、政治学、经济学、神学等），专业性学科（Professional Studies，如：管理、新闻、会计、医学、教育学），职业性学科（Occupational or Vocational Studies，一般为两年制的技能性训练）。这些不同的学科大类对应于不同的学校类型和学校层次，其教育目标也针对不同的社会需求。

在著名研究型大学，只有基础学科才培养本科生，所以又叫基础学院，或文理学院（FAS），如哈佛大学的哈佛学院（Harvard College）。该学院的历史与该校的历史一样长，专门负责通识教育课程计划的制订、实施、评价与修订。它作为其他专业学院的基础支撑，是大学的主体。因此，历史最悠久的哈佛学院又是文理学院的重要组成部分，是哈佛的象征。专业性学科教育都在该专业的研究生院进行，如法学院、商学院、教育学院。这些专业学院的研究生是在经过基础教育之后，接受一种应用性的专门训练。而基础学科的研究生教育仍然在哈佛学院，内容是学习探索纯学术性的新知识。当然，关于上述三大类知识的划分及其教育目标，如通识与专业的关系等，一直存在争论。

上述西方各种知识分类方案大多来自承认知识的客观性的经验主义、实证主义学派。但还有一个学派，即怀疑主义或唯心主义的知识论，它们实际上是当代解构主义的鼻祖。怀疑主义又有两种：一种是如黑格尔认为的意识决定的客观存在，另一种是否认无人经历过的物理事件的存在。据称怀疑主义知识观的分类方案首推美国学者泰克西纳（T. Tykociner）提出的分类。泰克西纳把人类知识划分为12个领域：艺术、信息的符号、物质能、生物学领域、心理学领域、社会学领域、演进领域、未来领域、调节领域、传播领域、探究领域、统合领域。泰克西纳同时认为，这12个领域是个相互联系的动态系统，它们仍然处在不断探索的过程中。（王伟廉，1988）

相比而言，不难看出，由于我们很少对知识论问题感兴趣，对学科与专业的概念认识不清，制订的培养方案当然也就盲目、混乱。许多一流高校还将法学院与商学院作为本科重点专业进行建设。为了弥补这一不足，目前引进了通识教育，但由于没有很好地研究各类课程之间知识结构上的关系，使原本就十分繁多的课程门类不仅没有得到梳理，而且更加混乱。同理，有关高职高专的学校定位与课程改革问题，长期难以解决的根源也在于此——对学科、专业、知识的重视和理解不够。

第二节　学科的演变过程与人才培养

中世纪欧洲大学通常设神学、哲学、法学、医学四个"学部"。我们不妨将这四个学部理解为今天的四大学科。学部的功能就是授业、解惑。创建于1810年的德国柏林大学，即最早的研究型大学，为了适应全新的办学目标，打破了原来的学术组织，在保留学部机构的同时，创设了新的"讲座"制。"讲座"最初是研讨班，后来发展为研究所、实验室甚至医院，是新学科、新知识的孵化器。也正是在这些新机构里，柏林大学首创了学术自由、科研与教学融合的办学模式。从1882年到1907年，在普鲁士九所大学的哲学学部（科学学科的主要属地）建立了77个研讨班和研究所、86个医学实验室和诊所、九个法律研讨班和四个神学研讨班。（克拉克，2001）用伯顿·克拉克的话讲，当时研讨班和研究所以一种"狂热的速度"发展着。

新机构的诞生，预示着19世纪德国最终取代英国成为世界科学技术的中心。与其他国家相比，新兴的美国反应最快，先后派遣近万名留学生赴德留学。这些留学生将德国的研究型大学理念和模式带回美国，并将其"讲座"制发展为规模化、标准化的研究生院，以适应快速发展的工业化进程。这显然不是简单的移植，而是创新。德国研究型大学模式在美国土地上生长出的不仅仅是霍普金斯大学，而且是以服务地方为办学目标的一大批"赠地学院"。随着赠地学院的发展，新兴的应用性学科，如农学、商学、管理学、美国研究，层出不穷。19世纪下半叶，美国的学科数量已经大大超过德国。同时在学科类型上，美国大学普遍重视应用性学科的发展，例如，1866年，有三分之二的美国教会学院开设商学课程。（Stark，1997）与此同时，学分制和专业学位（Professional degree）制度相继应运而生。从组织文化上看，美国不仅在研究生院和研究所继承了柏林大学学术自由之风，还将"讲座"制改造为民主制的"院系"组织。（范德格拉夫等，2001）有趣的是，各大学在这个重大机构的调整过程中，即从传统平面组织、单一本科教育职能，向叠加了研究机构的立体组织演变的过程中，居然"没有什么中央政府，或者一个皇家委员会，或者一个学术权威发挥重要作用"（克拉克，2001）。其根本原因在于学术自由的信念和南北战争后社会、经济加速发展的，以及顺应社会发展趋势的实用主义哲学带来的强大驱动力。

第二次世界大战后，随着新的科学革命带来的信息技术的影响，以及社会民主进程带来的入学机会的扩大，以美国为首的西方国家高等教育进入新一轮大发展时期，20世纪60年代开始出现了"多元巨型大学"。与此同时，尤其是进入20世纪80年代以后，在知识经济与全球化浪潮推动下，研究型大学进行了又一次学科重组，跨学科和新学科的研究所或研究中心如雨后春笋般涌现。（Stahler，1994）尽管20世纪90年代以后有些新机构由于成效低下遭到质疑，但总体而言，研究中心被认为是第二次世界大战后研究型大学学科发展的关键推动因素，在"大科学"发展中起到引领作用。（Geiger，1990）20世纪90年代以来，美国国家科学基金和健康研究院经费也明显向跨学科研究课题倾斜。有研究认为，研究中心的规模与其跨学科研究成果大致成正比。（Stahler，1994）

相对于西方19世纪和20世纪的两次学科重组运动，我国最近十几年发生的学科大发展似乎带有浓厚的 19 世纪德国模式的印迹，即政府推动、单学科发展、摸索着接近尚未成熟的市场，尽管在组织机构上也有不少跨学科的研究中心出现。

研究型大学设立的这些新兴学科很快反映到教学系统中，引起了本科课程与教学的变革及其组织机构的调整。在 20 世纪 70 年代哈佛大学首创了全校通修的通识教育"核心课程"，与之相适应进行了本科教育学院的重新定位。这样，历史悠久的基础学科对应于基础学科研究生院，新兴的应用学科则对应于专业研究生院或简称专业学院。例如哈佛大学最老的学院"哈佛学院"，负责全校本科生通识教育和掌管基础学科研究生院。本科生培养模式则相应地加强了通识教育成分而减少了专业课程比例。属于应用学科的专业学院如商学院、教育学院，没有本科生，只招研究生。这样保证了全体哈佛大学学生具有宽厚的通识教育基础，从而也保证了研究生跨学科创新潜力的发挥，为科研与教学相互促进的局面打下基础。我国研究型大学普遍设置大规模招收本科生的应用学科的专业学院，如法学院、商学院。这样做要么造成了人才资源的极大浪费，要么说明这些大学尚不具备研究型大学的条件，因为科研与教学融合的机制是研究型大学的重要标志。（罗德斯，2007）

克莱茵（J. Klein）将交叉学科按目的分为三类（Klein，1990；王冬梅，2007）：第一类是工具性交叉学科（instrumental interdisciplinary），旨在两个成熟与稳固学科之间构建联系，一般不对问题选择、学科认识论和逻辑结构进行批判性反思，如数学方法、统计方法的运用；第二类是认识论意义上的交叉学科（epistemological interdisciplinary），指重新构建知识和概念，重视对以往学科结构的批评，如 19 世纪末的历史学大讨论；第三类是跨学科（transdisciplinary），它寻求知识的整合、学科间概念与方法的融合，如生物物理学。美国高校中交叉学科课程有四种存在形式：通识课程、高年级本科生交叉学科的顶峰讨论课程、实践与实习课程、复杂问题的专项问题研究（如种族问题、恐怖主义问题）。

此外，跨学科建设进一步推进了教学管理机制的改革，增强了学生学习的自主性。以布朗大学"布朗教纲"为代表，早在 20 世纪 80 年代就让优秀的本科生在教师指导下自拟课程计划、自定专业名称。这些跨学科学习的毕业生必然成为未来新学科领军人才的后备力量或企业界的杰出校友。事实上英美各国的专业目录只有统计意义，没有指令功能。相比之下，我国虽然在1999 年《高等教育法》颁布后就提出要下放专业设置权，并在 2002 年以七所高校作为试点，但结果是"一放就乱、一收就死"（俞佳君等，2013）。大多数学校的专业设置仍然是一字不差地照抄《专业目录》。

从美国 2000 年国家教育统计中心制订的高等教育学科专业目录（CIP - 2000）的内容上看（见表 2 - 2），四位数代码的"学科数"为 401 个。而进一步划分的学科、专业数远超过 1000 个（据不完全统计为 1164 个）。根据美国国家科学技术人事统计中心（The National Register of Science and Technical Personnel）的数据，从 20 世纪 50 年代到 20 世纪 80 年代，美国各类学科和专业数从 50 个左右增长到 1000 个左右（Beard, Hartley, 1984）。由表 2 - 2可以看出，美国的学科专业分类目录有一个明显的特点：专门设有包括跨学科和文理综合类的"交叉学科"大类。

表 2 - 2 CIP - 2000 学科群设置情况总表

序　号	CIP - 2000 学科群名称	所含学科数	学科大类	学　位
1	交叉学科	21	22 交叉学科	学术型学位教育为主
2	文理综合	1		
3	英语语言文学	8	28 人文科学	
4	外国语言文学	17		
5	哲学与宗教	3		
6	社会科学	12		
7	心理学	23	39 社会科学	
8	历史学	1		
9	区域、种族、文化与性别研究	3		
10	自然科学	7	35 理学	
11	计算机与信息科学	11		
12	数学与统计学	4		
13	生物学与生物医学科学			

续表

序　号	CIP – 2000 学科群名称	所含学科数		学科大类	学　位
14	工学	34	34	工学	应用型与专业学位教育为主
15	医疗卫生与临床科学	34	34	医学	
16	工商管理学	21	21	工商管理	
17	教育学	15	15	教育学	
18	农学与农业经营	14	20	农学	
19	自然资源与保护	6			
20	法学与法律职业	5	5	法学	
21	建筑学	8	8	建筑学	
22	艺术学	9	9	艺术学	
23	公共管理与社会服务	6	6	公共管理	
24	传播与新闻学	6	6	新闻学	
25	图书馆学	3	3	图书馆学	
26	神学	7	7	神学	
27	工程技术	17	70	职业技术	职业技术教育为主
28	科学技术	4			
29	通信技术	4			
30	精密制造技术	6			
31	军事技术	1			
32	机械与维修技术	7			
33	建造技术	7			
34	交通与运输服务	4			
35	家庭科学	9			
36	公园、娱乐、休闲、健身	4			
37	个人与烹饪服务	4			
38	安全与防护服务	3			

注："学科群"和"学科"分别是 CIP 目录中用两位数和四位数代码表示的学科领域。"学科大类"根据美国国家教育统计中心、国家自然科学基金会和国家科学院等权威机构统计口径及世界著名大学的院系设置统计等划分。资料来源：刘少雪，程莹，杨颉，刘念才．美国学科门类设置情况．上海交通大学高等教育研究所资料，2010.

我国的情况如何呢？我国于1989—1993年第一次修订专业目录，专业数从1400多种压缩至504种。1994—1998年，根据《关于普通高等学校修订本科专业教学计划的原则意见》，专业数又从504种压缩至249种。1999年，《面向21世纪教育振兴行动计划》提出"本科教育要拓宽专业口径，增强适应性，今后三至五年，将专业由200多种调整到100多种"。与美国的实践相比可以看出，我们在认识上似乎存在几个误区。

第一，认为通过压缩专业数量就能够促进跨学科活动；而专业分细了就会把教师给分离了，不利于合作。实际上，学科划分与学科合作关系的原理，与人际关系划分与人际交流关系的原理是一样的。我国文化中将爷爷、奶奶与外公、外婆加以区分，将叔叔、阿姨与舅舅、舅妈进行区分，还有连襟、妯娌、侄子、外甥等复杂概念，甚至对更上几辈人进行"分类"，而且还延伸到朋友关系的亲疏上。然而，这样详细复杂的分类系统却从来没有降低中国人的人际交往的活跃程度。同样，如前所述，西方的知识分类系统越来越细，专业数量越来越多，但从来没有阻碍教师之间频繁的科研活动交往。这也反映了如前所述的我们对知识概念的理解还存在很大问题。

第二，我们将学科之间的包含关系理解为等级关系。从美国国家教育统计中心网站上公布的说明看，其学科分类仅仅具有统计意义，而不具有等级意义。这就是说，专业名称产生于学校，并不是国家统一硬性规定的。国家统计部门只是将其进行判别、分类，然后进行统计，为国家宏观教育政策的制定提供参考数据。例如，可以将A大学的"海洋物理"专业与B大学的"海洋动力学"专业归为一类，从而可以从国家层面上了解这方面人才的储备情况，这种分类与各校、各专业的教育资源分配没有关系。虽然海洋科学在我国学科分类目录系统中并不是处于一级学科或基础学科的位置，但同样面临与基础物理学一样重要的创新研究问题。经典力学研究的主要对象是连续介质，而海底泥沙是不连续体，因此许多问题难以应用牛顿力学去加以解决。不连续体究竟按照怎样的运动规律，目前是尚未解决的难题。因此在发达国家，教师们是以研究问题来组织研究团队的，而不是以分类目录中的学科为单位。与其说是"跨学科"，倒不如说是"聚集于共同问题"，其学科之间是没有等级概念的。

　　过去的 30 年是美国高等教育大发展时期，同时也是跨学科研究与学习空前活跃的时期，而且跨度越来越大。教育目标中也相应增加了培养学生的交流能力、合作能力、领导能力（Beard & Hartley，1984）。曾任康奈尔大学校长达 18 年之久的罗德斯（Frank H. T. Rhodes）说：面对学科的增长和规模的扩大，"必须人为地有意识地去营造、鼓励各种观点产生交锋，进行跨学科教学和科研的氛围"（罗德斯，2007）。今天美国除了在国家层面上设立以促进自然科学、数学、工程和技术领域跨学科教学为目的的项目外，如国家科学基金会的"万花筒计划"，研究型大学自身还通过设立专项奖励，创设本科生科研计划，改革教师招聘、管理与评价标准等，鼓励教师进行跨学科科研与教学合作。（Creso M. Sâ，2008）美国大学教师行政管理体制机动灵活，如一位物理学领域的教师，他在行政上属于哈佛学院的本科生院，任全校"物质世界"这门通识教育课程的主讲教师，但同时可以在生物物理研究所参加一个跨学科项目，并培养生物物理学方向的博士生。因此他受基础学科研究生院管理，其研究生的编制属于生物物理研究所而不是哈佛学院的本科生院。这位教师还可以在另外的研究所兼职并培养其他方向的研究生。所以，教师的行政归属只有人事统计的意义，没有学术发展上的意义。"世界各国的高等教育活动都是以无形的学科和有形的机构两个基本模式纵横交错组织起来的。学科横穿了院系机构的界限，而院系又反过来将与多个学科有关的教师群体收拢回来"（Clark，1983）。今天的"学科"含义已经远远超越了"数、理、化、文、史、哲"范畴了。18 世纪，它们是"领头羊"；20 世纪，已经成为"领头羊"的基因分散到更大规模的不同亚种的"羊群"之中了。

　　20 世纪 80 年代初，伯顿·克拉克（Burton R. Clark）将"学科"严密地定义为包括知识和组织两个范畴的概念，但今天该词在英文文献中已较少出现，多以"研究领域"和"机构"分而论之。我们之所以对"学科"如此钟情，缘于办学资源与学科固定相关，学科又与院系紧密挂钩。在目前的管理体制下，学科建设重点是挖人、弄钱两件事，局限于克拉克定义中的组织范畴。学科在我国被"创造性"地划分为一级、二级等，它们又有重点与非重点之别，在大学排名指标中权重很大，可以说已经达到体制化的水平。其结果是学科不断地被按照行政逻辑，而不是知识发展的逻辑进行划分或重组，一级学科、二级学科的数量不断增加，重点学科不断增加，博士点、硕士点也不断增加，直至达到崩溃的极限而不得不人为地暂停几年。因此新兴学科和交叉学科必然是这个体制的最大受害者。（高抒，2011）

中国大学大多数研究所或研究中心是从原来的院系/学科里独立出来的，而不是跨院系/学科的新组合。即使是新设的研究所，也多是单一学科，与已有的院系学科领域有很大的重合性。（王顶明，许甜，2012）新设研究所的原因往往是要解决行政上的问题如人事安排，而不是"跨学科发展"。这些中心里的活动往往缺少方向和计划，缺乏质量控制，学术规范松懈。这不能不让人思考"跨越式"发展究竟是理想还是现实？

第三节　人文社会科学性质的变迁

现代普通高等教育课程往往将人类的知识划分为人文、社会科学（包括哲学）和自然科学两大类。这两大类之间的关系随着社会历史和人类认知能力的发展而不断变化。在古希腊时代，人类的知识统称为"自由教育"。其内容为"七艺"，包括文法、修辞、逻辑、算术、几何、天文和音乐。而且，"科学"一词的拉丁语语义是指所有的学问或知识。德语中对应的"科学"一词也是指一切有系统的学问。（Dampier，1948）但到中世纪后期，人文学科已与自然科学发生分化，那时的"人文学科"指的是经典著作、哲学和当时的文学。（Leish，1993）

19世纪近代自然科学在工业革命中的决定性作用，导致了人类开始用自然科学的方法研究人与人类群体即社会的尝试，从原先的关注个体的情感、价值和品质，转向对社会群体或人类社会发展规律的关注。这就导致了近代社会科学的产生。近代社会学鼻祖孔德相信社会可以被客观地描述，因为人终究是以理性行事的，即使是不理性的行为，也可以找出其中的原因，得到理性的解释。而在此之前，用孔德的话讲，社会问题的研究方法是形而上学的或神学的。

近代社会学的产生实际上带来了人文学科与自然科学的一种新的联系。其桥梁就是建立在自然科学实验思想上的现代社会科学研究方法。因而，在定义"科学家"一词的时候，人们往往包括社会科学家；在定义"人文学科"的时候，又包括社会问题研究领域。如 1986 年版的《简明不列颠百科全书》中，"人文学科"已表述为：现代与古典语言、语言学、文学、历史学、哲学、考古学、法学、艺术史、艺术批评、艺术理论、艺术实践以及具有人文主义内容和运用人文主义方法的其他社会科学内容。可见，人文学科与社会科学的界限越来越模糊了。尤其是 20 世纪 60 年代以后，一些新生的分支学科大量涌现，如女性研究、种族问题研究、文化研究、可持续发展研究等，更是横跨人文和社会科学，甚至自然科学。（Keller，2001）

现代社会科学研究方法的基础，实际上是在自然科学研究方法的客观性原理与人类行为的复杂性之间建立一种平衡。反映人文学科、社会科学、自然科学之间联系的学科分类系统始终处在一个动态的、不断探索、不断调整、不断革新、不断进步的过程，而其变化的实质在于方法论。从历史上看，人文学科的研究范畴扩展，以及与社会科学交叉、演变的过程，始终伴随着研究方法的变化。甚至可以说，正是在方法论上的价值取向的演变，带来了研究范畴的扩大。

研究方法上的不断探索是人文与社会科学发展的重要动力。以 19 世纪著名的历史学性质大论战为例，推崇科学方法的一派认为，历史学是一门科学，根据同样的历史资料，不同的历史学家使用公认的科学方法，应该得出同样的结论；但另一派认为，历史事实是心理学意义上的事实，而非物理学意义上的事实，每个历史学家都受到各种主观和客观条件的制约，所以每个人对历史的理解各不相同。（罗素，2001）这种方法论上的论战一直持续至今，而且还将继续进行下去。然而也正是这样的学术争论，才导致了研究方法的繁荣和新的研究领域的产生。

在风起云涌的 20 世纪 60 年代，美国社会涌现出大量新的问题，如种族冲突、文化冲突以及性别冲突。原有的社会学理论及其一度片面强调定量化研究方法的时尚难以应对这些没有足够观察研究积累的、新生的、事关意识形态的问题，因而"人类学研究方法"应运而生。人类学方法源于人类学研究领域，它在方法论上的主要特点是：强调在观察时对被研究对象个体情感世界的关注，而不是对直观行为的关注；强调客观地描写、记录完整的个体生命现象；提倡研究者既不带有先存假说或理论，也不以发现普遍性规律为目标，而是亲自参与被研究对象的生活，以保证被研究对象的自然状态不因研究者的加入而被破坏；明确反对使用依靠某种理论发展出来的测量工具去进行人为的观测和推理。由此可见，人类学方法继承了人文学者的研究视角：关注被研究对象的情感过程和个体价值判断，而不注重其中的因果关系与规律。此外，人类学方法的成果呈现方式讲究描述和修辞。也许正是因为如此，人类学研究方法比实证方法吸引了更多的人文学者并运用到社会科学研究领域中。

　　然而，人类学方法与传统的人文学者使用的思辨的或以形而上学为基础的方法是有很大差别的。虽然人类学方法与实证方法有很大差异，但它们一致强调对事物的观察和记录。它实际上可以看作是对社会科学实证研究方法的补充，而不是倒退，是对一些暂时难以进行实证分析的复杂问题的前实证研究。因此，从方法论上讲，传统人文学科在现代产生了三类分化：第一类是保持传统人文主义的内省的或思辨的方法；第二类是推崇探求因果关系和普遍规律的实证方法；第三类是介于二者之间的人类学研究方法。由此可以进一步推论，人文、社会科学研究方法演变的总趋势是以客观观察为共同基础的人文与自然科学方法的融合，这种融合主要是以人类学方法为媒介的。

　　与社会科学相比，人文学科发展的问题相对较多。20 世纪 60 年代以后，人文学科由于就业前景暗淡，招生数量急剧下滑。以 1969 年与 1976 年为例，全美人文学科招生数量从 9% 下降到 5%。同期的社会科学招生数量也经历了很大的下滑，从 18% 下降到 8%。其主要原因可以从职业教育招生数量从 38% 上升到 58% 的增长幅度得到解释——同期的自然科学招生数量增长并不大，只有 3%。也就是说，大量的人文学科的生源被职业教育专业席卷而去。事实上，目前美国新兴的人文社科类热门职业教育专业，如传媒专业、新闻专业、企业管理、法制管理、公共管理、公共卫生等，都是从人文社会学科，如语言学、文学、外语、管理学等专业演化过来的。衰落最严重的人文学科是外语专业。有统计资料表明，从 1968 年到 1974 年，其招生数量明显降低的院校占所有学校的48%以上。人文学科的衰落主要发生在社区学院、研究型大学和有博士学位授予权的大学，而那些位于中间层次的职业教育成分较少且不注重学术研究的普通综合性大学和文理学院，尤其又属于州立学院性质的学校，则变化不大。75%以上的私立大学受到严重影响（The Carnegie Foundation for the Advancement of teaching，1979）。

总之，西方人文学科在经历了18世纪末到20世纪中叶的衰退后，在20世纪80年代开始了艰难而有成效的调整和重组。今天，美国人文社会科学中科学主义、实用主义、人文主义，甚至形形色色的后现代主义等多元文化、学说流派共存，因而人文社会科学的社会功能大为扩展，主要包括如下方面：（1）增进人类的知识；（2）提高民众生活的质量和提供公共服务；（3）辅助个性发展；（4）表达和传播社会新思潮；（5）监督权力的范围、内容与含义；（6）激发社会改革及其对正义的关注；（7）促进社会不同阶层的沟通；（8）促进不同文化的沟通。这样的社会化的价值导向，必然进一步促进新一代的人文学者与老一代人文学者的分裂，越来越多年轻的人文学者向现代社会科学领域转移（可能主要发生在学术地位较高的大学），或向与职业相关性强的领域转移（可能主要发生在社区学院）。（Arthurs，1993）

根据前文所述不难看出，相对于西方，我国人文与社会科学的改革将面临更大的困难。

第四节　大众化带来的学科与教学问题

无论从上述学科知识分类研究来看，还是从人文社会科学发展与分化的历史来看，传统知识论问题的争论主要源自经验主义与理性主义，或科学主义与人文主义的矛盾。就课程领域而言，这个矛盾由哈佛大学校长艾里奥特（Charles W. Eliot）在19世纪下半叶引入选修制而得到缓和，并且使科学技术学科的地位从此与日俱增。今天，对知识论问题的争论已经超越科学主义与人文主义的地位问题，而扩展到精英主义与平权主义、全球主义与民族主义、基础学科（discipline）与应用型专业（professional study）及职业性专业（occupational study）的矛盾与关系问题。此外，信息化与网络技术的加入，使得有关课程内容的知识论问题进一步复杂化。本章集中关注精英主义与平权主义的矛盾。

比较下面两种对教育的定义或理解就可以看出大众化给教育带来的挑战。牛津大学教育哲学教授赫斯特对教育的定义为："教育是对他人进入一种生活的邀请，在这种生活中知识和理解起到主要作用。"（Hirst and Peters, 1970）与此截然不同，小威廉姆·多尔（（W. E. Doll）的定义是"我自己的教育观……存在一个迷人的想象王国，在那里没有人拥有真理，而每个人都有权利要求被理解"（多尔，2000）。

赫斯特的教育概念显然是精英主义的，多尔则推崇平权主义的知识论基础——解构主义。相对多尔的观点而言，沃勒斯坦的观点更有说服力，他认为：智力优秀只应该是高校的众多目标之一；社会公正也是一个有价值的目标，一旦它与追求智力优秀相冲突，后者并不理所当然应该获胜（Wallerstein, 1969）。亦可以做这样的理解，社会公正是直接的、立竿见影地反映社会的文明程度，而智力优秀是一个长效性的社会发展促进因子。

当然，著名高等教育家、加利佛尼亚大学前校长克拉克·科尔在其1963年出版的《大学的功用》一书中，以极其敏锐的洞察力，从实用主义角度对大众化体系下的高等教育与知识发展、社会发展的关系进行了深入而客观的论述。该书发明了"多元巨型大学"（Multiversity）一词，用以描述当时美国高等教育系统正在显现的新生事物。科尔将其看作继纽曼的"经典大学"、洪堡的"研究型大学"之后必然出现的事物，它是不以人的意志为转移的历史的产物。因此，他认为，对待大众化，我们既不应该采取精英主义者弗莱克斯纳的悲观主义态度，也不应该赞同激进的平权主义做法，而是采取客观分析的态度，探讨大众化阶段高等教育的分层、分类、多元发展的现实问题。

科尔还认为，虽然出现了"多元巨型大学"，但"经典大学"和"研究型大学"还是需要的，它们分别在本科生教育和研究生教育中起到特殊重要的作用。另外，大学的类型多元化了，与此相应，大学中的观念和理想也多元化了。大学的目标不再是一个，大学的权力中心也不再是一个，大学的服务对象也不再是一种，大学对知识的定义、对教育的定义当然也可以多元化——古典的、现代的、后现代的同时并存。这就是那些欢呼"没有人拥有真理"的人在 20 世纪 80 年代之后也可以著书立说的缘故。

不过，正如科尔在其 1994 年出版的《高等教育不能回避历史——21 世纪的问题》一书中所指出的那样，当代的高等教育必须处理好追求卓越与广泛的民主、平等需求之间的矛盾。根据美国的经验，其办法就是在提供足够多的高等教育机会的同时，在政策上鼓励公平竞争，鼓励追求优秀、卓越。所以，正如引言中所指出的那样，美国由于过分多元化而导致的高等教育质量下降问题从 20 世纪 80 年代末开始已经逐步得到纠正。

当然，与"多元巨型大学"中的某些学院欣欣鼓舞的心态不同，纯粹研究型大学在大众化阶段面临的是更多的挑战而不是机遇，尤其是那些梦想进入"世界一流大学"行列的机构。"世界一流大学"具有国际上大致公认的标准：一流的教师、一流的管理（学术自由、学校自治）、一流的科研成果、一流的学生、一流的投入。

"一流的教师、一流的管理（学术自由、学校自治）、一流的科研成果、一流的学生、一流的投入"决定了目前我国建设世界一流大学的困难。因为目前我们最多可以在学生（本科生）和投入两项上做到一流。根据科尔的观点，在全球化社会中，国家之间高等学校平均水平的差异会远大于国内高校之间的差异。换句话说，如果我们不对教育体制做根本性的改革，越来越多的美国普通高校水平将会高于中国的著名大学（科尔，1994）。

因此，在大众化环境下，潜心争创世界一流大学的中国大学领导要反思自己的责任，要深刻理解精英高等教育的使命。有人提出从高深知识向大众化知识的转变是高等教育的"本体危机"，"需要对高等教育的一些基本概念作一次痛苦的重新评估"（布鲁贝克，2001），即对知识进行重新定义。高深学问是什么？英国牛津大学校长鲁卡斯说："这些学问或者还处于已知与未知之间的交界处，或者虽然已知，但由于它们过于深奥神秘，常人的才智难以把握。""高深学问忠实于真理，不仅要求绝对忠实于客观事实，而且要尽力做到理论简洁、解释有力、概念文雅、逻辑严密。""大学总是把最复杂、最有用的知识给予相对少数人。"（鲁卡斯，1999）"高深知识总是少数人能够掌握的东西"（布鲁贝，2001）。

按照马丁特罗的分类，鲁卡斯属于中庸式的"精英主义改良派"。（Traw，1973）他赞成大学要为社会服务，"社会塑造了大学，大学也随着社会的变化而变化。这一点，我们可以从20世纪西方大学史中看得很清楚"。但他强调大学与社会的另一个联系："用良知批判社会。"他进一步指出，大学能够做到这一点是因为大学遵循的是尽可能地确保探索知识程序的客观性。大学总是把"自主与诚实"看成是批判社会的最基本的要素。他还认为，除了以经济需要的技术为知识的内容以外，还有更重要的其他技术：判断力、辨别力、理解力、区别偶然性与普遍性、公民责任和社会价值观。（鲁卡斯，1999）

什么知识最有价值，这一直以来都是教育界争论不休的问题。在今天，由于如上所述的大众化、多元化带来高等教育所辖知识类型和形态的多样性，教育内容的选择与组织——课程设置，成为前所未有的难题。传统上，对知识的定义限于认知领域，一类是强调纯理性的体系，包括传统意义上的红衣主教纽曼所主张的超世脱俗的纯信仰意义上的知识，以及经典名著运动倡导者赫钦斯的理性主义；另一类是艾里奥特、科南特所推崇的经验主义或科学主义。与此相应的教育目标是培养社会精英，其教学内容是"高深学问"。一百五十年前艾里奥特通过引入选修制使科学技术课程进入高等教育，从高等教育招生规模扩大这一点看也是一种"大众化"，但却带来了人类科学技术的第二次革命。而今天的"大众化"使知识的定义已经拓展到情意领域、日常生活领域。伯兰尼的"个人知识"概念的提出具有代表性。

大众化的知识主要有三个来源。第一，由社会和市场来定义，包括职业训练、群众政治、流行文化、通俗的市场信息。这样，大学就从知识工厂、思想库转化为服务站、文化超市，大学与社会之间的界限越来越不清楚。第二，过去那些不需要很高智慧就可以解决的政府、企业、农业、劳动力、资源、国际关系、教育、卫生等问题，现在则变得很复杂，需要认真研究，就此产生了一些高深学问。第三，出现了以往不存在的新问题，这些问题也需要去研究，如妇女问题、种族问题、领袖问题、全球化问题等。由此可见，高等教育的知识已从"高深"知识扩大到普及性知识、策略性知识、生活性知识。所以，可以说高等教育知识已经从原来单一的高深维度，扩展到"高深、广博、持续"三重维度。"高深"主要应用于研究型大学；"广博"主要应用于普通综合性大学，如美国的文理学院；"持续"主要应用于社区学院，以满足终身学习、学习型社会的需求。

第五节　信息化带来的课程与教学变革

教育信息化不仅带来教学方法、学习方式的变革，而且使高等教育大众化、国际化插上了翅膀。下面从信息化环境下的教学特征、信息技术对教育改革的推动作用、信息技术推动办学模式变革三个层面进行探讨。

一、信息化环境下的教学特征

1. 教育系统的开放性

一是教学时空的开放性。基于互联网的远程教育彻底打破了时空的限制。在学习时间上，学生可以根据自己的实际情况，选择合适的时间从网上选择内容学习；在学习空间上，只要有能够连接互联网的学习终端（如智能手机），就可以开始个人学习或集体合作学习，因此新的学习理论和模型也开始出现，如"无缝学习"（Looi, et al., 2009）或"泛在学习"。

二是学习对象的开放性。网络面前人人平等——无论职位高低、贫富贵贱、年龄大小、性别种族，甚至基础好坏。因此教育技术支持的学习在某种程度上促进了教育的公平和均衡。例如，通过大规模开放网络公开课（Massive Open Online Course，MOOC，又称"慕课"），越来越多的大学为普通人打开了大门。慕课为每个人实现自己的理想、追求自己的梦想提供服务。

2. 教育方式的多样性和交互性

学习者利用网络进行学习的方式是灵活多样的。网上学习既可以是实时的，即异地师生在同一时间进行教学活动；又可以是非实时的，即教师预先把教学内容及要求存放在服务器，学生自行下载学习。在网上，学生既可以进行寻求答案的探索式学习，也可以进行小组讨论式学习，还可以进行群体协作式学习等。网络技术可以实现双向传输教学信息，师生、生生之间可以随时随地进行双向信息交流，学生可与远方的教师、同学，甚至任何可以为自己提供帮助的人进行交流和讨论。尤其是基于互联网的合作学习环境的出现，以及学习科学研究的深入，网上学习环境的设计变得更加有针对性和高效。

3. 教育资源的丰富性

在信息时代，教育资源的内涵和外延发生了重大变化，优质教学资源的开发和应用有了前所未有的平台。教学资源已经远远超过过去的教材范围，网络给学生提供了跨越时空的丰富的学习资源，并拓展了满足学习者个性化需求的可能性。近两年来由世界著名大学联盟发起的大规模网络公开课平台Udacity、Coursera 以及 edX 震撼了全世界，越来越多的世界著名大学纷纷加入到这股浪潮之中。截至 2013 年暑假前，亚洲有 8 所著名高校加盟了 edX 和Coursera 平台，其中包括我国的北京大学、清华大学、复旦大学、上海交通大学、香港大学、香港科技大学。

香港科技大学副教授努巴哈尔·沙里夫（Naubahar Sharif）在 Coursera 上推出了他主讲的"科学、技术与社会在中国"课程，这被认为是亚洲第一个大规模网络公开课程。该课程于 2013 年 4 月 4 日开始在网上开放报名，共有17000 多名学生报名，其中 60% 来自美国、英国、加拿大等发达国家，40%来自墨西哥、巴西、南非以及一些亚洲中等收入国家。沙里夫说："也有一些来自中国的网络条件较好地区的学生报了我们的课程，但最令我们兴奋的，是整个学生群体国籍的多样化！"（沙里夫，2013）

另外，网络教学与数字出版的结合可以产生优质生成性教育资源。2007年秋，美国学者戴维·维利（David Wiley）基于 WIKI 开发了一门开放课程：《开放教育导论》（*Introduction to Open Education*）。这门三个学分的研究生层次的开放在线课程的突出特点在于，来自世界各地的参与者（学习者）为这门课程贡献了大量的材料和内容。换句话说，学习者不只是来消费这门课程，而是所有人一起在学习的过程中建设这门课程，在建设的过程中学习这门课程。如果与数字出版技术相结合，就可以将教学过程中产生的优质资源结集出版。

二、信息技术推动教育改革

1. 信息技术促进教育理念现代化

信息技术为教师改革教学模式提供了工具支持；学生的主动参与推动了教师教育理念的更新。多媒体技术和网络技术应用于教学过程中，必然对传统教学模式产生冲击。互联网巨大的信息量，图、文、声、像并茂的特点以及它们所具备的人机交互特点，为学生的参与提供了有利的平台和空间，为学习者提供了发现知识、探究知识的有效工具，同时也对教师的旧有观念提出挑战。（卢爱文，张琳，2011）无论是建构主义教学模式，还是双主体教育模式，其都要求在教学过程中充分发挥学生的主动性。在虚拟世界里，学生的主体性得到凸显，成为认知的积极主动的参与者，学习过程不再是对老师划定知识的记忆，而需要独立思考，从而培养了学生的创造性思维，以及获取信息、分析信息、处理信息和利用信息的能力。

幻灯片、视频、模拟技术等手段的使用，不仅可以将学生带入真实的情境进行学习，突破了传统教学中时间与空间的限制。更重要的是，增加了不同文化背景的学习者之间合作、交流的机会，为培养适应全球化社会的建设者提供了有利条件。

此外，现代教育技术融合了多媒体视频音频、计算机网络和卫星通信等先进教学手段，扩大了教学规模，提高了教学效率，不仅适应各类学校各个层次各种形式的教育，还能通过网络教育、远程教育等推进高等教育的社会化、大众化和终身化，为国民提升学历层次、专业技能等提供了各种学习机会。

2. 信息技术改变传统的教师专业发展模式

应用信息技术手段，充分开发和应用优质教育资源，有利于促进教师专业素养和能力的发展。目前的教师专业发展大多采用传统的面对面培训模式，学员的学习内驱力不强。而网络在线实时课堂教学评价，或"微格教学"设备，可以有效帮助教师评价自己的教学过程，发现存在的问题，提高教学效果。事实上，目前世界著名大学纷纷成立了"教师教学发展中心"。这些机构往往采用信息技术手段进行教师教学专业发展工作。

3. 信息技术带来的教学秩序的挑战

信息技术在给教育带来许多积极影响的同时，也带来了一些难题。例如对"知识"的内涵产生了猛烈的冲击。牛津大学前校长鲁卡斯指出，知识性质的变化是与知识产生途径的变化相联系的。过去，大学通过研究来发现知识，通过教学把知识传授给下一代，大学垄断了最复杂、最有用的知识。而今天，由于经济全球化，尤其在信息技术的推动下，社会关系发生了变革，这对教育的大众化起到推波助澜的作用。知识已不完全是大学的专利（鲁卡斯，1999）。波兰尼的"个人知识"概念的提出是一个典型的代表。"个人知识"将个人观念与知识相混淆；将个人正在形成中的知识与学术共同体验证了的知识相混淆；将知识产生的复杂过程（人的信念与激情的参与）与最终的结果相混淆。

鲁卡斯认为，21 世纪初的经济革命是一个工作格局、方式与信息技术的革命，但不是科学革命。科学位于技术的上游，没有科学就没有可持续发展的技术。知识的本质是世界运行的规律，是不以人的意志为转移的。而技术是运用这个规律而开发的技能。网络是一个伟大的信息传播、知识获取的工具，同时它也是传播伪知识、错误和谎言的工具，因此给大学和学生们辨别知识、整理知识带来挑战。为此，鲁卡斯呼吁，大学要警惕信息革命带来的所谓知识量的激增和复杂性。也许学习科学的研究者们新近发明的一种革命性的教学模式：翻转课堂（张金磊 等，2012）能够对这个问题的解决有所帮助。即课堂上的教学活动不是传播和获取知识，而是辨别知识、批判知识、重构知识；而知识的获取过程完全交给学生课后通过网络分别独立进行。

的确，网络上充斥着未经加工的、未经学术界检验的信息，而不是学术圈达成共识的知识。即便一些相对确定的知识，也没有呈现出科学的结构和体系，因而是不利于学生学习的。混乱的结构容易给学生一个关于知识的错误概念。鲁卡斯认为，我们应该避免的最大危险是知识的不连贯性，以及对知识的本质的认识和我们赖以建立和测验知识的体系的崩溃（鲁卡斯，

1999）。美国高校协会（AAC）在 1985 年出版了《高校课程的连贯性》（*Integrity in the College Curriculum*）。尽管该报告并非专门针对网络问题，但对于纠正由所谓知识激增带来的各种混乱，呼吁对课程结构、知识结构的重视起到了很大的作用。

大规模在线开放课程，已经成为越来越多人获取知识、提升自我、结交学友的重要平台。但在线学习效果问题正在引起研究者的关注。杜克大学公开了一组数据，在 2012 年秋季开设的生物电（Bioelectricity）相关课程中，12725 名学生选学了这门课程，但只有 7761 名学生观看了视频，3658 名学生完成了作业，345 名学生参加了最后的考试，313 名学生拿到了证书。人们在观看视频的过程中都有这样的体验：看着视频就开始走神，注意力不能持续集中，有时候甚至会停下去做一些其他的事情。这样的体验无疑会浪费学习时间，降低学习效率。

为此，哈佛大学心理学博士后研究人员什普纳尔等人（Szpunar，2013）招募了 80 名大学生进行实验。参与者都被要求观看一个 21 分钟的视频，并且被告知视频被分成了四段。在第一个实验中，一部分参与者在每段视频后都进行与课程内容相关的记忆测验（测试组），其他参与者则没有进行测验（非测试组）。看完视频后所有的参与者都会参加一个测试。实验结果表明，测试组的参与者记录了更多的笔记，并且在最后的测验中成绩更好。什普纳尔希望这个研究能够引起网络课程设计者的注意，使之将更多的认知心理学的知识运用到提升网络课程教学的质量中。除了在课程中插入记忆测验，什普纳尔认为授课的老师应该花费更多的时间来准备课程，同时人们也应该花费更多的精力来学习，并采取更多的学习策略，比如经常进行自我测试，来巩固学习的效果。

从课程设计上看，目前主要有两种方法可以提高学生注意力。第一种方法是建立网上社区，通过学生之间的交流和合作来提高他们学习的积极性；第二种方法就是在课程视频中添加小测试来巩固记忆。什普纳尔等人的研究无疑给后者提供了研究支持。

提起对现阶段网络课程的看法，什普纳尔说，他不认为网络课程能够替代现实世界中的课程，也不应该替代。尽管网络课程有非常多的好处，比如让学习时间更加灵活，从而降低学生学习的焦虑，并且为那些上不起学的人提供了获取知识的途径；但是不能否认网络课程也存在着许多问题，我们需要做更多的工作以便完善它。

三、信息技术推动办学模式变革

华南师范大学焦建利教授（2013）认为，慕课对大学的管理、教学、课程、师资、考核与评估等，甚至大学的形态，都将产生一系列重大影响，从而导致传统大学的变革。就大学的管理来讲，一些课程完全可以通过整合社会资源来实现，这必将对大学的教师队伍建设和生源产生重大影响。所谓世界一流大学，很重要的一个指标就是教师队伍国际化和生源国际化的程度。借助网络，向学习者提供在线课程，不仅能够扩大大学的知名度，提升大学的社会影响力，而且还能使其他大学"草船借箭"，优化自己的师资结构。

慕课有助于增进大学间以及大学与政府、社会和企业之间的协同创新。慕课的创新不在于使学习者可以在线接触大学教授，也并不体现在同伴互动，或者 WIKI 式的论坛和自动评测。在过去几十年，大学通过远程教育和在线教育已经实现了这一点。慕课的创新之处就在于把学生个人接受高等教育的成本转嫁给了大学以及未来的雇主。

还有一种可能是，当大规模开放在线课程得到社会更多认可之后，也许像 EdX、Coursera、Udacity 之类的平台，会发展演变成为一种全新形态的、完整的网络大学。它将形成一种新的教育机制，或者一种新型的高等教育机构或成人教育机构。

对于我国的大学而言，慕课带来的既是机遇也是挑战。我国有远见的大学应该积极推动大规模开放在线课程建设，以便在国内生源竞争中处于优势，并提升国际市场的占有率。对其他更多大学而言，应该充分利用开放教育资源和大规模开放在线课程，深化大学课程与教学改革，提升人才培养质量。

参考文献

［1］波兰尼 . 2000. 个人知识——迈向后批判哲学［M］. 许泽民，译 . 贵阳：贵州人民出版社，45.

［2］布鲁贝克 . 2001. 高等教育哲学［M］. 王承绪，译 . 杭州：浙江教育出版社，2.

［3］成中英 . 2001. 中国哲学中的知识论［J］. 安徽师范大学学报，（1）：29.

［4］德里克·博克 . 2008. 回归大学之道：对美国大学本科教育的反思与展望［M］. 侯定凯，译 . 上海：华东师范大学出版社，269.

［5］小威廉姆·多尔 . 2000. 后现代课程观［M］. 王红宇，译 . 北京：教育科学出版社，221.

［6］范德格拉夫·约翰，伯顿·克拉克，等 . 2001. 学术权力——七国高等教育管理体制比较［M］. 杭州：浙江教育出版社，114.

［7］弗莱克斯纳 . 2001. 现代大学论［M］. 杭州：浙江大学出版社，23 - 24.

［8］高抒 . 2011. 高校院系管理与社会服务［M］. 南京：南京大学出版社，433.

［9］赫钦斯 . 2011. 美国的高等教育［M］. 汪利兵，译 . 杭州：浙江大学出版社，193.

［10］焦建利 . 2013. MOOC：大学的机遇与挑战［EB/OL］. ［2013 - 05 - 06］. http：//www. edu. cn.

［11］伯顿·克拉克 . 2001. 探究的场所——现代大学的科研和研究生教育［M］. 杭州：浙江教育出版社，33.

［12］梁启超 . 2004. 清代学术概论［M］. 北京：中国人民大学出版社，195.

［13］刘克敌 . 王国维与陈寅恪学术理念及治学方法漫谈［EB/OL］. ［2008 - 09 - 29］. 国学网 - 中国经济史论坛 .

［14］刘少雪，程莹，杨颉，刘念才 . 美国学科门类设置情况——上海交通大学高等教育研究所资料［R/OL］. ［2013 - 11 - 28］. http：//wenku. baidu. com.

［15］卢爱文，张琳 . 现代教育技术与素质教育探讨［J］. 商业经济，2011（4）：127 - 128.

［16］鲁卡斯 . 大学与信息社会的挑战［A］//21 世纪的高等教育［M］. 北京大学出版社，1999，13 - 14.

［17］罗德斯 . 2007. 创造未来：美国大学的作用［M］. 王晓阳，等，译 . 北京：清华大学出版社，26，27.

［18］罗素.2001.论历史［M］.何兆武，等，译.南宁：广西师范大学出版社，282.

［19］莫顿·凯勒，菲利斯·凯勒.2007.哈佛走向现代化：美国大学的崛起［M］.史静寰，等，译.北京：清华大学出版社，757.

［20］培根.1984.新工具［M］.许宝骙，译.北京：商务印书馆，291.

［21］任鸿隽.2002.任鸿隽文存·科学救国之梦［M］.上海：上海科技教育出版社，342.

［22］任继愈.2001.二十一世纪的中国哲学［J］.中国哲学史，（1）：6-8.

［23］沙里夫.2013.香港MOOC吸引全球目光，内地高校如何应对教育革命［EB/OL］.［2013-05-06］.http：//www.guokr.com/article/437033/？page=2.

［24］唐际根.2010.中国考古学的东方传统［N］.中国社会科学报，2010-03-09.

［25］王顶明，许甜.2012.我国研究型大学研究中心的现状及其特征分析——以清华大学为例［J］.中国高教研究，（12）：9-25.

［26］王冬梅.2007.美国高校交叉学科教育研究综述［J］.比较教育研究，（3）：38-43.

［27］王伟廉.1988.课程研究领域的探索［M］.成都：四川教育出版社，262.

［28］韦斯特伯里，等.2008.科学、课程与通识教育——施瓦布选集［M］.郭元祥，等，译.中国轻工业出版社，319.

［29］小林康夫.2005.教养学导读［M］.赵仲明，译.南京：南京大学出版社，30.

［30］阎凤桥.2002.克拉克的高等教育分权管理思想之评介［J］.高等教育研究，（7）：99-103.

［31］杨宜音.2002.社会变迁与人的变迁：杨国枢等人关于个人现代性研究述评［M］//叶启政.2002.从"现代"到"本土"［M］.台北：远流图书公司，19-39.

［32］姚雅欣，高策.2004.从传统"格致"到现代"科学"：梁启超"科学"观念透视［J］.科学技术与辩证法，（6）：79-82.

［33］俞佳君，钟儒刚，彭少华.2013.高校专业设置管理的历史与反思［J］.华南师范大学教育科学学报，（1）：78-81.

［34］张红霞.2008.教育科学研究方法［M］.北京：教育科学出版社，519.

［35］张金磊，王颖，张宝辉.2012.翻转课堂教学模式研究［J］.远程教育杂志，（4）：46-51.

［36］周耿，道之动.2013.先秦主流价值观的变迁［N］.中国社会科学报，2013-02-04（5）.

［37］周廷勇.2009.美国高等教育评估的演变及其新发展［J］.复旦教育论坛，Vol.7.

(3): 21 - 26.

[38] Arthurs, A. 1993. The Humanities in the 1990s [M] //Levine, Arthur. 1993. Higher Learning in America, 1980 - 2000. Baltimore: The John Hopkins University Press, 259 - 272.

[39] Beard, Ruth Mary & Hartley, J. 1984. Teaching and Learning in Higher Education [M]. London: Penguin Group, 4 - 5.

[40] Bowen, James. 1975. A History of Western Education [M]. London: St. Methuen & Co, (2): 504.

[41] Clark. Burton R. 1983. The Higher Education System: Academic Organization in Cross - national Perspective [M]. Berkeley: University of California Press, 6.

[42] Comté August. 1855. Ch. II. On the View of the Hierarchy of the Positive Sciences [M] // Positive Philosophy of Auguste Comté. Freely Translated and Condensed by Harriet Martineau. Calvin Blanchard, 42 - 55.

[43] Kerr, C. 1994. Higher Education Cannot Escape History: Issues for the Twenty - first Century [M]. State University of New York Press, 248.

[44] Conant, J. B. 1951. Science and Common Sense [M]. London: Oxford University Press, 370.

[45] Creso M. Sâ. 2008. "Interdisciplinary strategies" in U. S. research universities [J]. Higher Education, (55): 537 - 552.

[46] Dampier, W. C. 1948. The History of Science, and its Relationship with Philosophy and Religion [M]. London: The Syndics of Cambridge University Press, 543.

[47] Geiger, R. L. 1990. Organized Research Units—Their Role in the Development of University Research [J]. The Journal of Higher Education, (61): 1 - 19.

[48] Geiger R. L. & Feller, I. 1995. The Dispersion of Academic Research in the 1980s [J]. The Journal of Higher Education, (66): 336 - 360.

[49] Hirst P. H. and Peters. k. 1970. Logic of Education [M]. London: Routledge & Kegan Paul p. 19, 146pp.

[50] Hirst, P. H. 1965. Liberal Education and the Nature of Knowledge [M] //Hirst, P. H. 1965. Knowledge and the Curriculum: A Collection of Philosophical Papers. London: Routledge & Kegan Paul, 30 - 53.

[51] Szpunar Karl, K. Khan, Novall Y. Schacter. Daniel L. 2013. Interpolated Memory Tests Reduce Mind Wandering and Improve Learning of Online Lectures, [J]. Proceedings of the

National Academy of Sciences (PNAS) . https：//www. academia. edu/2609720/Szpunar_ K. K. _ Khan_ N. Y. _ and_ Schacter_ D. L. 2013_ . _ Interpolated_ memory_ tests_ reduce_ mind_ wandering_ and_ improve_ learning_ of_ online_ lecture. _ Proceedings_ of_ the_ National_ Academy_ of_ Sciences (2014 - 10 - 16)

[52] Keller, M. & Keller, P. 2001. Making the Harvard Modern [M]. London：Oxford University Press, 578.

[53] Kerr, C. 2001. The Uses of the University [M]. Cambridge：Harvard University Press, 261.

[54] Klein, J. T. 1990. Interdisciplinarity：History, Theory and Practice [M]. Detroit：Wayne State University Press, 331.

[55] Knorr - Karin. Cetinak 1999. Epistemic Culture：How the Sciences Make Knowledge [M]. Cambridge：Harvard University Press, 352.

[56] Kolb. D. 1981. Learning Styles and Disciplinary Differences [M] // A. W. Chickering & Associates. The Modern American College. San Francisco：Jossey - Bass, 232 - 255.

[57] Leish, K. 1993. Guide to Human Thoughts [M]. London：Bloomsbury Pub Ltd, 789.

[58] Levin, R. C. 2010. The Rise of Asian's Universities [R]. As the Seventh Annual Lecture of the Higher Education Policy Institute, The Royal Society, London, England.

[59] Looi, Seow, Zhang, So & Chen. 2009. Leveraging Mobile Technology for Sustainable Seamless Learning：A Research Agenda [J]. British Journal of Educational Technology, 41 (2)：154 - 169.

[60] Traw, Martin. 1973. Problems in the Transition from Elite to Mass Higher Education [M]. Conference on Future Structures of Post - Secondary Education, Paris, 11.

[61] Pearson, K. 1900. The Grammar of Science [M]. London：Adam and Charles Black. 548.

[62] Salmi, J. 2013. The Vintage Handicap：Can a Young University Achieve World - Class Status? [J]. International Higher Education, (70)：2 - 3.

[63] Spencer, H. 1864. Classification of the Sciences [M]. London：Williams and Norgate. 48.

[64] Stahler, G. J. & Tash, W. R. 1994. Centers and Institutes in the Research University：Issues, Problems, and Prospects [J]. The Journal of Higher Education, (65)：540 - 554.

[65] Stark, J. S. & Lattuca, L. R. 1997. Shaping the College Curriculum：Academic Plans in Action [M]. Massachusetts：Allyn and Bacon, 430.

［66］The Carnegie Foundation for the Advancement of Teaching. 1979. Missions of the College Curriculum：A Contemporary Review with Suggestions ［M］. San Francisco：Jossey – Bass Publishers，102 – 103.

［67］Thorndike，Lynn. 1934. The History of Magic and Experimental Science ［M］. New York：Columbia University Press，630.

［68］Wallerstein，I. 1969. University in Turmoil：The Politics of Change. New York：Athenneum.（转引自：布鲁贝克. 1998. 高等教育哲学 ［M］. 杭州：浙江教育出版社，22.）

［69］Young，M. F. D. 1971. Knowledge and Control ［M］. London：Collier – Macmillan，289.

第三章

通识教育理念与课程体系

从高等教育思想的历史演变过程来看，通识教育是历史最长、最具基础性地位的教育理念之一。通识教育思想的盛衰、演变过程集中反映了高等教育思想的演变过程。因此，对于一所大学尤其是研究型大学而言，通识教育课程体系是其教育理念、教育目标的集中体现，也是其学科发展水平、师资队伍、课程资源的集中反映。由此不难推论，顶尖大学的通识教育实际上是一个时代、一个国家或一个民族的价值观的反映。（Rudolph，1978）

第一节　通识教育的概念

"通识教育"（general education）在我国是新千年后从西方引进的新概念，其内涵可以分为五层。（黄坤锦，2006）从教育理念上看，通识教育与专门教育（specialized education）相对，是指为专门教育做准备的教育。哈佛大学前教务长罗索夫斯基称其为"非专业的"或"前专业的"教育。从人才培养目标上看，即"学生在整个教育过程中，首先作为人类的一个成员和一个公民所应接受的那部分教育"（the Harvard Committee，1950）。从教育阶段上看，对于一流大学而言，本科阶段常称为通识教育阶段，而研究生阶段则称为专业教育（professional education）阶段。就具体培养方案而言，低年级以通识教育计划为主，与高年级以"学科"教育计划或"主修专业"计划为主相对。从学生学习的角度看，通识教育是指跨学科、跨文化、跨时空的学习，强调基本思维方式和方法的学习，而不仅仅是知识的获取，其目的是培养适应快速变化的世界的人才。（Conrad，Wyer，1980）

由于通识教育课程全部或主要安排在低年级阶段（黄坤锦，2006），因此其对新生的学术引导和学习方式方法的转换起到关键的作用。当一位高中生进入大学的时候，他/她的头脑中一般只有高考要求的那几门学科的不完整概念。即便在选择报考专业时对其他学科和专业名称有所接触，但也知之甚少。这时如果一头扎进一个狭窄的专业，他就会像迷失在原始森林中的新猎手一样，茫然不知所措。人类几千年积累的知识就像原始森林，一个猎人如果不了解这片森林中植被类型的水平分布和垂直结构，以及地形地貌和水文情况，很难有所作为。教师首先要做的不是让新生学会"打猎"，而是要先熟悉环境。通识教育的第一个目的就是让学生在学习专业知识之前通晓人类各种"基本知识类型"，为以后的专业学习指明方向。

所谓人类基本知识类型，一般指数学、物理、化学、文学、历史、哲学、天文、地理、生物，再加上 19 世纪以后新出现的经济学、人类学等。这些学科通常被称为"基础学科"，英文为"disciplines"。哈佛大学 2000 年以后七大类通识课程（外国文化、历史研究、文学艺术、伦理推理、定量推理、自然科学、社会分析）基本按照这些学科来组织，2009 年的新方案只是进一步加强了全球视野和关注现实问题的要求。这是因为"disciplines"代表了人类探究知识的基本思维方式类型。对于通识教育而言，思维方式的重要性要远大于具体知识学习的重要性。下面仅从文学艺术和科学两大知识体系的比较上作一些探讨。

文学艺术倾向于直觉的、发散性的、情感驱动的思维方式，因而解决问题的方式主要是情感交流、相互理解、不断沟通，所谓以情感人；而科学遵循逻辑的、讲究经验验证的、理性驱动的思维方法，因而解决问题往往从客观证据出发，强调严密推理，所谓以理服人。显然，这两种思维方式无论在日常生活还是在学术活动中都是需要的。尤其在社会文化越来越多元、国际交往越来越频繁的今天，正确理解和运用这两种思维方式越发显得重要，对于一个社会组织或学术团体的领军人物更是如此。

通识教育还是帮助学生发展远大理想和抱负的主要手段。一个人只有见过天空才会想到要飞越太空，一个人只有见过大海才会想到环球航行，即所谓见多识广。如果学生在进入专业学习之前广泛涉猎各种知识及其思维方式，就可能形成一个独特的知识结构，这种知识结构通常不同于且超越于为其授课的任何单独一门课程的老师。这样的知识结构就为创新埋下了种子，学生将来可能生长出比教师更宽广的视野、更远大的目标。如果它与专业课程衔接良好的话，也会成为后期专业知识学习的动力。

从高等教育历史发展过程来看，"通识教育"名词的出现是为了应对工业化初期片面强调专业化的弊端，是一种"回归"。更确切地说，是对20世纪以前的"自由教育"（liberal education，字面意思指人文的、人性的教育）的"螺旋式上升"。"自由教育"一词发端于古希腊柏拉图的教育理念：培养超越实用目的的高雅、理智的"自由人"、哲学家。它是相对于古希腊时代非自由人的机械的劳役训练而言的，明显带有歧视劳动的观念。而"通识教育"是相对于现代专业教育而言的，它不仅抛弃了歧视实用知识的观念，而且强调通识教育与专业教育的联系：通识教育为专业教育指明方向。1945年哈佛大学"红皮书"（《自由社会的通识教育》）中写道："通识教育不仅应该为专业选择提供足够的基础，而且应该成为使专业潜力充分发展的沃土……这两种教育内容不可以也不应该是相互冲突的。通识教育不仅应该为学生提供足够的基础去选择一个专业，而是还应该构成学生今后在专业上充分发展的潜力。专业教育是一个有机体中的一个器官，而通识教育是整个有机体，它们互相离不开。专业教育告诉学生可以做什么和怎样做，通识教育告诉学生应该做什么和为什么去做。""通识教育为专业教育指明了意义和目的……哈佛学院的每门课，无论多么专业化，都要与通识教育目标有可识别的联系。在这个联系上的失败程度就是在专业教育上的损失程度。"60年后的2005年，哈佛大学通识教育委员会在其年度报告中进一步提出要加强通识教育与专业教育的连贯性，不可因通识教育而削弱专业教育。（陈幼慧，

2009）

当然，一流的通识教育需要一流的教师、一流的课程资源做保证。对通识教育课程做出过杰出贡献的哈佛大学前教务长、博克校长的助手罗索夫斯基说过："有人认为（通识教育的理想）不切实际。许多大学教授承认，要达到这样的标准，他们自己就很困难。但我认为这是短视的，因为有一个明确陈述的远大理想，其本身就很有价值。"

由于历史的原因，欧洲尤其是英国大学至今仍然将通识教育叫作"liberal education"。美国在 20 世纪以后，尤其在"红皮书"发表之后多改称为"general education"。汉译名称则更多，在我国香港和台湾地区早期多叫"博雅教育""通识教育"，在我国大陆早期除了借用香港和台湾地区的名词外，也有叫"通才教育""普通教育"的。不过如今大多数汉语圈的人都用"通识教育"一词。日本大学很独特，多称通识教育为"教养教育"。从实践上讲，与通识教育最接近的我国本土术语应该是"文化素质教育"。

1998 年教育部高教司［1998］2 号文件对"文化素质教育"的界定为："重点指人文素质教育。主要是对大学生加强文学、历史、哲学、艺术等人文社会科学方面的教育，同时对文科学生加强自然科学方面的教育。"但在实践中许多学校强调的是中国传统人文的教育。（陈向明，2008）新千年之前，虽然学者们对文化素质教育的理论与实践的认识有所分歧，但在通识教育引进之前，基本上相安无事。因为除了少数非主流观点外，大多数争论属于中国文化系统内部的问题。但通识教育的引进激起了新的波澜，因为它是超越本土文化、面向全人类文明、面向当今世界现实问题的开放体系。对于文化素质教育和通识教育的关系，国内曾经出现过三种不同的观点。其一是倡导将文化素质教育直接改为通识教育（朱九思，2004）；其二则认为应该坚持使用文化素质教育概念（张岂之，2004；杨叔子，余东升，2007）；其三是折中派，认为通识教育是文化素质教育的一种形式和具体措施（王义遒，2006）。21 世纪初，在国内几所实施通识教育的著名大学课程体系中，"通识教育"和"文化素质教育"两类课程并存。实际上，文化素质教育与通识教育融合的关键在于两者的基本教育理念或教育目标是否一致，而这关系我国在进入 21 世纪以后教育目标如何修订、如何处理中西方文化关系的难题。

第二节 通识教育中的科学教育

论述科学教育在通识教育中的重要性并非易事。其困难之处在于不同国家、不同文化背景赋予了相同的教育理论或术语以不同的内涵。西方文化环境下的通识教育理论在其文本表述上主要体现出对过分、过早的专业化的纠偏，因此长篇大论阐述人文精神或"自由教育"的理念，很少专门论述科学教育在通识教育中的重要性，这是因为科学理性的重要性在西方是不言自明的，从红衣主教纽曼的《大学的理想》到名著阅读运动发起者赫钦斯的《美国高等教育》，都是如此。这使我国不少学者在理解这些经典文本时往往以为通识教育不仅与专业教育对立，而且与科学教育对立。实际上这是一种误解，因为西方的人文主义在很大程度上与科学理性是相容的，前者是后者产生的土壤，因此在通识教育中科学教育与人文教育是平衡共生的。下面从历史的和知识论的两个角度进行论述。

一、历史的维度：科学教育与通识教育的关系

如果我们将通识教育的目标理解为实现科学教育与人文教育的平衡的话，通识教育的历史应该以 19 世纪艾里奥特的选修制为起点，因为是它将科学教育以合法化的形式首次引入高等教育课程。以科学教育在通识教育中的地位变迁为标准，可以将通识教育发展过程分为四个阶段。

1. 前通识教育时期——"自由教育"

美国大学从殖民地时期到 19 世纪中叶基本效仿英国模式：古典人文独占大学课堂。纽曼的自由教育的目的是发展理智（纽曼，2001）：智力、理智是人的素质中最美妙的那部分。它是一种祝福、一种才能和力量，也是一种财富。它不仅本身美丽、高尚，还对周围的人有益，也通过拥有者使全世界受益。例如哈佛学院 1642 年的课程中除了每周一次的"植物"课外，全部

是古典人文课程。尽管 18 世纪中叶以后形势开始发生变化，如哈佛、耶鲁课堂上自然科学内容普遍增多，1749 年成立的费城学院开设了自然科学与实用学科课程，1765 年罗德岛学院推出第一个不为宗教目的服务的课程计划，但总体来讲自然科学与实用学科在大学课程体系中并未获得合法地位。（郭健，2000）19 世纪初期，英国纽曼的"自由教育"思想对美国的影响仍然很大，甚至到 19 世纪 50 年代，不少大学如哈佛大学成立理学院后，自然科学与实用学科仍然被认为是"廉价学位"。

2. 科学与技术教育合法化时期——推行选修制

以哈佛大学为代表的美国传统名校在 19 世纪以前主要效仿牛津、剑桥大学模式。19 世纪中后期，德国柏林大学科研与教学融合的思想对包括美国在内的世界高等教育的发展产生了深远影响。早在 19 世纪 20 年代，哈佛大学一大批留德归国的学者——如蒂克纳（G. Ticknor），顶着来自于本校和耶鲁大学保守势力的巨大压力，以极大的耐心和不屈不挠的精神，在他主持工作的语言系推行选修制。（郭健，2000）1869 年，化学家艾里奥特任哈佛大学校长，他在就职演说中宣布坚决赞成选修制。是否采用选修制的矛盾焦点其实不在于选修制度本身，而在于是维持以古典语言为核心的"自由教育"的独尊地位，还是兼容并蓄地发展与社会生活相联系的科学技术类课程。选修制是使自然科学与实用学科在大学课程中占有与古典课程同等地位的一种机制。艾里奥特还盛赞当时斯宾塞的《什么知识最有价值》一文，认为斯宾塞是真正的教育先锋。（斯宾塞，1997）到 19 世纪末，美国各类高校都不同程度地实行了选修制，至此，科学教育开始以合法化的身份进入了大学课程。从教育原理上讲，选修制带来的自由精神与科学、民主精神相一致，而科学、民主精神正是科学教育的目标。

艾里奥特校长虽然没有论述通识教育思想的专著，但他正式开创了作为当今通识课程的重要组成部分的科学教育课程。1909 年，艾里奥特任校长时的教务长劳伦斯·劳威尔接任哈佛校长。为了消除学生在自由选修中的盲目性，他将自由选修制改进为"分类选修制"（Concentration and distribution，也被译为"集中与分配制"），将科学技术学科与人文学科划分为几类，供学生分类选修。至今美国大多数学校的课程结构仍由三个部分组成：完全自由选修部分,通识教育课程的分类选修部分,专业领域内的集中指定必修部分。据统计,一百年来,哈佛文理学院学生完全自由选修的学分数占全部学分数的比重基本未变,仍为三分之一。(张红霞,2003)"集中与分配制"只是在选修的管理机制上进行了调整,但科学与技术教育在大学课程中的地位并没有动摇。此外,从教育理念上讲,选修制带来的教育自由精神更是与科学、民主的精神相一致。

艾里奥特任哈佛大学校长长达40年,这一时期正是美国科学技术和资本主义经济蓬勃发展的时期。1876年,以科学研究为中心的约翰·霍普金斯大学正式开办,它使科学教育的地位又一次得以提升。现代科学教育鼻祖赫胥黎应邀于建校典礼上演讲,他说:"世界的未来掌握在那些对于自然的解释能够比他们的前辈更进一步的人的手里。大学最重要的职责就在于发现这些人,爱护这些人,并培养他们最大限度地服务于自己事业的能力。"(赫胥黎,2005)

然而,当时人们对自然科学课程与职业技术课程在教育上的不同价值的认识还很不清楚。尽管赫胥黎和斯宾塞在19世纪中叶就提出了科学的教养价值,但怎样在课程与教学层面上落实尚未述及。当时美国在教育实践上将科学教育等同于职业技术教育,夸大了科学的功利性一面,忽视了科学的育人功能。甚至到了20世纪初,虽然杜威在其名著《民主主义与教育》(1916)中系统地提出了"做中学"的理论:学方法、学精神,而不仅仅是学习科学研究的结果——知识,但这一思想未能得到正确实施,反而被激进的进步主义教育运动推向非理性的极端。

3. 矫枉过正时期——名著阅读运动

19世纪末20世纪初,继霍普金斯大学之后,美国研究型大学迅速发展。但由于走上极端功利主义道路,过分崇尚实用技术,加之过热的进步主义教育运动,导致美国不仅在人文教育上严重衰退,而且在许多基础科学领域也落后于欧洲。在这样的背景下,1930年上任的芝加哥大学校长罗伯特·赫钦斯发起了席卷校园内外的名著阅读运动。遗憾的是,赫钦斯不仅反对功利主义的专业化,而且反对当时的进步主义,甚至认为现代英语不如古典语言、修辞学更有教育价值(赫钦斯,2001)。这种违背历史发展规律的运动注定不会长久，尽管它对当时激进的功利主义进行了有力的纠偏。而且容易忽视的是，赫钦斯并不否定永恒主义意义上的科学教育，这一点是他与纽曼根本上的不同。赫钦斯的经典名著理论推出四大领域的通识教育课程（生物科学、物质科学、社会科学和人文学科），不仅包括文学经典，而且包括自然科学的经典，如牛顿的《自然哲学的数学原理》、培根的《新工具》、哈维的《心与血的运动》。赫钦斯认为，今天有意义的知识没有超过古人，哲学与人文没有超过亚里士多德。"如果我们阅读牛顿的《自然哲学的数学原理》，我们就会看到一位活生生的天才，就会了解这本书所展现出来的那种前所未有的简朴和优雅，还可以了解近代科学的基础……（近代）哲学起始于笛卡儿和洛克；心理学起始于冯特和詹姆士；自然科学发端于 19 世纪的一些伟大的实验。"（赫钦斯，2001）

4. 通识与专业协调发展阶段——哈佛红皮书发表

正当美国的高等教育思想陷入巨大分歧的时候，上任 10 年之久的哈佛大学校长詹姆斯·科南特组织哈佛大学教育委员会对通识教育问题进行了全面的清理，明确提出通识教育与专业教育不可对立的思想。该委员会首次对 general education 与 liberal education 的区别进行了精辟的阐述：general 词义与 special 相对，而不与 liberal 相对。liberal 有排斥实用的含义，而 general 只是 special 的基础。也可以这样理解，在现代社会，只有既做到 general 又做到 special，才能真正地拥有现代意义上的 liberal 的思想和灵魂。（Harvard Committee，1950）用"通识教育"代替 19 世纪排斥专业教育的"自由教育"一词实际上是一次历史性的飞跃，而不是简单的名词更新。由此不难理解，西方教育界虽然对纽曼、赫钦斯或艾里奥特究竟谁对通识教育的贡献大多有争论，但科南特被公认为"通识教育之父"。（舸昕，1999）科南特的有关思想集中体现在 1945 年发表的史称哈佛大学通识教育"红皮书"的哈佛大学通识教育委员会《自由社会中的通识教育》报告中。

科南特身体力行地强调了科学教育在通识教育中的作用。"通识教育中的科学教育应当体现广泛而综合的原理——科学思维方式与其他思维方式的比较，各门自然科学之间的比较，科学与科学史以及人类普通历史之间的比较，科学与社会的关系等。通过这样的努力，科学对所有学生可以产生深刻而持久的影响。遗憾的是，在现代教学中，它们常常被忽视。"（Bybee，1997）科南特还开创性地提出科学教育在通识教育课程中的实现途径，如将科学史和科学社会学纳入科学教育课程内容中，用案例法进行科学教学等。作为校长，他亲自主持编写了通识教育教材《哈佛实验科学案例史》，承担"生物学"和"休谟哲学"通识课程的教学。休谟哲学中与科学思想紧密相关的内容，如因果关系、归纳法的缺陷等，必然与生物学中的科学教育形成互补。尽管当时美国各大学的课程设置不尽相同，但这种专业与通识并重，人文、科学、技术并举的思想已经成为全美乃至全球众多大学的共同理念，而且至今不衰。

科南特卸任校长后出版了一系列专著，如《论理解科学》《科学与常识》《现代科学与现代人》《科学原理与道德规范》等，对科学教育的思想作了系统的论述，充分阐述了通识教育中的科学教育对人的良好精神素养形成的作用，尤其是对民主社会公民素质培养的作用。

5. 全球化、多元化时代的通识教育——"核心课程"

20世纪60—70年代兴起的民权运动和学生运动在美国掀起了一股持续几十年的要求实现种族平等的浪潮。20世纪70年代末德里克·博克任哈佛大学校长，他对沿用30多年的基于"集中与分配"制度的科南特通识教育模式进行了改造。其特点有二。一是强调道德教育。他在1976年发表了一篇题为《伦理能够被教会吗》的文章，对美国长期以来放任学生道德教育的做法提出了挑战。（Bok，1976）博克的答案是肯定的，他强调对学生进行道德教育必须摒弃教条主义的思想灌输，开设"问题导向的伦理学"课程，用讨论的方式去分析、研讨道德两难问题，以提升学生的道德意识，使学生做好准备去应对自己职业生涯中将遇到的困难。（曲铭峰，2013）二是以"核心课程"（Core curriculum）的形式将通识教育内容制度化，其中包括首次出现的"伦理推理类"课程。

2005年哈佛大学通识教育委员会报告中还建议增加技术学科内容；2009年的新方案将原方案中的"自然科学"类拆分为"物质科学"和"生命科学"两类，由此增加了科学教育的分量或比重。

由此可见，通识教育思想的发展过程反映了20世纪高等教育思想的发展过程，也反映了科学教育的成长、完善过程。科学技术在刚刚诞生的时候，犹如一匹难以驯服的烈马，后来逐步被人文反思和社会实践所驯服，并与之共同为人类造福。实际上，正是社会需求和知识发展才催生出"科学技术"这个新的学科领域，而为了使学生正确掌握和驾驭这个新领域，才产生了通识教育，所以我们不能为了通识而倒退至削弱专业学习的老路上。

所以通识的"通"，不仅是基本教养与专业知识的通，而且是人文与科学技术的通。对于这一点，我们目前的认识多有偏颇，似乎还停留在纽曼阶段，留恋封建士大夫的教养。我们的素质教育课程观还没有达到赫钦斯时代的水平，有意无意地片面强调人文经典、忽视科学经典。

二、知识论维度：科学教育与通识教育的关系

虽然说"什么知识最有价值"的讨论永远不会达成完全的共识，而且随着时代的变化，人们的认识也会发生变化，但不同类型的知识及其组合方式对人的素养具有不同的作用却是被广泛认同的。培根在《论读书》中关于数学、诗歌、科学、历史、伦理、修辞学对人的素养发挥不同作用的精辟论断众所周知，结论是"凡有所学，皆成性格"。英语中有一个谚语，"吃什么饭长什么身体"（You are what you eat.）；对于学习成长来讲，修什么课程就有什么样的知识结构（You are what you read.），也就有什么样的创新潜力。

所以，实施通识教育要对人类的各种知识形态有所认识。而认识知识形态的最常用方法就是学科分类。德里克·博克提出的通识教育"核心课程"之所以以学科为基本单位，其目的就在于让学生更好地识别和理解人类不同的知识类型及其独特的思维方式。

几乎所有关注知识论问题的哲学家都关心教育内容，且大多专门做过知识分类研究，如培根、孔德、科南特、赫斯特（详见第二章）。这些知识分类方案的共性是囊括了人文、科学和社会三个一级分类单位。而且，科南特"在知识分类中，他特别推崇科学——自然科学"（黄坤锦，2006）。众所周知，是科南特首次提出"科学素养"的概念。反过来，教育史上没有一位杰出的课程论专家不是广泛涉猎不同类型知识的大师。从艾里奥特到赫钦斯到

科南特到博克，无不如此。科南特不仅是卓越的化学家，而且在历史学与英国经验主义哲学上也颇有建树，曾经亲自承担休谟哲学的通识课程的教学。

哈佛大学的核心课程不同于其他通识课程的特点在于，它不仅关心不同知识形态的独特思维方式，而且关心知识和思维方式背后的情感和价值观。该校自然科学类核心课程不是要求学生记住一些物理或化学定理、定律，而是要求学生学会不同于人文探究的科学思维方法，以及超越知识、方法的求真务实的价值观。科南特认为，通识课程的目标不是要学生分门别类地研读这些学科的知识，而是通过有关学科的个案历史（case history）的教学，使学生不仅学到知识，而且学到方法，了解到在有些看似简单的问题背后隐含着复杂的人类问题。（黄坤锦，2006）

科南特不仅明确地指出了人类探究真理的三种方法，即哲学方法、宗教方法和科学方法，而且还指出了科学知识、方法和价值观不同的教育意义。他说："一个受到良好教育并且具有较高智慧的公民，如果没有任何科学研究经历，几乎不能理解科学家之间的讨论的实质。这并不是因为他对特定的科学知识或技术术语外行，而是在很大程度上因为他没有掌握科学能够干什么或不能干什么……他对科学的战术和战略没有感觉……知道很多科学知识不等于理解了科学，尽管二者并不相斥。"（Conant，1951）科南特认为，科学精神是蕴含在哥白尼、伽利略、维萨留斯等近代科学先驱精神中的东西，而不是他们具体的科学发现，这种精神来源于古希腊哲学，渗透在文艺复兴时期的张扬民主、自由、个性解放的小说家或诗人的作品中。也就是说，科学还是一种精神，一种价值观。因此，通识教育意义上的科学教育是将科学理性精神人格化的过程，是培养民主意识和民主能力的重要手段。尽管赫钦斯的伟大著作系列中包含有科学哲学，但其目的是要成为有教养的人，有思想的人。而科南特的"科学教育"则明确指出要培养科学思维方式，成为能够运用科学理性于社会生活的公民。所以"红皮书"的书名是《自由社会中的通识教育》，其中首次提出全面的思维模式的概念、批判性思维的概念。

值得提及的是，20 世纪早期西班牙思想家和社会活动家、改革家、哲学教授奥尔特·加赛特（Ortega Y. Gasset）1946 年出版了《大学的使命》（*Mission of the University*），几乎与对赫钦斯经典阅读运动进行纠偏的哈佛大学

"红皮书"同时。加赛特认为，最值得学习的知识不是"伟大的著作"，不是"西方文明"，不是"世界文明"，不是"distribution"（指简单的分类选修制），也不是"种族、两性和阶级本身"，而是普通文化——与现实相联系的、当代的重大思想、重要问题等。因此，加赛特提出的普遍意义上的教育教学内容为五大类：世界的自然体系（物理学范畴）、有机生命的基本主题（生物学范畴）、人类发展的历史过程（历史学范畴）、社会生活的结构与功能（社会学范畴）、宇宙概观（哲学范畴）（加赛特，2001）。克拉克·科尔在其《高等教育不能回避历史——21世纪的问题》中盛赞加赛特（Kerr，1994）的教育思想。

许多人把职业教育与自由教育之间的冲突看作是自然科学与人文学科长期对立在今天的表现（斯诺，1995），认为自然科学强调教育的经验性内容，因而也就是技术性的和职业性的那些方面。"可以直截了当地说，这种对立是错误的。自然科学当然是经验性的，但它远远不只是缺乏理论说明的原始经验的堆积。科学中经验主义的作用是把理论付诸经验的检验"，"因此有资格成为自由教育的内容"（布鲁贝克，2002）。其实，从某种角度看，它比其他任何知识更有资格，因为它不仅把理论付诸经验，而且产生真正可靠的知识。正如博克所说，比各门自由科目更重要的是鼓励学生学会清晰地思维，确立复杂问题的关键所在，根据有关的资料汇聚各方面的论据，得出正确的结论。

我国目前对通识教育中科学教育地位认识的偏差，主要源自错将科学教育等同于专业教育，不分科学教育与技术训练，不分科学知识与科学情感、态度、价值观。其实，"科学"是学科（discipline）而不是专业（profession），就像"文学"是学科而不是专业一样，它们是适用于所有专业和职业的人才培养的基础，是"为人"和"做事"的基础。在前现代化时期，也许具备文学、哲学等人文素养就足以使人成功地为人和做事，但今天必须要具有科学素养。如果不理解这一点，就不可能正确认识科学教育在通识教育中的意义，也不可能成功地设计出21世纪的完备的通识教育课程。从历史发展过程看，通识教育如果忽视或贬低科学教育的成分，就是一种倒退——退回到专才教育上，退回到纽曼以前的"自由教育"上。

第三节 通识教育中的人文教育

如果说通识教育中科学教育的目的主要在于培养学生认知上的精确性与逻辑性、情意上的求真与严谨性，那么人文教育的目的则主要在于培养学生认知上善于想象、表达与交往，情意上求善、求美。用科南特的通识教育四大目标表达的话就是：有效的思考能力、沟通能力、判断能力和对价值的认识能力。显然这些能力需要科学与人文的共同作用才能形成。然而，与"精确、遵循逻辑、求真、严谨"不同，"求善、求美"是与特定的历史文化紧密相连的。不同的国家有不同的善与美的概念，就有不同的人文主义。"如果说，中国儒家的'人—文'是由'仁—礼'构成的，那么古希腊与之相对应的'人—文'是由'自由—科学'构成的。也就是说，对古希腊人而言，能够保证人成为人的那些优雅之艺是科学，而对'自由'的追求是古希腊伟大的科学理性传统的真正秘密所在。"（吴国盛，2001）亚里士多德在其著作《尼各马可伦理学》中主张，相对于善良、谦虚、宽容、忠诚、诚实等美德而言，正义是一切美德之首。（亚里士多德，2003）而儒家学说几乎正相反。

不同的人文主义自然对应不同的人文教育。下面从西方人文学科的发展过程来说明中西方人文教育与科学教育关系上的差异。

古希腊的教育内容一般被概括为"七艺"：文法、修辞、逻辑、算术、几何、天文和音乐。这与我国孔子提倡的"六艺"：礼、乐、射、御、书、数（《周礼·保氏》）相比差异较大。东方对伦理给予特别关注，而西方则对自然与逻辑给予特别关注。这种差异发展到中世纪后期更加显著，西方产生了以实验思想为核心的近代科学，我国则从"六艺"演化为宋明理学的"六经"（一般指《易》《书》《诗》《礼》《乐》《春秋》）。进入 19 世纪后，自然科学在工业革命中的决定性作用，导致了西方开始用自然科学的方法研究人和社会，从原先的关注个体的情感和价值的传统人文主义视角，拓展到对社会群体和人类社会发展规律的关注，从而导致近代社会科学的产生。这样，中西方的人文科学及其与科学教育的关系便非常不同。即便在赫钦斯领导的名著阅读运动的书单上都有许多如伽利略、牛顿、笛卡儿、洛克、培根、冯特、詹姆士、孔德等科学家、科学思想家和社会科学家的著作。（赫钦斯，2001）德里克·博克以后的哈佛大学核心课程则明确将科学教育列为重要内容。（曲铭峰，2005）

20 世纪西方人文社会科学得到长足的发展。尽管在科学性与人文性之间始终存在着激烈的争论，但总体上，人文社会科学的主要趋势是向着强调直接观察和批判性分析的方向发展，在客观性科学原理与人类行为复杂性之间寻求一种平衡。这个特点在通识教育课程上也有反映。自科南特时代到今天的哈佛大学核心课程以及耶鲁、哥伦比亚、斯坦福等名校的通识课程，都包含了当代社会分析或社会研究内容。即便是哈佛大学核心课程中的"文学艺术"类课程，其教学目标也显示出科学的分析、批判精神。"此大类课程的共同目的是培养学生对艺术表达形式的批判性的理解，并以此为范例让学生理解人文学科像其他领域一样，也是一个进行学术考察和讨论的领域。按照核心课程的总目标，本类课程将从不同学术派别的视角，展示和分析各种知识的形式、范畴、用途及其滥用问题。本课程还将介绍不同时代和地区的主要作品、著作，并通过这些介绍，引导学生体验批判性地分析和学术性争论的实践。"事实上，这种"批判性思维"教学目标目前在美国几乎所有名牌大学的通识课程中都得到反映。批判性思维常被定义为：①能够辨别事物变化的模式，并能运用这个模式回答或解决问题；②能够识别逻辑推理和思维过程上的错误；③能够识别、去除不相关的信息；④能够识别偏见、陈见和价值观对思维的影响；⑤认识到一个问题的多种解决方法。（王玮，2004）显然，这些能力主要体现的是科学思维的特点。

必须指出的是，20 世纪 80—90 年代，美国政府与各种学术组织发布了一系列关于拯救人文教育、加强通识教育的文件，如 1984 年美国人文社会科学促进会发表了《挽救我们的精神遗产——高等教育人文社会科学报告》。然而，这种"复归"不是倒退；它不再是以追求人文学科主导地位为目的，而是以与科学技术相融合，为培养全面发展的人才和服务社会为目的。（裴长洪，2001）与此同时，美国于 1985 年启动了著名的《2061 计划》，宣称

"普及科学基础知识包括科学、数学和技术,已成为教育的中心目标""美国没有任何事情比进行科学、数学和技术教育改革更为迫切"(教育部教育管理信息中心,1999)。克林顿政府1994年发布了一份里程碑式的科学政策文件《科学与国家利益》,为美国科学系统确立了五大目标,其中的两大目标为:造就21世纪的最优秀的科学家和工程师,提高全体美国人的科学和技术素养。1996年又由国家研究理事会完成并公布了《国家科学教育标准》,在前言"行动的号角"中开门见山地指出,"我们这个国家已经把所有的学生都应具有良好的科学素养作为自己的一个既定目标……我们大家,无论作为个人还是作为社会,同科学素养都是利害攸关的"(美国国家研究理事会,1996)。

然而,我们容易对西方20世纪80年代重视人文教育作夸张甚至歪曲的理解。有人主张,要像美国大学生普遍被要求学习西方经典一样,我国大学生要普遍学习中国经典。西方人文社会科学中的批判精神与卢梭的人文主义有许多一致性,今天自然科学中的新发现和新技术都离不开它们的思想源头——培根的《新工具》,因此,西方经典与现代科学、技术是继承和发展的关系,先经典、后专业的历史过程,也必然符合学生先通识、后专业的循序渐进的认知逻辑。而中国则不同,以儒家思想为代表的中国经典主要与今天的文学艺术具有一定的逻辑一致性,但与科学甚至社会科学并不必然性地相容。

这里不能不提及哈佛大学的派瑞教授(Perry,1970)对该校人文社科类本科生的认知发展过程的研究。他发现,学生从大学一年级到大学四年级一般经过四个发展阶段。①二元论阶段:认为事物都可以截然分为好与坏、正确与错误两类,因此解决问题的办法就是找到那个好的或正确的答案。②多元论阶段:认识到事物不可以简单地分为好与坏、正确与错误两类,对于一个问题可以找到多种解决的办法,因此无所谓什么是对、什么是错,什么是好、什么是坏,因而失去前进的方向。③相对主义阶段:认识到虽然对于一个问题可以找到多种解决办法,但在既定的条件下存在一个最佳的办法,因此,判断事物好坏、对错要基于一定的条件、要确立一定的标准,这也就是所谓"批判性思维"的概念。④付诸行动阶段:这个阶段用的是"Commitment" 这个词，它含有责任感、奉献的意思，即当学生的人文社会认知水平达到相对主义阶段后，就可能上升到价值观层面，就会根据自己对社会、对事物的理解和判断，确立明确的奋斗目标，并矢志不渝地去追求。在此，虽然难以严密论证学生的认知发展与通识教育的必然联系，但作为通识教育的发源地、实行通识教育已有一个多世纪的大学而言，其中的联系恐怕是不可忽视的。事实上，批判性思维能力的培养目标在 60 年前就体现在哈佛大学著名通识教育文献"红皮书"中，今天仍然被美国众多著名大学认同。相对于哈佛大学文科学生认知能力的四个发展阶段，我国的文科大学生到毕业时大多处于哪个发展阶段呢？

中国的文科学生究竟缺少什么？尽管没有系统的调查研究结果做证据，但可以初步推测，对于《高等数学》中"$\varepsilon - \delta$ 语言"极限概念的定义，一定很少有文科学生能够欣赏其中的严密之美。而定义的严密是以概念的清晰为前提的。事实上，正是由于没有清晰的概念和严密的定义，文科的讨论经常陷入无谓的争吵之中。再如，派瑞的第三阶段"相对主义"批判性思维，实际上与科学实验控制的思想是一致的，任何实验结果如果没有一定的控制条件都不能成立。顺便提及，我国文科学生在 GRE 写作部分的考试中往往得不到高分，其中重要的原因是没有掌握实验的思想，以至于不能正确识别含有明显错误的因果关系的陈述。

人文精神究竟是什么？西方有狄德罗、伏尔泰的人文主义，卢梭的人文主义，萨顿的新人文主义等；中国儒家也是一种人文主义。不过前者是以个人利益为基本出发点，后者则是以种族群体的繁衍生存为基本出发点。但无论是哪一个派别，都与科学理性主义持完全不同的视角。科学理性思维在处理人的关系问题或社会问题时，不是将目标定位在人的身上，而是转移到自然界或科学技术上，因为一切重大的人类冲突都直接或间接地起源于资源的缺乏。罗素称卢梭的人文主义为浪漫主义，并将科学与人文的差异表征为理性与感情的差异。罗素说，"排斥理性而支持感情，在我认为不是进步"（罗素，1982）。他甚至将拜伦、叔本华、尼采、卢梭与墨索里尼、希特勒相提并论，认为他们在感情用事而缺乏理性上是一致的。这种人文主义推崇"善感性"（sensitivity），即容易触发感情，特别是容易触发同情的一种气质。

"善感的人看见一个困窘的小农家庭会伤心落泪，可是对精心策划的改善小农阶级生活方案倒很冷淡。"当然，今天看来，罗素的这种过度否定人文主义的观点显然是走到了另一个极端。虽然我们不能完全赞成弗莱克斯纳所说的"人文主义者是导致民族主义和种族主义恶化的原因，他们既解决问题，也挑起问题"（加赛特，2001），但我们应该清醒地认识到人文主义者的成果也和科学成果一样，如果被不正确的政治野心所利用，也会导致不良后果。

19世纪近代自然科学在工业革命中的决定性作用，导致了人类开始用自然科学的方法研究人与人类群体即社会的尝试，从原先的关注个体的情感、价值和品质的传统人文主义视角，拓展到对社会群体或人类社会发展规律的关注，从而导致近代社会科学的产生。人文学科与社会科学的关系在于，前者是后者的基础，后者是前者的理性化发展，两者相辅相成。这也是美国通识课程自20世纪70年代以来越来越强调定量分析手段学习的主要原因。

由此可见，西方经典所代表的文化与科学技术文化是一致的，科学是民主主义人文精神的自然产物。西方的经典运动与继之而来的专业教育在本质上是互益的。今天社会科学中的批判精神与卢梭的人文主义、柏拉图的"理想国"有许多一致性；今天自然科学中的新发现和新技术都离不开它们的思想源头——培根的《新工具》。因此，西方经典与现代科学、技术是继承和发展的关系。先经典后专业也符合学生循序渐进的认知规律。而中国则不同。以儒家思想为代表的中国文化主要与今天的文学艺术具有逻辑一致性，而与科学乃至上述人文学科的另外两个分支并不那么相容。因此，我国如果要实现通识教育与专业教育的连贯性，人文学科应该进行重大改革，就像蔡元培先从文科改革开始一样。也只有这样才能使通识教育与专业教育思想逻辑一致，而逻辑一致的教育才能取得良好的效果。

乔治·萨顿（G. Sarton）的"新人文主义"呼吁建立一种在人性化科学之上的新文化。萨顿认为，科学是我们精神的中枢，也是我们文明的中枢，但它只是核心并不是全部。对人文学者来讲，科学就像到了家门前的洪水，用拖布是挡不住的。而有教养的科学家抛弃了盲目的自信和自负，增加了宽厚和艺术思想，这对科学是多么人性化的一件好事。（萨顿，1987）一方面，人文学者要生活在以科学技术为中心的未来世界，要能够与科学家进行有效交流，就必须了解他们的思维方法。事实上若要发展人文学科，最好的途径是借鉴、运用科学方法研究人文问题。此外，科学本身产生独特的人文精神，即所谓科学文化：科学发现培养坚定的求真精神、忘我的牺牲精神、知错就改和从善如流的品德，培养理性、不走极端的态度。另一方面，科学家需要关注人类未来，要关心科学技术给人类带来的意想不到的负效果，科学研究需要合作态度与技巧（妥协、折中的艺术），需要与人文学者、官员的沟通与交流等。

因此借用约翰·布罗克曼（J. Brockman）的观点可以说，通识教育本身还是培养下一代"第三种文化"的过程，是消除学科歧视的有效手段。文科学生鄙视拒绝理科是不聪明的，是自欺欺人。激进的人文主义者往往生活在一种矛盾的心理中。而理科学生轻视拒绝文科，也是不明智的，是狭隘的。极端的科学主义者同样会生活在脱离社会的孤独的环境里。

对于中国教育改革而言，需要处理两种人文精神的关系，一是有助于科学精神生长的西方人文精神，另一种是有助于平衡科学负面作用的中国传统人文精神。因此，我国目前的通识教育理论和实践存在一个十分棘手的难题，即以儒家传统为核心价值观的通识教育与以科学精神为核心价值观的自然科学乃至社会科学专业教育之间存在许多矛盾。陶行知形象地将我国古代各派学术，如老子、孔子、孟子、庄子、墨子、荀子的理论，比喻为各大银行的储备金："汉朝以后，学者多数靠着孔子的信用，继续不断地滥发钞票，甚至于又以所滥发的钞票做准备库，滥上加滥地发个不已，以至于汗牛充栋。""吾国文人写出了汗牛充栋的文字，青年学子把它们在脑袋里都装满了，拿出来，换不得一肚子饱。这些文字和德国纸马克是一样的不值钱，因为它们是在经验以外的文字，是不值钱的伪知识。"（江苏陶行知教育思想研究会，1986）我国正处在建设创新型国家、民主化社会的关键时期，如果不吸收西方人文精神的优秀成分，只引进技术，则是舍本逐末，不会出现自主创新；如果不重视通识教育中科学教育成分，也将收效甚微。因此，改革传统的人文教育内容势在必行。

改革人文教育可以从挖掘中国经典科学著作入手。用中国经典科学著作与西方经典，一起构建全新的人文教育内容。需要对目前广泛传诵的中国经典进行筛选，需要补充与科学文化一致的经典。《墨子》中有不少科学思想可以与古希腊科学思想相媲美，如提倡多问"是何故也""何以为""何以知之""何自"等。《墨子》早就提出"古之善者则述之，今之善者则作之"。当然，开发这样的中国科学经典课程不是一蹴而就的。早期可以采取科南特的案例史教学法原理，如让师生共同研读《墨子》《庄子》等经典，结合当时的社会背景，与《新工具》进行比较，"以批判的态度，从现代的观点出发，引导学生接触并深思中西伟大经典著作的深邃智慧"（黄俊杰，2006），讨论诸如"为什么中国古代科学文化得不到发展"等问题。

改革人文教育还需要重新认识儒家文化。两次世界大战以后，不少人文学者提出了一系列正面评价中国传统文化的理论，如汤因比的《历史研究》、哈贝马斯的《交往行动理论》、社群主义理论，以及对中国当代的一系列现代化举措包括教育改革中政府推动力量给予肯定性评价的种种观点。虽然传统人文知识是不能积累、不能进步的，但需要用新的话语表达，使之容易被当代人理解。中国人文对人类的独特贡献在于强调人类美德，如集体主义精神。即便是美国人罗索夫斯基也说过哈佛大学通识教育下培养的人应该做到"专业上的权威同谦虚、仁慈、幽默的结合"（罗索夫斯基，1996）。这种人文教育对中国有特别重要的意义，因为中国文化没有宗教传统，人文精神便担负着支撑人心、维系社会灵魂的重任。（陈媛，2003）正如生物具有多样性，人类的美德是多元化的，这种多元对维持人类的生存和繁衍是有利的。

对上述这些理论的深刻认识和进一步发展，应该依靠中国人自己。因此，全新的通识教育应该通过将现实的文化冲突展现给学生，让新生一代用超越我们更广的视野去承担起这个历史重任。这样才能培养出一大批既有民族责任心，又能够实事求是地直面自身弱点、开拓创新的人文大师；培养出能够运用科学方法理性地处理国家、国际事务的政治家；培养出热爱祖国、热爱人民、胸怀世界的科学家和工程师。也只有这样才能保证我国人文学科教学和科研的现代化，也才能使我国的经济和社会走上可持续发展的道路。

第四节　通识教育内容的国际比较

一、西方大学通识教育内容的历史回顾

对西方高等教育进行研究，学校取样常常是一件困难的事，因为不同的大学具有不同的历史、不同的办学理念、不同的政治倾向、不同的学生与教师质量等。但对于通识教育而言，选择哈佛大学作为一流大学的代表应该是比较合适的。在哈佛大学之前，通识教育在工业革命发源地的欧洲得到了迅猛发展，更早则出现在自由教育发源地的古希腊。

古希腊时代柏拉图学院的教育内容分为初级和高级两类：初级科目包括体育、音乐、读、写、算；高级科目有算术、几何学、音乐和天文学，史称"四艺"。当然，柏拉图的老师苏格拉底之前的"智者派"开创了"三艺"，即修辞、文法、雄辩术（或辩证法）。亚里士多德的"吕克昂"（Lykeion）学院的科目可谓百科全书式的，它在前人科目的基础上增加了与生物学、伦理学、物理学等相关的内容。据称这些古典的学问后经古罗马教育家瓦罗（Varro）和卡佩拉（Capella）的整理和发展后，正式出现了"自由教育"的"七艺"科目。5 世纪后，随着西罗马帝国的灭亡，灿烂的西方古典文化迅速衰落，欧洲进入了发展相对缓慢的中世纪所谓的"黑暗时代"（600—1500）。据说由于"七"这个数字与基督教具有相容性，于是罗马基督教会成为古希腊文化的传承者。（Bowen，1975）

成立于 12 世纪初的英国最早的大学——牛津大学与剑桥大学的教学内容，除神学外以"七艺"为主。总体而言，中世纪大学的"七艺"由两部分组成，一部分是类似于"智者派"的"三艺"，另一部分是类似于柏拉图的"四艺"。前者，尤其是辩证法是当时学术探究的主流。（Conrad，1980）由于当时教育由教会掌控，哲学、政治、法学等科目都归为神学范畴，而关于自然和人体的科学遭到教会的全面禁锢。当时高等教育的目的是培养人格高

雅、心智卓越的贵族精英，其职业目标仅限于法官、医生和牧师，而且有关职业训练的知识必须建立在"自由教育"的基础之上。中世纪欧洲大学的主要任务是钻研、保存、传播古代知识，在学科发展史上，中世纪的"七艺"处于承上启下的地位。就像我国宋代的朱熹（1130—1200）一样，意大利人托马斯·阿奎那（1225—1274）进行了大量的古代经典的开发、整理、传承工作，他将亚里士多德的形而上学、阿拉伯哲学与基督教信仰进行综合整理，并在此基础上创立了经院哲学。

14 世纪起源于意大利的文艺复兴在 16 世纪传入工业革命的摇篮——英国，它使人性和人对于自然、社会、自身的好奇心得到全面解放。应运而生的 18 世纪 60 年代开始的英国工业革命则加速了知识分化的进程，使自然科学学科得以形成。大学开始出现了学科、专业和课程等现代大学教学体制的雏形。"七艺"也发生分化：文法分为文法、文学、历史等，几何学分为几何学和地理学，天文学分为天文学和力学。到了 17、18 世纪，学科进一步分化：辩证法分为逻辑学和伦理学，算术分为算术和代数，几何学分为三角法和几何学，地理学分为地理学、植物学和动物学，力学分为力学、物理学和化学。在这样的基础上，在 19 世纪初的德国，威廉·洪堡创立了柏林大学，提出了"通过研究进行教学"的思想和"教学与研究统一"的原则，从此开创了大学除了传播"自由教育"知识还要培养发现知识的科学家的新纪元。先进的德国高等教育吸引了包括美国在内的世界众多国家的留学生。

19 世纪 30 年代，英国出现了不同于牛津大学、剑桥大学的以市场为驱动力的一批新大学，史称"新大学"运动，这些大学的教学内容注重实用知识。面对这样有悖于传统"自由教育"理念的新生事物，红衣主教纽曼于 1852 年发表了影响深远的教育著作《大学的理想》，以捍卫传统教育，抵抗专门化的科学、技术教育。当时在英国学术界以赫胥黎和斯宾塞为代表的科学学派与以纽曼为首的保守派之间发生了关于自然科学知识地位的激烈争论。

早在 1829 年，留德回国的美国博德学院（Bowdon College）的帕卡德教授（A. S. Packard）首次将通识教育和大学教育联系到一起："我们学院预计给青年一种通识教育（general education），一种古典的文学和科学的，一种尽可能综合的教育（comprehensive education），它是学生进行任何专业学习的准备，为学生提供所有知识分支的教学，这将使得学生在致力于学习一种特殊的、专门的知识之前对知识的总体状况有一个综合的、全面的了解。"（Packard，1829）然而，在19世纪的高等学校中，那种"专门的"教育还不突出，所以帕卡德教授的提议并未引起当时学术界的过多关注。随着1862年颁布的《赠地法案》及相继出现的赠地学院运动，农学、工学、商学等获得了发展空间。19世纪五六十年代，包括哈佛大学在内的不少大学成立了理学院和商学院。至19世纪后期，当代大学的文、理、工、农、医、商学科体系的雏形已经基本形成。随着科学技术的进步，学科体系日益细化，专业教育如日中天之时也预示着已走上另一个极端，于是通识教育逐步引起广泛重视。

1945年"红皮书"中首次明确了通识教育的四大目标：培养学生有效思考的能力、沟通能力、能够做出恰当判断的能力、对价值的认知能力。在《自由社会中的通识教育》中出现了十多次"批判性"（思维）一词。当时通识课程由三大部分组成，即人文、社会、自然三大基本知识类型，也称"三元结构"。半个世纪以来，这一思想成为美国众多名校人才培养目标的核心。

1949年，哈佛大学通识教育有必修课和指定选修课各三门，必修课为文学经典名著、西方思想与制度、物理或生物学，选修课要求从人文学科、社会科学和自然科学类课程中各选一门。尽管当时美国各大学具体的课程设置不尽相同，但这种专业与通识并重，人文、科学、技术并举的思想已经成为全美，乃至全球众多大学的共同理念，而且至今不衰。

从科南特时代到20世纪70年代初，关于通识教育的争论或改革，主要在于具体课程设置上，包括学校集中设课还是分配到各系授课，是选修还是必修，怎样考虑通识教育与专业教育的连贯性等。德里克·博克任哈佛大学校长后，在继承科南特的通识教育思想的同时，做出了三个方面的发展。第一，开创了以学科为基本单位的固定课程形式的"核心课程"模式，为掌握不同知识领域的独特思维方法提供了课程制度上的保证。第二，首次提出了"国际理解"这一新的教育目标，增加了"外国文化"课程大类。第三，明确提出培养批判性思维的教育目标。

博克在1978年将通识教育课程归为五大类：文学与艺术、科学与数学、历史研究、社会与哲学分析、外国语言与文化。1992年扩展为六大类：外国文化、历史研究、文学艺术、伦理推理、自然科学、社会分析与定量分析。后者显然突出了道德领域和定量分析技能。2001年发展为七大类，主要是将定量推理独立设为一类。（曲铭峰，2005）这七类包括："外国文化"类（共12门）、"历史研究"类（共24门）、"文学艺术"类（共34门）、"伦理推理"类（共5门）、"定量推理"类（共11门）和"自然科学"类（共18门）与"社会分析"类（共13门）。其中即便是"文学艺术""外国文化"这些通常看来是纯人文学科的课程，都采用客观的分析和批判的方法与态度进行教学。（张红霞，2007）在"伦理推理"类课程中，有"上帝与道德"和"伦理具有真理性吗"课程。前者的课程计划指出："该门课程将考察上帝这个概念是怎样影响西方伦理观的，帮助学生通过认真钻研《圣经》来弄清这个问题：为什么有人认为如果没有上帝，所有的行为都是允许的，而如果有上帝，人世间在伦理问题上就不可能有成就。"

实际上，哈佛大学的通识教育课程目标不同于其他大学。它不限于一套名著，不限于某些知识或思想领域，而是关注各个领域独特的获取知识的方法论和价值观。因此，尽管各门课程的内容不同，但对与其相关的特定的思维方式的强调却是相同的。从这个意义上讲，通识教育七个领域中的每门课程的价值都是相等的，所不同之处在于知识的深度和主题。

哈佛大学通识教育模式的效果如何呢？前文所述的该校心理学教授派瑞（W. G. Perry）关于文科学生成长四阶段的发现应该是很好的证明。该校文科学生从大学一年级到大学四年级一般经过了"二元论阶段"—"多元论阶段"—"相对主义阶段"—"付诸行动阶段"。应该承认，即便只是少数学生达到高级阶段，也是巨大的成功。

在2001年"9·11事件"之后，哈佛大学针对国际形势的新发展，开始了长达七年之久的通识教育课程改革大讨论。2002年10月，哈佛大学文理学院院长科比（William C. Kirby）宣布启动1978年之后规模最大的本科生课程改革。2004年提出要由跨院系的教师设计一组超越学科界限的新综合型基础课程，作为新的通识课程的中心部分。（Harvard University，2004）2005年哈佛大学通识教育委员会在其年度报告中提出要进一步加强通识教育与专业教育的连贯性，2007 年 2 月公布了《通识教育工作组报告》（*Report of the Task Force on General Education*）。几个月后，哈佛大学通过了该改革方案。这次改革最引人注目的一大举措就是以新的通识教育计划（general education program）取代原有的核心课程（core curriculum）。新计划建议通识教育以校级集中建设的课程为主，系级课程为辅，这成为此次改革实现通识教育与专业教育的连贯性的一个新举措。

新通识教育计划提出了四大目标：让学生为未来社会生活做准备；培养学生的文化认知和态度；使学生对身边的变化做批判性和建设性的回应；使学生更好地理解他们所说和所做的伦理、道德的含义。"哈佛大学学生毕业时，应该具有跟上时代步伐的技能。"新的通识教育计划重新划分了学生课程学习领域，分为八大类：艺术与诠释（Aesthetic and interpretive understanding）、文化与信仰（Culture and belief）、实证推理（Empirical reasoning）、伦理推理（Ethical reasoning）、生命科学（Science of living systems）、物质科学（Science of the physical universe）、全球社会（Societies of the world）、世界中的美国（The United States in the world）。概括而言，在过去"人文学科—自然科学—社会科学"的"三元结构"基础上，通过强调全球意识和跨文化理解，丰富了"古—今、文—理、国内—国外"的"三个维度"的培养目标（见表 3-1）。

表 3-1　哈佛大学通识课程新方案

老方案	新方案
外国文化 历史研究 文学艺术 伦理推理 定量推理 自然科学 社会分析	艺术与诠释 文化与信仰 实证推理 伦理推理 生命科学 物质科学 世界各社会 世界中的美国

与老方案相比，原来的四大目标在新方案中并没有削弱，而且更加具体

化；老方案完整覆盖"人类基本知识类型"的原则也没有改变。概括而言，新方案的特点有四。第一，更加强调全球意识与国际视野，老方案中的"外国文化"拓展为新方案中的"文化与信仰""全球社会"和"世界中的美国"，而且将自己放在世界之中，而不是世界之上。第二，关注现实问题，淡化传统经典的"博雅"教育成分，如将"历史研究"和"文学艺术"等传统学科内容，改为有关现实问题与思维方式的"文化与信仰""艺术与诠释"；将"定量推理"扩大为包括部分定性方法的"实证推理"。第三，强调科学教育，将原来的"自然科学"细分为"生命科学"和"物质科学"两类，而且通过把学生自由选修的院系专业课程作为通识课程的方法，拓展通识课程的深度。第四，强调多元价值观。（陈幼慧，2009）

此外，新方案中的通识教育目标更加重视批判性思维，重视对世界各国历史、文化的了解。其中提及："哈佛大学的教育是一种自由教育——一种在自由质疑精神下进行的，不需要顾虑教育论题是否恰当或者是否有职业用途的教育""自由教育的目的是动摇陈见，是使'习惯的'变成'不习惯的'，揭示隐藏在表面之下与之后的东西，帮助学生摒弃原来方向并找到确定新方向的方法。通过教会学生质疑陈规，促进自我反思，训练批判性的、分析性的思考；通过让他们体验一种由于接触极其不同的历史事件与文化现象而产生的疏离感——这种事件与文化是超越他们甚至是我们教师自己理解能力的东西，教育便由此达到上述目的"。

哈佛大学自1978年独立设置国际理解的通识课程大类以后，国际理解越来越受到重视。萨默斯校长和哈佛大学文理学院的科比院长更加提倡国际意识，2004年的哈佛大学课程评估报告的前言中写道："作为美国顶尖的院校，哈佛学院有责任培养学生认识其他国家，并站在他国的角度审视本国问题的能力，因为这些学生将来的生活和工作地点不但在美国本土，更在世界各地。"（刘易斯，2007）实际上自20世纪70年代联合国教科文组织发表《学会生存》以后，世界许多国家已经将国际理解、国际意识作为各个层次教育的重要内容。联合国教科文组织早在20世纪70年代就提倡"国际理解教育""就是帮助人们不把外国人当作抽象的人，而把他们看作具体的人，他们有他们自己的理性，有他们自己的苦痛，也有他们自己的快乐；教育的使命就是帮助人们在各个不同的民族中找出共同的人性"（联合国教科文组织国际教育发展委员会，1996）。曾任美国加州大学（伯克利分校）校长及加州大学总校校长的克拉克（Clark Kerr）在 1994 年就预测，21 世纪世界各国大学教育面临的挑战是，如何在教育内容的国家化与国际化之间……在保存传统与展望未来变迁之间，在大学教育功能的多元化与一元化之间，在个人利益追求与整体社会规范建构之间，维持应有的均衡（Kerr，1994）。

2007 年，由加州大学及哈佛大学、哥伦比亚大学、斯坦福大学和普林斯顿大学代表联合组成的加州大学通识教育委员会发表了一个重要报告——《21 世纪的通识教育》，呼吁研究型大学要重视通识教育，进行相关教学改革。这个报告不仅对加州大学，而且对全美研究型大学的通识教育问题进行了探讨。该委员会同时还重申对新生研讨课、本科生科研、大学四年级顶峰课程的重视，并要求扩大学生受益面，改进课程。

从通识教育课程设置模式来看，美国大学呈现出多元格局。罗伯特·牛顿（R. Newton）在论文《通识教育规划中的张力与模式》中提出，通识教育一般在三种宽泛的模式中进行：名著模式、学科模式和合格公民模式（Newton，2000）。目前来看，有如下几类。

（1）"核心课程"（core curriculum）模式。由哈佛大学校长博克首创。20 世纪 90 年代初美国约有 200 所高校开设核心课程（MacDonald，1991）。该模式的特点是：以学科全景框架课程（Comprehensive survey courses）和跨学科课程为主。换句话说，以学科为大类的基本结构（学科中心的），辅以实际问题为中心的跨学科课程。前者有利于培养不同的方法—思维模式，后者有利于培养创造性和社会责任心。采用以讲授和讨论相结合的灵活的教学形式，有利于培养创造性和批判性思维。以校级集中建设的通识课程为主，以系级组织的通识课程为辅，加强了通识与专业的衔接。

（2）指定选修模式。或称集中与分布（concentration and distribution）模式。该模式有利于专业素质培养，机动灵活，方便课程管理。以斯坦福大学为代表。

（3）"经典名著课程"（Great-Books）模式。以圣约翰大学（St. Johns. University）为代表。

（4）以学生为中心的不系统的文化课模式。社区学院经常采用这个模式。

显然，不同类型的学校应该有不同的通识教育课程体系和教育目标。以美国社区学院为例，这些两年制的学院主要培养职业技术人才，学院通识教育课程主要传授辅助性、工具性的知识，如交流技巧（读、写、计算机、外语）、个人与社区卫生问题、社会适应问题、婚姻与家庭适应、就业问题。普通本科院校主要是以扩大知识面、培养全面发展的人才为目标。只有一流研究型大学才会注重多种思维方式的学习和国际视野的训练，强调学科结构和三大维度的平衡，因为它们的目标是培养引领 21 世纪走向的领袖人物。

"集中与分布"模式的通识教育实际上是以各院系的专业课资源为主，规定学生在一定的学科大类中自由选修合适的跨专业课程。1909 年，哈佛大学新校长劳威尔首先提出集中与分布制：每位哈佛大学本科生在就读期间必须完成 16 门课程的学习；其中六门主修课程必须"集中"在某一学科领域或自己的专业领域，其余 10 门课中至少有六门课程要"分布"到所学专业以外的自然科学、社会科学和人文学科中。科南特校长继续了这个模式，但对教育目标和课程质量进行了改进。到 20 世纪 60 年代以后，由于学生数量增多及新知识增长速度加快，课程需要进一步改革。1973 年，哈佛大学首先提出要明确文理学院的目标，文理学院应区别于专业学院。1978 年在博克校长和文理学院的罗索夫斯基院长的主持下，哈佛大学开始了通过核心课程保证通识教育质量的探索，在课程内容上进行了不断的充实、调整。该模式一直延续至 2008 年。2009 年转为"核心课程"与"集中与分布"过渡型模式，该模式强调充分利用专业课程，并以此进一步加强通识教育与专业教育的衔接。

根据教学内容的组织结构，通识教育课程还可以分为"学科中心"与"问题中心"两类。前者以高层次的综合性大学为主，如哈佛大学、加州大学伯克利分校采用学科中心模式的课程占主导。斯坦福大学则有较多以问题为中心的课程。

关于教学方式方法问题，博克上任时正值世界全球化时代，以及美国多元文化冲突激烈的 70 年代，他提出了批判性的对话—讨论式的教学模式，尤其运用于伦理推理类课程。博克指出，让学生讨论道德两难问题可以提高其道德意识；通过向学生展示道德两难问题的层次，展示不同的分析角度与不同结论之间的联系，可以培养学生的批判性思维能力。"随着他们意识到某些观点更符合事实、推理更具逻辑性，他们便会逐渐地摆脱相对主义的认识。这样，即便无法最终达成共识，至少能加深对道德问题的理解。"（博克，2003）应该相信，科学理性可以消解由相对主义导致的对发现真理的阻碍，也有利于培养乐观向上的积极世界观。

早在20世纪40年代，西班牙的加赛特（2001）也提出过通识教育的几条原则：以学生为中心；教师必须具有"整合的才华"，而不是零散的知识；要包含必修的要求；要设立一个处于大学的中心"文化学部"（Faculty of Culture)，专司通识教育，如哈佛大学的哈佛学院、北京大学的元培学院、复旦大学的复旦学院、南京大学的匡亚明学院；通识课时约占总学时的1/3。加赛特特别强调，大学必须表明自己作为一个反对"狂乱""轻浮""愚蠢"的主要精神力量；必须是一个"在西方历史上的振奋精神的力量"和一个使"今天破碎的知识待以整合"的基地。不过，这种精英主义的通识教育观更接近与其同时代的科南特的思想，而与博克的多元互动、师生共同研讨的方法相比略逊一筹。

最后应该提及的是，英国大学过去不关心通识教育的概念，也许这是因为英国人自恃是优秀文化——尤其是近代科学文化与人文精神的发源地和中心。尽管文艺复兴的发源地是意大利，但大量的人文与科学巨著以及第一次工业革命的成果产生于英国。因此孤傲的英国人没有学习其他国家的文化的迫切感。此外，英国社会实现多元群体理解的急迫性不及美国。不过更重要的原因是，牛津大学和剑桥大学的传统就是导师制。弗莱克斯纳的《现代大学论》里说，在师生每周一次见面时，导师会布置每周一次的论文写作，并批阅上一周论文，每周与导师见面时学生都要受到"多少有点严厉的训斥"。因此，这也可以说是一种形式的"通识教育"。不过，1949年英国大学拨款委员会主席沃特·莫伯莱爵士出版了《大学的危机》，要求解决英国不少大学教育过分专业化的问题并强调加强文理交叉。而特拉斯科特不主张像美国那样实施通识教育，认为应采取扩展高年级荣誉学位课程的办法，在更广泛的学科背景下开设专业课。1983 年，英国政府发表了《雷弗休姆报告》，再次强调了这个问题。目前，英国许多大学废除了传统学系，设置了多个学科群，围绕学科群安排课程。

二、东方大学通识教育内容的历史演变

下面以北京大学、台湾大学、香港中文大学、东京大学为代表，对东方大学的通识教育目标的发展与现状进行分析。

1. 北京大学的通识教育

中国近代发起的新文化运动是中国教育事业第一次挣脱封建体制，接触现代文化的尝试。这场运动的中心无疑在北京大学。蔡元培在提出"兼容并包、学术自由"的思想，并聘请大量自然科学专家学者的同时，开始从北京大学文科整顿入手，将西方社会以自由民主为核心的人文主义引入北京大学讲台，与中国传统文化一起展示给学生。

蔡元培虽然没有获得博士学位，但在德国莱比锡大学读书时参加了该校文明史与世界史研究所和中国文化史研究所的工作，从事文明史比较研究。（孙小礼，1999）这个经历使熟读中国文化经典的蔡元培深切感受到科学文化的重要性。他指出："生活的改良，社会的改造，甚而艺术的创作，无不随科学的进步而进步。"因此大声疾呼："如果不言新文化就罢了，果要发展新文化，尤不可不于科学的发展特别注意呵！"（蔡元培，1931）。

在通识教育思想方面，虽然没有涉及通识课程层面的工作，但蔡元培主张"硕学闳材""融通文理两课之界限"。他提出："习文科各门者，不可不兼习理科中之某种（如习史学者，兼习地质学；习哲学者，兼习生物学之类），习理科者，不可不兼习文科中之某种（如哲学史、文明史之类）。"（孙小礼，1999）。蔡元培"主张科学与美术并重，认为两者同为新教育之要纲"（梁柱，1996）。

难能可贵的是蔡元培还认识到科学之于素质教育的意义："近虽专研科学者与日俱增，而科学的方法，尚未为多数人所采用"，"盖科学方法，非仅仅应用于所研究之学科而已，乃至一切事物"（高平叔，1985）。而今天一些

一流大学的通识教育思想，还没有达到蔡元培的认识高度。通识教育与文化素质教育之争也充分反映了这个问题。

新中国成立后，由于政治、经济、外交上的原因，我国文化教育采用了苏联模式。在很长的一段时间里，高等教育把"专业化"作为主要指导思想。这种教育在当时为我国的社会主义建设提供了急需的人才，但随着社会和科技的发展，其弊病开始逐渐显露出来，培养出来的人才基础较弱、素质较差，不能适应社会的变化。1961年我国开始纠正高等教育过分专业化的弊端，但直到20世纪80年代末，高校才提出加强学生基础的措施，如"拓宽专业""学科渗透"等。20世纪90年代以后，则开始了文化素质教育运动。

北京大学在20世纪80年代末，就提出了"加强基础、淡化专业、因材施教、分流培养"的人才培养模式，但"仍过分强调以政治素质为首的全面素质，更多地注重从提高学生工作适应性来扩大专业面，而且对学生应该具有的合理的知识和能力结构考虑不够"（陈向明，2008）。2000年以后的素质教育（即通识教育的代称）通选课基本参照了20世纪70年代哈佛大学的模式，所学课程分为数学与自然科学，社会科学，哲学与心理学，历史学，语言、文学与艺术五大类。不过，还没有提出清晰明确的五个领域的课程目标，尤其在国际视野和跨文化理解的内容上更显得不足。

2. 东京大学的通识教育

东京大学副校长古添元夫教授2005年在"南京大学—东京大学素质教育论坛"上说：今天的《东京大学宪章》提出要培养市民精英而不是特权阶级的精英。所谓市民精英即为民主社会的精英，这些人能够在风云变幻的社会中，在没有指南针的情况下"航海"。培养国际化的人才，培养能够为世界的公共事业——而不仅仅为日本，做出贡献的人才。东京大学的高田康成、中岛隆博两位教授提出，"文化本身具有闭塞的倾向，而教养却必须超越这种制约……今后的教养，应如广茂的枝叶一般与全世界的各种文化进行嫁接"（小林康夫，2005）。事实上，在该校为本科生编写的《教养学导读》推荐书目中，看不出东西方文化的隔阂或任何民族主义的倾向，相反却渗透着积极向上的博大的国际主义胸怀。

早在第二次世界大战之后，日本的高等教育体系就发生了根本改变。成立于 1946 年的美国教育使团制定了一系列政策，其目的是使日本的教育民主化。他们修订了原来的教材，用"社会研究课"（Social studies）取代民族主义的"道德课"。日本大学在 1949 年开始进行通识教育，实行美国式的前两年通识教育、后两年专业教育的模式。北海道大学工作组 2001 年颁布的《21世纪的北海道大学前景》，要求全面调整学校的系科，将所有的本科教育合并到一起，成立一个共同的本科教育学院，以此加强通识教育，而专业学院进一步提高研究生培养的研究性要求。北海道大学 2001 年的通识教育课程由九个门类组成：思想与语言、历史视角、文学与艺术、认识社会、科技世界、跨学科问题、外语、公共学科（体育、信息科学、统计学）、基础科学（数学、物理、化学、生物、地球科学）（Ogasawara，2002）。今天在日本同志社大学（Doshisha University）的网站上可以看到，他们的通识课程理念是"基督精神""自由与独立"和"国际主义"。在该校的主页上写着该校的创始人、日本第一位在西方大学获得学位的约瑟夫·哈代·那斯玛（Joseph Hardy Neesima）的话："自由是我的活的校训。"

很少日本大学像东京大学那样设有"教养部"（负责全校通识教育的本科生院），许多大学改革学部设置，实施学群课程设置（相当于集中与分布模式）。1973 年，日本政府在筑波科学城创建了筑波大学，为大学改革进行先导性实验。其主要做法是废除传统的学部与讲座制，设六个学群、若干学类。第一学群为基础学科学群，分人文、自然、社会三个学类。第二学群为文化与生物学群，分比较文化、人学、农林、生物、日语与日本文化五个学类。第三学群为经营、工学学群，分社会工学、国际关系、信息、基础工学、工学系统五个学类。第四学群为体育专门学群。第五学群为艺术专门学群。第六学群为医学专门学群。

每个学类的课程由该学类的课程委员会根据学科的发展和社会的需要及学生的特点设置。各学群开设的课程分专攻课程、专业基础课程、相关课程（又分 A、B 类）、公共课程（即综合课程）。课程开设采取"将通识教育和专业教育有机结合起来""将通识教育内容置于专业教育之中"的原则。继筑波大学之后，其他一些大学也取消了负责通识教育的"教养部"，代之以综合学部，将通识教育贯穿于四年大学教育中。

这种大幅度的改革原因可能有二：一是日本认为专业教育对于依靠技术移植实现经济发展模式具有特别的重要性；二是数字化信息时代使得学生们广博的一面容易达到，而专深的一面却严重不足。

3. 香港中文大学的通识教育

由于香港在一百多年前已经提前进入现代化的过程，香港的大学较早推进了通识教育，探索新人文教育，注重通过对古今中外文化的整合，在大学教育层面上实现对历史的根本超越，培养兼通中外、融合古今的高级新型人才。（冯增俊，2004）在香港最早开设通识教育的是香港崇基学院。1951 年创办之初该院就模仿美国大学的博雅教育，开设了"人生哲学"课程，以讲授基督教教义为主，以传经布道为目的。1963 年崇基学院转并至香港中文大学后，人生哲学课程改为通识教育课程。20 世纪 90 年代以后，该校的通识教育课程被香港各大学普遍效仿。

香港中文大学 1978 年的通识教育课程改革，仿照哈佛大学 1978 年的模式，结合香港中文大学的教育理念，提出了三个目标。第一，增进学生对中西文化的了解；第二，向学生介绍主要学科采取的解决问题的方式和了解人类经验的方法，借此加强学生的推理与分析能力；第三，训练学生掌握适合现代社会需要的学习技巧。统一课程共划分为七个不同的知识范围：逻辑思考与定量技巧、中国文明、其他文明、电子计算学、艺术与人文、自然科学与医学、社会科学与管理学。其中，逻辑思考与定量技巧、中国文明为必修范围，学生须在这些范围内各选修一门学科共六学分，其余学分则从主修科所属范围以外的其他范围内得到。

自 2004 年至 2005 学年开始，香港中文大学通识教育课程分为四大类型：文化传承；自然、科技与环境；社会与文化；自我与人文。其中，文化传承主要从不同角度介绍中国文化的特质，使学生对中国文化有较宏观和全面的认识；自然、科技与环境则引导学生认识自然、科学与科技，反思人类在大自然中的角色，思考科技如何改变人生、社会与自然环境，及其对人类未来的影响；社会与文化主要是探讨社会、政治、经济或文化领域的议题及其研究方法，加深学生对人类社会与文化构成的理解，帮助学生掌握其中的规律；自我与人文探索人生的意义和多元价值现象，帮助学生加强自我认识和反省。

　　香港地区通识教育发展很快，大致经历了三大阶段。第一阶段是放弃以基督教教义为本的课程体系，增加了西方古典人文学科经典著作，提倡博雅、高远的人生理想。第二阶段是放弃以西方经典为主的内容基调，尤其是放弃反对科学、反对技术进步的古典博雅教育的主张，转而倡导人与自然、人文与科技的和谐发展，培养既具备科学素养又富有人文精神的一代新人。第三阶段，放弃述而不作的人文追求，引进关注当代社会问题的内容，开设综合性课程，培养综合思维和综合应用实践能力，倡导全球化时代的文化认同，培养科技工作需要的具有综合素质的现代人。（冯增俊，2004）

　　4. 台湾大学的通识教育

　　国民党 1949 年迁台之初，台湾各大学都没有通识教育。在专业教育之外，台湾教育部规定了高校的"共同必修科课程"（相当于大陆的"文化素质教育课程"），其中包括国文、英文、中国通史、中国现代史、国父思想。此外，要求学生在宪法、哲学概论、法学绪论、国际关系四门课中选修一门。与大陆同期情况类似的是，除国文、英文外，上述课程着重于意识形态的导向作用。（洪明，1997）

　　20 世纪 50 年代后，台湾开始了通识教育实践。（黄俊杰，2002）尤其在 20 世纪 70 年代后，在美国通识教育改革浪潮的推动下，台湾通识教育发展较快。以台湾大学为例，1981 年开始通识教育改革，成立了"推动通识教育工作小组"，制订了《推行通识教育计划书》。最初计划设立 13 门通识教育课程，但最后只开设了四门。这些努力为后来台湾通识教育的发展起到了奠基性的作用。（冯增俊，2003）随着台湾的政治体制改革，1984 年 4 月台湾通识教育学会成立，同时创出了《通识教育》季刊，有力地推动了通识教育的校本化发展。（黄俊杰，2002）1992 年台湾教育部公布"大学共同必修科目表"，将通识课程纳入共同必修科目中，由原定 4—6 学分提高至 11 学分，并给各校开课一定的弹性，使学校在课程设计上能享有宽广的空间。此举为台湾教育史上一重大改革，具时代意义。（李亦园等，2006）

　　在充分研究发达国家通识教育的基础上，1997 年，台湾大学积极策划移植哈佛大学等名校的通识教育方案，即学生入学后前两年为通识教育阶段，第三年才进入专业学习阶段。2000 年后，台湾大学每位学生要完成 30 个学分的共同必修课程和通识教育课程后方可具备毕业资格，其中"共同必修课"18学分，包括国文学6学分，外文6学分，历史4学分，宪法与公民教育2学分。"通识教育课程"必修12学分，分人文、社会科学、物理科学、生命科学四大领域，每一领域至少选2学分。（冯增俊，2003）

台湾大学成立校及院系多级通识教育委员会，负责实施通识教育的各项事务。1996年台湾大学校长陈维昭发表《迈向新世纪的台湾大学回顾与展望》，阐述未来台湾大学将积极推动三大均衡发展策略。一是在本土化与国际化之间求其均衡发展；二是在专业教育与通识教育之间求其均衡发展；三是在科学研究中注入人文精神，以创造校园文化的均衡发展。为此，台湾大学推出通识教育五项原则：①基本性原则：内容包含人类文明之基本要素；②主体性原则：所有教学内容都应指向实现建立人的主体性，及完成人之自我表现、解放，并与人所生存之人文及自然环境建立互为主体性之关系这一目标；③多元性原则：内容应以拓展学生视野，消除文化偏见，放眼世界为目的；④整合性原则：应注重整合不同学科知识，赋予专业知识新的内涵，激发学生创新意识；⑤穿越性原则：具有交叉及穿越专业界限之功能。2001年10月，台湾大学开始实施连续四年的《台湾大学通识教育四年提升计划：全球视野与本土文化的融合》。（冯增俊，2003）

台湾大学通识教育原则的落实可以从课程《荀子甲上》中窥见一斑。其课程内容是以自然论、性恶论、化性论、政治论为主题讨论荀子思想。课程目标表述为"中国传统政治形态是阳儒阴法，今天的教育也多以《论语》和《孟子》为教材。荀子的学生韩非子是法家思想集大成之人物。因此读荀子可以由儒入法。中国人相信天人合一、靠天吃饭，但荀子以为'天有其时、地有其财、人有其治'，人定胜天。因此，荀子思想积极向上。研读《荀子》可以帮助处于今天多元社会中的学生正视问题、正本清源、培养积极进取精神，让传统人文经典'入世'，让文化遗产发挥现代价值"（陈思敏，2008）。

综上所述，美国一流大学的通识教育课程已经基本确定了基于知识类型和思维模式的"人文学科—自然科学—社会科学"的"三元结构"以及"古—今、国内—国外、文—理"的"三个维度平衡"的培养目标。相对而言，东方大学有不同的模式。日本模式由于较早吸收了西方民主与科学的思想，加之第二次世界大战后美国教育使团的外力，自 1949 年以来已经基本上采取了西方化的通识教育目标，即如上所述的"三元结构"加上"三个平衡"。对于日本大学而言，国际意识不仅仅表现在人文学科领域具有较多外国文化的内容，而且他们将日本文化置于世界文化大家庭中，让学生自由选择学习。我国台湾和香港特别关注中国文化与世界文化的平衡与融合问题。香港起步较早，紧随国际水平，而且在中国文化传承上有独特的贡献。台湾经历了与大陆类似的过程，即从以意识形态为中心，到注重学生知识面的拓宽，再到强调文化融合、重视科技素养和国际意识。我国大陆地区近年来不少著名大学也掀起了通识教育的热潮，但通识教育目标仍然没有明确，课程体系尚待健全完善，亟待吸取西方发达国家的经验，加以提升和完善。

第五节　我国通识教育的实践与问题

总体而言，我国高校通识教育在如下几个方面存在问题：①在全面素质的培养中，较多地强调政治素质，而忽略了最基本的公民素养的培养（李曼丽，杨莉，孙海涛，2001）；②更多地从扩大知识面的角度看问题，而缺乏对思维方式，包括科学与人文这两种基本的思维方式的关注；③与第二点相关，强调对理科学生的人文素质教育，但忽视对文科学生的科学素养教育；④过分强调对中国传统文化的传承，而对国际意识的培养不够重视；⑤过分强调古代的、固定的知识，对当前现实问题不够关注。

近百年来，由于"中学为体、西学为用"体—用严格区分，带来了有些学者坚持"中学为通识内容、西学为专业内容"的尴尬逻辑。而由于专业教育背后的实用主义理念、自由民主理念与中国传统人文思想背道而驰，因此中国现代大学的"通识教育"和"专门教育"始终难以找到一个契合点。

根据世界一流大学的通识教育课程经验，中国一流大学的通识教育课程应该基于古今、中外、文理三个维度的框架。按照这个标准，目前我国通识教育存在的问题主要体现在：过分强调人文而导致科学与人文的失衡；过分强调中国而导致中外内容的失衡；过分强调古代而导致古今的失衡；关注了知识面但未能上升到对思维方式的关注，以及对国际意识、全球理念的重视。（张红霞，2009）由此导致了中国公众受教育程度在中学以下的科学素养与美国仅相差1％，受教育程度为中学的较美国相差11％，受教育程度为大学较美国相差36％，不及美国的一半。可见，中美两国公众的科学素养从中学开始拉大了差距，而且大学阶段的差距明显增大（中国科学技术协会，2002；谭小琴，2008）。米勒分析了影响美国公民科学素质的几个主要因素，其中贡献最大的是大学科学课程。米勒进而认为，这是美国公民科学素质高于欧洲和日本的重要原因。（谭小琴，2008）

改进我国高等院校通识教育，其对策首先是挖掘、整理与世界先进文化一致的中国传统文化，提高学生的民族自尊心和自信心。如蔡元培将《礼记》中的思想用于阐释兼容并包、学术自由的思想："大学者，'囊括大典，网罗众家'之学府也……《中庸》曰'万物并育而不相害；道并行而不相悖。足以形容之'。"（黄仁清，1999）"领得西洋科学的精神，然后用它来整理中国的旧学术，才能发生一种新意。"（蔡元培，1997）这样才能改变文化素质教育采取的"中学为通识教育内容、西学为专业教育内容"的分裂模式。

此外，根据台湾和香港的经验，要将中国文明纳入世纪文明的体系进行阐释，一方面可以培养学生的全球视野，另一方面也可以使学生认识到历史发展的曲折性，只有坚持开放才能进步，同时对中华民族的当代发展寄予巨大的希望，并激发学生以理性为基础的爱国主义使命感和危机感。对于美国学生而言，国际意识的重点是国际理解；对于中国学生而言，重点是提升对各种文化的认知与理性判断的能力，以及挖掘和发展中国文化的义不容辞的责任心。换句话说，坚持蔡元培当年的兼容并包、学术自由的原则，将东西方文化及其各自特点以生动鲜活而又客观理性的方式展示给具有独立思考能力的一流大学的学生，也许是实现培养全球意识的人才，并将中华文明带进21世纪的通识教育目标的极好途径。

以北京大学留美同学会早在20世纪20年代就提出的中国大学的三大学术责任为结尾：其一，"中国为东方文化之代表，而东方文化代表人类大部分数千年之思想与经验，具莫大之价值……故整理中国旧日之文化，为中国各学校之莫大责任"；其二，"今日之中国，非吸收西方文化不足以图存，更不足以谋生活之安乐……故输入西方文化，以救吾国民精神的与物质的美满之幸福，为中国各学校之莫大责任"；其三，"吾民族有悠久之历史，伟大之创造力，固非独模仿承受西方文化已也，故熔铸调和创造一种新文化，以贡献于世界，为中国各学校之莫大责任"（王学珍、郭建荣，2000）。

参考文献

［1］博克，D. 2003. 回归大学之道［M］. 华东师范大学出版社，91－92.

［2］布鲁贝克. 2002. 高等教育哲学［M］. 王承绪，等，译. 原版1970. 杭州：浙江教育出版社，189.

［3］蔡元培. 1931. 三十五年来中国之新文化［C］//高平叔. 1931. 蔡元培论科学与技术. 石家庄：河北科学技术出版社，178.

［4］蔡元培. 1997. 杜威六十岁生日晚宴演说词［C］//中国蔡元培研究会. 1997. 蔡元培全集. 杭州：浙江教育出版社，350.

［5］陈思敏. 2008. 台湾"通识教育"与大陆高校德育之互鉴——以对传统道德文化资源的认知、定位、挖掘为视角［J］. 福建师范大学福清分校学报，（4）：53－57.

［6］陈向明. 2008. 大学本科通识教育实践研究［J］. 大学，（4）：81－86.

［7］陈幼慧. 2009. 2009年哈佛大学通识教育新课程分析［J］. ［台］通识教育学刊，（12）：39－62.

［8］陈媛. 2003. 我国通识教育的理论误区［J］. 复旦教育论坛，（6）：56－58.

［9］古添元夫. 古添元夫教授在2005年"南京大学—东京大学素质教育论坛"上的讲话［Z］. 作者个人记录.

［10］冯增俊. 2004. 香港高校通识教育初探［J］. 比较教育研究，（8）：66－70.

［11］冯增俊. 2003. 中国台湾高等学校通识教育探析［J］. 比较教育研究，（12）：38－43.

［12］高平叔. 1985. 蔡元培论科学与技术［M］. 石家庄：河北科学技术出版社，61－63.

［13］舸昕. 1999. 从哈佛到斯坦福——美国著名大学今昔纵横谈［M］. 北京：东方出版社，34.

［14］郭健. 2000. 哈佛大学发展史研究［M］. 石家庄：河北教育出版社，19.

[15] 罗伯特·赫钦斯．2001．美国高等教育［M］．汪利兵，译．杭州：浙江教育出版社，49．

[16] 赫胥黎，托·亨．2005．科学与教育［M］．单中惠，平波，译．北京：人民教育出版社，170．

[17] 洪明．1997．台湾的通识教育［J］．高等工程教育研究，(2)：13–17．

[18] 黄俊杰．2006．二十一世纪大学生的培育理念与人文素养教育［J］．北京大学教育评论，(3)：22–23．

[19] 黄俊杰．2002．大学通识教育探索——中国台湾的经验与启示［M］．广州：中山大学出版社．

[20] 黄坤锦．2006．美国大学的通识教育——美国心灵的攀登［M］．北京：北京大学出版社，56．

[21] 黄仁清．1999．蔡元培论教育方针［M］//丁石孙，萧超然，梁柱，等．1999．中国蔡元培研究会编．蔡元培研究集．北京：北京大学出版社，82．

[22] 奥尔特加·加赛特．2001．大学的使命［M］．徐小洲、陈军，译．杭州：浙江大学出版社，16，71．

[23] 教育部教育管理信息中心．1999．美、英、法、日等国重视基础科技教育的措施和动态［Z］．教育参考资料，(15)：4．

[24] 江苏陶行知教育思想研究会．1986．伪知识阶级［C］//江苏陶行知教育思想研究会．1986．陶行知文集．南京：江苏教育出版社，194．

[25] 李曼丽，杨莉，孙海涛．2001．我国高校通识教育现状调查分析——以北大、清华、人大、北师大四所院校为例［J］．清华大学教育研究，(2)：125–133．

[26] 李亦园，等．2006，日本大学通识教育考察报告［M］//黄俊杰．2006．全球化时代的大学通识教育．北京：北京大学出版社．

[27] 联合国教科文组织国际教育发展委员会．1996．学会生存——教育世界的今天和明天［R］．北京：教育科学出版社，21．

[28] 梁柱．1996．蔡元培与北京大学［M］．北京：北京大学出版社，150．

[29] 刘易斯，H．2007．失去灵魂的卓越［M］．侯定凯，译．上海：华东师范大学出版社．

[30] 吕林海，郑钟昊，龚放．2013．大学生的全球化能力和经历：中国与世界一流大学的比较——基于南京大学、首尔大学和加州大学伯克利分校的问卷调查［J］．(6)：98–109．

[31] 罗素．1982．西方哲学史［M］．北京：商务印书馆，213，235．

［32］ 罗索夫斯基 . 1996. 美国校园文化：学生·教授·管理［M］. 谢宗仙，等，译 . 济南：山东人民出版社，97.

［33］ 罗燕，史静寰 . 2009. 清华大学本科教育学情调查报告——与美国顶尖研究型大学相比较［J］. 清华大学教育研究，（5）：1 - 13.

［34］ 美国国家研究理事会 . 1996. 国家科学教育标准［M］. 戢守志，金庆和，等，译 . 北京：中国科学技术文献出版社，15.

［35］ 纽曼 . 2001. 大学的理想［M］. 徐辉，等，译 . 原著 1959 年 . 杭州：浙江教育出版社，428.

［36］ 裴长洪 . 2001. 美国人文社会科学现状与发展［M］. 北京：社会科学文献出版社 .

［37］ 曲铭峰 . 2005. 哲学智慧与批判性思维在大学素质教育中的作用——美国名牌大学素质教育实践［J］. 江苏高教，（5）：127 - 129.

［38］ 曲铭峰 . 2013. 德里克·博克高等教育思想研究［D］. 南京大学 .

［39］ 萨顿 . 1987. 科学史和新人文主义［M］. 北京：华夏出版社 .

［40］ 斯宾塞 . 1997. 斯宾塞教育论著选［M］. 胡毅，王承绪，译 . 北京：人民教育出版社，41.

［41］ 孙小礼 . 1999. 论蔡元培的科学观［C］//丁石孙，萧超然，梁柱，等 . 1999. 蔡元培研究集——纪念蔡元培先生诞辰 130 周年国际学术讨论会文集 . 北京：北京大学出版社，395.

［42］ 斯诺 . 1995. 两种文化［M］. 纪树立，译 . 北京：生活·读书·新知三联出版社 .

［43］ 谭小琴 . 2008. 从公众科学素养看科学全球化中的中国教育［J］. 自然辩证法研究，24，（1）：85 - 89.

［44］ 王玮 . 2004. 重新认识批判性思维及其在课程中的运用［J］. 比较教育研究，（11）：62 - 66.

［45］ 王学珍，郭建荣 . 2000. 北京大学留美同学会为北大图书馆募捐启（1921 年 9 月 16 日）［C］//王学珍，郭建荣 . 北京大学史料·第二卷（1912—1937）. 北京：北京大学出版社，1979.

［46］ 王义遒 . 2006. 大学素质教育与文化素质教育［J］. 北京大学教育评论，（3）：2 - 8.

［47］ 韦斯特伯里，等 . 2008. 科学、课程与通识教育——施瓦布选集［M］. 北京：中国轻工业出版社 .

［48］ 吴国盛 . 2001. 科学与人文［J］. 中国社会科学，（4）：4 - 15.

［49］ 小林康夫 . 2005. 教养学导读［M］. 山本泰，编 . 赵仲明，译 . 何慈毅，审校 . 南

京：南京大学出版社，22.

[50] 亚里士多德．2003. 尼各马可伦理学 ［M］. 廖申白，译注．北京：商务印书馆，130.

[51] 杨叔子，余东升．2007. 文化素质教育与通识教育之比较 ［J］. 高等教育研究，(6)：1-7.

[52] 张红霞．2009. 科学教育在通识教育中的地位：历史与逻辑的分析 ［J］. 教育发展研究，(13-14)：82-86.

[53] 张红霞．2003. 选修制在高等教育现代化过程中的作用与机制 ［J］. 江苏高教，(1)：37-41.

[54] 张红霞．2007. 高等教育课程国际化的文化思考——兼谈通识教育课程改革 ［J］. 清华大学教育研究，(2)：91-96.

[55] 张岂之．2004. 加强大学文化素质教育课程建设 ［J］. 中国高教研究，(4)：1-13.

[56] 中国科学技术协会，中国公众科学素养调查课题组．2002. 2001 年中国公众科学素养调查报告 ［M］. 北京：科学普及出版社．

[57] 朱九思．2004. 似曾相识燕归来——评《中国现代大学通识教育》［J］. 高等教育研究，(2)：1-2.

[58] Bok, D. 1976. Can Ethics be Taught? ［J］Change, (8), 26-30.

[59] Bowen, James. 1975. A History of Western Education：Civilization of Europe, Sixth to Sixteenth Century ［M］. Vol. 2. St. Martin's Press, 504.

[60] Bybee, R. W. 1997. Achieving Scientific Literacy：From Purposes to Practices ［M］. Portsmouth, NH：Heinemann, 384.

[61] Conant, J. B. 1951. Science and Common Sense ［M］. New Haven：Yale University Press, 3-4.

[62] Conrad, C. F. and Wyer, J. C. 1980. Liberal Education in Transition. AAHE-ERIC Higher Education Research Report, No. 3, American Association for Higher Education. ［DB/OL］. ［2013-10-11］. http：//baike. baidu. com/view/427615. htm.

[63] Harvard Committee. 1950. Theory of General Education. ［M］// Harvard Committee. 1946. General Education in a Free Society：Report of the Harvard Committee. Cambridge：Harvard University Press, 42-73, 298.

[64] Harvard University, Faculty of Arts and Sciences. 2004. A Repot on the Harvard College Curriculum Review. 13-14. ［DB/OL］. ［2013-11-11］. http：//www. fas. harvard. edu/~secfas/General Education_ Final_ Report. pdf.

［65］Kerr, C. et　al. 1994. Higher Education Cannot Escape History: Issues for the Twenty - first Century ［M］. Albany: State University of New York Press, 206 - 208.

［66］MacDonald, W. B. 1991. Trends in General Education and Core Curriculum: A Survey. ［DB/OL］. ［2013 - 04 - 11］. http://www. erin. utoronto. ca/ ~ w3asc/trends. htm.

［67］Newton, R. R. 2000. Tensions and Models in General Education Planning ［J］. The Journal of General Education, 165 - 181.

［68］Ogasawara, M. 2002. Strategic Planning of the Graduate and Undergraduate Education in a Research University in Japan ［J］. Higher Education Policy, （15）: 55 - 60.

［69］Packard, A. S. 1829. The Substance of Two Reports of the Faculty of Amherst College to Board of Trustees with the Doings of the Board thereon ［J］. North American Review （28）: 300.

［70］Perry, W. G. 1970. Forms of Intellectual and Ethical Development in the College Years: A Scheme ［M］. New York: Holt, Rinehart and Winston, 285.

［71］Rudolph, F. 1978. Curriculum: A History of the American Undergraduate Course of Study Since 1636 ［M］. San Francisco: Jossey - Bass Publishers, 3.

第四章

本科生课堂学习与教学设计

　　课堂学习是本科生学习生活的重要方面，其主要包括与课堂活动有关的各种学习，如课前的学习准备、课上的学习参与和课后的学习回顾等。改进大学教育质量的重要抓手在于提升本科生课堂学习的成效。欧美国家本科生课堂学习方面的研究兴起于 20 世纪 70 年代。其时，欧美国家陆续进入高等教育大众化时期，本科教育质量问题逐渐引起关注，本科生课堂学习质量亦逐渐成为研究者关注的焦点。在众多问题中，教学设计的研究受到广泛重视。本章将从课堂学习的研究历史、课堂学习的基本规律、教学设计策略三个方面对这一问题进行阐释和分析。

第一节　本科生课堂学习研究的历史

　　早在 20 世纪初期，有关人类学习的科学研究就已经出现。特别是伴随着天文学、解剖学、生理学和物理学等自然学科的蓬勃发展，心理学家开始超越哲学思辨的传统方法，通过实验方法来研究心理现象，研究人类的学习规律。1897 年，冯特（W. Wundt）在德国莱比锡大学建立了世界上第一个心理学实验室，标志着科学心理学的诞生，也意味着真正从科学心理学意义上对学习进行研究开始出现。（杨南昌，2010）但是，实验研究的机械决定论性质①注定了理论研究成果与真实情境之间的脱节，并导致实验室研究生成的诸多结论在实践中效用不佳，这就促使越来越多的研究者开始关注真实教育情境，特别是关注学生与学习环境之间的复杂交互作用。由此，一个名为"大学学习研究"的全新领域得以诞生。

一、大学课堂学习研究的奠基阶段

澳大利亚著名学者约翰·比格斯（J. Biggs）曾指出："大学课堂学习研究的最早的研究主题就是本科生学习方法，其标志是瑞典哥德堡大学的研究团队对本科生浅层学习方法与深层学习方法分类的经典研究。"（Biggs，1999a）国际学术界普遍认为，瑞典哥德堡大学两位学者马顿和萨尔乔（F. Marton & R. Saljo）的工作是"开创性的"。（Entwistle，1997）这是因为，马顿和萨尔乔运用创新性方法——现象描述分析（phenomenography），定性分析了参与者在处理阅读任务时所给出的解释。通过研究，他们发现两种完全不同的学习方法，即深层方法（deep approach）——指向对于文本意义的关注；浅层方法（surface approach）——指向为了回答问题而对文本进行背记而非理解。从研究方法的角度看，他们采用的路径与一直在教育心理学领域处于统治地位的传统经典方法论存在两点差异：第一，它使用一种自然情境来最大限度地反映（或逼近）真实的学习背景、学习状态；第二，它指向理解个体参与者自身对于学习情境的观点，而不是指向获得一个"客观的"

---

① 实验心理学遵循的是19世纪的普遍的机械论的时代精神。宇宙被认为是一个巨大的机器，规律性、可预测性和精确性成为机械论精神的理想象征。如果将宇宙看作一个机器，那么它就是可拆卸的，这就又导向了还原论。机械的、还原的科学研究，否定了情境的变化，看重普遍性和统一性，在研究人的学习特征的问题上，容易消解普遍性和情境性。正如一些美国学者所指出的："观察者影响实验并是实验的一部分……无论何时，当我们试图寻求对一个变量进行控制的时候，我们最终总是以无法预测的方式来影响这个系统。因此，尽管牛顿或机械范式被证明是有效的，但作为理解这些更为复杂的情境的工具，它就太局限了。"参见：雷纳特·N. 凯恩. 2004. 创设联接：教学与人脑［M］. 吕林海，译. 上海：华东师范大学出版社，17.

外部观察者的观点。

那么，为什么马顿会把这种独特的方法运用于大学学习研究呢？在与布斯（S. Booth）1997年合作出版的《学习与意识》一书中，马顿首次披露和阐释了20多年前这一开创性研究的相关背景。当年，马顿的博士论文主题是"学习任务的模拟"。校外评审人在审阅了论文之后，提出两点评审意见：①对教育界来说，研究结果对实际学习情况（而不是实验室学习情况）是否有启示？②学生究竟是怎样学习的，我们应当从学生自己的角度而不是从研究者的角度来看待学习任务。马顿敏锐地捕捉到了这两个意见背后深刻的方法论内涵，并将其大胆地渗透到随后展开的大学学习研究中。布斯也总结道："这两个研究促使马顿团队一方面把大学学习方法的研究重点集中在实际学习情况上，另一方面则把研究的视角从旁观者转变为学习者自身。"（F. Marton & S. Booth，1997）

二、大学学习方法量表的开发与细化

马顿的工作立刻吸引了英国学者恩特威斯特尔和澳大利亚学者比格斯的关注，他们致力于将马顿所概念化的学习类型转变为可用于进行定量测量的学习方法量表。他们的研究工具、分析模式进一步引领了大学学习研究随后几十年的发展。

拉姆斯登曾明确指出，"在英语国家里，恩特威斯特尔是抓住（grasp）瑞典学者的工作要旨之'第一人'"。在英国，根据马顿的已有研究，恩特威斯特尔所领导的学术小组开始展开对真实的大学教育情境中的学生学习方法的更深入的访谈研究。他们发现，除了深层方法与浅层方法之外，还存在着第三种方法——策略方法（strategic approach），即学生以获得最高成就为目标，并且在必要的情况下或者使用深层方法，或者使用浅层方法。随后，恩特威斯特尔在此基础上构建出了能够识别上述三种学习方法的调查工具——"学习方法问卷"（Approaches to Studying Inventory，ASI）。在澳大利亚，比格斯开发了名为"学习过程问卷"（Study Processes Questionnaire，SPQ）的定量调查工具。在这个调查工具中，他提出了与瑞典学者的深层学习/浅层学习的分类相似的学习方法类型划分，但也包含了与恩特威斯特尔相似的第三种类型的学习方法——策略学习。此外，比格斯的创新之处还在于，他把学习方法特征化为"一致性的动机—策略包"（Congruent Motive – Strategy Packages），即其中的每种类型都包含一个动机和一个与之相关的策略。比如，浅层动机就被定义为"处于任务的真实目的之外"，而深层动机则是"恰当地参与到任务之中，为了任务自身的目的……建立在对任务的内在兴趣之上"。伴随着这些动机，学生也会运用相一致的学习策略。综合而言，学习方法问卷与学习过程问卷是全世界影响最大、使用范围最广的基准性调查量表，比格斯、恩特威斯特尔与马顿三位著名学者也被公认为大学学习研究领域的"三大早期奠基者"。图 4 – 1 对马顿、恩特威斯特尔以及比格斯的早期贡献及测量问卷的来源谱系等进行了清晰的展示。

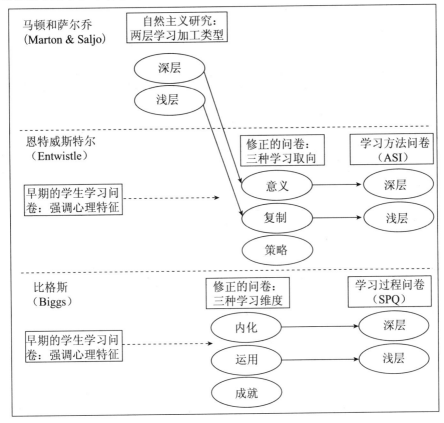

图 4 – 1 20 世纪 70 年代大学学习方法研究及测量问卷的缘起

资料来源：（Malcolm etc.，2009a）

三、大学学习方法研究模式的确立

恩特威斯特尔、比格斯在定性工作的基础上开发测量量表，并进行深入的后继定量研究，这一工作模式几乎成为后来所有具有欧洲和澳洲背景的学者共同遵循的研究传统，即"先定性研究以从学生视角得出概念，再以此作为进行第二级定量研究的基础，从而最终确保能以学生自身的经验作为整个研究的起点"（K. Lonka，E. Olkinuora，& J. Makinen，2004）。英国牛津大学的著名学者特里格威尔（K. Trigwell）把这种起始于广泛的学生和教师的访谈、然后进行问卷开发的研究设计模式称为"学生学习方法传统"（tradition of the Students' Approaches to Learning，SAL）（K. Trigwell，& M. Prosser，2004）。拉姆斯登等学者认为，"在这个两步研究设计模式（Rwo - step Research Mode）的传统中，定性研究与定量研究的传统区别消失了"（P. Ramsden，2003a）。但是，学生学习方法传统中的第一步定性研究往往具有强烈的"扎根式研究"（Grounded Research）特征，这在保持研究的真实性、实践指向性的同时，也因"撤除了理论作为研究的起点"而被很多来自北美的研究者斥之为"带有明显的反理论（atheoretical）和民族心理学（folk - psychological）的倾向与危险"（J. Biggs，1999b）。与欧洲学者的自下而上的扎根式研究不同，以平特里奇（P. Pintrich）等为代表的北美研究者更擅长从概念、理论出发，通常以信息加工心理学中的元认知、学习控制作为核心变量来构建量表，从而带有明显的自上而下的研究特征。因此，北美学者的研究模式通常被称为"信息加工传统"（tradition of Information Processing，IP）或"自我管理学习传统"（tradition of Self - Fegulated Learning，SRL）。从历史的视角观之，由恩特威斯特尔、比格斯所奠基的欧洲和澳洲的学生学习方法传统一直是大学学习研究的主流模式。但近年来，随着大学学习方法研究的日益深入，两种传统之间开始相互借鉴、彼此融通，并出现了如荷兰著名学者佛蒙特（J. Vermunt）所指出的一种趋势，"两个传统逐渐彼此渗透，现在已经很难用一条线将这两个传统截然分开了"（Pintrich，2004）。

第二节　本科生课堂学习的基本规律

30 多年来，大量的大学学习研究成果已在一些核心观点上达成了共识，并对大学教学实践的改进起到了重要的推进作用。接下来，笔者试图从宏观、中观与微观三个层面，综合各种研究成果，对大学学习研究的核心观点进行提炼、梳理与分析。

一、宏观层面——知识观念与学习观念及其相融性发展

按照恩特威斯特尔的观点，"在大学学习研究所达成的各种共识中，最上位、最一般的就是对学生的目标与个人认识论（personal epistemology）的描述"（N. J. Entwistle, E. P. Peterson, 2004）。恩特威斯特尔更加明确地强调，这可进一步聚焦为有关本科生的知识观念与学习观念的相关研究。

派瑞（W. Perry, 1970）于 20 世纪 70 年代所做的访谈研究是奠基性的。该研究清楚地表明，学生在大学就读期间，会沿着一条共同的路径去发展其知识的观念（conceptions of knowledge），即"开始是把知识看作'非对即错'的观念，随后开始形成'如何使用证据去获得结论'的观念，接着再发展为'知识是仍在发展的、具有接受挑战的开放性'的观念，最后形成'知识是不确定的、是社会性建构'（相对主义）的观念"（E. T. Pascarella, P. T. Terenzini, 2005）。派瑞同时指出，对于相对主义的接受是一个缓慢的并伴随着诸多困难的过程，即使对于教师而言，有时也不能完全达到。随后的研究都普遍地支持派瑞所提出的发展图式，但对该图式"是否具有性别差异"似乎存在着一定的争论，这也导致了如下的观点分歧，即"派瑞的图式是应被看作是一个普遍的趋向，还是应被看作在知识的不同方面或在不同的学科领域中存在着差异性"（B. K. Hofer, P. R. Pintrich, 2002）。

很多研究都表明，学生知识观念的变化与学习观念的变化似乎是彼此对应的（paralleled by equivalent development）。萨尔乔发现，几乎不具备学术背

景的学生会把学习看作是记忆和复制信息，而那些经历过高等教育的学生则具有更加精致的学习观念，如探寻个人的意义等。这一发展趋势如图 4 - 2 所示。

图 4 - 2 关注了学习者观念发展过程中的一个共同的特征，即局限性的观念逐渐被整合到更加复杂、全面的观念中，并且随着观念层级的逐渐提高，学习者也会表现出对自身认知过程的更高意识（元认知），并且在开展学术任务时也会更好地监控自身的活动。图 4 - 2 也强调了在知识观念的发展与学习观念的发展之间存在着对应性，并表明在两种观念的发展过程中都存在着一个关键的界阈，此时会发生观念上的重要的质性转变。进一步地，"这种转变将影响学生随后处理学业工作的方式"。越来越多的大学学习研究者都认为，"这种观念发展之间的相似性深刻地表明，在学生的经验深处，不同的观念发展过程（学习观念的发展、知识观念的发展等）是彼此紧密相连的，即使这些过程在学生日常学习过程中普遍地处于一种潜意识状态"（Trowler，2009）。

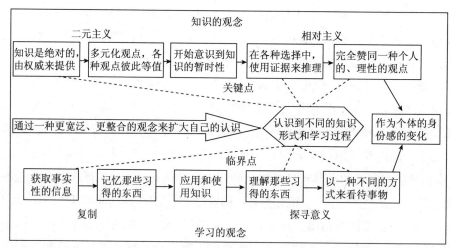

图 4 - 2 知识观念与学习观念的发展图式（根据 Entwistle，2009 改编）

二、中观层面——学习的方法及其影响因素

美国学者奥苏贝尔（Ausubel）所提出的学习方法的两维度划分（即发现学习与接受学习、机械学习与有意义学习）被广为流传，但由马顿及其同事

在瑞典哥德堡大学所提出的学习分类（即表层方法与深层方法）因其直接来源于本科生对其自身学习的描述而在大学学习研究领域具有奠基性的深刻影响。马顿和萨尔乔根据研究指出，"学习方法的差异来源于学生学习意图上的差异，这在对访谈的分析中表现得十分清晰……运用深层方法的学生试图为自己抽取出意义，积极地参与到学科内容之中，并普遍地达到对作者文本意义的彻底理解；而那些使用表层方法的学生更关注于背记那些可能会被问到的问题的答案，并且不去理解作者的意图"（F. Marton & R. Saljo，1997）。自这种自然主义实验之后，深层方法与表层方法的区别在大多数学科领域中都被广泛证实。进一步地，更多的研究开始聚焦于以下两个方面：一是对学习方法与学习结果之间联系的研究，二是对学习方法的影响因素的研究。

　　就第一个方面而言，应当提及比格斯于 1982 年提出的学习结果分类模型（即 SOLO 模型）。SOLO 模型是 Structure of the Observed Learning Outcome 的首字母缩写，可译为"可观察的学习结果结构"模型（N. Entwistle，2009b），它是一个层级模型，包含了五个学习结果的层次，可用来对学生学习反映的结构复杂性进行分类。SOLO 模型被大量的学者用来进行学习方法与学习结果之间关系的实证研究。大量的研究结果证明，深层学习方法与高质量学习结果相联系，表层学习方法与低质量学习结果相联系。范·罗苏姆和申克（V. Rossum & Schenk）的研究最具代表性。他们在实验中发现，34 名使用了深层学习法的学生中有 27 名获得了关联结构或延伸性抽象的学习结果，而在 35 名使用表层学习法的学生中无一人获得超过多元结构的学习结果。他们的研究证明了学习方法与学习结果之间存在着强烈的相关性。

　　就第二个方面而言，大量的研究结果之间却表现出多样性与差异性。哥德堡研究小组的研究表明，本科生的学习方法受到学生所经历到的特定学习与教学环境的影响。美国学习与教学研究项目（Teaching and Learning Research Programme，TLRP）2007 年的研究则表明，"在一个特定情境中采用深层学习方法的决定，至少受到两个因素的影响，一是对学科内容是否有兴趣，二是是否具备必要的先前知识以能对学习内容建构意义"（TLRP，2010）。但是，影响学生学习方法的因素不仅是这些。马顿和萨尔乔于 1997 年所做的极其重要的研究表明，学生的学习观以及对所学课程的认识，也会影响学生所采用的学习方法。这就意味着，学习者先前的教育背景、成长经历以及当下的即时

感知等也会成为不可忽视的重要影响要素。（F. Marton & R. Saljo，1997b）

越来越多的研究表明，影响学生学习方法的因素的确是非常复杂的，且各种因素之间也可能存在着复杂的潜在交互。拉姆斯登在综合了诸多研究的基础上，于2009年提出了一个"情境中的学生学习"模型，并将其研究重点聚焦在"学生的学习方法"上（见图4-3）。拉姆斯登是国际上从事本科生学习方法研究的著名学者之一。他在多年研究的基础上，结合其他研究者的研究结论，总结出影响学习方法的最重要、最直接、最关键的变量，即"学生对于任务要求、教育情境的感知"（即图4-3虚框中所表示的两个核心的变量间的关系，这两个变量用实线相连）。拉姆斯登认为，"尽管各种因素都有可能影响学生是否采用深层学习方法，但相关性最大、联系最密切的一个因素就是学生对于教育情境的感知（perception of the educational situation）"（M. Tight，K. H. Mok，2009b）。其实，早在1983年，拉姆斯登与恩特威斯特尔所做的研究就已经证实了这一观点，即当学生感知到高负荷、缺乏灵活性、目标与标准不清晰、过于关注考试时，最有可能产生表层学习。在该研究的基础上，课程经验问卷（CEQ）得以开发，并被广泛地用于测量学生对于教育情境的感知。由此而衍生出的大量实证研究也在反复地证实着拉姆斯登的这一判断。

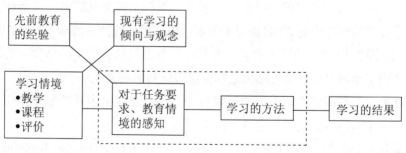

图4-3　情境中的学生学习模型（M. Tight，K. H. Mok，2009c）

比如，在埃雷（Eley，1992a）所做的一项颇具影响力的研究中，研究者采用真实验的方法让两组学生参与相同内容的课堂学习，但教学方法与课堂设计完全不同。研究结果表明，表层方法与过于强调正规考试成绩的课堂相关联（此时学生对课堂学习的感知就是为了考试而学习），而深层方法则与另一种课堂相关联，即这个课堂被学生感受（感知）到能够提供支持、结构和凝聚力，且更关注元认知发展和学习的自主性。各种研究结论都不断表明，教师的教学要从根本上以学习者为中心，关注学生的感受，并充分调动学生投身学习的意愿。"高质量大学学习的根本要求，就在于让学生感受到学习的价值与意义，以及整个课堂对其提供的深层次支持。"（Eley，1992b）

三、微观层面——具体概念的理解及其促进

学生是如何理解一个具体的概念的？其特征如何？如何帮助学生理解一些令人备感困难的特定概念？这些问题引领了一批大学学习研究者在"具体概念的理解"这一主题上进行更多微观层面的探索。

恩特威斯特尔和施密斯、海耶（Hay）等在 20 世纪 90 年代所做的研究均表明，学习者对具体概念的理解是一个不断发展的过程。也就是说，当学生把具体概念与其他相关概念形成了相互关联的整体、各种要素都彼此结合在一起时，理解就获得了发展。总之，按照海耶的表述，"理解的发展其实就是概念之网上的概念联结的数量和类型上的变化"（D. B. Hay，2007）。

马顿及其同事于 1997 年所做的系列后续研究颇具影响力，他们重点关注学生理解特定概念时会产生怎样的变易性。他们于 2007 年提出了"教育情境中的学习变易性理论"（F. Marton，2007）。按照马顿的观点，"概念学习依赖于学生是否能够识别出概念的关键特征，以及能否同时识别出这些特征之间的联系"（F. Marton，2007）。马顿曾通过列举一个医学院学生的案例来说明"识别"（discerning）和"被告之"（being told）之间的区别。具体来说，医学专业的学生常常被教授们"告之"去关注患者的不同特征，如嘴唇的颜色、皮肤的湿度、呼吸的舒缓度等。但这只是"被告之"。"为了能真正地遵循这些建议，学生必须要去体验这些特征，而去体验的唯一途径就是去体验这些特征是如何变易的……通过对这些变易的经验，人们就会对这些特征变得'敏感'起来（sensitized）。这就意味着他们就有可能在未来看到这些特征……（因此学习依赖于）对变易的经验。"（F. Marton，2007）

近来的很多研究都开始探究如何将上述变易理论用于高等教育的具体学科中，从而对某些学科中的困难概念进行教学。克普（Cope）和普罗塞的研究最引人关注。他们发现，"信息系统"概念对学生而言是一个成问题的

（problematic）概念。随后，他们通过访谈的方法来识别学生理解这一概念的不同方式。他们发现，一些学生把"信息系统"仅仅看作是一个检索信息的装置，而另一些学生则将其看作是一个计算机系统，它把一个组织中的不同个体联系起来。而教师希望达成的理解则更加复杂，即信息系统牵涉搜集、传播和交流那些支持不同的组织功能的不同类型的信息的过程。采用表层方法的学生往往关注于局限的观念，而采用深层方法的学生往往重视那些更加复杂的解释。在后续实证研究的基础上，克普和普罗塞得出结论，"一般来说，深层方法起始于学生试图为自己去构建意义，同时依赖于对描述'信息系统'时的不同的重要方面之警觉。为了促进更加完整的理解，教学环境必须为学生提供机会，以让他们通过仔细设计的不同任务和对概念的关键方面的明晰讨论，来识别这些不同视角的真正意义。通过这种方式，学生开始看到存在于'信息系统'描述中的变易，并且通过这种'变易的经验'来达到所需要的概念理解"（Cope，Prosser，2005）。

总之，对大量渗透于具体学科中的具体概念的学习研究，正不断地涌现出来，并对相应学科的教学改革和发展起着越来越大的支持作用。对这一方面的跟踪和研究，无疑值得中国学者关注。

第三节　大学课堂教学的设计策略

大学课堂教学设计的本质在于使学生获得高质量的学习，反过来，高质量的学习也需要依托高质量的课堂教学设计。舒尔（Shuell）曾指出，"教师的根本任务就是使学生卷入学习活动之中，并且这种学习活动要最有可能导致学生获得高质量的学习结果"（Paul Ramsden，2003b）。按照国际教学设计理论的最新观点，今天的教学设计越来越注重各种因素整合下的学习环境的建构。（坦尼森，肖特，等，2005）研究者逐渐意识到，学习环境的创设是一个复杂的系统化过程。以学习为中心，意味着环境中的各种要素要彼此交互、相互联系，以达到共生、共创的整合性效果。

一、3P 模型——面向高质量教学的学习系统

尽管高质量学习意味着更加深层的学习方法和更加高级的学习结果，但是近十年以来，研究者越来越清晰地认识到，高质量学习的达成是一个复杂的系统过程，是各个变量之间复杂交互作用的结果。约翰·比格斯早期提出的传统 3P 模型，以及后来经过修正的新 3P 模型，都可清晰地反映这一点。约翰·比格斯提出的传统 3P 模型描述了三个重要的时间节点，在这三个时间节点上，各种与学习相关的因素被嵌入其中。在预示（Presage）、过程（Process）和结果（Product）这三个阶段中，各种因素既相对独立，又彼此交互，"共同决定学生即时的、与学习相关的活动"（J. Biggs，1993）。图 4-4 即为后来经过修正的新 3P 模型。

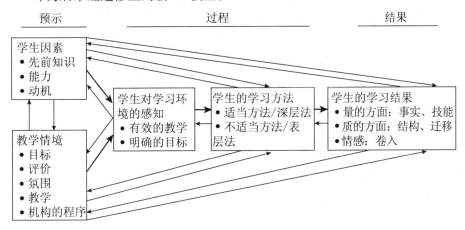

图 4-4 面向高质量教学的大学学习的 3P 模型（根据 Prosser，Trigwell，1999 改编）

在图 4-4 中，加深的黑色箭头表示主要的影响关系，其他箭头也同时表明，"系统是一个成分集，它们相互作用，以便为达到一个共同的目标而产生一个共同的结果"。在此，共同的目标就是高质量的学习，即时的系统就是大学课堂。与传统的 3P 模型相比，修正的新 3P 模型在过程阶段加入了"学生对学习环境的感知"这个因素，这一变化来源于近十年西方学者所做的大量的实证研究。各种研究反复表明，除了"学生因素""教学情境"这两个对"学生的学习方法"产生影响的背景性变量，"学生对学习环境的感

知"也是重要的中介变量之一。其实，这一变化的重要意义恰在于"学生并不是生活在'客观'世界里，而是生活在一个经验世界里。教学的问题不是大学教师怎样设计他们所教的课程，而是他们的学生如何理解教师所教的课程"（D. Boud，2006）。也恰如普罗塞和特里格威尔所表明的，"这是一个视角上的转换，说明教师应当从学生的角度来理解教学……教师要考虑学生的学习经验各不相同，这种差异性将对学生感知并体验教师所设计的课程产生影响。大学教师需要以学生的眼光来审视自己的课程设计"（Prosser，Trigwell，1999b）。

二、基于 3P 模型的教学设计原则——校准性（alignment）

3P 模型描述了一种平衡的教学系统，其中所有的成分彼此支持以生成一种生态系统。从本质上说，为了达到有效运作的效果，所有的成分都是相互校准的。系统的不平衡性将会导致系统的崩溃，即导致低效的教学和表层的学习。对于教学而言，其核心就是我们所创设的情境。约翰·比格斯认为，除了学生和教师，教学系统中的关键要素包括：①课程；②教学方法；③评价程序；④与学生互动的氛围；⑤必须遵守的机构环境、程序与原则。约翰·比格斯进一步指出，在这五个要素中，前三个要素对于促进高质量学习是最为重要的，也是其构建校准性设计模型的重要基础。

约翰·比格斯 1996 年在世界著名刊物《高等教育》上发表了一篇极具分量的论文《通过建构式校准来改进教学》。根据文中的观点，"当课程的目标、教学的方法和评价的方式之间存在一种校准与一致的关系时，教学就更有可能是有效的，学生的学习更有可能是高质量的"（J. Biggs，1996）。而在1999 年发表的论文中，约翰·比格斯更加明确地指出，"校准性设计的核心思想就是，要以'学生做了什么'作为首要关注的重点，并以此来进行目标的设计、教学活动的设计和评价方法的设计……而传统上，更多的教师将他们的关注点集中在他们正在做什么，或者学生正在学什么，而不是学生做了什么"（J. Biggs，1999）。"学生做了什么"不仅仅意味着一系列的概念和原理，而且意味着"在一个预期的层次上去理解，它们究竟有什么更加全面的内涵"。由此，比格斯与欧洲、澳洲的其他学者逐渐构建了一个以知识理解的目标设计为基点、容纳教学活动和评价活动等要素的校准性设计模型。

三、课程目标、教学活动与评价任务的校准性设计模型

比格斯、拉姆斯登等一批大学学习与教学领域的顶尖学者在大量的前期研究基础上，提出了一个在高等教育实践界被广为流传且颇具实效的校准性设计模型（见图4-5）。在该模型中，学生活动的中心性是首要与根本的。在此基础上，需要完成三个步骤：①阐明"预期的结果"是什么，即阐明目标；②确定目标的学习是否以一种"合理有效的方式"展开，这里所使用的评价任务就需要是标准参照（根据前设的目标）；③让学生参与到（适当的）学习活动中来，即使用教学活动来鼓励学生以一种有可能达到目标的方式进行学习。

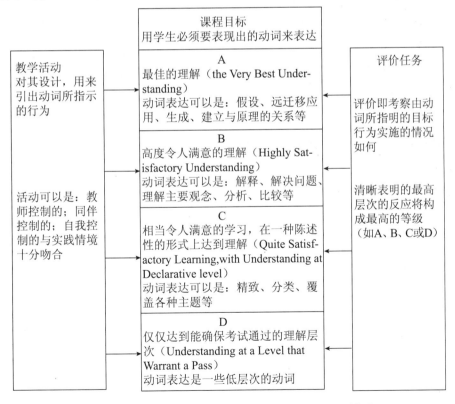

图4-5　课程目标、教学活动和评价任务的校准性模型

正如比格斯指出的，"我们首先要明晰，我们想让学生学些什么，然后再在一个校准性的教学系统中去进行相应的教学和评价"（J. Biggs，1999b）。实质上，校准性设计模型是一个标准参照的系统，在该系统中，目标确定了教师该教些什么、该如何教以及如何确认学生学得如何。

在校准性的教学实践中，整个系统达到了最大程度的一致性。第一，课程是以一种清晰的目标的形式进行陈述，该目标反映的是需要达到的理解层级（建立在 SOLO 理论以及大学学习的研究基础上），而不仅仅是列出需要覆盖的主题。第二，所选择的教学方法是最有可能达到这些目标的方法，学生所展开的活动是目标所指定的。第三，评价任务也关涉目标，以便教师通过测试明晰学生是否学到了目标所反映的学习内容和理解层级。总之，系统中的所有成分都关涉同一个进程，并彼此支持。按照比格斯的说法，"学生陷入这个一致性之网中，他们参与到适当学习活动中的可能性也被最优化"（J. Biggs，1999c）。比格斯用了一个术语来表明所建构的网络的一种动态性和生成性，即"建构性的校准"（Constructive Alignment）。

当然，在如何对这三个要素进行更加细微的分析，以及如何通过更多大学教师的行动研究改进该模型上，仍需进行更加前沿的开拓工作。特里格威尔和普罗塞曾做了如下判断，"追求高质量的大学学习，需要教育者根据校准性设计模型展开大学教学实践，但这仍然是颇具难度的一项事业。除了需要更加深入的研究之外，在实践层面，如传统教学传递理论的根深蒂固、管理要求和资源限制、大学教师相关知识的缺乏等，仍是阻碍校准性设计模型被使用与改进的主要原因"（Trigwell，Prosser，2006）。就笔者来看，对该模型各个要素的更加深入的挖掘，是当前大学课程与教学一个极具前景的研究领域，值得中国学者加以关注和思考。

参考文献

［1］坦尼森，肖特，等 . 2005. 教学设计的国际观：理论·研究·模型［M］. 任友群，等，译. 北京：教育科学出版社，6 - 7.

［2］杨南昌 . 2010. 学习科学视阈中的设计研究［M］. 北京：教育科学出版社，15.

［3］ Biggs, J. 1993. From Theory to Practice: a Cognitive Systems Approach ［J］. Higher Education Research and Development, （12）: 73 – 86.

［4］ Biggs, J. 1996. Enhancing Teaching Through Constructive Alignment ［J］. Higher Edcuation, （32）: 1 – 18.

［5］ Biggs, J. 1999. Teaching for Quality Learning at University: What the Student Does ［M］. London: Open University Press, 11 – 12.

［6］ Biggs, J. 1999. What the Student Does: Teaching for Enhanced Learning ［J］. Higher Education Research and Development, （18）: 58 – 75.

［7］ Boud, D. 2006. Aren't Weall Learner – Centered now? The Bittersweet Flavor of Success ［M］ //Paul Ashwin. 2006. Changing Higher Education – The Development of Learning and Teaching. New York and London: Routledge Taylor & Francis Group, 15.

［8］ Cope, C. , Prosser, M. 2005. Ldentifying Didactic Knowledge: An Empirical Study of the Educationally Critical Aspects of Learning about Information Systems ［J］. Higher Education, 49 （5）: 345 – 372.

［9］ Eley, M. G. 1992. Differential Adoption of Study Approaches Within Individual Students ［J］. Higher Education, 23 （3）: 231 – 254.

［10］ Entwistle, N. 1997. Constructing Perspectives on Learning ［M］ //Marton F. , Hounsell D. , Entwistle N. 1997. The Experience of Learning. New Jersey: LEA, 211.

［11］ Entwistle, N. 2009. Teaching for Understanding at University: Deep Approaches and Distinctive Ways of Thinking ［M］. London: Palgrave Macmillan, 12 – 15.

［12］ Entwistle, N. , Peterson, E. P. 2004. Conceptions of Learning and Knowledge in Higher Education: Relationships with Study Behaviour and Influences of Learning Environments ［J］. International Journal of Educational Research, 41 （4）: 407 – 428.

［13］ Hay D. B. 2007. Using Concept Mapping to Measure Deep, Surface and Nonlearning Outcomes ［J］. Studies in Higher Education, 32 （1）: 39 – 57.

［14］ Hofer, B. K. , Pintrich, P. R. 2002. Personal Epistemologies: The Psychology of Beliefs about Knowledge and Knowing ［M］. London: Lawrence Erlbaum, 88 – 89.

［15］ Lonka, K. , Olkinuora, E. , Makinen, J. 2004. Aspects and Prospects of Measuring Studying and Learning in Higher Education ［J］. Educational Psychology Review, 16 （4）: 301 – 320.

［16］ Malcolm, T, etc. 2009. The Routledge International Handbook of Higher Education ［M］. New York and London: Routledge Taylor & Francis Group, 11.

[17] Marton, F. , Booth, S. 1997. Learning and Awareness [M]. New Jersey: LEA, 211.

[18] Marton, F. , Saljo, R. 1997. Approaches to Learning [M] //Marton, F. , Hounsell, D. & J. Entwistle, N. J. The Experience of Learning. Edinburg: Scottish Academic Press, 77 – 80.

[19] Marton, F. 2007. Towards a Pedagogical Theory of Learning [M] //Entwistle, N. , Tomlinson, P. D. Student Learning and University Teaching. British Journal of Educational Psychology Monograph, (4): 19 – 30.

[20] Pascarella, E. T. , Terenzini, P. T. 2005. How College Affects Students: A Third Decade of Research [M]. San Francisco: Jossey – Bass, 37.

[21] Pintrich, P. A. 2004. Conceptual Framework for Assessing Motivation and Self – Regulated Learning in College Students [J]. Educational Psychology Review, 16 (4): 385 – 407.

[22] Prosser, M. , Trigwell, K. 1999. Understanding Learning and Teaching: the Experience in Higher Education [M]. McGraw Hill Education, 22 – 24.

[23] Ramsden, P. 2003. Learning to Teach in Higher Education [M]. London: Routledge, 11 – 13.

[24] Teaching and Learning Research Programme (TLRP) . 2010. Learning and Teaching at University: The Influence of Subjects and Settings [DB/OL]. [2010 – 08 – 27]. http: // www. tlrp. org/pub/documents/hounsell% 20RB% 2031% 20FINAL. pdf.

[25] Trigwell, K. , Prosser, M. 2004. Development and Use of the Approaches to Teaching Inventory [J]. Educational Psychology Review, 16 (4): 409 – 424.

[26] Trigwell, K. , Prosser, M. 2006. Changing Teaching Practice: Barriers and Strategies [M] //Paul Ashwin. 2006. Changing Higher Education – the Development of Learning and Teaching. New York and London: Routledge Taylor & Francis Group, 78.

[27] Trowler, P. 2009. Culture and Change in Higher Education: Theories and Practice [M]. London: Palgrave Mcmillan, 112 – 113.

第五章

本科生学习经历及其评价

本科教育经历对于一个人的人生发展意义非凡。从哲学的角度看，作为一个学术场所，大学为学生创建了一个自由探求真理、发展人生理想的独特环境，而这种活动的内在价值是由人作为一个自然的求知动物所具有的本能所决定的。存在主义哲学家雅斯贝尔斯在《大学之理念》中说道："我，作为一个思考着的人，通过一种内倾的（inward–directed）行动，来关注对我本人的个体存在的理解问题。""大学就是一个人们必须被允许通过真正的思考和生活来发现自我的地方，（在这里）远离约定俗成的言说方式，远离陈规和傀儡的把戏——远离所有一切只是前景和表面的东西。"（雅斯贝尔斯，2007a）按照雅斯贝尔斯的理解，大学对人的发展（尤其是一种内省的自我精神的发展）是如此重要，以至于"大学就是这样一处存在，在这里，凭着国家和社会的认可，一段特定的时光被专门腾出来尽最大可能地培养最清晰的自我意识（self–awareness）"（雅斯贝尔斯，2007b）。当代的教育家们似乎用更具批判性的眼光来看待大学本应带给学生的变化。在他们看来，大学对学生所产生的实际影响，远远小于大学理应承担的责任。哈佛大学前任校长德里克·博克在考察了美国大学对学生发展的影响之后，审慎地指出，"尽管在校生和毕业生对母校做出了高度的评价，但（我）通过近距离考察美国高校所得出的结论是：高校固然使学生受益匪浅，但它们远远未达到应有的期望值"（德里克·博克，2008）。

在美国，有关大学对学生发展和转变所产生影响的研究可谓早已有之，且汗牛充栋。帕斯卡雷拉和特仑兹尼（E. T. Pascarella, P. T. Terenzini）在回顾了1970—1980年的有关2600项大学影响的研究之后，对这些研究做了充分的分析和总结，撰写了《大学究竟如何影响学生》的重要论著。他们在书中指出，"我相信我们处于如下的一个位置，即我们可以获得大量的有关机构和院系对学生各种结果的影响和发展的结论"（E. T. Pascarella, P. T. Terenzini, 2005）。尽管大量的研究已经存在，但是很多研究由于视角的局限、设计的不充分、时效性缺失等，使得这些研究结论仍然无法充分地说明大学对当代大学生的真正影响。（A. W. Astin, 2001a）反观今天的中国，对大众化所导致的高等教育质量的问责之声不断，大学对学生发展的影响也开始引起关注。究竟该如何评价大学对学生的影响？中国的大学对学生发展的影响究竟如何？本章将围绕这些问题做一些初步的探讨。

第一节　学生的转变和教育质量评价的意义

本节主要考察两个问题。第一，如何理解学生转变和发展的意义，特别是甄别学生的自然发展和受大学影响所产生的发展这二者的差异；第二，从学生转变的角度去理解教育质量，究竟有什么样的理论价值和实践意义。

一、理解学生转变的意义

如果要回答"大学究竟是如何影响学生的"这一问题，首先就会问，"影响学生的什么方面？"实际上，这一问题触及了大学影响研究的核心：每个大学生都处于一个连续的生长和转变的过程中。无论是否上大学，或是上哪种类型的大学，学生转变和生长的过程不会停歇下来。这些转变和生长的内容既来源于大学所带来的影响，也受到大学之外因素的影响。用实验的方法来对此进行研究，显然是不现实的。但是，有关大学影响的研究必须要回答的一个问题就是，"究竟上不上大学对个体来说有哪些不同和差异？"

阿斯汀曾对美国大量的有关"大学影响"的研究进行了深入的分析。他发现，很多文献谈到的都仅仅是学生的变化或生长，而不是大学所带来的影响。最典型的是，学生会在刚入学的时候填写一份性格问卷或态度问卷，然后在一年后、四年后或者是毕业很多年以后再次填写问卷。前者作为前测，后者作为后测。通过比较这两次测量的结果，学生的变化或生长就可以得到评估。很多研究者往往直接把上述测量结果的变化，归因于学生的大学经历，进而归因于大学的影响。但是，这种考察大学影响的方法存在着一个重大的缺陷，即它没有考虑那些上不同类型的大学或根本没上大学的学生，是否也发生了同样的变化。

如果要研究"大学的影响"，需要清晰地把握如下的观点，即学生的前后测的变化包含两个重要的成分。第一个成分是来自于"大学的影响"所带来的变化；第二个成分是来自于其他影响所带来的变化，如成熟或大学之外的环境的影响。而就第一个成分而言：①会带来在其他的条件下无法发生的变化；②会加速和促进源于其他条件的变化；③会阻碍或抵制源于其他条件的变化。因此，要充分、正确、准确地研究"大学对学生所产生的影响"，一个非常重要的方面就是，要把来自大学经历所产生的变化和来自其他影响所产生的变化区分出来。

一些研究者认为，解决上述问题的理想方法是建立一个由没有上大学的年轻人所组成的控制组。这样一种"大学—非大学"的研究设计尽管比前面的传统的单结构的设计更加优越，但是也存在着简化大学影响的不足。阿斯汀曾基于美国高等教育变化的情境中对上述不足做了解释。（Astin，2001b）他说，在20世纪50—60年代，美国的高中毕业生进入大学的比例在不断增大，而且高等教育机会和机构也逐渐呈现出多样性。在此背景下，学生上大学和不上大学之间的经验区分性就逐渐变得模糊起来。特别是对于很多美国的走读学生来说，他们仅仅是开着车去学校，然后上几节课，再开车回家。这些学生在学校外可能还有兼职以赚取收入。那么，与那些住宿的同学相比，这些走读学生的经历有可能更接近那些不上大学的同事的经历。因此，大学范围内的学生经历呈现出很大的差异性，所以简单地比较"上大学"与"不上大学"实际上是无意义的。真正有价值的问题不是去比较上不上大学所带来的影响，而是去比较由大学的不同特征带来的影响。更精确地说，是比较不同的大学经历所产生的影响。研究者需要考察的其实是不同类型的大学经历所具有的相对影响状况。总而言之，研究大学影响的核心是，既关注不同类型大学之间的差异，又关注这些大学中学生经历的差异（如院系教师、同伴小组、课程等）。

二、学生转变研究的教育价值——新的大学卓越观

（一）评估的意义

对学生转变和发展的研究，本质上也是一种对大学质量的评估。评估（evaluation）与评价（assessment）、测量（measurement）不同，评估是基于测量和评价（更具客观性内涵的一种测评活动）的一种价值判断。也就是说，评估牵涉价值观，是一种在某种价值观基础上的价值判断活动。显然，评估活动带有一定的主观性。举例来说，期末考试其实是一种考查学生学业能力的客观测量（measurement）。测量的结果可以帮助老师评价（assessment）这个学生是否合格以及这个学生的基本学习状况。进一步地，根据这个学生的考试成绩，大学的管理人员会决定这个学生是否应该获得奖学金、是否有资格进入研究生院深造，学生本人也会分析自身学习的进步情况，这时的活动就体现出评估（evaluation）的含义了。评估不仅仅是对客观状况的鉴别，而且具有价值判断的意味。

从另一个角度来说，教授们也的确会对由考试所产生的信息（measurement）进行评估（evaluation）。教授们想衡量自身的教学努力是否有效，并进一步决定应当给学生哪些书面或口头的反馈以促进学生对课程资料的学习。而学生们也会出于同样的理由去评估（evaluation）自身的测试结果，既想知道自身学习上的强弱点，以使自己的学习变得更加有效。

（二）传统的大学质量评估的价值取向

如前所述，大学质量评估是一种基于价值取向的价值判断活动，因此要实施正确的评估，必须建立正确的价值取向。那么，传统评估活动所赖以形成的价值取向是什么呢？包括中国、美国在内的很多国家的大学质量评估，在早期都倾向于采用基于资源（resource）和声望（reputation）的大学卓越观。

对于前者而言，大学的卓越意味着拥有大量的资源，即大学所拥有的资源越多，大学就被认为越卓越。更加具体地说，资源主要被分为三种类型：资金、高质量的教师和高质量的学生。资金包括政府投入、捐赠收入、实际花费的金钱以及那些用资金可以购买和衡量的人与物，如图书馆、实验室、物理工厂、教师和学生。教师的高质量体现在所拥有的最高学位、学术声望、被学术界追捧的程度等。学生的高质量则通过在高中的学业成绩以及大学入学考试成绩等方面体现出来。

对于后者而言，大学的卓越意味着大学所享有的崇高的学术声望。长期以来美国形成了一个民间共识，它把美国的3000多所大学排列成了一个金字塔式的层级或阶梯。少数最具声望的大学，如哈佛大学、耶鲁大学、加州大学克利分校和斯坦福大学等，占据着金字塔的顶层位置；位于金字塔底部的则是那些两年制学院和大量的小规模的四年制学院，这些学院仅仅被所在社区的人们所知晓。这种民间共识其实是美国民众长久积存的一种信念系统，它所体现出的大学层次，就是民众内心深处对大学质量高低的基本判断。所以说，在声望观的基本框架下，大学的卓越与否是由大学在声望层级中所处的位置决定的。

上述两种传统的大学质量观所具有的一个共同点是，它们会产生非常相似的大学排名。也就是说，占据着大学声望层级中的上层位置的大学，也同时拥有着最为丰厚的资金资源，最具声望的教师资源，最优秀的学生资源。（Astin，1985）细加反思，这种相关性也并不令人感到意外：拥有大量的资源有助于提升大学的声望；进而，拥有卓越的声望有助于吸引资金、吸引高水平师资和才华横溢的学生。总之，声望和资源是彼此促进、相互联系的。

（三）才智增值观——当代大学质量评估的新取向

声望观和资源观因其关注的中心偏离学生而屡遭质疑。阿斯汀认为，大学教育的根本目的在于培养学生，如果失去对学生的关注，大学质量的评价则有失偏颇。因此，阿斯汀提出了一种不同的大学卓越观——才智增值观（talent development view）。在这一观点下，大学的卓越取决于能在多大程度上促进学生的才智增长。

才智增值观的确立将对大学质量评价产生根本性的影响。如果我们秉持的是资源观和声望观，那么大学就会倾向于关注学生入学时的表现，特别是会招收那些学业等级高、测试成绩好的学生进入大学。与之相反，如果大学秉持的是才智增值观，那么卓越与否就意味着我们是否能最大程度地教育好在校的每个学生，我们也就会倾向于评估学生随着时间的发展所产生的变化。总之，在才智增值观的框架下，大学卓越的程度取决于学生学习和发展的质与量。这一观念也与中国的一些有识之士在最近所提出的观点不谋而合，"衡量本科教育质量应当着眼于学生的成长与发展，即大学毕业生与其四年前进大学时相比，在知识掌握、能力发展和素质提升诸方面有无长进，有多大长进，其中包括自信心、想象力、理解力、同情心、社会责任感和创造精神等方面的提高和进步"（龚放，2012）。

尽管才智增值观是一种更关注学生发展、更契合教育本质的大学卓越观，但是，这并不意味着传统的资源观和声望观就不重要。大学需要各种资源来更好地运转，也需要声望来吸引更优秀的学生和更多的资源。问题的关键是，充裕的资源和较高的声望是被看作一种自足的目的本身（as ends in themselves），还是被看作达到卓越的教育目的（学生的才智增长）的途径和方式（as means to achieving excellent educational ends）？很多研究已经证明，学生才智增值的质与量，与大学资源和声望之间仅仅存在着微弱的关联性。（Astin，1968；Bowen，1981）这一发现说明那些拥有充足资源的大学并不一定就能够运用这些资源去促进学生的才智增值。

第二节　评估大学影响的 I - E - O 模型

本节主要对评估大学影响的 I - E - O 模型的具体要素、具体内涵、操作方法等进行详细解析。该模式从 1962 年被阿斯汀教授正式提出之后，已经成为引领西方学者研究大学影响（特别是研究大学生学习经历质量）的重要评估方法。因此，笔者在此特别强调，读者可能更应该关注 I - E - O 模型背后的方法基础（methodological base）和哲学基础（philosophic base），这也是本节所着力阐述的方面。

一、I - E - O 模型——评价大学影响的有效工具

无论是评价心理治疗对于患者的心理改进效果，还是评价大学教育环境对于博士生科研产出的影响，本质上都是在考察外部干预的环境对于个体改变、个体发展所产生的影响。这种考察方式本质上与分析大学对学生所产生的影响是完全一致的。具体来说，以下三个方面的数据是需要搜集和考察的。

（1）结果（outcome），指的是我们希望和试图让学生在教育环境中所发展的才智（talents）。

（2）输入（input），指的是学生在初始阶段带入教育环境中的个人素质（personal qualities），这也包括学生在初始阶段已经发展的才智。

（3）环境（environment），指的是学生在教育环境中的实际经验或经历（actual experience）。

在上述三个要素中，环境要素是最为重要的。这是因为，环境要素包含了教育者试图直接控制的那些东西，其目的是发展学生的才智（或使学生的才智获得增值）。因此，评价和评估的根本目的就在于，在尽可能多地知悉如何去操控、结构化教育环境的基础上，使学生的才智增值达到最大化。

从定量研究的角度来分析 I - E - O 模型，我们可以把结果变量（outcome

variables）看作是因变量、标准变量、后测、输出、内生变量（endogenous variables）。环境变量（environmental variables）和输入变量（input variables）可以看作是自变量、前置变量、外生变量（exogenous variables）。输入变量也可被称为控制变量（control variables）或前测（pretest）。环境变量也可被称为干预、教育经验、介入等。

图 5–1 中的三个箭头（A、B、C）描述了三类变量之间的关系。教育中的评估或评价基本上关注的是关系 B，即环境变量对结果变量（或输出变量）的影响。但是，如果不去考查学生的输入变量，环境和结果之间的关系是不能被真正理解的。学生的输入变量与输出变量（箭头 C）和环境变量（箭头 A）都有关联性。具体来说，第一，不同学生之间的差异往往会随着时间的推移而表现出一种连续性和一贯性（箭头 C）；第二，不同类型的学生常常会选择不同类型的教育环境（箭头 A）。正是因为输入变量会同时与输出变量和环境变量产生关联，这种关联性会进而对观察到的环境和输出之间的关系产生影响。

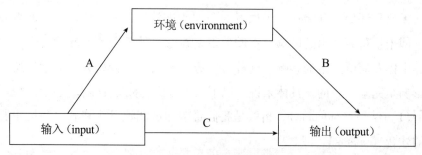

图 5–1　I－E－O 模型的基本框架

我们可以通过一个简单的案例来理解 I－E－O 模型。假设我们发现很多大学毕业生在毕业的时候并没有具备良好的英文写作技能，由此我们试图去发现，是否是特定的（或不同的）课程模式（不同院系的英语教育环境）影响了学生英文写作的"才智"增值。相应地，我们可以对所有毕业生进行英语作文写作测试（结果测量），并去比较参与不同课程模式（不同的院系英语教育环境）的毕业生在测试中的差异。例如，我们会发现，工程专业的学生在测试上的表现要明显弱于新闻专业的学生。那么，这个发现是否能充分证明如下的因果关系，即工程专业的英语教育环境不利于学生英语写作能力的发展，而新闻专业的英语教育环境有利于学生的英语写作能力的发展？很可能不能下此断言。我们有理由做出如下推断，选择新闻专业的学生在进校之初就已经比选择工程专业的学生具备了更好的英语写作能力。如果这个推断成立，那么即使两个专业不同的英语教育环境对学生产生了同样的写作能力发展的效果（或影响），我们也会期望，新闻专业学生要比工程专业学生在毕业生英文写作能力的测试中具有更加优异的表现。换言之，输出（output）的差异，可能不是缘于环境（environment）差异所带来的影响，而是输入（input）本身的差异的影响。

I – E – O 模型设计的根本目的就在于，通过修正、调节或控制输入（input）的差异，来获得有关不同环境（environment）对输出（output）所具有的影响的少偏估计（less biased estimate）。

我们也可以通过一个园艺学的例子来进一步理解这三个变量间的关系。假设我们去一个鲜花集市去购买玫瑰花，我们试图评判哪个商家的玫瑰花的质量最好。当然，购买那些最大、最美的玫瑰花肯定没错。但是，这些结果信息并不足以告诉我们如何成功地种出玫瑰花。因此，如果我们知道各个商家使用的种子、插枝等方面的输入信息，我们的理解就会更加深入。但是，我们是否有充足的理由认为，玫瑰花质量的输出差异仅仅是因为种子、插枝等方面的输入差异所造成的？很明显不能。这里所缺少的是环境信息，是有关不同玫瑰花的生长所赖以支持的条件，如土壤的类型、灌溉的方法、光照、肥料、杀菌剂和杀虫剂等。这些环境因素才是考察种植者如何有效地发展玫瑰花的"才智"的重要因素。

I – E – O 模型的内涵还可以通过一个医疗领域的例子来加以解析。医学研究中的基本评估问题是，发现哪种治疗方式（即环境）是最有效的。如果我们试图更清晰地了解如何更好地去治疗患者，那么仅仅知悉结果信息（如患者住院多长时间、是否死亡、离院时的身体状况等）几乎是无用的，我们还需要获得患者的输入信息（诊断信息），即患者入院时的基本状况。但是，如果我们没有环境信息，如患者接受了哪些治疗、如何进行医疗操作的等，我们仍然无法准确获悉医治患者的最佳路径。这就类似于，在没有掌握学生上课情况、生活情况、学习情况等环境信息的前提下，试图去深入了解学生发展（即增值）的机制，同样是有失偏颇的。

　　I-E-O模型是一种理解事物发展机制的工具。如果我们觉得要对事物做些什么以改变它，那么借助I-E-O这一工具，我们可以知道该做些什么以使其产生变化。这个工具几乎可以用在任何社会或行为科学领域——历史学、人类学、经济学、社会学、心理学或政治科学，只要研究者的兴趣在于：①理解人或人群的发展与转变（输入—输出）；②理解对这些转变产生影响（或可能产生影响）的因素（环境）。

二、I-E-O模型的哲学内涵：从工业模型转向医学模型

（一）传统质量评估的工业模型

　　大众化使高校入学人数剧增，同时，生均占有的资源也相应地减少。在资源变少的情况下，如何去提升组织的效率、保障产品的质量？这自然使大学导向一种经济学或管理学的质量评估思路。例如，大学往往会采用可计算的管理信息系统，如引入"结果评价"、雇用"管理顾问"、采用精致化的"招生管理"程序，并且对于专业经费预算、目标管理、全面质量管理（Total Quality Management，TQM）等，都试图制度化。这种商业化取向的结果，就是学生和所获得的学位被看作是由大学所生产出来的，这非常类似于汽车生产厂商对汽车的生产过程。

　　生产是一个物理过程。在这一过程中，原材料被切割和拆解，然后被放置在流水线上。最终的产品就是该生产过程的结果。但是，大学的毕业生显然不是按照这种方式被"生产"出来的，学生在入大学之前是一个完整的生命有机体，而大学的根本目的就在于提升大学生的生命机体的功能，或者说，是"发展学生的才智"。

　　很显然，大学质量评估的工业模型是不符合高等教育的本质特征的。尽管该模式适合于评价一个工厂，但是大学的实际影响并不反映在毕业生的数量上，甚至也不反映在学生所获成就的质量上。

(二) I-E-O评估的医学模型

1. "预后"的意义

医学模式是进行大学质量评估的更优模型。显然，医疗和教育的基本功能都是改进客户的状况。二者之间的联系非常有意思。患者（学生）之所以被收入诊疗机构（大学）中，是因为他们需要或想要得到医疗帮助（教育）。医疗机构根据对患者病情的诊断来实施诊疗方案，大学则根据学生的教育需求实施相适应的教育计划。正如一些患者并没有从诊疗机构中受益，一些学生也没有从大学教育中受益。尽管学生并不是患者，但是学生和患者都在试图寻找某种个性化的服务以改进他们的已有状态。最重要的是，大学和医疗机构都在试图根据客户的已有条件去为其带来变化。正是出于这个原因，评估大学影响的一个关键成分就是，去测量学生在时间推移过程中所产生的变化。

特别需要注意的是，学生的变化并不等同于大学的影响。这一点与医疗领域中的患者的变化是相同的。在医治患者的过程中，患者变好并不表明医疗的效果就一定好，患者没有改变或越变越差也并不说明医疗的效果差。这里需要引入一个关键的概念：预后（prognosis）。当新入院的患者具有较差的预后（输入）时，如果患者后来的病情达到稳定的状态（结果），那么诊疗方案就可以说是非常成功的。同样地，如果患者入院时具有很好的预后（输入），但入院后没有变化（结果），那么该诊疗方案只能说是失败的。所以，一个患者的状态保持不变，既可能表明一种成功，又可能表明一种失败，这取决于初始的预后。换句话说，患者出院时的状态以及出、入院过程中的状态变化，都不能充分表明一种诊疗方案的成败与否。只有借助预后这一信息，上述信息才会显示出意义。

例如，一个患者如果是因为重感冒而发烧，那么不管治疗的方式是什么，他都具有良好的预后（favorable prognosis）。众所周知，重感冒所导致的发烧通常不用任何治疗而会自然消退。所以，考虑到是一种良好的预后，从高烧到退烧的积极转变就并不是什么了不起的事情。但是，由其他因素（例如肺炎）所引起的发烧，可能就不会有良好的预后。

从 I – E – O 模型的角度而言，如果仅仅关注单一的输入测量（input measure）——患者的体温，那么我们就有可能得不到非常准确的诊断和对一段时间之后所出现的结果（后测体温）的准确预测。我们也需要其他的输入数据来辅助我们进行判断，如患者的病史、其他症状、体检信息、X 射线和其他的实验室检测结果等。通过把所有这些信息搜集和归纳起来，我们才可能更好地对结果（outcome，后测体温）进行预测。如果我们在综合各种输入信息之后，得出患者得了重感冒（诊断）的结论，我们就会预测，无论给予患者什么样的治疗（环境），患者的发热症状都会在几天后消退。如果我们认为患者是得了肺炎或受到某种类型的细菌感染，那么我们会做出消极的预后（pessimistic prognosis），特别是在没有对患者提供诊疗措施（环境）的条件下。

2. 从"预后"来分析大学的影响

上述医疗情境中的"预后"思想可以借用来分析大学的影响。首先，每个人无论其是否进入大学就读，都会持续地生长和发展（从输入到输出）；其次，每个人的行为、能力、思想往往都在一定程度上保持着某种持续性、一致性。基于此，我们就需要从学生的当前状态（输入）去预测，在一段时间之后学生将会变成什么样的人（输出）。中学阶段的成绩优异者（输入），通常也会在大学阶段成绩优异（结果）。但是，如果我们能获得有关该学生的能力、动机和家庭背景等方面的更多输入信息，我们就可以对这个中学阶段成绩优异的学生是否能在大学阶段保持优异做出更好的预测。

3. 基于"预后"的大学影响之测量

I – E – O 模型其实就是一个充分考虑各种"预后"可能的分析大学影响的模型。从统计分析的技术角度而言，考虑"预后"的方法就是运用因变量的偏相关值来判断大学对于学生发展的实际影响。

美国大学生在入学之前需要参加 SAT 考试（大学入学考试），其中包含语言部分，以及数学、推理、科学等部分。如果该学生想就读研究生，还要参加 GRE 考试（研究生院入学考试），其中也包含语言部分，以及数学、逻辑等部分。如果我们想分析学生在大学期间的阅读练习状况（环境变量）是否会影响其 GRE 考试的阅读成绩（输出变量），那么就需要把学生的 SAT 考试的阅读成绩（输入变量）纳入分析中来。图 5－2 就是一个分析影响学生 GRE 阅读成绩的 I－E－O 模型。

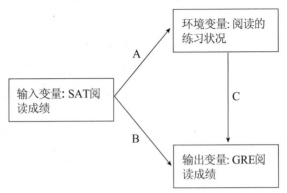

图 5－2　影响学生 GRE 阅读成绩的 I－E－O 模型

在统计分析的技术中，偏相关系数就是一个用来进行"预后"控制的重要指标。在上面的例子中，阅读的练习状况和 GRE 阅读成绩之间的偏相关系数（控制 SAT 阅读成绩）就是残差 GRE（$Residual_{GRE}$）和残差阅读练习状况（$Residual_{pir}$）之间的简单相关系数。残差 GRE 和残差阅读练习状况的计算方法如下（pir 表示阅读练习的状况）。

$$Y_{GRE.pre} = a + bX_{SAT} \quad Residual_{GRE} = Y_{GRE} - Y_{GRE.pre}$$

$$Y_{pir.pre} = a + bX_{SAT} \quad Residual_{pir} = Y_{pir} - Y_{pir.pre}$$

在上述两个残差计算过程中，SAT 阅读成绩都被作为自变量参与计算。换句话说，为了计算阅读练习的残差，我们把阅读练习状况的原始得分作为因变量，把 SAT 阅读成绩作为自变量，然后进行简单回归分析。上述残差之间（即 $Residual_{GRE}$ 和 $Residual_{pir}$）的简单相关系数，就是偏相关系数。在计算的过程中，SAT 阅读成绩作为相同的自变量参与计算。如果我们使用超过一个自变量（输入变量），如 SAT 阅读成绩和性别，那么我们所建立的回归方程就是两个多元回归方程。只要相同的自变量（同一个自变量或同一套自变量）被用来计算两个残差，那么所得到的残差的相关系数就是偏相关系数。

残差意味着什么呢？残差意味着将自变量所带来的影响排除之后的因变量的变化情况。因此，残差实际上是指因变量中不能由自变量所解释的变异部分。对于上面的阅读练习状况的残差，我们可以做如下解释。学生初始的

SAT 阅读成绩不仅仅影响学生后来的 GRE 阅读成绩，也会影响学生入学后的阅读练习状况。因此，学生在大学期间阅读数量的差异，部分原因在于他们在入学之初就有了不同的阅读意向或阅读倾向（inclinations）。而 SAT 阅读成绩就可以作为一个粗略的指标，用来表明学生在大学期间阅读的倾向。通过计算阅读练习状况的残差（即通过控制 SAT 对阅读练习状况的影响），我们就能获得一个学生阅读量，这个阅读量排除了学生入学之初的语言能力的影响。换句话说，此时所得出的学生阅读状况的变异，不能归因于学生入学之初的语言能力的影响，而应归因于各种大学的环境因素，如所修课程、参与的课外活动、朋友的交往和联系等。这是学生阅读练习状况中的独立部分（即不能由 SAT 阅读状况所预测的部分），该部分会对学生的 GRE 表现产生纯净的影响（net effects）。

正是因为对残差的计算既可以面向结果变量，又可以面向环境变量，所以只要把输入变量对环境和结果的影响都控制住，那么所得到的环境和结果之间的偏相关系数就不能被归结于输入的影响。从统计学的角度而言，偏相关系数最大可能地检测了环境对结果的重要影响，因为它把输入变量对环境变量、输出变量的影响都去除了。

第三节 大学影响及其评估的案例解析
——以信息技术经历为例

本节将应用 I－E－O 模型对大学影响进行真实的案例解析。这里选取了信息技术经历作为大学影响的环境变量，分析这样的经历是否会对学生的各种学术能力的"增值"产生影响。

一、案例分析的基本内容

大学生的信息技术经历是大学生经历的一个组成部分。这种经历在当前的信息化环境中，将对学生的成长和转变产生愈发重要的潜在影响。按照阿斯汀的观点，在衡量大学生的经历和所处环境对学生发展的影响时，不能仅仅关注学生当前的学习结果（如毕业时的 GPA、现有的价值观等），而且还应当把学生的初始状态纳入考量范围中（为学生的输入状态）。这是因为，学生的输入状态不仅会影响学生所接受的环境和经历，而且也会影响学生的最终学习结果。如果不考虑（即在统计学意义上为"不控制"）学生初始状态的千差万别，分析得出的环境对学习结果所产生的影响，其实并没有足够的解释力。举例来说，假设我们考察两组大学毕业生的英语能力，A 组学生取样于一所研究型大学，B 组学生取样于一所普通本科院校。如果测量结果表明，A 组学生的得分高于 B 组学生，是否能据此得出 A 组所在大学的环境质量就好于 B 组呢？显然，我们无法得出这样的结论，因为两校学生的入学初始英语能力不一样，他们在大学中所得到的英语能力增值也不一样。因此，我们所应考查的，不能仅仅是学生的结果状态，而应是学生的英语能力增值状况（value – added situation）。也只有基于学生的英语能力增值状况，环境影响的机制及影响的程度才可能得到更加合理的、更加精确的表征。基于此，阿斯汀提出了大学就读经历评估的 I – E – O 模型（见图 5 – 3），即输入—环境—输出模型。

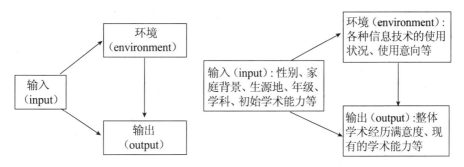

图 5 – 3 信息技术经历对学生学术能力增值的影响模型

鉴于本节考查的是大学生的信息技术经历对学生能力增值的影响，那么，我们就需要从以下几个方面加以思考。第一，什么是大学的环境因素或经历因素，即阿斯汀模型的 E 变量？在本研究中，我们把大学生的信息技术的使用状态、使用意向等作为环境变量或经历变量。第二，什么是大学生的结果因素或输出因素，即阿斯汀模型中的 O 变量？笔者认为，以往的研究较少涉及信息技术经历对学生学术及学业的影响，因此，本研究将把学生的学术经历满意度、学术阅读和学术理解能力、对所学专业的当前理解等三个方面作为输出变量或结果变量。第三，什么是大学生的输入因素或起始因素，即阿斯汀模型中的 I 变量？鉴于产生影响作用的起始变量实在太多，阿斯汀建议，在控制各种起始变量时，应当更多地借鉴自身的专业经验、理论经验去加以筛选。基于此，考虑到信息技术本身的资源占有特征，社会阶层、家庭经济背景、生源城乡属性等因素应当会对学生的信息技术使用的意向和经历产生影响，所以本研究将把学生的生源地、所处的社会阶层、家庭经济状况等作为初始因素加以考量。此外，性别、年级和专业等可能会成为影响因素，也会被纳入统计模型中加以分析。而在考查"学术阅读和学术理解能力""对所学专业的当前理解"这两个结果变量时，本研究还会把学生初始的"学术阅读和学术理解能力"和"对所学专业的初始理解"纳入 I 变量。但是，在考查"学术经历满意度"这一结果变量时，本研究不会把相应的满意度初始值纳入 I 变量中，这是因为，"满意度的结果状态几乎不会受到初始满意度的影响"，这一结论已经得到了诸多研究的普遍证实。

需要指出的是，本研究所关注的"输出"主要是学术性结果（academic outcomes），即与学术活动、学术品质有关的学生发展状态。根据阿斯汀对学术性结果的分类，可以从情感结果和认知结果两个维度来加以考查。情感结果主要指的是学生的态度、价值观、自我概念、期望等。在本节中，"整体学术经历满意度"所表征的就是情感结果。认知结果主要是指学习者的一种高级心智能力，如批判性思维能力、学术理解能力、学术阅读能力等。在本研究中，"学术阅读和学术理解能力""对所学专业的当前理解"就是两种认知结果。由此，笔者对"输出"变量的测量主要是从情感和认知两个维度加以展开。

综上所述，笔者在本研究中将主要解决如下两个问题：第一，中韩大学生在以学术活动为内涵的信息技术使用状况、使用意向上是否存在相同的男女生差异、年级差异、家庭背景差异、生源地差异、学科专业差异呢？如何去解释这种差异？第二，在信息技术使用状况、信息技术使用意向影响大学生的学术性结果上，中韩大学生之间是否存在相同的影响模型？如果有差异，又该如何理解这种差异？

二、本案例研究的基本方法

本案例研究主要采用基于问卷调查的定量研究法，在定量数据分析的基础上，进一步展开访谈调查，以获得更加深入的解释性数据。

第一，本研究的数据调查对象为中国南京大学和韩国首尔大学的大学生。这两所大学一所为中国名列前茅的著名研究型大学，另一所为韩国排名第一的顶尖研究型大学。因此，这两所大学的样本可以在一定程度上反映中韩研究型大学的基本状况。当然，我们还是要承认，两所大学并不足以代表两个国家的基本状况，但本案例研究的主要目的并不是进行直接的国别比较（即直接进行样本之间的差异性检验），毋宁说，我们试图通过两校的比较，发现并总结中韩研究型大学学生在信息技术使用的基本规律上是否存在着同质性，是否存在更加一般性的普适规律（如信息技术使用经历对于学术性结果的影响机制等）。从后者看，国别比较的意味就淡了很多，样本的国别代表性要求也就下降了很多，而指标的科学设计及统计的科学合理显然就提升到了更高的位置。

第二，本研究的调查依托南京大学参与的大型国际调查项目"研究型大学本科生就读经历调查"（即 SERU 调查）而展开。南京大学是 SERU 国际联盟的正式成员，因此被允许进行全校性的普查，全校所有的二、三、四年级本科生全部参与了调查。在筛选数据之后，共获得有效样本 4065 个。其中低年级学生占 31.9%，高年级学生占 68.1%；男生占 54.9%，女生占 45.1%；人文学科的学生占 18.4%，社会学科的学生占 20.3%，自然科学的学生占 29.6%，工程技术的学生占 28.1%，医学及农林学科的学生占 3.6%。首尔大学没有正式加入 SERU 联盟，所以无法进行全校普查，课题组遂采用中等规模的分层随机抽样的调查方法展开研究。课题组共获得 306 个有效样本，其中低年级学生占 58.8%，高年级学生占 41.2%；男生占 35.9%，女生占 64.1%；人文学科的学生占 19.9%，社会学科的学生占 32.7%，自然科学学科的学生占 13.1%，工程技术学科的学生占 22.9%，医学及农林学科的学生占 11.4%。样本分布均大致符合两校的学生特征分布状况，可以认为适宜展开后续的统计分析。

　　第三，在问卷搜集过程中，作者采用各种方法来提升问卷回收的质量，以保证课题研究结论的信度和效度。在南京大学，课题组通过反复的问卷试测和修改、大力宣传、定期的抽奖、派送小礼品、实时监控问卷填答等方式来提升学生回答问卷的积极性和认真程度。在首尔大学，课题组除了进行大力宣传之外，还向每个问卷答题者支付1万韩币（约合人民币57元），来激励答题者认真和客观地填写问卷。综合来看，两校的问卷搜集工作均较为成功。特别是首尔大学，尽管样本数量不大，但问卷的回收率达到了100%，且问卷几乎没有漏填、漏答情况，问卷的回收质量非常高。

　　第四，本研究所使用的数据来自于SERU调查数据库中的"技术的使用"板块。其中，"信息技术使用状况"和"信息技术使用意向"是本研究特别关注的两个方面。

　　"信息技术使用状况"（即以学术性活动为内涵的信息技术使用状况）包含了10个题项，如"与教授通过邮件交流""通过邮件交作业"等，答题者按照"总是""经常""较少""很少""几乎没有"的顺序进行选择，得分标记依次为1、2、3、4、5。由此可见，"信息技术使用状况"的得分标记为反向计分，分值越高，说明信息技术使用频率越低。笔者按照10个题项加总求平均值的方法来标记"信息技术使用状况"最终取值。经检验，该变量的韩国样本的信度系数（Cronbach's Alpha）达到了0.701，中国样本的信度系数达到了0.759，均是可以接受的信度系数值。

　　"信息技术使用意向"（即以学术性活动为内涵的信息技术使用意向）被细分为两个子维度，一是"信息技术使用的积极意向"，二是"信息技术使用的消极意向"。"信息技术使用的积极意向"包含五个题项，如"我希望有更多的教授在讲课时使用课件""我希望有更多的教授将课程介绍放在互联网上"等；"信息技术使用的消极意向"包含四个题项，如"互联网使我完成作业变得更难""与通过邮件向老师请教相比，我更愿意在办公时间向老师请教问题"等。所有的题项按照"非常不同意""不同意""较不同意""比较同意""同意""非常同意"的顺序列出选项，每项的得分标记依次为1、2、3、4、5、6。对于积极意向和消极意向的两个变量的得分，均通过相应题项的加总求平均值的方法来获得。分值越高，说明相应的意向越强烈。对于韩国样本来说，"信息技术使用的积极意向"的信度系数为0.662，"信息技术使用的消极意向"的信度系数为0.518。尽管信度系数略低，但考虑到韩国的样本数较少，且也超过了0.50的可接受值，所以笔者认为，用该指标加以测量，还是具有较好的可行性和科学性。对于中国样本来说，"信息技术使用的积极意向"的信度系数为0.756，"信息技术使用的消极意向"的信度系数为0.612，均达到了较好的信度系数值。

三、案例研究的基本发现和启示

（一）中韩大学生信息技术经历的背景变量差异之比较

从信息技术经历的可能影响变量看，性别、年级、家庭背景、生源地、学科背景等因素是值得考量的方面。接下来，本案例研究将从上述五个方面进行中韩大学生的差异比较。

1. 中韩大学生信息技术经历的性别差异比较

在前人大量的信息技术经历的研究中，性别差异一直是一个十分受关注的主题。本研究也试图考察中韩样本信息技术经历的性别差异。

从表5-1的数据可以看出，对于南京大学的本科生而言，男生利用信息技术进行学术活动的频率要显著低于女生（2.65/2.47），而且在信息技术的使用意向上也比女生持更加消极的意向，即积极意向上男弱女强（4.42/4.54），消极意向上男强女弱（3.44/3.38）。反观首尔大学，我们发现，首尔大学的学生无论是在信息技术使用状况还是信息技术的积极与消极的意向上，都没有显著的性别差异。

表5-1 南京大学与首尔大学男女生在信息技术经历上的差异比较

	南京大学				首尔大学			
	男	女	t值	p值	男	女	t值	p值
信息技术使用状况（反向）	2.65	2.47	11.49	p<0.001	3.03	3.16	-1.58	p>0.05

续表

	南京大学				首尔大学			
	男	女	t 值	p 值	男	女	t 值	p 值
信息技术的积极意向	4.42	4.54	-5.28	$p < 0.001$	4.28	4.12	1.84	$p > 0.05$
信息技术的消极意向	3.44	3.38	2.18	$p < 0.05$	3.15	3.20	-0.49	$p > 0.05$

2. 中韩大学生信息技术经历的家庭背景差异比较

在国外的很多研究中，家庭背景往往是影响大学生就读经历的重要因素之一。考虑到信息技术经历往往受电脑用品、电脑耗材、网络使用费等各种物质经济因素影响，所以，家庭背景因素很有可能是影响学生信息技术经历的因素之一。

表 5-2 的数据表明，在学生的信息技术经历的家庭背景差异上，中韩大学生之间存在较为不同的影响机制。对于南京大学的学生而言，越是来自富裕家庭的学生，他们在利用信息技术支持学习活动上的频率就越高（2.43/2.52/2.64），三个群体的差异具有两两之间的显著性；来自富裕和中等家庭的学生，要比来自贫穷家庭的学生对信息技术有更加积极的意向；但在消极意向上，三个群体之间没有显著的差异性。对于首尔大学的学生而言，家庭经济背景因素并不会对信息技术使用状况、信息技术的积极意向、信息技术的消极意向产生显著的影响作用。

表 5-2　南京大学与首尔大学学生在信息技术经历上的家庭背景差异比较

	南京大学					首尔大学				
	富裕	中等	贫穷	F 值	后测	富裕	中等	贫穷	F 值	后测
信息技术使用状况（反向）	2.43	2.52	2.64	32.06***	1<2, 2<3	3.09	3.16	3.11	0.53	——
信息技术的积极意向	4.50	4.53	4.40	17.07***	1>3, 2>3	4.15	4.26	4.02	1.84	——
信息技术的消极意向	3.32	3.40	3.44	2.93	——	3.09	3.29	3.15	1.75	——

注：$*p < 0.05$，$**p < 0.01$，$***p < 0.001$。

3. 中韩大学生信息技术经历的生源地差异比较

鉴于城乡背景差异仍是当前中国最重要的人口差异因素之一，其不可避免地会对大学生的思想观念、行为习惯、素养能力等产生或多或少的影响，因此，本研究也将生源地因素纳入进来，并通过中国与韩国大学生的比较，来进一步探析当前中国大学生信息技术经历的城乡差异状况。

表5-3的结果清楚地表明，南京大学本科生在信息技术经历上存在着比较明显的城乡背景差异，而首尔大学学生则不存在这样的差异。具体来说，对于南京大学的本科生而言，城市背景的学生要比农村背景的学生在学术性信息技术使用上更加频繁（2.53/2.67），且具有更加积极的学术性信息技术使用意向（4.51/4.39）；在信息技术的消极意向上，两个背景的学生群体之间没有显著的差异。对于首尔大学的本科生而言，我们发现，尽管几个数据指标上的差异已经达到了一定的差异尺度，但城乡之间的差异无法通过显著性检验。我们认为，这很可能与韩国样本中的农村学生人数过少有关。数据统计的结果反映出，在306个有效样本中，选择自己为农村背景的学生只有8名，因此，T检验的自由度变得很小，显著性检验的通过阈值也相应升高，检验结果难以达到显著性。鉴于此，南京大学本科生的信息技术使用经历存在着显著的城乡背景差异，但对韩国的状况仍需借助后续更有力的证据来给出谨慎的判断。

表5-3　南京大学与首尔大学学生在信息技术经历上的生源地差异比较

	南京大学				首尔大学			
	城市	农村	t 值	p 值	城市	农村	t 值	p 值
信息技术使用状况（反向）	2.53	2.67	-8.00	$p < 0.001$	3.11	3.23	-0.52	$p > 0.05$
信息技术的积极意向	4.51	4.39	4.87	$p < 0.001$	4.17	4.00	0.65	$p > 0.05$
信息技术的消极意向	3.40	3.44	-1.58	$p > 0.05$	3.16	3.50	-1.11	$p > 0.05$

4. 中韩大学生信息技术经历的年级差异比较

年级因素也是我们分析大学生就读经历变化的重要因素。高低年级之间的差异比较，使我们可以从时间维度上看出学生经历、观念的变化状况或增值状况，进而明晰大学究竟对学生的发展产生了什么样的影响。

表 5-4 的数据表明，随着年级的升高，中韩本科生在学术性信息技术的使用方面都更加频繁了，年级之间的差异呈现显著性（南京大学 2.67/2.52，首尔大学 3.18/3.02）；在信息技术的积极意向上，中韩本科生都没有表现出年级之间的显著差异性；在信息技术的消极意向上，南京大学的低年级本科生要显著地高于高年级本科生（3.49/3.37），但首尔大学的高低年级本科生之间不存在显著的差异性。

表 5-4 南京大学与首尔大学学生在信息技术经历上的年级差异比较

	南京大学				首尔大学			
	低年级	高年级	t 值	p 值	低年级	高年级	t 值	p 值
信息技术使用状况（反向）	2.67	2.52	8.22	$p < 0.001$	3.18	3.02	2.06	$p < 0.05$
信息技术的积极意向	4.47	4.48	-0.46	$p > 0.05$	4.22	4.10	1.35	$p > 0.05$
信息技术的消极意向	3.49	3.37	4.48	$p < 0.001$	3.16	3.20	-0.47	$p > 0.05$

5. 中韩大学生信息技术经历的学科差异比较

学科差异也是影响大学生各种就读经历的一个重要背景变量。接下来，我们将考查不同学科专业的本科生在信息技术使用状况和使用意向上的差异。

表 5-5 的结果表明，无论是南京大学本科生，还是首尔大学本科生，文科学生的学术性信息技术的使用频率都要显著高于理科学生（南京大学 2.46/2.64，首尔大学 3.04/3.21）。而在信息技术的使用意向上，首尔大学的本科生不存在显著的学科差异；而南京大学的文理科学生在信息技术的消极意向上存在显著差异，理科学生比文科学生的消极意向更加强烈，但在积极意向上没有学科上的显著差异。

表 5-5 南京大学与首尔大学学生在信息技术经历上的学科差异比较

	南京大学				首尔大学			
	大文科	大理科	t 值	p 值	大文科	大理科	t 值	p 值
信息技术使用状况（反向）	2.46	2.64	-10.85	$p < 0.001$	3.04	3.21	-2.08	$p < 0.05$

续表

	南京大学				首尔大学			
	大文科	大理科	t 值	p 值	大文科	大理科	t 值	p 值
信息技术的 积极意向	4.50	4.46	1.82	p>0.05	4.16	4.15	0.12	p>0.05
信息技术的 消极意向	3.38	3.43	-2.22	p<0.05	3.17	3.18	-0.12	p>0.05

注：大文科指人文、社会、艺术等学科；大理科指自然、工程、医学、农学等学科。

（二）中韩大学生信息技术经历对学术性学习结果的影响之比较

本研究将对三种学术性学习结果的影响机制进行研究：一是整体学术经历满意度（情感结果）；二是学术信息的阅读和理解的能力（认知结果）；三是对所学专业的理解（认知结果）。

1. 信息技术经历对整体学术经历满意度的影响之中韩比较

按照前述的理论模型（见图 5-3），本案例将性别、家庭背景、专业分类、生源地、年级等五个可能影响本科生学术经历满意度的变量作为控制变量，纳入信息技术经历对于学术经历满意度的 OLS 回归模型中。回归模型的具体数量指标如表 5-6 所示。笔者首先考虑的问题是，这两个模型是否满足 OLS 回归的适用条件？即这两个模型运用 OLS 回归来进行数学计量是否适合？课题组一方面考察了 Durbin-Watson 值。按照标准，该值在 [0，4] 之间为适宜，并且越靠近 2，说明该模型越适宜运用 OLS 回归进行计量。我们发现，中国样本的取值为 1.899，韩国样本的取值为 2.047，均是比较满意的结果。另一方面，课题组考察了 OLS 回归中的残差分布状况，这也是非常关键的模型评价步骤。按照基本的统计思路，如果 OLS 回归是适宜的，那么因变量中不能解释的变异量就被转化到回归方程的残差中去，而此时的残差也应当满足正态分布。这时我们可以借助残差的正态分布统计图、残差正态分布 P-P 图和残差分布散点图来进行判断。限于篇幅，本节统一把每次回归后的残差正态分布图进行展示，并辅以对残差正态分布 P-P 图和残差分布散点图的文字介绍。

表 5 - 6　信息技术经历对整体学术经历满意度的影响之中韩比较（OLS 回归）

	南京大学			首尔大学		
	p 值	Beta	t 值	p 值	Beta	t 值
Constant	——	19.98	.000	——	4.580	.000
性别（男 =1，女 =2）	-0.03	-1.411	0.158	-0.08	-1.373	0.171
*中等收入阶层（哑变量）	0.08	4.191	0.000	-0.01	-0.229	0.819
*富裕阶层（哑变量）	0.06	3.310	0.001	0.10	1.234	0.218
专业分类（大文 =1，大理 =2）	0.06	3.237	0.001	-0.05	-0.887	0.376
生源地（城市 =1，农村 =2）	-0.01	-0.148	0.882	0.08	1.430	0.154
年级（低年级 =1，高年级 =2）	-0.04	-2.159	0.031	0.08	1.280	0.202
信息技术的积极意向	0.12	7.333	0.000	0.17	2.872	0.004
信息技术的消极意向	0.01	0.776	0.438	0.05	0.890	0.374
信息技术使用状况（反向）	-0.26	-15.097	0.000	-0.08	-1.313	0.190
df（Total）	3731			287		
决定系数 R^2	0.11			0.12		
F 值（p 值）	44.872，$p < 0.001$			2.457，$p < 0.05$		
Durbin - Watson 值	1.899			2.047		

注：标记 * 的两个变量（中等收入阶层和富裕阶层）均为哑变量，并均以低收入阶层作为参照进行比较。

从图 5 - 4 中可以看出，中国样本的残差分布比较好地拟合了正态分布状态，韩国样本的分布状况总体还可以，但是略微呈现右偏态，这可能与韩国的样本值偏小、样本的敏感性较强有关。结合韩国样本的残差正态分布 P - P

图和残差分布散点图我们发现，韩国样本的残差正态性还是达到了可以接受的程度。结合所有的统计指标来进行综合分析，中韩样本的 OLS 回归是符合适用性条件的。

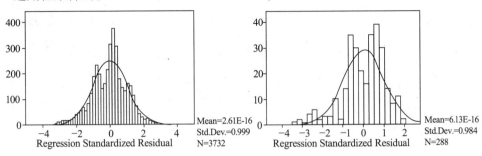

图 5 - 4　中韩样本在学术经历满意度的 OLS 回归中的残差正态分布图
（左图为中国样本，右图为韩国样本）

　　从表 5 - 6 的回归系数值来看，中韩回归模型的决定系数 R^2 分别达到 0.11 和 0.12，且模型有统计学意义。具体而言，在控制了各个相关背景变量的条件下，中国本科生的信息技术使用的积极意向和信息技术的使用状况这两个变量都对学生的学术经历满意度有显著的预测作用。但中国学生对信息技术使用的消极意向，不会对学术经历满意度有显著的影响。而对韩国本科生而言，在三个信息技术经历的变量中，只有信息技术使用的积极意向对于学术经历满意度有显著的影响，消极意向和使用状况不会对学术经历满意度产生影响作用。

　　2. 信息技术经历对于学术信息阅读和理解能力的影响之中韩比较

　　在考查"学术信息阅读和理解能力"时，课题组除了将性别、家庭背景、专业分类、生源地、年级等五个背景变量作为控制变量，还将学生的学术信息阅读和理解能力的起始状态也作为控制变量，并将这六个变量共同纳入 OLS 回归模型之中。课题组首先对 Durbin - Watson 值进行了检验。由表 5 -7 可见，中国样本的 Durbin - Watson 值为 1.712，韩国样本的 Durbin - Watson 值为 1.989，都在 ［0，4］ 之间，且都很接近 2，这是一个比较理想的计量结果。进一步地，课题组对残差的正态分布统计图、残差正态分布 P - P 图和残差分布散点图也进行了考量。

表 5-7　信息技术经历对于学术信息的阅读和理解能力的影响之中韩比较（OLS 回归）

	南京大学			首尔大学		
	Beta	t 值	p 值	Beta	t 值	p 值
Constant	—	17.932	0..000	—	1.940	0.053
性别 （男=1，女=2）	-0.11	-6.629	0.000	0.08	1.481	0.140
*中等收入阶层 （哑变量）	0.03	1.953	0.051	0.02	0.301	0.763
*富裕阶层 （哑变量）	0.06	3.375	0.001	-0.01	-0.089	0.929
专业分类 （大文=1，大理=2）	-0.01	-0.318	0.750	0.06	1.154	0.250
生源地 （城市=1，农村=2）	-0.03	-1.738	0.082	-0.01	-0.149	0.882
年级（低年级=1， 高年级=2）	0.16	10.629	0.000	0.28	5.093	0.000
学术阅读和理解的 起始能力	0.37	25.630	0.000	0.48	9.061	0.000
信息技术的 积极意向	0.11	7.098	0.000	0.14	2.709	0.007
信息技术的 消极意向	0.02	1.438	0.150	-0.04	-0.777	0.438
信息技术 使用状况（反向）	-0.21	-13.268	0.000	-0.10	-2.888	0.022
df（Total）	3705			287		
决定系数 R^2	0.25			0.29		
F 值（p 值）	F=119.122，p<0.001			F=11.264，p<0.001		
Durbin-Watson 值	1.712			1.989		

注：标记 * 的两个变量（中等收入阶层和富裕阶层）均为哑变量，并均以低收入阶层作为参照进行比较。

图 5 - 5 清晰地表明，中韩样本的残差正态分布图的结果比较理想，残差分布非常接近正态分布，而后续的残差正态分布 P - P 图和残差分布散点图也进一步印证了这种理想的残差正态分布状况。结合上述所有的计量结果，可以说，该 OLS 回归对于适用条件的满足程度是非常好的，也进一步说明了回归结果是可信的。

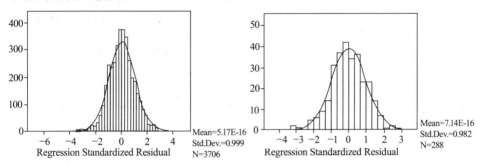

图 5 - 5　中韩样本在学术信息阅读和理解能力的 OLS 回归中的残差正态分布图
（左图为中国样本，右图韩国样本）

表 5 - 7 进一步展示了 OLS 回归的具体结果。可以看出，中韩样本的回归决定系数 R^2 分别为 0.25 和 0.29，F 值检验也表明，中韩样本的回归模型是有统计学意义的。进一步地，在控制了性别、家庭背景、专业分类、生源地、年级以及学生的学术信息阅读和理解能力的起始状态等六个变量的基础上，我们发现中韩本科生的信息技术经历对于学术信息阅读和理解能力的影响机制是完全相同的。也就是说，信息技术的积极意向和信息技术的使用状况都会显著地影响学生的学术信息阅读和理解能力的发展，但信息技术的消极意向并不具有显著的预测作用。

3. 信息技术经历对于所学专业当前理解的影响之中韩比较

在考察信息技术经历"对所学专业的当前理解"的影响时，课题组除了将性别、家庭背景、专业分类、生源地、年级等五个背景变量作为控制变量，还将学生对所学专业的起始理解也作为控制变量，并将这六个变量共同纳入 OLS 回归模型中。课题组首先对 Durbin - Watson 值进行了检验。表 5 - 8 表明，中国样本的 Durbin - Watson 值为 1.709，韩国样本的 Durbin - Watson 值为 1.920，都在 ［0，4］ 之间，且都很接近 2，这同样是一个比较理想的计量结果。进一步地，课题组对残差的正态分布统计图、残差正态分布 P–P 图和残差分布散点图分别进行了考量。

表 5–8　信息技术经历对于所学专业当前理解的影响之中韩比较（OLS 回归）

	南京大学			首尔大学		
	Beta	**t 值**	**p 值**	**Beta**	**t 值**	**p 值**
Constant	——	18.102	0.000	——	2.653	0.008
性别 （男 =1，女 =2）	−0.13	−7.313	0.000	0.08	1.487	0.138
*中等收入阶层 （哑变量）	0.03	1.605	0.109	−0.09	−1.202	0.230
*富裕阶层 （哑变量）	0.04	2.418	0.016	−0.12	−1.603	0.110
专业分类 （大文 =1，大理 =2）	−0.01	−0.478	0.633	0.12	2.147	0.033
生源地 （城市 =1，农村 =2）	0.01	0.245	0.806	0.01	0.010	0.992
年级（低年级 =1， 高年级 =2）	0.14	8.988	0.000	0.18	3.219	0.001
对所学专业 的起始能力	0.26	16.991	0.000	0.49	8.921	0.000
信息技术的 积极意向	0.13	8.319	0.000	0.14	2.610	0.010
信息技术的 消极意向	0.03	1.696	0.090	−0.02	−0.335	0.738
信息技术 使用状况（反向）	−0.17	−10.786	0.000	−0.12	−2.183	0.030
df（Total）	3685			287		
决定系数 R^2	0.17			0.27		
F 值（p 值）	F =73.034，p <0.001			F =10.371，p <0.001		
Durbin–Watson 值	1.709			1.920		

注：标记 * 的两个变量（中等收入阶层和富裕阶层）均为哑变量，并均以低收入阶层作为参照进行比较。

图 5 - 6 清晰地表明，中韩样本的残差正态分布图非常理想，残差分布几乎完美地接近正态分布状况，而后续的残差正态分布 P - P 图和残差分布散点图也进一步印证了这种理想的残差正态分布状况。再结合前面的中韩样本的 Durbin - Watson 值的计量结果可以说，该 OLS 回归对于适用条件的满足程度是非常好的，这也进一步说明了回归结果是可信的。

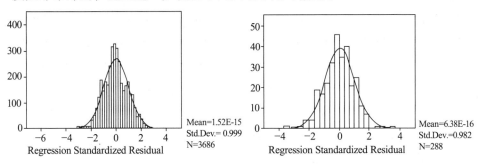

图 5 - 6　中韩样本在对所学专业当前理解的 OLS 回归中的残差正态分布图
（左图为中国样本，右图为韩国样本）

表 5 - 8 进一步展示了 OLS 回归的具体结果。可以看出，中韩样本的回归决定系数 R^2 分别为 0.17 和 0.27，F 值检验也表明，中韩样本的回归模型是有统计学意义的。进一步地，在控制了性别、家庭背景、专业分类、生源地、年级以及学生对专业的初始理解六个变量后，我们发现，中韩本科生对所学专业理解的影响机制是完全相同的。也就是说，信息技术的积极意向和信息技术的使用状况都会显著地影响学生对于所学专业的理解，但信息技术的消极意向并不具有显著的预测作用。

（三）案例研究的发现之小结

1. 信息技术经历的背景差异比较

研究结果表明，南京大学学生样本的信息技术经历的性别差异、家庭背景差异、生源地差异、年级差异、学科差异等都非常显著，首尔大学学生样本除了在年级和学科等因素上存在个别指标（即信息技术使用状况）的差异之外，在其他所有背景因素上都不存在差异性。接下来，笔者尝试对成因做一些分析。

第一，在当前的中国，城乡差异、贫富差异非常显著和突出，城市背景、富裕家庭背景的学生从小所获得的教育资源和教育机遇都远远优于农村背景、贫穷家庭的学生。因此，基于资源和环境的先天优势，用信息技术支撑学习的观念、做法、实践也很早就为城市背景、富裕家庭背景的学生所接受、认可和习惯，这种观念、习惯、意向也会自然地延续到大学阶段，进而"再生产"出新的教育经历的不均衡和不平等。相比之下，韩国地域狭小且科技高度发达，城乡差异很不明显，并且韩国国民的收入整体较高，家庭经济条件的差异不足以影响学生信息技术经历的机遇和观念，这就自然导致家庭背景因素和生源地因素不会对韩国大学生信息技术经历产生显著的影响。

第二，就年级因素而言，两校学生的共同点是，高年级学生的信息技术使用频率明显减少；不同点是，在消极意向上，南京大学低年级学生更明显，首尔大学的学生没有差异性。笔者认为，高年级学生的信息技术使用频率之所以降低，其实与高年级的学术性课程减少，并且交作业、查资料、与教授通过网络工具探讨学术问题的机会也会变少等因素直接相关。而南京大学低年级学生更加消极的技术使用经历，可能与中国中小学教育阶段更加倾向于使用传统的教育方式、较少利用技术来支撑学习及教学，并由此导致学生进入大学后的不习惯感乃至消极的抵制情绪有着明显的关联。笔者对 20 名南京大学本科生的访谈结果也证实了上述判断。反观韩国，正如笔者前面所分析的，依托于本国的高科技发展和发达的经济条件，韩国基础教育的现代化程度较高，基于信息技术的现代教育模式也应用广泛，因此，基础教育阶段所积累和形成的良好的技术体验和经历自然地延续到大学，并对学生后续的信息技术观念和能力的发展产生良好的影响。

第三，就学科因素而言，两校学生的共同点是，大文科学生的信息技术使用状况明显更多；不同点是，在消极意向上，南京大学大理科学生更明显，首尔大学的学生没有差异性。之所以大文科学生的信息技术使用频率更高，是与文科具有更强的展示性、语言性、表征性、开放性等特征，理科具有更强的推导性、实验性、操作性、严谨性等特征，有着深刻的内在联系。笔者对南京大学本科生所进行的访谈表明，文科学生普遍认为，法学的案例图片、历史学的历史图片等各种展示性资料，各种理论的精要，各种动态的视频片段等，都非常适合通过多媒体等信息技术方式加以呈现，这种呈现方式也有助于文科学生理解信息资料，增强学习兴趣；理工科学生则普遍认为，工科领域的动手实验和实践操作，理科领域的理论公式的逻辑推导等，都不太适合用多媒体加以展示，而且与教师面对面的交流也比电子邮件交流更加重要、更加有效，信息技术不是理科课堂的必需品。由此可见，学科特点的内在差异决定了在信息技术使用状况上的显著差异，这种学科差异性对中韩两国的本科生是相同的。之所以南京大学的理科学生要比文科学生在消极意向上更加明显，笔者认为，外部的制度性因素可能是诱因。笔者通过访谈发现，学生们普遍表示，很多教师使用多媒体等进行教学其实并不是发自内心的意愿，而更多的是迫于外部制度的一种无奈。具体来说，在当前的中国，无论教师的年龄、所教学科的特点，是否使用信息技术进行教学，已经成为每个教师必须迎合的一项教学考查指标。所以，硬性的规定很容易消解教师个人的实践智慧，磨平教师个人的教学特色，束缚教师个人发挥的手脚，进而削弱教师的教学积极性。特别是对本来更加偏重亲身操作、偏重黑板展示推导的理工科教学而言，技术使用的硬性规定更容易让教师的教学偏离学科的特质，走向一种形式化的怪圈。这种刚性制度所带来的后果，就是任课教师的无奈和痛苦，听课学生的反感和抵制。因此，南京大学理科学生对信息技术经历存在更加显著的消极意向也就可以理解了。反观韩国，评估本科教学的质量不考查教师是否使用了信息技术，学生的满意度、学生的学习效果才是最终的衡量标准。由于脱离了刚性制度的制约，各科教师往往会根据自身特点及所教学科性质，灵活、合理、自然地运用信息技术来支持自身的教学，教学的实效性和学生的满意度自然得以提升，理工科学生对信息技术支持教学的心理排斥和消极意向自然也不会产生。

2. 信息技术经历对于学术性学习结果的影响作用

研究结果表明，中韩两国大学生样本的三个回归模型基本上是一致的（除了韩国样本中的"信息技术使用状况"不对"整体学术经历满意度"产生显著影响之外）。具体来说，中韩本科生的"信息技术使用状况"和"信息技术使用的积极意向"都会对各种学术性学习结果产生显著影响，但"信息技术使用的消极意向"均不会对各种学术性学习结果产生显著影响。导致这一结果的原因及内在逻辑是非常明显的。在今天的信息化、网络化社会，学术发展的即时信息，都会通过网络进行瞬时的传播，个人智慧和理性的提升已经深刻融入全球异常庞大的学术信息网中了。无论是查阅资料、与教授的交流、与同伴的交流，还是与更大学术群体的信息与思想的互动，都越来越依赖于网络和技术所能提供的巨大智力支持。所以，能够认识到这一现状，并能积极地适应这一状况，有积极参与其中的意愿并展开实际行动的学生，自然会获得更多学术能力和学术理解提升的机遇，自然会在不断发展自我的过程中产生更大的精神满足和对学校教育经历的深刻认同。更进一步地，信息技术经历是当前大学生完整校园经历的一个重要组成部分，"积极意愿"和"更多地参与"这两个变量其实就是学生学习参与的两个重要方面，它们对学生学习结果具有显著影响的结论再一次印证了大学学习领域中一个被反复提及的观点，"提升学生学习质量的关键，在于学生'投身学习'的意愿和行动，只有学生投入了、体验了、经历了、领悟了，才是收获，才是绩效，才是质量，其余都是浮云"（龚放，2012）。

参考文献

［1］龚放，吕林海．2012．中美研究型大学本科生学习参与差异的研究——基于南京大学和加州大学伯克利分校的问卷调查［J］．高等教育研究，(9)：90 – 100.

［2］龚放．2012．聚焦本科教育质量：重视"学生满意度"调查［J］．江苏高教，(1)：1 – 4.

［3］德里克·博克．2008．回归大学之道：对美国本科教育的反思与展望［M］．侯定凯，等，译．上海：华东师范大学出版社，4 – 5.

［4］雅斯贝尔斯．2007．大学之理念［M］．邱立波，译．上海：上海世纪出版集团，10 – 12.

［5］Astin，A. W. 1968. Undergraduate Achievement and Institutional Excellence［J］. Science，(161)：661 – 668.

［6］Astin，A. W. 1985. Achieving Educational Excellence［M］. San Francisco：Jossey – bass publisher，55.

［7］Astin，A. W. 2001. What Matters in College：Four Critical Years Revisited［M］. San Francisco：Jossey – bass publisher，2 – 4.

［8］ Bowen，H. R. 1981. Cost Differences：The Amazing Disparity Among Institutions of Higher Education in Educational Costsper Student ［J］. Change，（2）：21 – 27.

［9］ Pascarella，E. T. ，Terenzini，P. T. 2005. How College Affects Students：A Third Decade of Research ［M］. San Francisco：Jossey – bass publisher，1 – 2.

第六章

科研与教学的关系

1995 年，美国卡内基教学促进会为了纠正当时美国研究型大学忽视本科教学的缺陷，倡导成立了由欧内斯特·博耶（Ernest L. Boyer）任主席的美国研究型大学本科教育促进委员会（简称博耶委员会）。经过长达四年的调查研究，该委员会于 1998 年发表了影响深远的《重建本科教育：美国研究型大学发展蓝图》（简称《博耶报告》），呼吁研究型大学给予本科教学更多重视，并提出了本科教学改革的十项建议。三年后，为了了解十项建议的效果，博耶委员会的派生机构"重建研究型大学本科教学研究中心"在 2001 年对全国 100 多所研究型大学样本进行了跟踪调查。调查结果显示，无论对于教师、学生还是管理人员，研究性教学、让本科生参与研究、将科研与教学融合的建议，都是十条建议中最受欢迎的举措。本章将对科研与教学关系的研究历史、原理、二者融合的途径以及中国的特殊问题进行梳理，并在此基础上对中国高等教育教学改革问题提出一些看法。

第一节　科研与教学关系的历史演进

亚里士多德曾经说过："教学是最高形式的理解。"这里的"理解"在古人做学问的活动中实际上就是研究。中国古代书院里进行的"讲会式讲学"和欧洲中世纪大学的辩论都孕育着大学研究的雏形。不过，现代意义上的高等教育组织中的科研活动与教学活动关系的理论与实践探索，一般认为由洪堡在19世纪初的柏林大学首创。1876年由美国第一所研究型大学——约翰·霍普金斯大学的第一任校长丹尼尔·科伊特·吉尔曼通过开创研究生院进行了制度上的发展，进而使世界研究型大学的中心逐步转移到美国。

洪堡在将科学研究的功能首次引进柏林大学的同时，也确立了教学与科研统一的原则。他认为，大学教师必须进行科研，只有这样，教师才能在教学中利用最新的科研成果，才能提高教学水平。学生也应该参与科研活动，只有这样，他们才能进行有效的学习。作为探索者，教师和学生完全是科研的伙伴。教师不是因为学生而存在，而是与学生一起共同为发展知识而存在。瑞典社会学教授伯蒂尔森（Bertilsson，1992）认为，洪堡理想不是一个原则而是四个原则：一是科研和教学相结合；二是各种经验科学之间的统一；三是科学与生活教养的统一；四是科学与启蒙相结合。对于前二者无须解释，对于第三条"生活教养"与第四条"启蒙"之区别，伯蒂尔森认为，前者是指科学的技术性或功利性的一面；后者是指在科学的帮助下，人可以从各种迷信中解放，在科学知识的引导下，人可以摆脱奴性。康德的"勇敢地去发现"（to dare to know）描绘了19世纪初的欧洲大学精神。

西班牙20世纪著名思想家、社会活动家奥尔特加·加塞特认为，大学的使命有三点：文化传授、专业教育（professional education）和科学研究及其接班人的培养。中世纪的大学很少搞科学研究，也很少从事专业教育，而是着重传授"观念体系"——文化，即每个时代的人们赖以生存的观念。人们正是依据此种观念来指导自己的生活，应对不断变化的环境。加塞特呼吁，今天的大学迫切需要对文化进行教学。然而，加塞特也承认，现在的文化内容主要来自于科学。文化从科学那里借用了某些东西，而这些东西对于解释我们的现实存在是必不可少的。所以，科学是高等教育赖以生长的土壤，高等教育从科学中汲取营养。（加塞特，2001）

两次世界大战之前，许多有关教学与科研关系讨论的焦点实际上是科研是否应该在大学获得与教学同等重要的合法地位。而第二次世界大战后完全不同了，科学研究水平对国家命运的决定作用已经是无可争辩的事实。因此出现了正如美国高等教育学家伯顿·克拉克对20世纪下半叶美国研究型大学教学与科研关系所描述的那样："科研漂移"，结果是科研脱离了与教学的联系。克拉克从高等教育系统的内部与外部对出现这种现象的原因进行了解释。（克拉克，2001）

从高等教育系统的内部来看，随着科学事业的不断发展和深化，一大批高深学科领域相继出现。这些领域对资金、设备和人员素质等方面的要求很高，因此能够进入这些领域的人很少。这样各类研究活动开始向专门化的科研场所聚集，而与大学的常规活动分离开来，如科研中心、实验室和研究所。科学研究的规模化发展使其成为一种社会活动，成为政府机构、军事组织、非营利性部门以及工业界的一项公共活动，这些研究活动在组织上均与大学相分离。与此同时，政府对高等教育机构（特别是研究型大学）的科研资助力度不断减小。为了拓展经费来源渠道，大学被迫减少了基础研究活动，增加实用型科研活动。而前者具有更大的通识教育意义。

事实上，洪堡时代的科研与教学统一的原则也只适合于"小规模、高度自治和自给自足"的大学。吉尔曼进一步认识到，随着科学前沿的上移，越来越少的人能够参与其中。这样，在本科层次进行教学与科研的联结面临越来越大的挑战，因此应该建立一种新的大学模式：在本科学院上面设置研究生院，形成大学的双层结构。在研究生院里继续实施洪堡原则，提供以科研为基础的教育。通过创办研究生院，吉尔曼把新大学界定为一所以科研为中心的大学。在这里，教师的科研活动成为一种教学模式，而学生的科研活动成为一种学习模式。为了支持科研与教学的联结，吉尔曼为研究生院制定了一系列的配套制度。其中最重要的制度有两个：一个是访问讲座制，即聘请非本地的著名学者来霍普金斯大学讲学；另一个是学习小组制度，即在本科教育阶段引进研究性学习的方式。吉尔曼的创新取得了巨大成功，直接催生了美国式的现代研究型大学的诞生。不过，新的问题可想而知：大学双层结构的设计埋下了研究型大学忽视本科教育的内在机制，最有雄心的教师往往离开本科生教学岗位，把更多的精力放在科研上。

关于教学与科研结合所具有的教育意义，伯顿·克拉克（2001）引用了纽曼（R. Neumann）在其学位论文中提出的观点：学生通过教学活动学到的知识主要是显性知识，是某一领域的系统化的高深知识和科研技能；而通过参与教师的科研活动，可以在潜移默化的形式下获得缄默知识［波兰尼（M. Polanyi），2004］，包括学者们在合作研究过程中向学生展示的科研风格、科学精神和思维方式，这些可能是创新人才的核心素质，从而体现出教学、科研两大职能的统一、融合和相互促进。

由此可见，关于"科研与教学"统一的思想由来已久，但博耶使其具体化、系统化，他明确提出教学是一种学术。他说："我们相信古老的对教学与研究关系的讨论已经过时，给予我们所熟悉的和崇高的术语'学术'一个更加广泛、更有内涵的解释的时候已经到来，它将能够给予大学教师全部工作的合理性。""学术意味着通过研究来发现新的知识，学术还意味着通过课程的发展来综合知识，还有一种应用知识的学术，即发现一定的方法把知识和当代的问题联系起来，还有一种通过咨询或教学来传授知识的学术。"（博耶，2000）他认为，大学教授应具备四种"学术能力"：发现能力、综合能力、应用能力和教学能力。（博耶，2004）博耶的后继者、美国卡内基教学促进会第八任主席舒尔曼（Shulman，2000）对此进行了进一步的论述。他认为，凡是能被视为学术的活动，都应该至少具有三个重要特点："具有公开性；能面对批判性的评论和评价；能与所在学术圈中的其他成员进行交流和使用。"大学学术不仅指专业的科学研究，而且指教师要站在研究的背后，寻找关联，建立理论和实践之间的桥梁，并有效地与学生交流知识。

博耶将"发现能力"，即研究能力放在四种能力之首。这种研究指的是原创性的发现新知识的研究，因为这是大学区别于其他任何机构的独特价值，也是所有其他能力得以存在和发展的基础。与教学相比，科研工作总是处于上游而不是下游，所以科研工作无论如何都不能被轻视。如果把这对矛盾放在更大的空间上看，教学的位置正如弗莱克斯纳所言，教学受制于社会发展的时间顺序或学校对社会反应的滞后机制。（弗莱克斯纳，2001）此外，按照舒尔曼对学术提出的三个标准——公开性、批判性、交流性，教学的学术性与研究的学术性相比，尚待进一步建设，需要大学提供更广阔的教学学术的研讨平台，提高教师对教学评价指标的认同。

因此，影响一所研究型大学健康发展和社会声誉最主要的工作，应该是根据自身的条件恰当地处理和平衡科研与教学二者的关系。阿特巴赫对研究型大学的定义是：密切关注科学研究，提供广泛学科领域的博士生教育，拥有足够的科研设备（图书馆、信息技术、实验室），高素质、高选择性的学术人员，高选拔性的学生（2009）。正如斯坦福大学前任负责本科教育的副校长沙尔迪瓦所说："本科教育产生了静悄悄的革命：重点相对从研究转向教学，而教学被重新定义为学生参与研究。"（孙莱祥，张晓鹏，2005）这与《博耶报告》（The Boyer Commission，1998）的措辞异曲同工："近年来'以学生为中心的研究型大学'这样的语言在一些大学流行起来。此话初听起来自相矛盾，不过它也确实没有清楚地反映科研与教学的关系——大学可以既以学生为中心，又以研究为中心吗？但如果很好地定义'研究型大学'，这种可能性是存在的，即'研究型大学'中的学生和教师处于共生的系统中，他们都既是学生又是研究者，他们的互动造就了一个健康而繁荣的智力氛围。"

这样，科研与教学就巧妙地从对立走向互动，其原理正如斯坦福大学前校长卡斯帕尔（G. Karspolor）所说："当学生由那些从事创造性的、努力探索的学者们来施教，得益的不仅是学生。当年青一代认真或者天真地发问的时候，学术本身也会因此而丰富。我要强调的观点不是毋庸置疑地大学的教学建立在大学的研究基础上，而是大学的研究要从教学中获益。不但获益于对研究生的教学，而且获益于对本科一年级学生的教学。"（卡斯帕尔，1999）《博耶报告》的前言和总论隐含着三个不证自明的原理：第一，研究型大学以发展新知识为特征和骄傲；重视本科教育是从开发研究型大学潜力的角度出发的，使学生更充分地利用其资源，而不是限制科研；第二，研究型大学的天资聪颖、富于想象力、热情向上的本科生对教师的研究也有启发和帮助作用；第三，优秀的本科生教育是未来发展新知识的保证，政府对大学研究的投入，也是对下一代教育的投入。罗德斯（2007）说，可以从研究型大学的很多特点出发对其定义，但其最主要的特点应该是研究与教学的相互促进。科学研究所获成果构成了一流大学最重要、最鲜活的教学内容，科学研究过程构成了一流大学最重要的教学过程。越是一流大学，科研与教学的融合越彻底，其跨学科科研项目和与之遥相呼应的通识教育课程体系就越完善。

今天，研究型大学的三项职能是创新型人才培养、原创性科学研究以及与之密切相关的高层次社会服务。自 19 世纪以来，随着大学从讲座制发展到院系制再到研究中心，这三项职能是依次、逐步丰富发展起来的，而且相互之间的联系越来越密切。杜威在《民主主义与教育》中提出的原理可以很好地解释美国等发达国家的研究型大学的三项职能相互联系的机制。在民主制度环境中，科学知识增长的内在逻辑与学生需求、社会发展需求和国家需求是和谐一致的，科学家的研究过程与研究型教学过程在本质上也是一致的。对于学生而言，知识不是先验的，而是不断经受经验检验的东西，所以学习的过程就是不断地"经验"的过程，而检验知识的过程即是伴随着以民主探讨的组织方式进行的学术交流过程，因此教育的作用不仅是让学生知道或记住一些有用的知识，为成年后参与民主生活做准备，而且要让学校成为一个微型的民主社会，让生活于其中的学生通过参与民主合作、协商的研究过程，解决探究知识过程中遇到的问题，从而培养民主精神和能力。所以，科研与教学便有机地融合在一起，教育通过培养社会需要的合格人才而为社会服务，社会反过来捐助教育事业也就顺理成章了。

美国博耶委员会多年的调查研究发现，将科研与教学融合是研究型大学教学改革的有效途径。博耶委员会提出的十项建议中，研究型大学最重视的是前三项：①让本科生参与研究或其他创造性活动，并使之成为本科教育的核心；②构造一个鼓励积极主动地学习和发展批判性思维的大学一年级经历；③建立在大学一年级经验基础上的以研究性学习为特点的高年级课程。（Katkin，2003）最受欢迎的前六项举措是：修订通识课程，加强写作、交流和教学能力培养；本科生科研计划；新生研讨课；改进学术支教服务体系；建立、扩大学习社团；加强教与学中心的建设。

　　究其原因有三：第一，研究型大学以发展新知识为特征和骄傲，重视本科教育可以从开发研究型大学潜力的角度，使学生更充分地利用资源，而不是限制科研。第二，研究型大学的本科生对教师的研究也有启发和促进作用。19世纪洪堡就认识到，教师的表现倚仗于学生的出席与兴趣，科学及学术活动通过教师和学生的相契相知而高效运行。第三，卓越的本科生教育是未来发展新知识的保证，政府对大学研究的投入，也是对下一代教育的投入。

第二节　科研成果转化为教学内容的原理

　　洪堡认为，教师和学生为了有效地追求真理，必须实现教学自由和学习自由，排除外部一切干预与控制。"在德国，极端自由和不停地探究过程是携手并进的。极端自由使探究过程扩大到最大限度；二者都是为了知识生产。"（伯顿·克拉克，2001）在进入信息化时代的今天，越来越多的新知识甚至新学科，对学校的课程提出了挑战，使教学内容快速发生着变化。面对这些变化，虽然说可以采取以教师正在进行的科研课题为教学内容载体，让学生通过科研进行学习，或给学生更多的自由选择科目的方法。但大学不能因此而放弃课程体系的精心设计。今天高等教育课程研究要回答的问题是，对于培养21世纪的创新型人才来讲，什么知识最有教育价值？怎样处理位于学科逻辑体系核心的基础知识与位于科学前沿的探索性知识的关系？教学研究面临的相关问题是，在有限的课时内，教师讲授什么内容，同时留下什么内容给学生自学或讨论？教师的学术思想和最新科研成果对教学有什么意义？对这些问题的回答，还与大学的定位、教育目标、学生的认知能力等因素有关。本节以代表高等教育最高层次的研究型大学理科教学为例，通过对科学知识的特性、课程论原理和大学教学的基本特点的分析，探讨科研成果、课程内容及教师授课内容与形式的相互作用机制。

一、科研成果的基本特性

本节中"科研成果"一词具有两层含义。一层含义是常用的，特指当前科学研究领域的最新成果，这些成果往往具有创新性、探索性和不成熟性；另一层含义是指科学史上的所有科研成果。其中在当代本学科或更大范围的学术圈（Community）中达成共识的部分称为"学科知识体系"，它们构成了传统意义上的学校课程内容。"课程内容"一词在本节是指一门学科的教学内容，而不是多种学科组成的课程体系（program）。

课程理论和实践已经证明，课程内容的编制主要考虑三个维度的问题：学科知识、学生利益和社会需求。这三个维度既相互联系又相互制约，但本节的讨论暂限于构成课程的实质性内容的学科知识维度。

学科的特点直接影响课程的内容、结构及其稳定性。当代著名科学社会学家科尔提出了学科"核心知识"（即一个学科中具有逻辑性和系统性特点的知识）的概念，用以比较分析不同学科之间的差异。他的实证对比研究发现，物理、化学和社会学三门学科在20世纪80年代出版的本科教材中所引用的参考文献的出版时间有很大差异。具有最多核心知识的物理学的教学内容稳定性最大，而社会学最小。物理学教材引用的1700年以前的参考书占总数的7%，而社会学最老的参考书是19世纪下半叶的，而且只占1%；物理学引用的1959年以后的较新参考书只占总数的6%，而社会学占75%。（科尔，2001）朱克曼和默顿则构造出"编程化程度"（类似于"核心知识"）的概念来描述学科之间的差异，提出物理学和化学编程化程度相对较高，地质学和生物学较低，社会学和人类学最低。（科尔，2001）

反映学科知识体系的逻辑性和系统性的"核心知识""编程化程度"，是由科研成果的积累性或继承性决定的，这在自然科学（数学与此相似）比社会科学中要典型。任何时代科学家的研究一定要以前人的研究结果为基础，否则要么是重复劳动，要么难以获得重要的科研成果。这种积累和继承之间必然的逻辑联系造就了学校课程中学科知识的逻辑性和系统性特点，也成为理科课程内容编制必须严格遵循"循序渐进"原则的根据。相对而言，社会科学课程的编制在逻辑性和系统性上没有很高的要求。这不仅仅是因为人文学科或社会科学历史短，而且更主要的是因为它们与社会体制、政治思潮相关而具有较强的时效性——只要国家与政治还存在。而且由此而产生的缺乏统一标准的研究方法，可能导致知识没有积累的迫切性和可能性。一门学科"核心知识"的多寡在教育上显然具有不同的意义，培养出来的人的素质也是不同的。这一点在第二章"学科特点与评论教学"和第六章有关跨学科学习内容中有所论述。

此外，由于科研成果在科学家群体内部获得共识的过程深受外界社会环境的深刻影响，科学知识的积累并不是简单地由科学逻辑决定的。科学发展过程具有复杂性。有些科研成果很快被社会认同，而另一些则可能要经历相当长的时间和曲折。因此，尽管科学史从宏观上讲是科研成果按逻辑顺序继承、积累的历史，但在不同的历史阶段，这种逻辑继承关系并不是相同的。如在17世纪的科学革命时期，知识的逻辑继承性要强于目前所谓"知识爆炸"阶段。"从哥白尼开始，近代物理科学的诞生仿佛一幕早已编排好的巨剧，每一环节都天衣无缝。第谷、开普勒、伽利略、笛卡儿、牛顿，每一位伟人都在前人的基础上建立起新的思想体系。"（吴国盛，1997）换句话说，科学在17世纪所走过的弯路，似乎比后来任何一个时期都要少。但这些现象及其背后的原因往往很少在教材内容中得以体现。

科学知识的积累性实际上反映了自身相对真理性的特点。一方面，人类的科学研究活动可以追溯到古希腊时期，而科学研究成为一种职业也有两百多年的历史，因而对于任何一门学科，经过多代科学家积累的科研成果不计其数，能够载入史册的内容也远不是一门学校课程所能容纳得下的。另一方面，科研成果在历史长河的洗涤下，一部分成为谬误而被纠正或淘汰，还有一部分具有过强的时效性或技术性，也会被遗忘或被新技术取而代之。除了知识的发展，科学研究范式也不断变化和发展着，在经过了托勒密、哥白尼、牛顿、爱因斯坦的多代范式后，目前又面临新发现和新理论的挑战。例如，物理学在微观粒子上的新发现，冲击了传统机械论范式，强调世界的系统性和有机性。（吴国盛，1997）

科学知识还有一个不可忽视的特点是，其与社会之间关系的可变性。人类运用科学的力量，经过了最近两百多年对自然的大力开发，一方面创造了前所未有的物质文明和精神文明，另一方面也使科学的严重的负面作用暴露出来。全球性环境危机的出现，使人类反思近代科学物我两分的哲学基础，使人们重新考虑人与自然的关系。今天，怎样认识科学这把"双刃剑"已是各级各类科学教育的重要主题。

科学知识的上述诸多特性，如逻辑性、积累性、系统性、相对性、可变性等，都将影响科学课程的编制与教学设计。反过来，课程内容对这些特性的反映程度，也会影响教学效果和人才培养模式，进而影响学生的创造性能力的培养和价值观的形成。

二、科研成果与课程内容的关系

自科学教育诞生以来，新旧知识之间的逻辑性和积累性就被普遍认为是科学知识最重要的特性，并构成了理科课程基本的内容和结构特征，也成为各个层次科学教育在认知领域的独特教育价值的基础。张红霞对英国 19 世纪末至 20 世纪初中学地理课程和教材内容演变的实证研究结果，揭示了从科研成果到课程内容的转换机制，并用"课程柱"压缩模型来描述。（Zhang，1996）从广义的理科教学来讲，科学史上较早的科研成果位于课程柱的底部，适合于教育的较早期阶段；较新的位于课程柱的较上部，适合于教育的较晚期阶段。当新成果出现后，从顶部加入，使"压力"从上向下传递。那些经过实践检验而被证明是错误的或与一时的政治利益相依存的或远离科学体系核心的旁枝末节的内容将从课程柱周壁上的小孔中被排出，如"地球中心说"和"燃素说"。一般来讲，课程柱的底部的内容比顶部稳定。顶层的最新科研成果具有极大的活动性。这部分内容科学家群体尚未达成共识，对大学教育而言，是教师和学生共同探索的对象，但通常难以成为基础教育阶段的课程内容。较稳定的至今仍保留于课程柱中的内容只是科学史上所有科研成果的一部分，即长期的科学实践证明了的位于学科逻辑体系中的，且适合具有一定认知能力的群体学生学习的知识。随着科学的发展、知识的积累，课程柱中知识的密度越来越大。位于较高层次的知识就会下移至较低层次。

原来大学课程中的内容可能"下放"至中学。这是通过人类的认知能力不断发展或进化，加之学习科学理论的发展来实现的。

尽管课程柱模型产生于基础教育研究，但传统的高等理科教育的课程内容和结构也大致相同。它与基础教育的差异只是在于，后者具有课程柱较低部位内容的性质，而前者具有较高部位内容的性质。二者对科学知识的理解都注重逻辑性和积累性，而忽视其他诸多特性。这是因为传统的教育目标往往片面注重科学教育的"知识性"或"工具性"。

今天的高等教育人才培养目标对课程内容的编制提出了更高的要求。现代科学的发展及其与社会关系的复杂化，需要科学教育重视由其复杂性、相对性、可变性等构成的科学知识的"思想性"。只有这样才能完整地理解科学，才能培养出具有创造精神和社会责任感的优秀科学家。尤其对于研究型大学而言，由于它的人才培养目标始终应该是造就影响和引领社会科技、经济和文化发展的栋梁之材，学生在学校不仅仅是学知识，而且更重要的是学方法、学思想，甚至去创造新方法、新思想。

借用"课程柱"模型，第一，从其外壁的小孔中排出的、在基础教育阶段可能被视为"垃圾"的东西，在高等教育阶段将被重新"回收"，成为教学的重要辅助材料。"垃圾"反映科学研究所走过的曲折过程，反映科学家个人的品质与科研成果的联系，反映社会与科学成果产生、推广及应用的关系。

第二，由于知识经济使实验室和课堂与社会的距离进一步缩短，知识产生速度加快，课程柱顶层的内容活动性加大，知识的复杂性和相对性更加突出，因而对于研究型大学而言，最新的科研成果，包括科学家群体尚未达成共识的最新科研成果，必然成为其重要的教学内容。

第三，对于不同的教育层次，对于具有数量不同的"核心知识"或知识的"编程化程度"不同的学科，处理代表逻辑性和系统性的基础知识与反映复杂性和相对性的探索性新知识的关系应该不同。基础教育和高等教育中的基础课应多强调系统性，而专业课应多强调研究性和探索性；高等数学或理论物理比经验性较强的地球科学需要更多的系统性基础知识的学习；低年级与高年级相比，后者更应强调研究性和探索性。

第四，根据高等教育的实践经验来看，教学内容和目标的最终实现途径并不像基础教育那样依赖于编制统一的课程内容和权威性的教材，而主要靠教师独立地选择和编写教材，靠教师亲自从事科研以保持创造激情和创新能力，靠教师个性化的授课环节的设计。

三、课程内容在大学教学中的实现

高等教育教学过程是教师对课程和教材内容的极具个性地再创造过程。但这不是说绝无规律可循。

1. 处理好教材与授课内容的关系

由于知识更新速度加快，"科研成果—调整课程—改编教材—课堂教学"的过程大大缩短，教材内容总是落后。教师来不及写出教材就要上课，就像今天演艺界演员等不及剧本出来就要上台一样。因此，大学教师不能依赖教材，要有自己的科研成果。自己的科研经验和成果是最好的教材。虽然个人的经验和成果非常有限，但它是有生命的教材，往往起到"一滴水可以见太阳"的作用。通过认真备课，教师可以将研究方法、研究的实际组织过程、与社会需求的关系、在科学发现过程中的激情和其他感受等有机地融于这"一滴水"中。所以，优秀的大学教师一定是优秀的科研人员；反之，没有优秀的科研成果和科研能力的教师，不会是或不能保持是优秀教师。（田长霖，1994）尽管不用现成教材的教师未必是好教师，但优秀教师往往能自编教材或补充讲义。

今天已经没有百科全书式的大学教师，但大学教师要有从事或欣赏跨学科探索的能力，要有哲学和社会科学修养，要有独特的教育思想。只有这样才能营造一种富有创造激情的课堂文化氛围。虽然教师的学术观点会影响学生的观点，但有观点、有主见的授课比无观点、无主见的授课益多弊少。只要内容逻辑严密、世界观积极向上，给学生以创造的激情和价值观，这比给学生一大堆知识要重要得多。"氢弹之父"泰勒讲课时会渗透许多自己直觉的见解，杨振宁说："这些见解不一定都是对的，恐怕90%都是错的。不过没有关系，只需要10%是对的就行了。而他不怕他讲的见解是错的，这给我

很深的印象。"（秦允豪，2001）

对于自然科学而言，无论是高等教育还是基础教育，将科学史、科学家传记的有关内容融于科学理论中，已成为国际上公认的提高科学教育思想性的有效手段。因为科学史、科学家传记虽然不是科学知识本身，但它却是科学知识产生过程的记录，这恰恰是最有教育意义的内容。从前，教材的参考文献虽然引用了许多科学史早期的成果，但往往省略它们的产生过程。哈佛大学物理学和科学史教授杰拉德·霍尔顿在 20 世纪 60 年代就倡导将科学史有机地融进理科教材中，并亲自编撰了中学和大学的物理教科书，对美国的物理学教学乃至全球理科教学产生了深远影响。理论物理学大师费曼的《费曼物理讲义》及其亲自授课的实践和学生的绝妙回应，堪称典范。然而，教材的空间毕竟有限，课堂比教材为教师提供了更大的运用科学史资料的空间。

2. 处理好系统性与探索性的关系

知识的系统性在很大程度上是相对的、人为的。随着科学的发展，系统结构也在不断地变化，而探索和质疑精神是科学的实质。在教育实践中，构建知识系统常常是可靠的传输知识的方法，而探索性学习更能培养创新能力。

在高等教育中，本科生参加教师的研究课题是重要的探索性学习方式。哈佛大学对毕业生的要求中包括参与过某种类型的研究课题，并鼓励跨学科选题。（田长霖，1994）麻省理工学院和斯坦福大学也都拨专款设"本科生研究计划"。值得注意的是：第一，探索性不仅是针对那些学科前沿的新理论、新思想，而且要贯串整个教学过程。第二，不仅要学习本学科，而且还要有跨学科的视角，探索性学习为跨学科研究提供了有效的途径。第三，探索性并不等于艰深性。当代许多跨学科的领域，其核心原理往往源于相邻学科的基础理论，而不是前沿理论。

3. 处理好知识性与价值观的关系

教育的直接目的和意义就在于让知识具有可迁移性，即让课程和教材上的知识与学生的经验和需求相关联，进而使学生的知识结构有所发展，并实现方法论和价值观的重建，并迁移到日常生活中。对理科教育而言，最重要的可迁移性知识莫过于反映科学理性精神的科学价值观。发挥科学教育的德育功能应成为我国目前理科教育急需重视的问题。笔者认为，近年来"理科教育要人文化"的提法含义不清，容易让人误解——因为历史上人文思想五花八门，我国传统人文思想与科学理性精神有许多相悖之处，故建议表述为：理科教育要思想化。所谓思想化，是相对于科学工具主义和功利主义而言的，即是在科学教育中大力倡导科学、民主精神。由此可见，处理好知识性与价值观的关系问题，对于中国的理科教育尤为重要。

4. 处理好授课与自学的关系

高等教育阶段的受教育者具有以下心理特点：一是较强的自学能力和独立性；二是对教师的授课内容与形式有较高的鉴赏能力和批评精神；三是对思想性和探索性问题具有很大的兴趣。这说明大学生不需要太多的教师直接讲授，他们亟须教师的引导和与教师讨论。因此，能否处理好不同类型的知识与教学形式（如授课、自学或讨论）的关系成为影响高等教育课堂教学效果的关键。当下教师可以适当地采用"翻转课堂"的教学模式。

这里核心的问题是要找出那些既有"必教性"（学生通过自学不能很好掌握的内容）、又有"可教性"（符合学生的兴趣、富有智力上的挑战性、教师乐于宣传和交流的内容）的内容。那些由基本概念和一般推理构成的陈述性知识，已经在教材中严密、精确地表达，应尽可能让学生自学。这一方面培养了学生的自学能力，另一方面节省了教师的时间。学生的自学还包括教材外内容的学习，如科学史上的具有科学意义、社会学意义或文化学意义的事件过程、应用实例，当然也包括失败的教训。

教师应该讲授的内容除了包括逻辑性和系统性知识外，还应该包括而且主要应该是教材中尚未写进的，或未清楚表达的具有探索性、前沿性和跨学科的内容；科学史上反映科学知识复杂性、相对性的内容；教师自己的研究成果、学术思想；科学思想方法的价值分析及其与学生现行学习、生活和世界观相联系的知识。思想性的知识往往具有个性化、情意化的特点，需要旁征博引，需要社会阅历，因此师生交流比学生自学可以达到更好的效果。这类知识不仅具有必教性特点，还具有极高的"可教性"。尤其采用学生积极参与的讨论形式效果会更佳。

总之，随着科学的高速发展，课程内容将不断增加，知识的层次不断"下放"，课程柱中的知识密度越来越大。然而人的认知能力的进化是缓慢的，较低层次学习者的认知能力是有限的。如果超过这个限度，受教育者就会超负荷，基础知识的学习和创新精神的培养就会出现矛盾，教育事业就会遭受挫折，进而反过来影响科学的发展。因此可以推论，解决知识高速积累问题的办法，不是无限制地"下放"课程内容，而是要根据不同学科的特点，采用不同的教学设计，让学生掌握创新方法，并辅之以终身教育体系，以保证基础与创新的和谐发展。

第三节　科研与教学关系的实证研究

在研究型大学中，可能没有什么比科研与教学的关系更能够集中体现大学学术自由与管理制度之间矛盾的必然性了。大学教育质量问题的根本症结在于大学具有教学与科研的双重使命，以及部分教师和学科社会服务的使命。20 世纪七八十年代，发达国家高等教育界对教学与科研关系的讨论非常热烈。有人认为，教学与科研相统一的理论是一个持久的神话，有人甚至认为，科研与教学相互促进仅仅是一种理想、信仰，而不是现实。人们对教学与科研关系的信念比证据要多。但正如密歇根大学前校长杜德斯达所指出的那样，"学生课程评估反映出在通常情况下，最好的学者也是最好的教师"（周光礼，2012）。布莱克斯顿曾统计分析了 1962—1984 年的 30 项教学与科研相关性研究，发现其结果是微弱正相关的占 37%，零相关的占 60%，负相关的仅占 3%。（Braxton，1996）Neumann（1992）采用相关性分析等实证研究方法得出"教学和科研相联结并没有直接的经验证据"的结论。不过，Clark（1986）认为，教学能力与科研能力存在正相关关系，科研好的人，教学也好。这些相互矛盾的看法与研究结果引起了更多研究者的兴趣。

（1）科研对教学的促进作用。最乐观的观点是科研对教学具有促进作用。观点很多，主要包括以下方面：科研成果带来新的教学内容，包括新的研究方法；科研活动使教师具有教学上的独特性和活力；科研活动给学生提供参与真实研究的机会。在我国的一项研究中，研究者采用学生评教获得的数据，将教师教学观分为两种类型："促进学习"和"传播知识"。同时根据教师的科研成果和教学工作量数据的聚类分析，将教师划分为三种类型：教学型、科—教型、科研型。然后将教学观与教师类型进行相关分析，最后得出结论：更多的科研型教师比教学型教师具有更多"促进学习"观、更少"传播知识"观。（顾丽娜，陆根书，施伯琰，2007）

（2）科研对教学的负面作用。第一，从投入上看，教师对于科研与教学的时间分配显然是此消彼长的关系，皮尔森相关系数达到 – 0.43（Jauch，1976）；第二，一些教师集中于自己的研究、兴趣，往往不能顾及其他知识，因此教学能力往往不强，效果往往不好。Marsh 和 Hattie 在 2002 年对 182 个教学—研究型大学的教师进行的问卷调查表明：教师的教学效果与科研成果的相关系数只有 0.03。（Marsh，Hattie）丹麦教授 Jensen（1988）用访谈法研究了丹麦的 50 位大学教师，这些教师都身兼两职。96% 的访谈对象认为承担科研与教学双重任务常常是很困难的，尽管他们都承认与纯研究所相比，大学是他们的第一选择。

（3）教学对科研的促进作用。教学对科研的促进作用在理论上有很多解释，但实践上是个难点。从理论上看，第一，教学可以促进理解，正如亚里士多德所言"教学是知识整理的最好手段"；第二，教学涉及内容面往往很广泛，因此可以对教师某领域精窄的研究成果提供广泛的、有意义的参考系，也有助于教师提出新的研究问题；第三，高层次的教学，尤其是与优秀的学生进行互动，对科研有直接帮助，有助于教师对问题认识的深入；第四，无论如何，教学工作使得教师每年都要面对一批新生，这本身是一种压力，是有利于学术发展的压力；第五，从科学事业发展的长远利益看，教学活动培养了后备科研人员。

（4）科研与教学复杂关系的化解——教师评价。因为上述错综复杂、相互矛盾的研究结果，人们对许多实证研究的方法的正确性存有争议。有人批评，此类研究对教学和科研概念的操作化显得过于狭窄，因为教学和科研都是复杂劳动，很难被量化。（Neumann，1992）Colbeck（1998）通过访谈和观察研究了个体教师是怎样将科研与教学融合的。笔者注意到，在此之前许多研究忽视了这一点而产生了非常多的矛盾的结果。如有人让教师自陈各种工作的时间分配，然后发现，时间投入与教学效果、科研成果呈正相关。实际上科研与教学截然分开本身就是不符合实际的，在有些时候它们是一体的。不少研究在探讨教师的科研与教学是相互冲突还是相互补充时，没有探讨这些教师科研与教学投入的程度问题。

解释科研与教学复杂关系的卓有成效的工作当推 Marsh 等使用元分析方法的研究。他们对前人通过大量实证调查获得的原始数据进行二次挖掘，并引入"学校教师评价政策"这个"中间变量"。结果发现，如果学校政策鼓励教学，则科研与教学呈现正相关，否则可能不相关或负相关。该研究说明，人的本能是自私的、利益驱动的。（Hattie，Marsh，1996）教师的学术追求是让科研产生成果，提高自我实现的成就感。同时，教学是天职，是教师的道德标准，也是教师自我形象的体现。所以，部分调查研究反映，教师口头上（访谈）认可科学与教学可以互相融合，但用问卷分别调查其能力、动机、科研与教学时间分配，学生评价，科研成果等却会出现相反的结果。科研与教学是存在相互促进作用的，但如果政策制度不支持这一点，教学管理与科研管理分离，二者的相关系数必然很小，甚至是负值。如果引进"教师评价政策"这个"中间变量"，就会出现正相关。

教师根据个性心理学特征，可以分为两种不同类型。（Rushton et al.，1983）"研究者"：志向远大、独立、不太谦虚、耐心、支配欲强、探索求新；"教学者"：亲和力强、外向、情绪稳定、民主、不保守、机智灵活。但无论是教学优秀的教师还是研究能力强的教师，他们在有些方面是一致的，即具有高度责任心、奉献精神、创造性、想象力、坚持不懈、喜欢钻研与评判性思维。Murray 和 Rushton 等（1990）对教师的个性特征与其教学效果的关系进行了研究。该研究使用了共 29 道题的个性特征量表，对 46 位心理学教师进行了同行评分调查，并将教师评分结果与学生对其六门不同课程（从新生讲座到研究生研讨课）教学效果的评分进行相关分析，结果发现：①对于同一位教师，不同类型的课程评分结果非常不同；②对于每类课程，同行对教师的个性评价可以较好地预测教师的教学效果；③不同的个性特征对教学效果的影响因课程类型而异。

20 世纪 70 年代以后的高等教育大众化使科研与教学的关系更加复杂。

但无论如何，研究型大学的特殊使命和师生特点，决定了其教学改革原则上的特殊性——要使发展知识和传播知识相互和谐。如果说今天研究型大学转向以教学为中心，那是对教学进行了重新定义，而不是取代了科研的地位。加塞特（1946）认为："科学是人类最崇高、最伟大的追求和成就之一，其崇高程度要胜过作为一个教育机构的大学的本身，因为科学就是创造，是社会进步的龙头。"

我国目前更需要遵循这些原则。虽然我国教学质量问题的严重性大致与美国20世纪80年代的情况相似，但科技与经济发展水平还不及美国20世纪80年代。因此，教师的科研压力之大是不言而喻的。他们既要完成以建设创新型国家为目标的科技发展规划的艰巨任务，又要提高本科生教学质量。完成如此"双肩挑"的重任，唯一可行的办法就是科研与教学相结合，以科研带动教学，以教学促进科研。因此，目前在我国要推进研究型大学的教学改革，首先要注意遵循研究型大学发展的内在规律，避免教学改革举措与科研活动规律相背离，从而影响大部分教师的科研积极性。（张红霞，2006）

第四节　促进科研与教学融合的制度建设

一、开展教师教学的相关服务

近年来，世界著名大学纷纷成立教师教学中心。其目的就是为研究型大学的教师提供改进教学方面的服务，其中包括怎样实现科研与教学的融合。科研与教学融合的形式丰富多样，主要包括"研究性教学"和"本科生科研"。"研究性教学"并没有统一的模式，往往因教学内容（学科特点、跨学科程度）、教师风格、课程性质（选修或必修）、教学经费资助力度等在下列几个方面呈现不同的特点：教师的介入方式与深度，学生与教师的关系如个别辅导式或团队式，班级大小，以及研究问题的深度等。研究问题的深度主要指教学目标是以发现新知识为目的还是以普遍意义上的训练批判性思维为目的，后者包括研讨课（seminar）、案例教学（case study）、基于问题的学习（PBL）等形式。美国2000年前后的数据显示，80%以上的研究型大学主要通过研讨课的方式进行研究性教学。（Katkin，2003）

本科生科研教学模式为麻省理工学院于20世纪60年代首创，目前主要有两种形式，一是由学校设立专项，学生自由申请，择优录取；二是学生参与到教师的课题中。早在2000年前美国就有16%的研究型大学吸纳了75%以上的本科生参与科研，26%的学校吸纳了约50%的本科生参与科研。（Katkin，2003）

二、注意不同学校类型的差异

不同类型学校之间科研与教学的矛盾程度不同，研究型大学矛盾较大，纯教学型大学如美国的文理学院，教师的考核指标中对教师的科研没有硬性规定。这是因为，两类学校的人才培养目标不同。图6-1以典型的研究型大学和典型的教学型大学为例，展示了两类大学的科研与教学的关系。

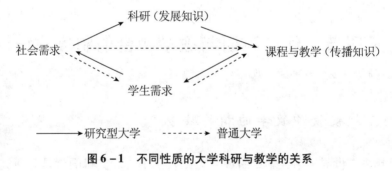

图6-1 不同性质的大学科研与教学的关系

图6-1中的实线箭头告诉我们，研究型大学的教学内容与教师的科研成果紧密相关，而科研成果主要来自于社会需求或国家长远的战略需求。同时，研究型大学智力超群的学生的需求往往能够与教师保持一致。而教学型大学则不同，教学内容直接与社会职业需求紧密联系，这样也符合了学生求职兴趣大于探究未知世界兴趣的特点。正如斯坦福大学校长卡斯帕尔（1999）说，该校坚持三点：①精选学生；②主要致力于探索知识；③富于批判性的追根究底的精神。卡斯帕尔直言要以科研带动教学，建设在研究与教学方面

的学术的"卓越性尖端",而不是训练工程师及商业管理人员。哈佛大学前校长德里克·博克（1991）认为，在校本科生人数最多不能超过15000名。"精英教育机构不应承担高等教育大众化的任务。"（潘懋元，2003）

三、注意不同学科的差异

Jensen（1988）认为，自然科学的基础课知识与其前沿知识距离很大，而人文学科的教学内容与其前沿知识距离则较小。人文学科的"观念"（ideology）经常变化，但很少有真正的进步，多是新瓶装旧酒而已，因此教师的本科生教学内容容易与其科研内容结合。而在研究生层次上则相反，自然科学领域的教师与学生合作研究较多，共同发表文章较多，不过研究生的工作多为辅助性的；而人文学科教师与研究生共同发表论文的却较少，尤其是高水平的研究论文。这一方面是因为人文学科的研究个性化很强，另一方面是人文学科的好文章需要长期的个人知识积累。人文学科的知识具有个人积累性特点，而自然科学领域的知识具有集体积累性特点。

Jensen（1988）借用托马斯·库恩在其《科学革命的结构》中提出的"范式理论"和伯恩斯坦在其《阶级、编码与控制》中提出"编码理论"（Code Theory），对法国一些高校不同学科教师的教学行为的差异进行了解释，对常规科学（normal science）和革命性科学（revolutionary science）进行了比较。前者以"化学"学科为例，后者以"法语"和"经济学"为例。化学学科的教师注重研究，他们几乎都注重科研成果，尤其将国际上的前沿成果作为选择教学内容的首要标准，与此同时当然也注重国际标准。化学系教师在很多国际刊物上发表论文，在本调查之前的两年里，被访谈学校的化学系教师的论文，97%是用英语发表的，且署名两个作者以上的论文占85%。

法语学科的教师只将科研新成果作为教学内容的选择标准之一，同时还考虑学生兴趣、社会发展等因素。他们对国际学术标准的关注不如化学系的教师。法语和经济学科的教师在同期发表的论文分别只有49%和51%用英语撰写。他们独立发表的论文数分别占86%和85%。

这种差异也体现在课程编制上。化学专业本科教学的基础课，呈现伯恩斯坦的"集体编码型"（collective code type）。内容划分很细，分解到不同的成分及其相互关系。讲座形式的课比重很大；必修课多，教学方式多为"传授式"，而且经常有考试、测验。但在较高层次，如研究生的课程上，化学专业必修课减少，可以用"融合编码型"（integrated code）来表示，即学生学习与研究论文（学位论文）融合。而在法语专业课程上，这个融合的模式贯串于任何教学层次。法语等人文学科的研究与教学内容没有客观、统一的国际标准，相当个性化、区域化。这是科研合作较少的原因之一。被调查的教师反映，学生研究的主题、观点五花八门，多到他们自己都难以估计，有些也不值得去研究，所以他们与学生合作很少。总之，人文学科科研与教学融合相对要容易一些，并且没有层次差别，而自然科学科研与教学只有在研究生层次才能结合。

Colbeck（1998）提倡用社会角色理论深入分析科研与教学融合的"程度"和"方式"，并探讨学校的管理结构、学科的认同度、教学政策、资源、交流模式和教师的价值观对融合"程度"和"方式"的影响。他的研究发现，在8%～34%的时间内，教师的科研与教学是融合在一起的。他还发现科研与教学的融合存在学科差异。对于知识结构强、学科模式共识较大的学科——如物理学，其课堂教学与科研进行融合要比英语专业难；而在辅导和训练研究生上，两个学科刚好相反。

一项德国人的研究认为，科研与教学的融合学科之间的差异大于学校之间的差异。工程技术与医学非常重视教学方法，即便是以研究为中心的学校或院系也是如此。而人文学科的教师认为他们已经掌握了足够的教与学方法的知识（尽管不太注重学习的方面）。自然科学的基础学科教师认为他们的学生是天才学生，他们的认知能力适合这个学科的学习，或者这些学生已经在基础教育阶段较早掌握了学习方法。他们认为已有的教学方法已经足够好，因为教授们就是在这样的环境下学会的。（Webler，2006）Elton等（2001）的研究结论很有意思，他认为尽管自然科学的教学总是以传统的讲授为主，但科研与教学之间能够出现相互支持的正相关关系，这是因为传统教学法对优秀的学生同样有效，而通常只有这样的学生才能够留校做教师。

Colbeck（1998）发现，平均而言，被访谈和观察的教师大多有五分之一的工作时间内科研与教学是融合在一起的。Colbeck 对不同学科的科研与教学融合提出了以下建议。

（1）对于一些常采用咨询式的研究方法的学科，要鼓励其科研与教学（包括本科生和研究生）结合。

（2）像语言文学这样的传统人文学科，教师们往往独立工作，可以鼓励教师通过给学生讲解文本或进行文化分析来训练学生进行研究的能力，并同时完成教师自己的研究。人文学科的教师也可以分工合作，实现科研与教学的融合。

（3）自然科学教师如理论物理学教师可以让学生开展小组合作研究，尽管在任务划分上不太容易。

（4）在自然科学基础课（低年级）教学中，教师可以通过运用新的研究成果进行讲解。

（5）教师可以把最新成果的某一部分或某一方面内容，用于给本科生演讲或讨论。

四、教师评价制度的配合

如上所述，评价导向是处理科研与教学关系的关键，是建立科研与教学相融合的校园文化的关键。Layzell（1996）甚至认为，如果学校政策鼓励科研与教学的融合，可以提高学校的科研产出。特别值得注意的是，美国国家科委设立了专门针对研究型大学机构的奖项"教学与科研融合认可奖"（Recognition Awards for the Integration of Research and Education，RAIRE），每年奖励十所研究型大学。教学与科学融合认可奖的评价指标包括：①学校对教师教学改革活动给予强有力的支持；②教师与课程计划负责人（相当于我们分管教学的院长或系主任）的具体改革贡献；③跨学科之间的合作；④教师研究与学生学习的融合；⑤教师怎样关心学生（尤其在训练、指导、劝导方面）；⑥具有可视化的本科生研究机会，如有资助经费、成果展示、奖励、基金和管理机构设置；⑦可靠的专业学会支持；⑧具有有效的评价举措；

⑨参与基础教育教师培训。① 这种奖励评价指标包含了对积极投身教学的教师尤其是在教学与科研相融合方面做出贡献的教师的奖励，这对于研究型大学教师积极地投入教学与科研，具有明显的促进作用。

根据《博耶报告》的主张，本科生教育阶段的优秀教学和卓越研究的目标，能够而且必须紧密结合在一起。要逐步实现这个结合，必须在五个主要方面进行努力：①平衡为研究事业和教学事业所提供的支持和准备；②在专业组织层面如学会，增加对有效教学的支持；③开发和实施改进了的评价本科教学的方法和工具；④对那些在科学、技术、工程和数学领域内，解决教学上的难题、追求教学成就的教师，给予高度的尊重和地位；⑤承认并嘉奖那些追求这种教学成就的教师。

樊德尔（Vidal et al.，2000）认为，科研与教学的关系十分复杂，可能出现相互促进，又可能出现相互冲突的情况。因为影响科学研究的因素很多，教学只是其中一项；反过来，影响教学的因素也很多，而科研也只是其中一项。这就是说，有一些举措可以促进教学，但不损害科学研究；也有一些举措可以促进科研，也可以不损害教学。因此，学校应该采取对科研与教学都有利的举措。例如，在学校制定教师评价政策时，要将重心放在科研与教学相联系的部分，要减少互相矛盾的评价指标。樊德尔还认为对一个学校的教学评价，要与其研究环境（context）相联系，因为它对教学有着深远的影响。具体来讲，有五个方面需要考虑。

（1）课程的修订更新与新课程的开发。教师喜欢教最熟悉的内容，而正在研究的内容当然是最熟悉的。因此，好的研究群体会经常更新自己的教学内容。反过来，经常更新内容的课程体系反映出活跃的研究群体的存在。因此，在教学评价体系里加入这样一个指标是有意义的。

（2）教师培训服务。在一些自然科学领域，研究过程本身是培训的重要内容。因此，好的研究队伍所进行的培训内容和仪器设备都是最先进的。教

---

① Recognition Awards for the Integration of Research and Education［EB/OL］.［2008 - 10 - 20］. http：//www. nsf. gov/od/oia/archives/raire. jsp. 发达国家的研究型大学承担常规性的相关学科教师培训任务。这项工作往往与大学本科生生源学校的师资培养工作有着紧密的联系。

学与研究用的常规设施的现代程度是考察的重要指标之一。

（3）学校招聘人员的政策在科研与教学上的平衡情况，包括整体人员结构的平衡和一个教师身上不同能力的平衡都应该得到关注。岗位设置时，对科研和教学两种任务的要求是很难精确的，研究型大学更是如此。因此，融合的方式、途径很多是教师自己进行"社会谈判"的结果。二者冲突的结果往往来自于学生对教师课堂表现的评价，而不在时间和行为上。

（4）课程的集中程度。如果一个教师的课程都挤在同一个学期，或集中在一个星期中的几天，说明科研较活跃。过分集中显然不利于保证教学质量。

（5）在评价一个教师或学校的科研或教学活动时，科研指标应该作为教学评价的背景指标（context indicator），教学指标也应该作为科研评价的背景指标。如评价一个教师的科研成果发表情况，应该将其上课的工作量加以考虑，例如发表成果数与可用于科研的时间之比。这里不提倡引进新的评价指标，而是倡导对科研成果做新的解释。这对保证学校的科研与教学水平是有利的。

第五节　中国的特殊问题

我国目前之所以难以实现科研、教学、社会服务三项职能的协调，除了传统知识论这一根本原因——知识是信条而不是不断推陈出新的对世界的最新认识与解释，从可操作层面上看，主要在于缺乏科研与教学的"共生互动"的基于社会需求的体制保证。我国社会经济文化发展阶段决定了目前的片面注重科研成果的体制。而体制问题的解决也需要一个过程。

本科专业设置与教师研究课题（学科建设）之间的契合度很低。一所大学的优势学科数与本科专业总数之比能够大致反映这个情况。高水平大学的每一个本科专业的设置应该与学校的学科建设或独具特色的高水平社会服务有着不可或缺的联系。以哈佛大学为例，历史悠久的基础学科对应于基础学科研究生院，新兴的应用学科则对应于专业研究生院或称专业学院。其最老的学院"哈佛学院"负责全校本科生通识教育并掌管基础学科研究生院。而属于应用学科的专业学院如商学院、法学院、教育学院，不招本科生，只招研究生。这样做既保证了全体哈佛大学学生宽厚的通识教育基础，又保证了研究生跨学科创新潜力，为科研与教学相互促进的局面打下基础。该校医学院、商学院（皆为研究生层次）排名位于世界前列，与此类学科相关的生命科学、化学和经济学等基础学科同样位于世界前列，后者是前者的保证。而我国研究型大学普遍设置招收大规模本科生的应用学科专业学院，如商学院、法学院。这样做要么造成了人才资源的极大浪费，要么说明这些大学的生源尚不具备研究型大学的条件。当然，国家层面的体制改革是科研与教学共生互动机制的更基础的条件，在此不再赘述。今天，当北京大学和清华大学于2013年5月加入了美国哈佛大学与麻省理工学院联合发起的网络公开课程edX，上海交通大学于2013年7月加入斯坦福大学教授开设的网络公开课程Coursera之后，中国的大学如果不将自己的研究和教学与中国的社会实践相结合，切实提高教学质量，我们将失去自己的学生，我们的研究型大学将可能变成没有本科生的死气沉沉的研究所。

实际上，大学与社会的互动关系如同学生的课堂学习与课后实践的关系是，相互促进的——无论在实践上还是理论上都是如此。与社会需求结合的原则不仅适用于理工科建设，而且适用于人文学科建设，适用于教学改革。例如，20世纪中叶的美国，在高速发展的全球化进程和高科技产业推动下，社会分工发生很大变化，职业种类与结构也随之调整，更多的平民进入社会性职业中。这些变化在带来社会科学繁荣的同时，使传统人文学科面临危机。一方面，顺应社会需求的新的研究领域纷至沓来，如民主问题、民族问题、性别问题、跨文化比较、国际关系、信息与传媒等；另一方面，新一代的人文学者与老一代人文学者产生分裂，越来越多的青年人文学者向社会科学领域转移，或向职业性的专业领域转移（如文秘专业）。今天，美国传统人文学科的定位主要是为一流大学的本科生院培养通识教育的教师。我国的人文学科正处于这样的转型时代。由于我国传统人文学科比西方传统人文学科距离现代社会科学更远，因此面临的挑战更大。只有当人文科学与社会科学、文科与理科、理科与工科的教师在学术信仰、学术活动上达成基本的共识，跨学科的科研活动和科研与教学的融合才能富有成效。中国研究型大学也只有达到这样的学术环境，才会逐步消除目前存在的一系列怪现象。如众多研究发现，中国学生/企业家的批判性思维、创造性、自我意识等与其成绩/成就不存在相关关系，而在西方则高度相关。

纵观高等教育史，世界一流大学的集中地总是与世界经济文化中心相伴相生。社会是大学之母，这无论对于中世纪的僧侣教育，还是20世纪商业精英的培养都是如此。社会也是大学的归属，大学与社会联结才能健康发展，科学研究如果脱离社会需求，不仅得不到持续的资助，而且也没有成果检验的舞台。

研究型大学发展中的许多问题，通过加强与社会联系就会逐步得到解决。这无论从斯坦福大学20世纪60年代以后的迅速崛起，还是从今天麻省理工学院的新发展看都是如此。今天的麻省理工学院已从"永无止境的前沿"时代进入了"永无止境的转化"时代：将基础研究、应用研究和产品开发相互结合和循环转化，科研与社会需求之间没有断裂。伯克利分校校长伯达尔从历史发展的角度把该校的基本办学经验总结为"社会服务"。作为一所赠地学院，伯克利分校始终把自己的办学目标定位在服务社会上：在19世纪中期，发展农业、推广技术和普及中等教育是学校的主要服务内容；20世纪中期，为了战争的需要，又迅速从以农业和技术服务为中心转到以军事和国防需要为中心；第二次世界大战后，学校的研究重点则由武器研发过渡到核能的和平利用和民用工业上。伯达尔认为，在21世纪，伯克利分校依然以社会服务为己任，但重点将转移到人们普遍关注的人类生存环境和健康问题上。即便是坚守精英主义和贵族气质的哈佛大学，自20世纪末以来也已经改变了自己社会观察者的形象，逐步成为社会事务的积极参与者。而教学活动的开展，正是与这些研究和服务的活动结合在一起时，才被赋予了教育的意义。

参考文献

[1] 波兰尼. 2004. 科学、信仰与社会 [M]. 王靖华，译. 原著1958. 南京：南京大学出版社，110 – 111.

［2］伯顿·克拉克. 2001. 探究的场所——现代大学的科研和研究生教育［M］. 王承绪，译. 杭州：浙江教育出版社，22.

［3］博耶，E. L. 2000. 关于美国教育改革的演讲［M］. 涂艳国，方彤，译. 北京：教育科学出版社，74－78.

［4］博耶，E. L. 2004. 学术水平反思——教授工作的重点领域［M］//丁枫，等，译. 当代外国教育改革著名文献（美国卷·第三册）. 北京：人民教育出版社，9.

［5］博克·德里克. 1991. 美国高等教育［M］. 乔佳义，译. 原著1986. 北京：北京师范大学出版社，167.

［6］董维春，朱冰莹. 2012. 研究型大学"科研漂移"问题的思考——教学与科研相互关系的辨析［J］. 国家教育行政学院学报，（9）.

［7］费正清. 1987. 美国与中国［M］. 北京：商务印书馆，56.

［8］冯端. 1999. 高屋建瓴，推陈出新——一部优秀的基础物理学教材［J］. 高教研究与探索，1－2.

［9］弗莱克斯纳. 2001. 现代大学论［M］. 徐辉，陈晓菲，译. 原著1930. 杭州：浙江教育出版社，317.

［10］顾丽娜，陆根书，施伯琰. 2007. 高校教学与科研关系的实证分析［J］. 辽宁教育研究，（3）：25－27.

［11］加塞特，O. Y. 2001. 大学的使命［M］. 徐小洲，陈军，译. 原著1946. 杭州：浙江教育出版社，101.

［12］贾永堂，徐娟. 2012. 美国高水平研究型大学群体性崛起的机制分析——基于社会进化论的视角［J］. 高等教育研究，（5）.

［13］卡斯帕尔，G. 1999. 研究密集型大学的优越性［M］//21世纪的高等教育. 北京：北京大学出版社，101－104.

［14］科尔，史蒂芬. 2001. 科学的制造［M］. 林建成，王毅，译. 上海：上海人民出版社，136，165.

［15］罗德斯，F. H. T. 2007. 创造未来：美国大学的作用［M］. 北京：清华大学出版社，289.

［16］吕林海. 2009. 大学教学学术的机制探微及其教师发展意蕴［J］. 高等教育研究，（8）：83－88.

［17］潘懋元. 2003. 大众化阶段的精英教育［J］. 高等教育研究，（6）：1－5.

［18］秦允豪. 2001.《热学》教材与课程建设中的创新能力培养［J］. 高教研究与探索，（3）：20－24.

［19］史蒂芬·科尔.2001. 科学的制造［M］. 林建成，王毅，译. 上海：上海人民出版
社，165.

［20］孙莱祥，张晓鹏.2005. 研究型大学的课程改革与教育创新［M］. 北京：高等教育
出版社，74，134.

［21］田长霖.1994. 关于办好一所大学的几点意见［M］//张劲夫.1994. 海外学者论
中国. 北京：华夏出版社，179－226.

［22］吴国盛.1997. 科学的历程（上）［M］. 长沙：湖南科学技术出版社，137.

［23］张红霞.2006. 从国际经验看研究型大学本科教学改革的基本原则. 高等教育研究，
（6）：60－65.

［24］周光礼.2012. 高校人才培养模式创新的深层次探索. 中国高等教育，（10）：
23－35.

［25］Bertilsson, M. 1992. From University to Comprehensive Higher Education: On the Wide-
ning Gap between 'Lehre und Leben'［J］. Higher Education, (24): 333－349.

［26］Braxton, J. M. 1996. Contrasting Perspectives on the relation ship between teaching and re-
search. New Directions for Institutional Research, (90): 5－14.

［27］Clark, S. 1986. The Academic Profession and Career: Perspectives and Problems. Teaching
Sociology, 14: 24－34.

［28］Colbeck, C. 1998. Merging in a Seamless Blend: How Faculty Integrate Teaching and Re-
search［J］. Journal of Higher Education, 69 (6): 647－671.

［29］Elton, Lewis. 2001. Research and Teaching: Conditions for a Positive Link［J］. Teaching
in Higher Education, 6 (1): 43 － 56.

［30］Hattie, J. , Marsh, H. W. 1996. The Relationship between Research and Teaching: A
Meta－Analysis［J］. Review of Educational Research, 66 (4): 507－542.

［31］Jauch, L. R. 1976. Relationships of Research and Teaching: Implications for faculty Evalu-
ation［J］. Research in Higher Education, (5): 1－13.

［32］Jensen, J. J. 1988. Research and Teaching in the Universities of Denmark: Does such an
Interplay Really Exist?［J］. Higher Education, 17 (1): 17－26.

［33］Katkin, W. 2003. The Boyer Commission Report and its Impact on Undergraduate Research
［J］. New Directions for Teaching and Learning, (93): 19－38.

［34］Layzell, D. T. 1996. Faculty Workload and Productivity: Recurrent Issues with New Imper-
atives［J］. Review of Higher Education, (19): 267－281.

［35］Marsh, H. W. , Hattie, J. 2002. The Relation between Research Productivity and Teaching Effectiveness: Complementary, Antagonistic, or Independent Constructs? [J]. The Journal of Higher Education, 73 (5): 603 –641.

[36] Murray, H. G. , Rushton, J. P. , Paunonen, S. V. 1990. Teacher Personality Traits and Students Ratings in Six Types of University Courses [J]. Journal of Educational Psychology, 82 (2): 250 –261.

[37] Neumann, R. 1992. Perceptions of the Teaching – Research Nexus: A Framework for Analysis [J]. Higher Education, 23 (2): 159 –171.

[38] Rushton, J. P. , Murry, H. G. & Paunonen, S. V. 1983. Personality, Research Creativity and Teaching Effectiveness in University Professors [J]. Scientometrics, (5): 93 –116.

[39] Shulman, L. S. 2000. From Minsk to Pinsk: Why a Scholarship of Teaching and Learning? [J]. The Journal of Scholarship of Teaching and Learning, (1): 48.

[40] The Boyer Commission on Educating Undergraduates in the Research University. 1998. Reinventing Undergraduate Education: A Blueprint for America's Research Universities [DB/OL]. [2012 –05 –03]. http: //www. sunysb. edu/pres/0210066 – Boyer.

[41] Vidal, J. & Quintanilla, M. A. 2000. The Teaching and Research Relationship within an Institutional Evaluation [J]. Higher Education, (40): 217 –229.

[42] Webler, W. 2006. German Policy Perspectives on Enhancing the Quality of Student Learning by University Teaching. New Directions for Higher Education, (133): Online Wiley Periodicals.

[43] Zhang, H. 1996. A Study of Changes of Curriculum Content in Geography through Textbook Analysis [D]. University of Southampton (UK), 301.

第七章

课程设置与开发

　　长期以来，"课程"（curriculum）在我国是"一个被忽视的重要问题"（刘道玉，2009），而在发达国家，课程在本科教育管理中具有十分重要的地位。创新人才培养是通过贯串本科四年的一系列结构严谨的课程体系得以实现的，而不是依赖于几门关于怎样创新的课或几场名人报告。以美国为例，一流大学本科四年的课程体系，除了常规专业课以外，还包括以低年级为主的通识教育课程和新生研讨课程，大学三年级为主的本科生科研项目或独立工作计划，以及大学四年级的顶峰课程和学位论文等。2007 年，由加州大学、哈佛大学、哥伦比亚大学、斯坦福大学和普林斯顿大学代表联合组成的加州大学通识教育委员会发表了题为《21 世纪的通识教育》的重要报告，呼吁研究型大学要重视通识教育，进行相关教学改革。这个报告不仅针对加州大学，而且对全美研究型大学的通识教育问题进行了探讨。该委员会还重申了对新生研讨课、本科生科研、大学四年级顶峰课程的重视，并要求扩大学生受益面，改进课程。（The University of California Commission on General Education，2007）虽然我国的教育环境和课程资源与美国有很大不同，但对其人才培养的原理和理念进行探讨，无疑将有助于我国目前的改革。本章将从本科课程设置（curriculum design）的纵向结构切入，对美国一流大学课程体系的特征和功能进行分析，对其背后的原理进行探讨，最后谈谈课程开发

（curriculum development）应该注意的问题。

第一节 课程的概念、类型及其功能

"课程"一词在英文里有几种含义。"curriculum"通常是较为抽象、泛指的概念，它常常与广义的"instruction"（教学）连用。与它们相对的、含义较具体的一对名词是"course"（科目）和"teaching"（课堂教学）。所谓"education program"，通常是指一所学校、一个院系、一个专业的教育计划或称"培养方案"。培养方案即是一个教育单位根据自己的人才培养目标而制定的一系列既充分又必要的结构严密的"课程体系"，以及实施这些课程的相关教学安排，包括学分要求、时间顺序、考核方法等。显然，培养方案或课程计划可以分为校级的——如通识教育课程体系；院系级的——如地球科学学院不同专业方向共同必修的"普通地质学""古生物地史"等专业基础课，以及专业方向上的课程等多个层次。著名实用主义高等教育家克拉克·科尔对广义的课程做了如下定义：学校或院、系、专业根据自己的人才培养目标所确定的最有价值的知识的选择与组织方案。（Kerr，2001）下面分别对新生研讨课、通识教育课程、本科生科研、大学四年级顶峰课程等"四大类"纵贯本科四年的特殊的课程计划进行探讨。

密歇根大学的 Stark 和 Lattuca 教授（Stark & Lattuca，1997）则主张将大学课程体系或培养方案定义为"学术计划"（Academic Plan）。他们认为这个定义有利于促进学生的学术发展，因为"学术计划"至少包括八个要素：目标、内容、先后顺序、学习者、教学过程、教学资源、评价和调整等。他们认为影响课程的环境有外部因素、组织因素和内部因素三个方面，其中外部因素包括社会、政府、专业社团、市场、校友和资助者等。

一、新生研讨课

新生研讨课（freshman seminar）通常是专门为大学一年级新生开设的课

程计划，部分学校拓展到大学二年级阶段，所谓"大学二年级研讨课"（sophomore seminar）。如普渡大学、加州大学伯克利分校。新生研讨课的课程目标可以分为两个层次：适应性转换和学术性转换。（刘俊霞，张文雪，2007）前者旨在引导新生认识大学生活，熟悉学校环境、学习资源，学会具体的学习方法，如课内外时间管理、做课堂笔记以及结交同伴朋友。后者旨在帮助学生了解大学学习阶段的学术性特点，初步体验探究未知世界的乐趣和方法，激发学生的研究兴趣和动机，初步培养提出问题、独立思考和合作交流的意识，实现学习阶段的顺利转换。适应性转换主要应用于普通大学，学术性转换则主要应用于研究型大学。（张红霞，2009）

新生研讨课的核心宗旨是为新生服务，因此不像普通专业引论课那样追求系统性，更不像大学四年级顶峰课程那样追求专业深度或前沿性；从课程计划的严密性看，也不像通识教育课程体系那样追求"人类基本知识类型"的全面覆盖。美国众多名校开设的新生研讨课门数不等。普林斯顿大学2009年春、秋季两学期共开75门，加州大学伯克利分校2009年秋季学期约开80门，哈佛大学2010年春季学期有150门左右。

二、通识教育课程

通识教育（general education）一词的用法有不同层面的含义。从教育理念上看，通识教育与专门教育（specialized education）相对；从教育阶段上看，本科阶段的通识教育与研究生阶段的专业教育（professional education）相对；从本科四年的培养方案上看，低年级为主的通识教育计划与高年级为主的"学科"教育计划或"主修专业"计划相对。如果加上研究生阶段的专业教育以示比较，它们之间的关系可以用一个简化的公式表示：

研究型大学教育结构 = 通识教育（一般低年级）＋学科教育（一般高年级）＋专业教育（研究生）

在英文中，"学科"（discipline）通常指的是基础学科，如传统的数学、物理、化学、天文、地理、生物、文学、历史、哲学，新兴的经济学、人类学、考古学等。美国一流大学本科生教育阶段的"主修专业"（major）性质都属于基础学科范畴。这些学科不仅构成了本科低年级通识教育内容的主体，也是部分选择终身从事基础研究学生的研究生阶段的专业。对于一个本科生而言，除了学习本专业的必修课程（concentration）外，还要按照学校详细的学科知识分布要求，选修通识课程和其他选修课程（distribution）。而研究生阶段的专业除了少量基础学科以外，大量的属于与社会职业相联系的应用型专业（professional major）；研究生院行政单位的划分往往以应用型专业为基础，如哈佛大学除了"哈佛学院"（基础学院或本科生院）外，有十几个专业学院（professional schools）。当然，美国一些普通州立大学本科教育阶段也开设一些面向职业的专业教育计划（professional major）。

通识教育目标早在 1946 年完成的哈佛"红皮书"中就已确定，包括有效思考能力、有效沟通能力、做出恰当判断的能力、对价值的认知能力四项目标。（Harvard Committee，1950）这四项目标集中体现了"批判性思维"的教育理念（"红皮书"中 12 次出现了"批判性"一词）。耶鲁大学前校长Levin 2011 年年初在英国皇家学会高等教育政策研究所发表的讲话中指出："大家比较能达成共识的是，世界一流大学必须培养学生独立的、批判性的思维能力。"批判性思维至今仍是美国著名高校人才培养目标的核心。"9·11"事件之后，与许多美国大学一样，哈佛大学针对国际形势的新发展，开始了长达七年之久的通识教育课程改革大讨论，并于 2009 年暑假开始正式实施新方案。新方案将课程从原来的七大类改为八大类，包括艺术与诠释、文化与信仰、实证推理、伦理推理、生命科学、物质科学、全球社会、世界中的美国。与老方案相比，新方案除了更加重视学生全球意识的培养、更加重视与专业课程的联系外，批判性思维的培养目标不仅没有削弱，而且更加具体化。其中指出："哈佛大学的教育是自由教育——一种在自由质疑精神下进行的，不需要顾虑教育论题是否恰当或者是否有职业用途的教育。""自由教育的目的是动摇陈见，是使'习惯的'变成'不习惯的'，揭示隐藏在表面之下与之后的东西，帮助学生摒弃原来方向并找到确定新方向的方法。通过教会学生质疑陈规，促进自我反思，训练批判性的、分析性的思考，通过让他们体验一种由于接触极其不同的历史事件与文化现象而产生的疏离感——这种事件与文化现象是超越他们甚至我们教师自己理解能力的东西，教育便由此达到上述目的。"（Harvard University，2007）概括而言，新方案的特点是：①强调全球意识与国际视野；②关注现实问题，淡化传统经典的"博雅"教育成分（陈幼慧，2009）；③强调科学教育，通过与专业课程联系加大通识课程的深度；④强调多元价值观。

三、本科生科研项目

本科生科研项目（undergraduate research project，URP）是美国一流大学自 20 世纪 60 年代开始的一种以本科生为主体的、以项目形式进行的研究活动。美国本科生科研理事会（CUR）20 世纪 70 年代对本科生科研的定义为："是指由本科生进行的探究或调查活动。通过这些活动，可以对学科的发展做出原创性的、理智的或创造性的贡献。"该定义突出了本科生科研的原创性，但在实践上不同学校、不同学科间具有很大的灵活性。其形式既可以是师生共同进行，又可以是学生独立探究；既可以是理想形式的项目研究，又可以是形式多样的研究性教学。但无论什么形式，一般都离不开教师的指导和同学间的协作。本科生参加科研的主要目的是通过早期科研训练，培养创新型人才，同时也促进教学与科研的融合，缓解研究型大学科研与教学之间的矛盾。

美国研究型大学的本科生科研活动早已超出了学校的范围。1978 年美国成立了前文提到的本科生科研理事会，促进科学、数学和工程学领域本科生开展科研活动。20 世纪 80 年代初，美国国家科学基金会（NSF）设立了"本科生研究经验计划"（REU），以工作站的方式接纳和资助本科生参与美国国家科学基金会感兴趣领域的研究活动。1987 年，全国本科生科研大会（NCUR）成立，支持所有学科的本科生进行研究活动，并鼓励学科交叉。美国本科生科研大会每年举办一次例会，为本科生提供展示自己科研成果及进行学术交流的机会。1989 年，在美国国家科学基金会和约翰逊基金会的资助下，西格玛科学研究会召开全国研讨会，探讨本科生教育的性质和质量，确立本科生教育政策主题和问题。会议还呼吁改革对教师教学的激励机制，以此推动本科生科研活动的开展。

目前，美国本科生科研已从科学和工程领域拓展到人文学科和社会科学领域，从少数优秀学生拓展到不同年级和不同能力的学生。博耶委员会 2001 年对美国研究型大学的调查显示，百分之百的被调查学校都为本科生提供了科研或者创造性活动的机会，大多数学校开始认识到这是研究型大学的宝贵财富。（Katkin，2003）今天，美国研究型大学一般都设有校级本科生科研管理机构。

四、大四顶峰课程

"大四顶峰课程"（senior capstone course）一词巧妙地将罗马式建筑的"拱顶石"与心理学"顶峰体验"的概念结合起来。1998 年的《博耶报告》明确建议，高年级研讨课（seminar）形式的顶峰课程要纳入研究型大学每一个专业的课程计划中。报告还阐述了顶峰课程的形式与内容："最理想的顶峰课程应该将教师、研究生和高年级本科生凝聚到共同参与的研究项目中。顶峰课程要帮助学生达到继续修读研究生学位或进入专业工作领域的水准，为学生继续深造或走上工作岗位做准备。它应该是前三年探究性学习的积累和延续，即拓展、深化、综合前三年的专业学习知识和经验。作为研究项目形式的顶峰课程，可以是基于以前的研究经历和实习经验之上的进一步深化的内容，在形式上尽可能让学生以合作的方式进行。"（The Boyer Commission on Educating Undergraduates in the Research University，2006）大学四年级阶段的顶峰课程和学位论文主要属于院系级计划，不过如果是大学三年级阶段本科生科研活动的一种延续，则可能是跨学科、跨院系的项目。相应的项目研究成果自然成为理想的毕业论文材料。

当然，除了项目研究以外，顶峰课程的形式因不同学科的特点而多种多样。如在一系列专业课程结束后，把相对零碎的知识和经验整合为一个统一的整体，作为一种学业结束仪式，为学生提供一种成功的体验和对未来生活的憧憬。不过，虽然形式多样，但都具有共同的目标，就是要培养学生发现问题的能力、批判性思维能力、合作能力、应用前三年所学知识和技能解决问题的能力，以及表达交流的能力。（刘保存，2004）博耶研究型大学本科生教育委员会 2001 年的调查结果显示，在回答问卷的 91 所研究型大学中，有 82 所开设了顶峰课程。

应该说明的是，上述新生研讨课、通识教育课程、本科生科研、大学四年级顶峰课程等课程计划较多适用于研究型大学，培养基础学科的创新型人才。基础学科的课程内容与应用学科，尤其是以职业需求为导向的课程内容具有非常不同的知识特点。前者按照布鲁贝赫对高等教育的定义，应该是"高深知识"。因此，课程设计的本质是"高深知识"的选取和组织，这些知识源自认识论的思想，是文理学院的核心工作，与源自其他理论如政治论的知识完全不同。牛津大学前校长鲁卡斯说，大学总是把最复杂、最有用的知识给予相对少数人。"课程，至少是一个学校关于在人类不断增长的知识和经验中，哪些东西对于有教养的人在特定的时期内是有用的、合适的和相关的内容的陈述。"（Rudolph，1978）借用加涅的学习层次理论，精英教育的定位是较高级的学习类型（如规则学习、问题解决），而大众教育则相反（如言语联想、辨识能力）。

事实上，高等教育的大众化已经带来了知识的重新定义。联合国教科文组织发表的《教育：财富蕴藏其中》指出 21 世纪的教育使命为：①增进理解；②促进民主；③促进人的发展。在"促进民主"里明确提出大学课程体系尽可能多样化。

第二节　课程纵向结构与学生发展

一、课程的连贯性和完整性

在美国 20 世纪 80 年代后期的教学改革中，课程的连贯性和完整性（coherence，integrity）受到重视。美国高校协会（AAC）出版的《高校课程的整体性》和《通识教育的新活力》两书专门强调了课程之间的连贯性。该书建议要注重课程之间的次序和相互联系，后期的课程要从不同的角度或主题再次强化或应用前期学习的内容，使知识产生联系。此外，教学中还应该注意跨学科知识的联系，以加强课程的连贯性和完整性。如前所述，哈佛大学正在执行的 2009 年版的通识教育计划也加强了与专业课程的联系。

首先，"四大类"特殊课程计划能够从宏观架构上保证学生本科四年能力发展的连贯、渐进和完整。新生研讨课注重学习方法、学术兴趣的转换，将批判性思维的种子植入新生的心灵。通识教育课程让学生鸟瞰"人类基本知识类型"，启迪学术目标，同时为后来的专业学习带来理智上的动机。本科生科研则在学生具有一定的知识积累和探究动机之后，使学生亲身体验发现知识的过程和方法，培养探索精神。至于大学四年级顶峰课程，则让学生统整、应用、拓展前三年所学知识于实战训练，激发其学术追求与社会责任，为走出校门做好准备，起到承上启下的作用。

其次，"四大类"特殊课程计划与各院系的专业课程之间是一种相互支持和补充的关系。早在 1946 年哈佛大学"红皮书"中就写道："通识教育不仅应该为专业选择提供足够的基础，而且应该成为使专业潜力充分发展的沃土……专业教育告诉学生可以做什么和怎样做；通识教育告诉学生应该做什么和为什么去做。""通识教育为专业教育指明了意义和目的……哈佛学院的每门课，无论多么专业化，都要对通识教育目标有可识别的联系和贡献。在这个联系上的失败程度就是在专业教育上的损失程度。"至于本科生科研项目和顶峰课程与专业课的联系更是不言而喻，它们一方面是对不同阶段的专业知识的应用，另一方面也是对专业课学习动机的激发，使学生看到专业知识学习的意义所在。

最后，"四大类"特殊课程计划常以研讨、合作的教学方式加以实施，这样使学生的批判性思维、交流能力、合作能力的发展得到校级层面的课程制度的保证。总之，"四大类"课程计划在研究型大学的本科四年课程体系中起到了黏合剂、润滑剂的作用，使本科四年课程循序渐进，有始有终，体系完整，使创新能力和批判性思维等教育目标的实现得到进一步保证。

相对而言，我国本科生课程体系教育存在着比较突出的问题。新中国成立后至改革开放前我国实行"基础课、专业基础课、专业课"的"三层楼"

模式，该模式具有结构上的某种连贯性和完整性，但由于没有清晰的课程理论，使得后期的改革缺乏清晰的方向和思路。改革开放后，尤其是进入 21 世纪全球化、信息化、知识经济时代，知识的发展和学科的分化、重组，使得原来的模式捉襟见肘，改革举措顾此失彼甚至自相矛盾。加上受传统教育理念的影响，课程总量过多，课程门类过细、过专。与课程体系紧密相关的专业设置、学科发展，也不同程度地存在盲目无序的弊病。

二、课程梯度与学生发展

这里的"课程梯度"是指本科四年课程内容在深度或广度上循序渐进、逐步提高的幅度。合理的课程梯度能够带给学生认知与情感发展上的显著进步。美国的相关文献对课程内容的次序（sequences）问题有所关注，但没有明确提出"梯度"概念。这是因为源于其文化传统的"四大类"特殊课程计划，保证了合理的课程次序，必然具有合理的课程梯度。这个问题后文详论，这里先看这个课程体系在实践中带给学生发展上的实际变化。美国心理学家派瑞（W. G. Perry）对哈佛大学文科学生的认知与情感发展阶段的研究发现，新生入学时多处于第一阶段，即"二元论阶段"。他们认为事物都可以截然分为好与坏、正确与错误，因此解决问题的正确办法是唯一的、清楚的。第二阶段是"多元论阶段"，学生能够认识到事物并不可以简单地分为好与坏、正确与错误，一个问题可以找到多种解决的办法，但往往又走向另一个极端，即无所谓什么是对什么是错、什么是好什么是坏，因而陷入迷茫状态。第三阶段是"相对主义阶段"，即能够认识到虽然对于一个问题可以有多种解决办法，但在给定的条件下存在一个最佳的办法，因此判断事物的好与坏、对与错要基于一定的条件。这也就是"批判性思维"阶段。第四阶段是激动人心的"付诸行动阶段"，学生根据自己对事物的理解和判断，进一步将自己的认识上升到理想层面，即能够应用知识分析现实问题，确立明确的奋斗目标并矢志不渝地去追求。（Perry，1970）在美国，派瑞理论对教师教学及课程体系建设已经起到很好的指导作用。顺便提一下，批判性思维的内涵与后现代的"批判理论"非常不同，它主要包括四个方面：①能够辨别事物变化的模式，并能运用这个模式回答或解决问题；②能够识别逻辑推理和思维过程上的错误；③能够识别、去除不相关的信息；④能够识别偏见、陈见和价值观对思维的影响；等等。（王玮，2004）

可以比较一下，我们的学生在走出校门时处于派瑞理论的哪个阶段呢？清华大学的一项调查显示，清华大学低年级学生在"学习参与度"上比美国同类研究型大学学生要高，而到了高年级情况则恰恰相反。这一现象说明我们的学生在发展上没有呈现显著进步。（罗燕，史静寰，2009）中国科学技术协会的调查显示，我国小学生科学素养与美国小学生仅相差1%，中学生与美国中学生相差11%，大学生与美国大学生相差36%。（中国科学技术协会，2002）一项批判性思维调查研究显示，无论在批判性思维的哪个方面，我国大学生的得分均明显低于美国大学生；属于"批判性思维强"类型的学生在美国各类大学生中平均为6%，而我国为零。（罗清旭，2001）

三、就业创业课程

欧美一些大学在高等教育大众化初期的20世纪中叶就开设了带有创业性质的课程。1989年联合国教科文组织在"面向21世纪教育国际研讨会"上首次提出"创业教育"（entrepreneurship education）概念。该组织对创业教育的定义是：从广义上讲，创业教育是培养创新个性，它对于任何岗位都需要，因为几乎所有用人机构都越来越重视自己员工的首创精神、冒险精神以及社交和管理技能；从狭义上讲，创业教育旨在培养学生的创业意识、创业素质和创业能力。随着社会的发展，创业教育已不可避免地成为高等教育发展的新趋势。（闫海波，2012）20世纪90年代以来，美、英、日等国纷纷将创业教育作为培养未来创新型人才的新战略，积极部署高等教育阶段创业教育的实施计划。

近年来在国际高等教育界，大学生就业能力培养受到普遍重视。我国自20世纪90年代中期高等教育政策开始导向面向市场需求，进而打破了毕业生分配制度传统，就业问题逐步成为社会关注的焦点和研究的议题。1999年扩招后，就业形势逐年严峻起来，2013年高校本专科毕业生达到690万人。

有人将我国近几十年的经济发展方式称为"无就业增长"方式，主要依靠对外贸易及政府大规模进行基础设施投资等方式来刺激经济增长，这种经济增长方式对解决国内越来越严峻的就业问题等社会问题没有明显的效果。换句话说，目前的失业是一种结构性失业。因此，大多数高校把就业创业教育理解为高校教会学生创办企业或开办公司。并且因缺乏系统、完整的教育理念，所开展的活动也都比较零散，且大多停留在表面。（陈娟，2012）有些高校的创业教育主要依靠课堂教学，缺少实践环节，而且课程内容抽象不实，课程安排也缺乏针对性、系统性。

就业创业教育要建立在对学生就业行为的理解上。首先，由于我国的市场经济处于初级阶段，一方面导致就业市场本身不成熟，另一方面教师、学生、家长都不具备成熟的自主就业的经验、观念和技能，加上长期缺乏尊重个性的成长环境的熏陶，学生难以在创业与就业的选择上做出合理判断。因此，学习较好的学生因为容易找到工作往往选择就业，而学习较差的学生因为找不到理想的工作反而选择一些低科技含量的创业道路。其次，我们的学生即使具有创业潜力，也往往没有创业意识，甚至还不具备普通就业过程所需要的能力，如与企业家有效沟通的能力，展示自己才干的能力。因此，尽管可以将人才培养目标定位在创新、创业层面，但在现阶段，就业与创业技能需要同时培训。再次，由于我国的经济发展水平超前于教育发展或课程内容水平，虽然一些高新技术企业对人才具有强烈的需求，但普通学生缺乏足够的知识储备，因此目前只有少数优秀毕业生才能进入世界 500 强企业。这些学生往往先就业、后创业，其就业的企业有可能成为其将来创业的孵化器。因此，我国应该借鉴斯坦福大学与硅谷联盟的经验，给优秀的毕业生提供更好的孵化器。硅谷企业中有几百家技术公司如惠普公司、雅虎公司等，都是斯坦福大学的师生或校友所创立的。从高等学校的社会职能和知识经济的角度看，高等教育是一种传授知识、创造知识和提供各种知识服务，包括哺育知识企业的知识产业。（冒荣，2001）

不过，目前大规模的创业、就业教育需求也主要是高等教育大众化的产物，连续多年的大幅度扩招使得高校这个就业问题的"蓄水池"（冒荣，2001）已经开始"溢出"。基于这一点认识，研究型大学应根据自己学校的特点、学科特点和学生能力慎重对待这个问题。国际上许多开发了就业、创业教育项目的学校往往是具有大量职业型专业的普通高校或教学型高校，而英国的剑桥大学、牛津大学、伦敦大学，美国的哈佛大学、斯坦福大学、麻省理工学院都没有加入这样的行列。耶鲁大学校长理查德·莱文（Richard C. Levin）在出席"第四届中外大学校长论坛·2010 南京"时，回答了关于耶鲁大学是否实施就业、创业教育计划的提问，他说耶鲁大学学生不存在就业、创业问题，因此不需要这样的计划。实际上，这些学校的教育本身已经包含了创新的精神，学校所要做的是能够为那些敢为人先、极富热情、勇往直前的学生们提供一个良好的创新、创业平台和宽松的政策支持。硅谷高新技术企业群的异军突起的关系就是很好的例子。

第三节　课程开发与更新

课程的开发、更新等相关管理工作的本质，是保证知识的选择、组织及其相关教学活动的高效率。大学课程管理工作主要可以分为校级层面课程的开发与更新，以及院系级层面专业课程的开发与更新，学生选课的管理，即下一节将论述的学分制问题。

一、校级层面的课程开发与更新

校级层面的课程开发与更新应该是学校的常态工作。这是因为社会需求和知识发展的高速度使得学校的人才培养工作必须随之更新，甚至应该预测和引领社会进步和知识创新。以哈佛大学的通识教育课程为例，自 1946 年"红皮书"发表以来，该校每年都有专门的委员会对通识教育课程计划的执行工作进行调查研究，并发布年度调查报告，提出改进建议。事实上，该校通识教育计划每十年左右会有一个大的变化。其课程类型从 20 世纪 40 年代的"人文、社会、自然"三大类，发展到 70 年代的五大类，以及 80 年代的六大类、90 年代的七大类，乃至目前的八大类。每一次变化都反映了学校教育目标的调整。以"国际理解"培养目标为例，20 世纪 60 年代之前常用的课程名称为"西方文明"，后来逐步改变为"西方文化""世界文明"。因此，校级层面上的通识教育计划的开发与更新对于一所大学至关重要。

从管理角度看，对于通识课程开发而言，主要解决三个问题：一是鼓励本校优秀教师参与其中；二是鼓励教师进行跨学科的教学合作；三是利用外部资源，包括外聘教师和利用网络公开课程。

（1）通识教育计划是一所大学教育思想的集中体现，也是一所大学课程资源、师资队伍水平的集中反映。根据国际经验，大学应该通过制定特殊的教师评价政策，鼓励本校优秀教师参与通识教育教学工作，让教师们感到能够被学校选拔到通识课程计划中是一种荣耀。如果要让通识教育课程做到宽而不浅，必须要有一定研究积累和丰富教学经验的优秀教师任教。通识教育课程要做到在国内—国外、文—理、古—今三个维度上的平衡，必须要有相当数量的具有跨学科视野和知识结构的教师队伍。而拥有这样的跨学科的教师队伍又需要有跨学科的学科建设制度和与之相适应的教学管理机制。例如，布朗大学早在 20 世纪 80 年代就让优秀的本科生在教师指导下自拟课程计划、自定专业名称。我们不少大学已经扩大了学生的选课自主权，但是否有课可选？教师指导是否到位？学生跨学科选课后，其毕业文凭上是否能够得到体现，从而有利于就业或深造？

（2）跨学科主题的课程是通识教育课程计划的重要组成部分，因此往往需要教师进行跨学科教学合作。这种教学合作也需要特殊的鼓励政策。事实上，即便是跨学科研究合作也需要鼓励，因为教师们在自己熟悉的领域中进行研究，虽然不一定有创新的成果，但较容易完成学校量化的考核指标。在自己熟悉的领域内教师们都已经积累了一定的社会资本，因此研究成果较容易获得应有的评价。而跨学科领域研究成果往往会在评审环节遇到阻力，因为成果所涉及的每一个单独领域或多数领域的理论往往是成熟的、非前沿的基础理论，因此单个领域的专家往往认为成果中有关该领域内容的专业水平不够高。

（3）利用外部资源，包括外聘教师和利用网络公开课程。外聘教师已经是大学司空见惯的举措，其道理很简单，可以节约学校开支，因为不必为一门课聘任一位正式员工。随着高等教育市场化程度的提高，这个举措将发挥更大的作用，在此不必赘述。我国目前面临的主要问题是怎样进一步解放思想，充分、合理地利用大量网络公开课资源。2013 年 5 月以来，清华大学、北京大学正式加入美国在线教育平台 edX，复旦大学和上海交通大学加入 Coursera。在成为 edX 联盟首批亚洲高校成员的同时，清华大学将配备教学团队与 edX 对接，并将面向全球初步开放四门网络课程，北京大学则宣布其首批网络开放课程将于 2013 年 9 月上线。（赵怡雯，2013）

我们正处在以信息、技术、资金、贸易、知识和人员不断跨境流动为特征的全球化时代，高等教育国际化快速发展，尤其是新的高等教育提供者、提供方式和跨境教育活动大量涌现，一方面提供了大量的优质课程资源，如 Coursera、edX，国内许多一流大学的学生开始注册学习这些课程（尽管目前能够完成课程并拿到学分的只占注册人数的千分之一）；另一方面也带来了很多新的问题与挑战。其中，不同国家优秀文化的保存问题、文化多元化问题、网络课程教育质量保证和文凭互认问题等，迫切需要进行深入的研究。近年来，联合国教科文组织通过其标准制定、能力建设和信息交流等方面的职能，开始承担起质量保证和文凭互认的全球治理使命，并取得一些积极的成效，但仍有很多问题需要从多方面加以解决和完善。（阚阅，2012）

二、院系级层面专业课程的开发与更新

基础教育中广泛应用的泰勒原理将课程开发或修订过程简要概括为相互关联的"四个环节"，在这一过程中有"三个因素"始终发挥着影响作用。"四个环节"是：确定课程目标、根据目标确定课程内容或学习经验、确定适合于课程内容的教学方法、确定教学评价方法；"三个因素"是：学生背景、学科特点、社会需求。这个原理对于高等教育同样适合，只是"三个因素"的次序可能要调整一下：高等教育与社会的关系更加直接，高水平研究型大学的学科发展将在人才培养中发挥更大的作用。

根据美国高等教育课程专家 Diamond（1998）的观点，高校课程开发或

改革通常受到三个层面因素的影响：外部因素、学校组织文化因素及内部因素。（见表7－1）

表7－1 影响高等教育课程编制的因素

外部因素	学校组织文化因素	课程编制的内部因素
1. 社会影响：价值体系、经济、政府政策、媒体、经费、毕业生就业市场、准入手续 2. 外围教育系统影响：知识定义的变化、学科/专业学会、质量认证标准、学生生源质量、实习单位条件、校友贡献	1. 大学的定位 2. 全校课程的集中性 3. 课程计划之间的关系 4. 课程资源 5. 学校管理模式 6. 技术支撑 7. 领导重视程度 8. 奖励系统	1. 课程计划的总体目标及其历史与传统：学科结构、领导重视程度 2. 师资：教师的背景与准备、教师的信念、教师的搭配与组合 3. 课程计划的组织与结构：选课学生条件，生师比要求，学生的背景及其构成，课时数，学分制，选修课比例 4. 评价机制：学生评价、教师评价、课程评价

以外部因素中"社会影响"因素为例。20世纪80年代以后，由于国际化、全球化趋势日益显著，文化研究、跨文化比较研究、国际关系、传媒学等研究领域已成为人文学科和社会科学甚至核心课程的新热点。20世纪90年代以后，大学——包括一部分研究型大学——如英国的沃里克大学，在社会因素影响下发生了转型，在美国被看成是管理型大学（managerial university）或企业型大学会（entrepreneurial university）。这无论从办学机制、经费来源，还是从服务对象的广泛性和多样性上看，都是名副其实的。（伯顿·克拉克，2007）从课程教学领域上看，理科开发了大量的电子学、计算机学、建筑学、材料科学、生化工程等课程，文科增加了社会工作等课程。

再以表7－1中外围教育系统影响——"知识定义的变化"因素为例，克拉克·科尔（2001）认为，21世纪的高等教育在处理一对基本矛盾的时候——追求卓越与教育公平的矛盾，其基本原则应该是在提供足够多的高等教育机会的同时，在政策上鼓励公平竞争、鼓励追求优秀和卓越。为此，学校在处理学校与政府的关系、学校与地方企业等组织的关系时，都要根据自己学校的定位做相应的决策：究竟是侧重于为公平服务，还是追求卓越；怎样同时考虑二者。哈佛大学与加州大学都有入学条件较低的院系。这些院系的设立，并没有削弱大学的卓越程度，相反，更有利于大学对卓越的追求。（克拉克·科尔，2001）当然，科尔同时指出，如果处理不好关系，大众化对追求卓越的精英教育会有损害。破坏一个精英高等教育系统最有把握和最快的方法，就是迅速地使学生流失。

与 Stark 的观点一致，伯顿·克拉克归纳出的世界高等教育系统的"国家权力—市场—学术权威"三角模式，将国家（或者说政府）、市场完全置于大学外部，作为影响大学课程的两个外部因素。而我国情况有些不同，公办大学是国家事业单位，其上级主管部门为国家教育部或各省教育厅，中央和地方政府是各级公办大学的唯一举办者。中国的教育一直与政治纠缠在一起，大学与政府的关系比西方国家大学要紧密得多，这在一定程度上成为我国现代大学与政府关系模式的基本特点。（刘少雪，2006）我国公办大学的这些性质和特点决定了政府是我国公办大学课程改革的重要外部需求主体。（徐高明，2011）

在我国，克拉克提出的市场对高等教育的影响，是在改革开放之后、特别是 1992 年中共十四大提出建立社会主义市场经济体制之后才逐步显现的。走在改革开放前列的香港地区则更早提出这个问题。香港城市大学的莫家豪、罗浩俊两位学者认为，高等教育市场化主要有以下三个方面的表现：①政府对高等教育经费投资比例减少，鼓励非政府部门（包括市场、个人或家庭）对高等教育的投资；②强化高等教育与私有经济部门的联系，甚至加强大学与商界及工业界的关系；③强化私立（民办）高等教育机构扮演的角色。

学校的定位对课程与教学的影响也十分显著。正如斯坦福大学校长卡斯帕尔（1999）所说，斯坦福大学坚持三点：①精选学生；②主要致力于探索知识；③富于批判性的追根究底的精神。卡斯帕尔直言要以科研带动教学，建设在研究与教学方面的学术的"卓越性尖端"，而不是训练工程师及商业管理人员。德里克·博克（博克，1991）认为在校本科生最多不能超过15000 名。"精英教育机构不应承担高等教育大众化的任务。"（潘懋元，2003）而对于以大众化为目标的高校，"社区的需要是决定课程和学位这类学术要求的最后标准，对这一点再也不存在什么疑问了"（布鲁贝克，2002）。

Stark 等（1997）建议将课程编制活动分为两个阶段。第一个阶段是科目的选择与设计，包括考虑学生的特点、社会需要及对课程及科目的分析等；第二个阶段是具体操作阶段，包括运行、实施和评价等。课程编制不是一蹴而就、一劳永逸的，它是一个周而复始、不断变革的过程；课程评价的结果应该为课程改进服务，要影响下一轮课程设计工作，甚至包括课程目标的重新确立。同时，课程编制一方面要根据社会进步，科学、技术、文化的发展对教育所提出的要求，不断改革课程；另一方面，不同学生、不同地区、不同班级有不同的特点和倾向，课程编制也要考虑这些差异。因此，虽然有国家制定的大致标准，但具体的课程应由教学第一线的教师和课程编制者不断探讨并革新。

学科类型与课程开发模式之间的关系，可以借助基础教育中的相关理论加以理解。一般认为，有两种基本的专业课程设计模型："目标模型"和"过程模型"。"目标模型"就是上文所述的泰勒原理或泰勒模型。"过程模型"（process model）的出现有其特殊的背景。在20世纪70年代，认知心理学领域出现了元认知概念、建构主义理论，同时社会学、教育心理学领域出现了人本主义思潮，加之当时教育实践中极端化理解目标模型及操作不当带来的种种弊端，过程模型应运而生。然而，其矫枉过正的结果大大背离了过程模型的创造者斯腾豪斯（Stenhouse）的初衷。在论及课程"四个环节"之间的关系时，过程模型的倡导者们提出"课程即过程"的激进口号。这就是说，没有必要、甚至不应该明确课程目标和内容。

今天泰勒原理已经对全世界的课程实践产生了很大的影响。正如《国际教育百科全书》中指出的那样：不管人们是否赞同泰勒原理，不管人们持什么样的哲学观点，如果不探讨泰勒提出的"四个环节"和"三个因素"所包含的问题，就不可能全面探讨课程问题。（施良方，1996）实际上，目标模型和过程模型只是强调了"三个因素"（学生背景、学科特点、社会需求）的不同方面。后来伊斯纳（Eisner）提出的一种折中方法非常实用，即对于不同的课程要分别运用"教学性目标"或"表达性目标"。教学性目标是指可以通过学生通常的语言文字表述所反映出的东西，而表达性目标是通过学生的行为、内心世界而反映出的东西。前者通常被认为更适用于自然科学课程，以目标模型为代表；而后者则更适用于人文学科课程，以过程模型为代表。

第四节　选修制与学分制的意义与功能

一、学分制的两次重大发展

1. 选修制的引进与确立

美国是在 1779 年由杰弗逊总统首先在威廉·玛丽学院推行选修制的，但不久被中断。19 世纪 20 年代，哈佛大学留德归国学者蒂克纳顶着来自本校、耶鲁大学和普林斯顿大学在内的保守势力的强烈反对，在他主政的语言系引进德国大学的选修制。（郭健，2000）两派斗争的焦点在于：是维持以古典语言为核心的"自由教育"（liberal education）的独尊地位，还是兼容并蓄地发展与社会生活相联系的科学技术类课程。美国当时对选修制的认识并没有上升到学术自由或对学生科学技术素质的培养上，这可以从当时耶鲁大学1828 年发布的《耶鲁报告》呼吁回归博雅教育的主题中得到反映。尽管 19世纪的经典科学已经开始技术化和生活化，但其教育价值直到《自由社会中的通识教育》的出版才真正被确立。当然，在 19 世纪 60 年代以后的电力革命与电气时代中，以爱迪生为代表的美国科学家和工程师在美国的现代化建设中扮演了重要的角色。这时，选修制的命运有了转机，这具体得益于以下四个与高等教育直接相关的因素。

第一，现代高等教育思想的重大发展。1869 年艾里奥特出任哈佛大学校长，全面推行并亲自主持选修制是他上任后的主要工作之一。在他看来，推行选修制不仅是为了确立实用课程在大学中的地位，也不仅是为了重视科学教育的地位，而且是因为选修制带来的"教育中的自由"和对各种知识"兼容并蓄"的思想。艾里奥特认为，大学必须为学生提供选择课程的自由和在某一门课程或学科上赢得突出学业成绩的机会。（郭健，2000）实际上，学术自由是成功的科学教育的必备条件；科学、自由和民主总是相辅相成的。正是在艾里奥特的倡导下，选修制克服了重重困难，得以生存、发展，无形中推动了美国民主社会建设的进程。

第二，1862 年莫雷尔法案的通过以及公立"赠地学院"的大量出现。它们的意义在于加大政府对高等教育的控制，进而通过政府的作用使得高等教育的培养目标开始与社会需求和非传统学生的生活需求相联系。

第三，社会力量资助高等教育的行为增多，促进了大学与社会需求的联系。从 19 世纪末到 20 世纪初，美国成立了大批的私人基金会，其大部分基金投向高等教育。（沈红，1999）

第四，研究型大学的出现。1876 年在私人财团资助下美国成立了第一所研究型大学霍普金斯大学。当时哈佛大学校长艾里奥特对霍普金斯大学给予了很高的评价。（郭健，2000）

到 1874 年，哈佛大学除了修辞学、哲学、历史和政治学专业外，必修课只限于大学一年级。到 1895 年，除了大学一年级的英语和一门现代外语外，其余全部为选修课。至 19 世纪末，哈佛大学几乎所有课程为选修课程。当时采取这种"完全自由选修制"的大学约占全部大学的 35%。其余约 53% 的大学采取折中的方案。

这 53% 的大学采用的是"主修与辅修制"（major and minor）或"分组制"（group system），其原理是让学生们在一定的年级后自由选择某一领域，而这个领域的课程基本上是必修课。（陈学飞，1989）这种形式实质上是后来"集中与分配"制（concentration and distribution）的雏形。它是继艾里奥特之后的哈佛大学校长劳威尔，为了纠正完全自由选修制的弊端，在 20 世纪初所倡导并得以迅速推广的改进了的选修制。"集中与分配"的机制就是在一定的课程组或课程门类中，指定至少选修若干门，因此又被称为"指定选修课"。"集中与分配"制的出现并不是对选修制的否定，而是使其更加成熟，以保证教育质量与学生课程选择自由的平衡。

至此，美国确立了以选修制为核心的学分制的框架。它标志着高等教育课程的理论与实践进入了现代化阶段。因为学生选修的课程不同，为了统一计算、考核，诞生了"学分"制。学分是用来计算学生学习量的一种单位。一个学分约等于一个学生在任何课堂或实验室从事一学时学术工作并且连续一个学期的量，一般不包括学生与教师或同学之间进行的课外讨论与交流、准备考试以及从事其他与课程有关但与课程教学无直接联系的学术工作的量。学分量代表着学生所修习的课程量。据说是哈佛大学医学院在选修制的基础上创建了学分制。到了 20 世纪初，美国绝大多数高等学校都陆续推行了学分制。

选修制对于高等教育发展具有重大的意义。选修制在教学内容和学科发展上保证了高等教育向着自由与创新的方向发展。因为选修制打破了专门为培养上层贵族服务的"自由教育"的垄断地位，为发展现代文明和科学技术课程开辟了道路；选修制鼓励学生的个性发展，培养学生的自主能力；从教师队伍建设上讲，选修制鼓励学术自由和进行科学研究，为新课程的开发提供了肥沃的土壤。此外，选修制为现代高等学校的"三大职能"的发展奠定了基础。

2. 选修制的丰富与发展

美国高等教育课程选修制的第二次重大发展发生在 20 世纪的 60—70 年代。相对于第一次，第二次选修制发展的动力来源有所不同。造成选修制第一次发展的根本动力是主要发生于欧洲的经典科学技术的发展，因此可以说，是艾里奥特的个人领导才能使欧洲的选修制最终移植于美国。而第二次选修制发展的根本动力来自于美国本土。20 世纪现代科学的中心已移到了美国。科学技术在 20 世纪的革命性发展带来了大量的知识，产生了新的学科，导致了知识的重组，改变了大学与社会的关系，这一切都产生了对原有的课程体系进行改革的需求。

此外，20 世纪 60—70 年代美国社会的变化，如民主运动的进一步发展、入学人口高峰的到来、高等教育入学率的迅速增加，导致了高等教育的一系列变化，如高等教育机构发生分层、学生成分多样化，高校间的合作加强并产生了新型的"巨型大学"，高等教育的产业化等（于富增，1999），这一切使得高等教育教学内容的选择与教学管理的复杂性增加。

上述种种变化对高校课程体系的影响主要体现在以下几方面。

（1）课程总数激增。以哈佛大学文理学院为例，由 1886 年实行选修制初期的 214 门（郭健，2000）增加到 1980 年的 3000 门以上（不包括跨校选修的课程）（Official Registrar of Harvard University，1980）。

（2）学科重组和跨学科的新专业诞生，导致原来单一的课程体系发展成为具有众多子系统、位于不同层次的课程体系。各院、系有自己的课程计划，并主要通过"通识教育"计划和自由选修的机制与其他院、系以及校级的课程体系相联系。校级、院级和系级还有各自的继续教育和职业教育短期课程计划，以适应不同类型学生的需求。

（3）"课程模块"（course module）和"半课程"（half – course）的课程形式产生。为了解决庞大的学科知识与有限课时的矛盾，尤其是为了满足不同学生的需求，以及为了增强教学内容与教师研究方向的联系，一门大课程往往根据一定的主题，划分为若干个"模块"，并可由多个相同或不同系别的教师共同承担。根据不同层次、类型学生的需求，还开设了大量的半课程〔即一周 4 学时，只修半学年就可完成并获得 4 个学分的课程；或全部课程虽然跨越全学年（一周仍为 4 学时），但只修半学年也可获得 4 个学分的课程〕，甚至微型课程（mini – course，即少于 4 个学分的课程）。当然，某些过激的使课程零碎化的做法在当前的课程改革中得到了纠正（详见后述）。

（4）课程更新周期变短。新课程不断加入，老课程不断被改造、淘汰，或转移到其他类型、层次的学校。

（5）通识教育课程倍受重视。由于课程越来越专业化，在劳威尔开创的以选修制为基础的"集中与分配"制的基础上，哈佛大学校长科南特提出了全新的通识教育的概念，以平衡知识的高度专业化，如对理科学生补充人文教育，对文科学生补充科学教育。

（6）标准课程和校际学分流通、互换制产生。为了满足学生的个性化需求和增进校际资源共享，通过课程的标准化建设，即同一类课程在学时和考核上的要求相同，州内的大学之间，甚至跨州的大学，可以通过建立校际课程和考试组织，实行学分流通和互换。

当然，蕴含在所有这些课程变化中的主要应对机制，便是丰富了的选修制的功能。实际上，20 世纪 60 年代以后描述学分制特征的指标已不能简单地使用适用于艾里奥特时代的"选修课门数与必修课门数之比"。为了更准确描述现代学分制的性质，张红霞（2003）曾经提出三项学分制特征参数（见表 7 - 2）。

表 7 - 2 学分制特征参数

学分制特征参数	含 义
$T = \dfrac{应修课程总数}{全校课程总数}$	T 为毛选修参数。意指一个学生按照学校要求的学分数下限而应该修学的课程数，与该校开设的课程总数之比。T 值越小，课程资源越丰富，学生的选修自由度越大。此参数反映了该校的课程资源对选修制的支撑力度
$H = \dfrac{应修半课程数}{应修全课程数}$	H 为半课程参数。反映学生被要求修学的半课程数与全课程数之比（"半课程"已在前文定义；"全课程"在哈佛大学的课程指南中意指：若周学时为 4，跨越两个学期才能完成全部课程学习的课程；或周学时为 8，半年修完的强化课程）。此参数反映了学校对学生学习内容连贯性要求的高低。H 值越小越连贯
$F = \dfrac{完全自由选修课程门数}{集中与分配的课程门数}$	F 为完全自由选修参数。表示完全自由选修课程与指定选修课程的数量之比。美国大多数学校的课程结构由三部分组成：完全自由选修部分，专业领域内的指定选修部分，通识教育课程的指定选修部分。F 值越大，学生的选修自由度越高。此参数直接反映了学生的选修自由度

根据已有的资料（郭健，2000），哈佛大学文理学院在 1886 年的学分制特征参数为：$T = \dfrac{18}{214} \approx 0.08$，$H = \dfrac{61}{153} \approx 0.40$。而 1980 年的情况是：$T = \dfrac{32}{3000} \approx 0.01$；H 虽没有直接的数据，但根据全校开设的全课程数非常有限的事实来看，一定很大。以地球科学和物理学为例，其开设的全课程数分别为 2 和 6，而半课程数分别为 76 和 75。（Official Registrar of Harvard University，1980）根据该校网站上的课程信息，2001 年以来，哈佛大学开始提高对全课程数的要求，以提升学生知识的连贯性，即 H 值有所减小。近一百年来，F 值基本

稳定，1914 年 F 值为 1/3，2002 年仍然是 1/3。（郭健，2000）1980 年文理学院的专业数（以课程的一级分类计）已达 65 种（2002 年为 70 种）。这样，对于某一专业的学生而言，F 值就非常小。也就是说，选修余地非常大，因为被要求修学的总课程数一般相当于 32 个半课程。如果能够获得不同时期的各参数的统计资料，可以更完整地看出哈佛大学文理学院课程演化的规律，这有待今后进一步的研究。

高等教育的发展始终与经济发展、社会民主进程紧密联系。随着知识经济的到来，高等教育在美国被看成是企业，过去的教育管理（administration）一词在很多情况下已经被企业管理"management"一词取代。这无论从教育经费构成，还是从服务对象的广泛性和多样性看，都是名副其实的。20 世纪 60 年代以来的高等教育大众化进程的深入推进，使教育机会平等成为重要的高等教育思想。因此，课程内容中增加了民主问题、民族问题、性别问题等热点研究。20 世纪 80 年代以来，由于国际化、全球化趋势的日益显著，文化研究、跨文化比较研究、国际关系、传媒学等研究领域已成为人文学科和社会科学，甚至核心课程的新热点。在学校课程体系中纳入这些课程的最好的办法就是实施选修制。

近一个世纪以来，无论课程形式如何变化，选修制的核心始终未变。著名的"布朗教纲"仍然采用完全自由选修的形式。（高歌，1999）布朗大学以自由精神著称的"布朗教纲"指出："为学生提供的是完全自主、自理，在最大程度上自由的教育体验"是其教育目标。它要求学生在毕业前自由选修并至少在 30 门课程上获得高于 C 的成绩。学生没有必修课。学生不仅可以为自己设计课程计划，还可以给自己设计专业，并在毕业文凭上写上他自己选择的经过考核合格的专业名称。布朗大学的教师和学生对自己的学校持赞赏态度。一项连续 12 年进行的调查结果显示，布朗大学的学生对他们的大学教育经历非常满意。美国有一项调查显示，"大多数教职工对历史悠久的学分制不持反对态度……这是众多的课程体系特征中唯一未被质疑的特征"（Stark & Lattuca，1997）。

二、选修制对高等教育现代化的作用

纵观美国高等教育课程的演化过程，可以看出选修制在高等教育现代化建设中发挥了重要作用。下面从高等教育思想和管理功能两大方面进行初步的论述。

1. 对高等教育思想的影响

（1）促进了学术自由，推动了学科发展。选修制是学分制的灵魂。如果没有选修制，就无所谓学分制了。在西方，自由精神是其文化传统，选修制的产生与发展也许是这种传统的必然结果。反过来，选修制的建立又促进和发展了这种文化。选修制鼓励教师开新课，允许学生选课程、选教师。由于学生选择与生活相联系的课程，促进了科学技术课程的产生和发展，密切了教育与社会的联系。而新课程的产生及其与社会的联系又推动了教师的科研。教师的科研必然带来新思想，这又推动学科的不断更新与发展。在这样的机制下，学科建设与教学、科研是相互统一、相互协调的。

（2）以学生为本，培养了学生的自主、自立、自信精神。心理学的研究已经证明，自主精神是创新的必备素质。美国许多大学在课程修订中都规定了学生参与的环节。历史上，如 1906 年哈佛大学社会伦理系的创建就是考虑了学生对城市贫困问题的兴趣；1969 年著名的"布朗教纲"是在学生的努力争取之后颁布的。（Stark & Lattuca，1997）

（3）促进了科研、教学与服务三大职能的统一。在一个市场化、信息化的教育系统中，社会需求、科研项目和学生的需求都会直接或间接地影响课程内容。（见图 7 - 1）社会需求决定科研方向、决定人才培养的方向；科研成果的大量产生会带来学科的重组，进而带来课程的改革调整；同时科学与教育自身的发展也会带来社会的变革，而且这个过程在信息化社会将越来越显著，周期也会缩短。事实上，历史上课程体系的重大调整主要来自于两个方面的原因：一是由学科的重组带来的课程更新，二是在通识教育与专业教育之间通过选修、指定选修、必修进行平衡。在这样的机制下，如果要保持现代大学三大职能的一体化高速运行，必须高度开发选修制的功能，以保证

图7-1中A、B、C、D、E路径的畅通无阻。

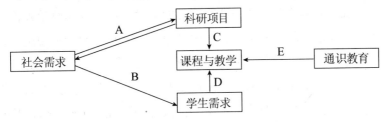

图7-1 高等教育课程与教学和"三大职能"的关系

这个模式对于技术性较强的学校或专业是显而易见的，对于其他学校和专业也是适用的。对于后者，"社会需求"可能偏重政治、文化方面的内容，而非物质方面；"学生需求"也不完全是与具体的职业有关。

（4）促进教育机会平等，满足"大众化"需求。高等教育大众化是社会需求的产物，是教育机会平等的现代教育思想的体现，高等教育系统必须迎接这个挑战。弹性学制下的学分积累和互换、不同层次的课程的开设、加大选修力度等措施，已经被证明是行之有效的应对措施。

（5）促进了跨文化的交流，培养了在多元文化环境下的新的民主意识。选修制使不同种族、不同层次的学生可以在同一所学校学习，培养了学生的民主意识和多元文化观念。跨文化问题是美国近年来特别重视的教育问题。

2. 对管理功能的发展

（1）灵活性。选修制的好处是：学生一般不受年级的限制，可以在合适的学期选修某一门课程；可以只修半门课程；没有严格的学制；可以选修外校、外州的课程；等等。此外，学分制也使得课程的修订易于进行。课程的调整只要通过更换教师、增加或减少学分，或改变其主修、辅修的性质等即可完成。新设的实验性、探索性的课程，往往先以完全自由选修课的形式出现。总之，对于一个涉及几千门、上万门课程的课程系统而言，如果不是实行选修制和以每学期的学时数为学分单位的标准化计分方法，课程的频繁修订是难以进行的。

（2）开放性。由于每个学分所反映的学习量具有等值性，学分成为评价学生学习成绩的"通货"，因此学生的学分数可以在不同的大学之间、不同的学习阶段之间流通和积累。这为教育资源共享、促进大学之间的学术交流提供了一个渠道。

（3）客观性。选修制不仅是课程管理的手段，还是教师教学评价的客观依据。更重要的是，它与现代化的办学思想和人才观、价值观相统一，这使整个学校的管理工作效率大大提高。以教师的教学评价为例，一方面，教师有充分的教学自主性（Stark & Lattuca, 1997）；另一方面，教师的教学水平与效果又直接反映在有多少学生选修了该教师的课程。（乔玉全，2000）因此，教学工作的评价结果具有较高的准确性和较强的说服力，且评价过程和评价指标体系得以简化。

（4）高效率。在信息化、民主化、市场化的教育系统中，选修制是提升复杂的课程体系管理效率的有效途径。

第五节　学科特点与课程管理

知识论问题是课程与教学问题的核心。对知识本质属性的认识、对发现知识的过程与方法的认识，决定了对学科和专业的理解与分类，进而决定了学校各级课程体系的内容与结构，也影响着每一门课程的教学目标、内容以及教学过程。

一、学科类型及其特点

学科的特点直接影响课程的内容、结构及其稳定性。当代著名科学社会学家史蒂芬·科尔对不同学科中的"核心知识"（即一个学科中具有逻辑性和系统性特点的知识）进行了实证对比研究，结果发现物理、化学和社会学三门学科在20世纪80年代出版的本科教材中，所引用的参考文献的出版时间有很大差异。具有最多核心知识的物理学的教学内容稳定性最大，而社会学最小。物理学教材引用的1700年以前的参考书占总数的7%，而社会学最老的参考书是19世纪下半叶的，而且只占1%；物理学引用1959年以来的较新参考书只占总数的6%，而社会学占75%。朱克曼和默顿则根据学科知识的"编程化程度"（类似于"核心知识"概念）描述学科之间的差异，提出物理学和化学相对等级较高，地质学和生物学居中，社会学和人类学则较低。（史蒂芬·科尔，2001）

体现学科知识体系的逻辑性和系统性的"核心知识"，是由科研成果的积累性或继承性决定的，这在自然科学（数学与此相似）中尤为典型。任何时代科学家的研究一定要以前人的研究结果为基础，否则要么是重复劳动，要么难以获得重要的科研成果。这种积累和继承之间的必然的逻辑联系造就了学校课程中学科知识的逻辑性和系统性特点，也成为理科课程内容编制必须严格遵循"循序渐进"原则的根据。相对而言，社会科学课程的编制在逻辑性和系统性上没有很高的要求。这不仅是因为人文学科或社会科学历史短、不成熟，而且因为它们与社会体制、政治思潮相关而具有较强的时效性，由此而导致其研究方法缺乏统一标准，这使得知识没有积累的必要和可能。由此可见，学科"核心知识"的多寡在教育上具有重要意义。

20世纪60年代以后，关于不同学科知识增长方式和相关教育方式的研究很多，尤其是自然科学、社会科学（social sciences）与人文学科（humanities）的比较研究非常活跃。例如，贝尔（D. Bell）认为，自然科学知识是以循序渐进的有次序的方式组织起来的，前后顺序不可颠倒；社会科学则是以网状的形式在各种概念之间建立联系（D. Bell，2010），如第一章图1-1所示的"学生需求、社会需求、科学研究、课程与教学"之间的关系，一般情况下无所谓起点和终点、前后顺序；而人文学科的知识是点状的、分散的、互不相连的，如爱情是什么？公平是什么？好的教育是什么？每个人都可以有自己的一套独立的观点。换句话说，这三类知识体系分别具有线性的、网状的、点状的结构，而且逐步从较严谨的结构向较松散的结构过渡。与贝尔相似，托尔敏（S. Toulmin）认为自然科学学科是紧凑而简洁的，社会科学则是松散、分散的，人文学科是正在形成中的尚未成形的学科（"would-be" disciplines）（S. Toulmin，1972）。

针对通识教育课程计划的需要，哈佛大学通识教育委员会（Harvard Committee on General Education）在20世纪70年代初的报告中提出，自然科学知识是建立在"逻辑的"基础上的，社会科学则是建立在"理性的"基础上的，人文学科知识是建立在"想象的"基础上的。（Halliburton，1977）这里"理性"的含义应该受到了哈贝马斯在1971年出版的《走向理性社会》（*Towards a Rational Society*）一书的启发。显然，这样的认识对学科发展方向的确定和学科教育目标的明晰化，以及通识教育课程在这三大知识领域的平衡是非常有利的。所以当时该校的通识教育课程体系分为五大类：文学与艺术、科学与数学、历史研究、社会与哲学分析、外国语言与文化。今天我国不少著名大学开始推行通识教育课程计划，但对这些课程所代表的独特的知识类型及其教育价值的认识似乎还没有真正提到议事日程上来。

1982年爵斯尔（P. L. Dressel）与马可斯（D. Marcus）在费尼克斯（P. H. Phenix）著名的"六种意义范畴"的基础上，针对高等教育，提出了一门学科必须具备的"五种结构或部分"：①基础理论体系。即一门学科最基本的假设、概念及研究问题。如物理学的速度、能量、力等概念，自然地理学的经纬度、风化、侵蚀、搬运、沉积等概念，海洋学的潮汐、波浪、海流、泥沙等概念，文学里的修辞、文风、题材、体裁等。哲学中的存在、意识、先验、经验、认识、方法等。教育学呢？教育学的成熟概念几乎都是借用心理学的，除此之外很难有形成共识的概念，所以教育学不是一门"学科"。②符号体系。即用于同行交流的符号系统，可以是数学的，可以是文字的，也可以是非语言的。其中应用数学符号体系的学科是最成熟的体系。③方法体系。即怎样收集数据与组织整理数据，怎样检验假说等探究方法与途径。④价值体系。⑤组织体系。即与其他学科联系的方式与途径，以及上述各方面的相互联系。（Phenix，1964）施瓦布还认为，学科所代表的知识体系的自然结构顺序，给课程设置提供了一个顺应自然的框架。因此，如果一个教师不能对这五个组成部分的性质有较好的掌握，就不可能真正教好一门学科的课程。同理，教师对不同学科的理解也决定了他的教学方法。

与费尼克斯同时期的施瓦布（J. J. Schwab）也提出了一个学科基本结构方案，由基础到上层建筑依次为数学、物理学、化学、生物学、心理学、社会科学六个层次。（Schwab，1962）

虽然以上是布鲁纳、施瓦布和费尼克斯为美国20世纪60年代基础教育改革提出的理论——强调课程知识的内在逻辑，课程编排遵循学科的知识结构，强调探究性学习，但同样适合于高等教育。

一般而言，判断一个学科或专业知识体系的严密性，大致可以从以下几个方面考察：研究方法的统一性，概念之定义的一致性，最小量用语，知识之间的循序渐进关系，理论的普适性，数学的应用程度。（罗素，1983）当然，一个学科究竟应该具备哪些必要条件方可称其为"学科"尚存争议，哪个学科结构更严谨也没有一个公认的答案。以施瓦布的方案为例，位于下面的"基础性"学科比位于"上层建筑"的学科获得了较多的共识。换句话说，数学、物理学作为所有学科的基础，已经获得高度共识。不过，对于人文社会科学而言，数学、物理主要提供的是分析能力上的训练，从学科知识成长上看，哲学与历史是人文社会科学的基础性学科。似乎可以这么认为：哲学是人文社会科学的数学，历史是人文社会科学的物理。因此，对于人文社会科学课程体系而言，哲学与历史应该是学科基础课。

二、学科知识演化逻辑与学习心理逻辑的关系

学科知识逻辑与学习心理逻辑的关系是课程编制的心理学根据。孔德不仅认为学科发展逻辑与学生认知发展逻辑是一致的，而且认为整个社会的发展过程也与它们一致。费尼克斯也认为，一门学科的知识结构的严谨性是随着该学科的发展、人的认识过程逐步从低级向高级发展的结果。这些思想集中体现在教育重演论中。教育重演论经历了非常曲折的发展过程，可以分为以下几个阶段。

（1）19世纪末至20世纪初，早期教育重演论者开始将生物学上的重演论机械地应用到教育学中，如皮亚杰提出发生认知论（genetic epistemology）。皮亚杰和考夫卡（Koffka）认为，虽然在认知意义上，个体与种群有发展上的平行关系，但它们之间没有生物学重演机制那样的必然的因果关系。

（2）由于早期教育重演论者的简单化、机械化的实践，加之实证研究上的缺乏，教育重演论到20世纪30年代时基本上销声匿迹。

（3）20世纪70年代后，脑科学研究的进展使重演论复生。1979年，加

拿大语言学家伊根根据对儿童语言发展及语言文化发展阶段的研究成果，将人类社会的文化发展划分为由低级向高级发展的四大阶段，并且对儿童语言发展与人类社会的文化发展进行对应联系。

一项根据 20 世纪一百年来英国中学地理教材的教学内容演变过程与地理学科知识发展关系的研究发现，最受学生和教师欢迎的教材内容及其次序是最符合学科知识发展的过程或次序的。由此证明了教育学意义上的重演论。但研究指出，文学艺术学科不符合这个规律。（Zhang，1996）该研究对中等教育的教材内容及其次序的发现和推论主要有以下几点。

（1）较稳定的至今仍保留于课程体系中的内容只是科学史上所有科研成果的一部分，即长期的科学实践证明了的、留存于学科逻辑体系中的，且适合一定认知能力群体学生的知识。

（2）科学史上较早的科研成果位于课程体系的底部，适合于教育的较早期阶段；较新的位于课程柱的较上部，适合于教育的较晚期阶段。当新成果出现后，从顶部加入，在一定的课时数限制下，"压力"从上向下传递。那些经过随后实践检验而被证明是错误的，或与一时的政治利益相依存的，或远离科学体系核心的"旁枝末节"的内容将从课程系统中排出，如"地球中心说"和"燃素说"。此外，还通过如布鲁纳所说的"教学的结构"或教学艺术等手段使知识量压缩。一般来讲，位于课程体系下部的内容比上部内容稳定；顶层的最新科研成果具有极大的活动性。这些尚未获得科学家群体共识的新成果，难以进入基础教育课程，但在高等教育课程中却是最活跃的、最吸引学生的领域，对教师学术能力和教学能力也最具挑战性。

（3）随着科学的发展、知识的积累，课程体系中知识的密度越来越大。位于较高层次的知识就会下移至较低层次。原来大学课程中的内容可能"下放"至中学。这是通过人类的教学能力和手段的不断改进、认知能力的不断发展、信息技术的革命来实现的。

上述理论产生于基础教育研究。如果将其应用到高等教育层面，应该增加对科学发展与社会发展关系的复杂性，知识的相对性、可变性等维度。尤其对于研究型大学而言，由于它的人才培养目标始终应该是造就影响和决定社会科技、经济和文化发展的栋梁之材，学生在学校不仅仅是学知识，更重要的是学方法、学思想，甚至去创造新方法、新思想。借用上述模型，首先从课程体系中排出的、在基础教育阶段可能被视为"垃圾"的东西，在高等教育阶段将被重新"回收"，成为重要教学辅助材料。因为这些"垃圾"反映了科学研究所走过的曲折过程，反映了科学家个人的品质与科研成果的联系，反映了社会与科学成果产生、推广及应用的关系。

对于不同的教育层次，对于具有数量不同的"核心知识"，或知识的"编程化程度"不同的学科，处理代表逻辑性和系统性的基础知识与反映复杂性和相对性的探索性新知识的关系应该不同。高等教育中的基础课应多强调系统性，而专业课应多强调研究性和探索性。高等数学或理论物理等学科，比经验性较强的地球科学需要更多的系统性基础知识的学习。低年级与高年级相比，后者更应强调研究性和探索性。基础课程对不同学科的意义也不同，理科与文科相比，就好比准备攀登珠穆朗玛峰与准备考察东南丘陵应该完全不同一样。在低逻辑知识体系中，没有严格的共同规律。但在任何一个学科，如果要做出真正创造性的成果，都需要打下一定的高逻辑体系知识的基础。

三、我国课程开发中应注意的问题

1. 在课程目标上需要统一认识、明确内涵

无论是经典的泰勒原理，还是高等教育哲学原理，都强调与人才培养目标密切相关的课程目标或教学目标的重要性。我国在各级课程与教学实践中都要进一步明晰教育目标，并保证相关政策与之保持一致。我们应该回答这样一些问题：中国现阶段究竟应该培养什么意义上的自主、自立、富有创新精神的人格？究竟要什么程度上的学术自由？只有将这些问题明晰化，才能产生可操作性的政策指南和课程计划。

泰勒将课程目标阐释为："目标不仅仅限于知识、技能和习惯，它还包括思维模式，或批判式的解释，以及情感上的反应、兴趣等。""我们倾向于将目标看成应该发展的一般的反应模式，而不是需要获得高度具体化的习惯。"（Tyler，1949）对于全校课程体系所要达到的目的而言，可谓之该大学的"教育目标"（aims）；对于一个院系的课程计划（curriculum program）所

要达到的目的而言，可称为某一学科或专业领域的"教育目标"；对于一门具体的课程（course）而言，往往谓之为"教学目标"（objectives）。但无论哪个层次的目标，都必须通过课程内容来实现。即便是同一门课程，不同类型学校（普通/职业、综合/专科）、不同层次的学校（"985"高校、"211"高校或其他高校，研究型与非研究型）其教育目标、课程体系、教学内容和方法应该是不同的。

实际上，美国每一次的课程改革，都是从调整培养目标着手的。当代美国高等教育课程专家斯达克（Stark）将课程改革运动分为三个阶段。第一个阶段是认识阶段（awareness），第二个阶段是筛选阶段（screening），第三个阶段是行动阶段（adoption）（Stark & Lattuca，1997）。我国在 20 世纪 80 年代初启动的学分制，实际上是缺少了前两个阶段，即缺少对多种选择的判断。经验证明，与文化传统和观念相关的问题，是不能"跨越"阶段发展的。我们目前教育目标的概念并不清晰，因此某些政策存在着一定程度的不可操作性和不一致性。如公共必修课几十年一贯制，不能与时俱进。学生生活在一种不一致的，甚至矛盾的信念中，是难以发展创新能力的。有研究报道，印度尼西亚从 20 世纪 50 年代开始实行学分制，半个世纪以来学分制仍然仅仅是"每周 1 学时的课程量，一学期便计为 1 学分"的计分制而已。（Mason et al.，2001）这与我国目前的情况非常相像。

2. 统一认识、付诸行动

我国目前出现了一场关于课程改革与教学方法改革哪个更重要的争论。首先，这个问题存在逻辑上的矛盾，因为现代课程（Curriculum）概念中已经包含了教学方法成分。（Tyler，1949）其次，即便是按照传统的狭义的课程概念，即仅仅指教学内容的选择，也不应该机械地给出一个非此即彼的答案，因为这取决于很多影响因素。不同国家的教育发展阶段或教育资源是其中重要的因素。我国引进通识教育理念只有十来年，如果"课程"这个生产资料问题不解决，而超前考虑"教学"这个生产方式问题显然是本末倒置了。这一点与美国不同，美国不仅有充足的课程资源，而且有制度保证课程的更新，因此重点当然可以放在提高实施效果上。如此，博克认为教学方法比课程讨论更重要便可以理解了。事实上，从学理上讲，哈佛大学教育学院

院长与博克持不同意见，她认为课程比教学方法更重要。（曲铭峰，2013）

美国实用主义理念对于推行改革无疑具有优越性。艾里奥特作为一校之长，却亲自主持全校的课程改革活动，这是成功的关键。他曾说过："那些喋喋不休关于究竟是语言、哲学、数学，还是科学能够提供最好的智力训练，究竟通识教育应该是人文的还是科学的，凡此种种都是不切实际的空谈。"（郭健，2000）受命于德里克·博克校长的罗索夫斯基的课程改革小组的工作原则是：不要纠缠于对教育哲学问题的讨论，因为对这个问题人们可能有不同的理解和定义，讨论往往陷于永无休止的争辩之中，而应着力探讨本科生教育具体的课程结构和类型。（郭健，2000）事实上，美国每一次教育改革运动，最终都落实到了课程上。

我们要避免走极端、"大跃进"。第一要吸取美国19世纪末完全自由选修带来的教育质量下滑的教训，第二要避免美国20世纪70年代出现的课程过分零碎的矫枉过正的现象。不同的国家、同一个国家不同的学校，其课程特征参数应该各不相同。这是由各个学校的教育目标、学生素质、教师素质等因素决定的。艾里奥特当年推行完全自由选修制是基于这样一个假设，即大学生有能力知道他们最喜欢什么、最适合学习什么。实践证明，这样的假设并不适用于大多数的哈佛学生。目前只有著名的布朗大学实行几乎是完全自由选修的学分制，但该校的学生选课咨询服务工作是一百年前的哈佛大学不能相比的。

3. 加强学生咨询与选课服务

大学在扩大选修制的同时，也引进了更加激烈的竞争机制，使学生学习的压力也会加大。因此，从选课指导到心理咨询，都应落到实处。

在技术上，选课辅导要细致入微：课程介绍（课程目标、教学方式是重点，教学内容要有弹性）、选课方法等要站在学生的角度进行表述，让学生能够准确判断是否适合自己的兴趣（同时有利于授课）；要明确学生参与的方式；包含有与专业引论课、大学四年级"顶峰课程"差异的信息；等等。

4. 引进外部课程资源

引进外部课程资源不仅指开展跨学科、跨校的教学合作，而且还要重视国际上的教学交流。评价跨学科课程如通识课程成败与否的一个重要标准是其是否能够吸引顶级教授参与。对于跨学科综合课的教学，除了少数很有造诣的教授外，教师们往往有畏难情绪，其原因是他们有很多顾虑，如在学科环境中专家地位的丧失，由于脱离原有的学术圈造成在成果评奖中处于非主流地位。因此，必须制定特殊的政策加以鼓励。（Minnis & John - Steiner, 2005）

我国在学分制实践上与美国存在着很大的差异，这是由我国的社会经济、文化特点造成的。例如：我国目前很少有学校能开出几千门、上万门的课程；我国科学技术的发展程度也难以支撑设置众多的学科类别；经济发展与高等教育之间的关系还不像美国那样紧密；社会对各种人才的需求还没有在人才市场上充分反映出来，因此校际课程流通还缺乏强有力的社会基础；等等。然而，我们应该看到的是，随着社会信息化程度的不断提高和WTO等国际组织的推动，社会的发展速度将会加快。我国高等教育的"大众化"已经完成，民办高校政策进一步放宽等，这一切都将会推动我国高等教育课程改革进一步与国际接轨。

我国正在进行的本科教育改革已经从过去空谈"素质教育""创新教育"口号阶段，深入课程体系和教学方法的实质性改革阶段。这个阶段的任何改革举措都将牵涉学校的每一个部门、每一位教师的切身利益。正如美国莱斯大学（Rice University）校长 Gillis（Schneider, 2002）所言：无论在技术上还是心理上，改革大学的校级课程体系都像是迁移墓地。这是因为校级课程体系是一所大学的教育思想、教育目标的具体体现，是一所大学全体教师主流价值观的反映。通识教育课程和新生研讨课就是这样的校级课程的代表。

参考文献

[1] 别敦荣.2000. 中美大学学术管理［M］. 武汉：华中理工大学出版社，232.

[2] 伯顿·克拉克.2007. 建立创业型大学：组织上转型的途径［M］. 王承绪，译. 原著1998. 北京：人民教育出版社，195.

[3] 陈娟.2012. 高校创业教育的困境及对策研究［J］. 中国成人教育，(20)：67 - 70.

[4] 陈学飞.1989. 美国高等教育发展史［M］. 成都：成都大学出版社，1989.

[5] 陈幼慧.2009. 核心课程之改革：哈佛大学通识教育改革之研究［J］. 通识教育学

刊，（12）．

［6］高歌．1999．美国顶尖大学［M］．北京：昆仑出版社．

［7］郭健．2000．哈佛大学发展史［M］．石家庄：河北教育出版社，199．

［8］阚阅．2012．联合国教科文组织对高等教育国际化的全球治理：质量保证和文凭互认的视角［J］．比较教育研究，（7）：71－76．

［9］克拉克·科尔．2001．高等教育不能回避历史［M］．王承绪，译．原著1999．杭州：浙江教育出版社．

［10］刘保存．2004．美国研究型大学的高峰体验课程［J］．中国大学教学，（11）：60－61．

［11］刘道玉．2009．论大学本科课程体系的改革［J］．高教探索，（1）：5－9．

［12］刘俊霞，张文雪．2007．新生研讨课：一种有效的新生教育途径［J］．黑龙江高教研究，（6）：146－148．

［13］刘少雪．2006．我国近现代大学与政府关系的特点［J］．高等教育研究，（3）：84－91．

［14］罗清旭．2001．《加利福尼亚批判性思维倾向问卷》中文版的初步修订［J］．心理发展与教育，（3）：47－51．

［15］罗素，B．1983．人类的知识［M］．张金言，译．北京：商务印书馆．

［16］罗燕，史静寰．2009．清华大学本科教育学情调查报告——与美国顶尖研究型大学相比较［J］．清华大学教育研究，（5）：1－13．

［17］冒荣．2001．高等教育产业化的争论与启迪［J］．中国统计，（1）：27－29．

［18］马丁·特罗．1973．从精英向大众高等教育转变中的问题［C］//未来中等后教育结构国际会议（巴黎）．1999．王香丽，译．外国高等教育资料，（1）．

［19］莫家豪，罗浩俊．2004．市场化与大学治理模式变迁：香港与台湾比较研究［A］//戴晓霞，莫家豪，谢安邦．2004．高等教育市场化．北京：北京大学出版社，142．

［20］乔玉全．2000．21世纪美国的高等教育［M］．北京：高等教育出版社，243．

［21］曲铭峰．2013．德里克·博克高等教育思想和实践研究［D］．南京大学，240．

［22］沈红．1999．美国研究型大学形成与发展［M］．武汉：华中理工大学出版社，289．

［23］施良方．1996．课程理论——课程的基础、原理与问题［M］．北京：教育科学出版社，337．

［24］史蒂芬·科尔．2001．科学的制造［M］．林建成，王毅，译．上海：上海人民出版社，136，165．

［25］王玮．2004．重新认识批判性思维及其在课程中的运用［J］．比较教育研究，（11）：

62 – 66.

[26] 伍红林 . 2005. 从《博耶报告三年回顾》看美国研究型大学本科生研究性教学 [J].
高等工程教育研究，(1)：79 – 82.

[27] 谢方毅 . 2006. 美国研究型大学本科生科研的组织与实施 [J]. 清华大学教育研究，
(2)：91 – 94.

[28] 徐高明 . 2011. 社会需求视域中的大学课程变革——基于江苏省六所大学的研究
[D]. 南京大学，258.

[29] 闫海波 . 2012. 浅析新时期高校创业教育 [J]. 职业与教育，(30)：99 – 100.

[30] 于富增 . 1999. 国际高等教育发展与改革比较 [M]. 北京：北京师范大学出版
社，432.

[31] 张红霞，曲铭峰 . 2007. 研究型大学与普通高校本科教学的差异及启示——基于全
国 72 所高校的问卷调查 [J]. 中国大学教学，(4)：20 – 24.

[32] 张红霞 . 2003. 选修制在高等教育现代化过程中的作用与机制 [J]. 江苏高教，
(1)：37 – 41.

[33] 张红霞 . 2009. 美国大学的新生研讨课及其启示 [J]. 中国大学教学，(11)：
93 – 96.

[34] 赵怡雯 . 2013. 清华大学、北京大学正式加入美国在线教育平台 edX [N]. 国际金
融报，2013 – 06 – 19.

[35] 中国科学技术协会，中国公众科学素养调查课题组 . 2002. 2001 年中国公众科学素养
调查报告 [M]. 北京：科学普及出版社，210.

[36] 卡斯帕尔 . 1999. 研究密集型大学的优越性 [A]. 21 世纪的高等教育 . 北京：北京
大学出版社 .

[37] 德里克·博克 . 1991. 美国高等教育 [M]. 乔佳义，编译 . 北京：北京师范大学出
版社，167.

[38] 潘懋元 . 2003. 大众化阶段的精英教育 [J]. 高等教育研究，(6)：1 – 5.

[39] 布鲁贝克 . 2002. 高等教育哲学 [M]. 王承绪，等，译 . 原著 1970. 杭州：浙江教
育出版社，189.

[40] Bell, D. 2010. The Reforming of General Education：The Columbia College Experience in
its National Setting [M]. Garden City, NY：Anchor, Doubleday, 346.

[41] Diamond, R. M. 1998. Designing and Assessing Courses and Curricula：A practical guide
[M]. The Jossey – Bass, San Francisco, 322.

[42] Dressel, P. L. and Marcus, D. 1982. Education as a humanizing experience [M] //P. L.

Dressel and D. marcus（Eds）On teaching and learning in college：Reemphasizing the roles of learners and the disciplines. San Franeisco：Jossey－Bass Publi shers.

[43] Dressel, P. L. and Marcus, D. 1982. On Teaching and Learning in College [M]. San Francisco：Jossey－bass, 32－65.

[44] Eisner, E. W. 1979. The Educational Imagination [M]. New York：Macmillan.

[45] Halliburton. 1977. Perspectives on the Curriculum [M] //Chickering, A. W. Halliburton, D. Bergquist, W. H. &Lindquist J. Developing the College Curriculum. Washington, D. C：Council for the Advancement of Small Colleges, 37－50.

[46] Harvard Committee. 1950. General Education in a Free Society：Report of the Harvard Committee [M]. Cambridge, Massachusetts：Harvard University Press, 298.

[47] Harvard University. 2007. Final Report of the Task Force on General Education－Harvard University Faculty of Art and Science [R/OL]. （2009－08－29）[2013－05－05]. http：//www. fas. harvard. edu/~secfas/General_ Education_ Final_ Report. pdf.

[48] Katkin, W. 2003. The Boyer Commission Report and its Impact on Undergraduate Research [J]. New Directions for Teaching and Learning, （93）：19－38.

[49] Kerr, Clark. 2001. The Uses of the University [M]. 5th ed. Cambridge, Massachusetts：Harvard University Press, 216.

[50] Mason, T. C., Arnove, R. F. et al. 2001. Credits, Curriculum, and Control in Higher Education：Cross－National Perspectives [J]. Higher Education, （42）：120.

[51] Minnis, M, John－Steiner, V. 2005. The Challenge of Integration in Interdisciplinary Education [J]. New Directions for Teaching and Learning, （102）：45－61.

[52] Official Registrar of Harvard University. 1980. Courses of Instruction 1980－1981, Faculty of Arts and Sciences [M]. Semline, Inc.

[53] Perry, W. G. 1970. Forms of Intellectual and Ethical Development in the College Years：A Scheme [M]. New York：Holt, Rinehart and Winston, 285.

[54] Phenix, P. H. 1964. Realms of Meaning：A philosophy of the Curriculum for General Education [M]. New York：McGraw Hill.

[55] Rudolph, F. 1978. Curriculum：A History of the American Undergraduate Course of Study Since 1636 [M]. Jossey－Bass Publishers, 361.

[56] Schneider, A. 2002. When Revising a Curriculum, Strategy may Trump Pedagogy：How Duke Pulled off an Overhaul while Rice Saw its Plans Collapse [M] //Lisa R. Lattuca et al. College and University Curriculum：Developing and Cultivating Programs of Study that

Enhance Student Learning. Boston: Pearson Custom Publishing, 663 – 666.

[57] Schwab, J. J. 1962. The Concept of the Structure of a Discipline [J]. Educational Record, 43: 197 – 205.

[58] Stark, J. S. , Lattuca, L. R. 1997. Shaping the College Curriculum: Academic Plans in Action [M]. Massachusetts: Allyn and Bacon, 15.

[59] The Boyer Commission on Educating Undergraduates in the Research University. Reinventing Undergraduate Education: A Blueprint for America' s Research Universities [DB/OL]. [2006 – 10 – 10]. http: //www. sunysb. edu/pres/0210066 – Boyer.

[60] The Boyer Commission on Educating Undergraduates in the Research University Reinventing Undergraduate Education: Three Years after the Boyer Report [DB/OL]. [2012 – 03 – 04]. http : / / www. sunysb. edu/ pres/ 0210066 – Boyer %20Report %20Final. Pdf.

[61] The University of California Commission on General Education. General Education in the 21st Century: A Report of the University of California Commission on General Education. 2007. [DB/OL]. [2010 – 06 – 30]. http: //escholarship. org/uc/search? keyword = General + Sophomore + seminar.

[62] Toulmin, S. 1972. Human Understanding (Vol. 1) [M]. Oxford: Clarendon Press.

[63] Tyler, R. W. 1949. Basic Principles for Curriculum and Instruchion. [M]. University of Chicago Press, 43.

[64] Zhang, H. 1996. A Study of Changes of Curriculum Content in Geography through Textbook Analysis [D]. University of Southampton (UK), 301.

第八章

当代课程与教学评价的理论与实践

　　有关课程评价的定义很多。施方良认为课程评价是指研究课程价值的过程，是由判断课程在改进学生学习方面的价值的那些活动构成的。（施方良，1996）江山野则认为课程评价是研究一门课程某些方面或全部方面价值的过程。（江山野，1991）施瓦布认为教师、学习者、教材以及环境都是课程评价的对象。（Schwab，1969）桥本重治认为，"评价是与教育的目标和价值有明确关系的概念，是按照教育目标和价值观对学生的学习成果及教育计划的效果等进行测量的过程。'评价'概念的重点在于以教育目标为标准的价值判断。（桥本重治，1979）"广义上讲，课程评价是对学校课程进行的价值判断，是根据人才培养目标对课程设计（背景）、课程资源、课程实施过程、课程实施结果进行定量测量和定性描述，进而作出的价值判断，并寻求改进课程途径的一种活动。教学评价往往纳入广义的课程评价中。

　　课程评价的历史源远流长，系统的、正式的教育评价活动起源于中国隋朝开创的科举制度，但是后续的发展则主要在西方。现代课程评价发展的一个关键节点是20世纪40年代泰勒（Ralph Tyler）的《课程与教学的基本原理》的出版。1933—1941年，以泰勒为首的教育评价委员会进行了著名的"八年研究"，提出了泰勒评价理论及行为目标模式，其出发点是注重教育效果的价值观。这一时期教育评价有几个基本特点：评价过程是将教育结果与预定教育目标相对照的过程，是根据预定教育目标对教育结果进行客观描述的过程；评价的关键是确定清晰的、可操作的行为目标。课程评价的理论基础深受当时心理测量实践的影响，主要是以测验（testing）或测量（measurement）的方式，测定学生对知识的记忆状况或其他某项特质，并通过心理测量或测验对学生个体进行甄别。泰勒的课程与教学评价原理影响深远，其后各种评价理论都以泰勒的评价原理为基点进行反思、研究和发展。不过，当代的课程与教学评价理论改变了传统评价重学习结果，评价内容单一的情况，以学生发展为根本，关注教育活动全方位的评价，尤其重视过程评价，聚集于学生的学习过程、学习体验，强调学生学习收获。本章在对课程与教学评价理论进行简要梳理之后，将重点对西方近年来的学习评价工具展开具体讨论，并对学习评价的实施过程及评价结果的使用做具体说明。

第一节　主要的评价理论及发展趋势

如前所述，作为专门的研究领域，现代课程评价始现于 20 世纪 40 年代的美国。之后，英国由于社会变革的加剧以及教育变革的复杂性，对课程评价的需求也出现了飞速地增长。（Norris，1998）如今，课程评价的理论与实践已经有了深厚的积累与长足的发展，且根据不同教育情境的需要形成了许多评价理论及方法。鉴于评价的价值取向支配或决定着评价的具体模式和操作取向，从价值取向的角度，可以把迄今为止纷繁复杂的课程评价归为三类，即目标取向的评价、过程取向的评价、主体取向的评价。这三种不同价值取向的课程评价对应于不同的评价目的、类型、方法及评价模式。此外，古巴（E. G. Guba）和林肯（Y. S. Lincoln）曾将课程评价归纳成四个不同的发展阶段。这四个不同的评价发展阶段在其认识论、方法论上有显著的演变。在他们看来，不同的评价理论可分为两种视角，一种视课程评价为固定不变的事物，另一种视课程评价为一个演化过程。（T. Levine，2002）下面，我们将综合价值取向及古巴和林肯的两种分类角度对主要的评价理论做一梳理。（见

表 8 – 1)

表 8 – 1　主要评价理论模式、类型、价值取向及评价的界定

评价模式	价值取向	类　　　型	评价的界定与描述
模式 1：行为目标达成模式	目标取向	视课程评价为固定不变的事物	评价是一种"技术理性"和提高效率的过程；需要根据预定的过程或结果对课程的质量进行客观的、系统的数据收集；着眼于判断与决策
模式 2：CIPP 模式 方案目的/方案设计/方案实施/方案结果	过程取向		
模式 3：应答模式	主体取向	视课程评价为一个演化的过程	评价是一种合作的、意义生成的过程；是动态的、涌现的、合作的过程；是根据一些理念与原理进行情境的、动态的、反思性的自组织的发展过程；聚焦于连续的行动导向的知识建构

改编自 Tamar Levine. 2002. Stability and Change in Curriculum Evaluation ［J］. Studies in Educational Evaluation，128（1）：1 – 33.

一、主要的评价理论模式

1. 行为目标达成模式

　　行为目标达成模式是泰勒经历了"八年研究"之后提出的理论模式。它是产生最早、影响最深远、应用最广泛的一种评价模式。该模式关注课程活动中预设目标的实现程度，是目标取向的评价。泰勒在其《课程与教学的基本原理》一书中提出，评价的过程实质上是判断课程与教学计划在多大程度上实现了教育目标的过程。在他看来，教育的根本目的就是使学生的行为发生变化，因而评价就要判断预设的学生行为实际发生变化的程度。著名的布鲁姆（B. S. Bloom）的教育目标分类学说显然也以泰勒的评价要点为基础。

　　此种评价模式的评价者是课程研究者或权威专家，使用的基本方法是定

量方法，强调对被评对象进行有效的控制和改变。泰勒曾明确提出此模式需要以下七个步骤：确定教育目标和课程目标；从具体行为和具体内容两个维度阐述每一个目标；确定使用目标的情境；确定情境呈现的方式；确定获取信息的记录方式；确定如何赋分；确定获取样本的手段。该模式的特点是客观、比较容易掌握与实施，它的发展推进了课程评价的科学化。但是，它受到预定目标的束缚，忽略了未预期的目标，更忽略了丰富的、互动的课程教学过程。它关心学习活动结果的价值，忽略了学习过程本身的价值；注意学生的外显行为变化，而没有关注学生情绪情感的发展变化。实际上，教育中有些非常有价值的目标往往很难加以测量，尤其难以使用行为描述来定量描述。

2. CIPP 模式

CIPP 模式也称决策导向评价模式。CIPP 是由背景（cotext）、输入（input）、过程（process）和成果（product）四个英文单词的第一个字母组成的缩略语。该模式由斯塔弗比姆（D. L. Stufflebeam）及其同事在 20 世纪 60 年代中期提出。（钟启泉，1989）他认为，课程评价不应局限在评定目标达到的程度，课程评价是一个过程，旨在描述、取得及提供有用资料，为判断各种课程计划、课程方案服务。其中，"描述"指做决策所需的各种资料；"取得"即通过收集、整理、分析等过程，获得所需资料；"提供"是依据评价目的，向决策者报告取得的资料；"判断"就是做决策的行动。可见，评价是为了做决策，做决策则意味着进行选择，从而改变行动，促成改革。

在相当长的时间内，该模式主要包括背景评价、输入评价、过程评价及成果评价四个方面。直到 21 世纪初，斯塔弗比姆才将成果评价进一步分解为影响（impact）、成效（effectiveness）、可持续性（sustainablility）和可应用性（transportability）四个方面以适应长期的、真正成功的课程改革方案。（Stufflebeam，2003）这样，CIPP 就变成了涵盖七个方面的评价模式。

CIPP 模式关注评价所涉及的各个层次的系统性因素，它是过程价值取向的评价模式，但它依然将课程评价视为一个固定不变的事物，并未关注其演变的动态过程。过程取向的评价试图使课程评价冲破预定目标的限定，强调把教师与学生在课程开发、实施以及教学运行过程中的全部情况都纳入评价的范围，扩大了评价的内容，特别是目标的合理性与可行性方面的评价，从根本上克服了泰勒模式预设目标的局限。它的最大特点是针对性强，不同的评价对象有自身存在的边界条件和环境。在不同的条件和环境下所做出的评价方案也必然不同。而基于这些不同方案所设定的目标、实施过程也必然因时、因地、因人制宜。不过，虽然这一评价模式对行为模式的局限有很大的修正，但是由于其实施过程比较复杂，所需要的成本相对较高，比较适用于对长期的大规模的课程改革的评价。

3. 应答模式（Responsive Model）

应答模式是由 Stake 在 1983 年提出，后由美国学者古巴、林肯在 1989 年进一步发展，形成了应答建构评价。（钟启泉，1989）此模式视评价为一个演化的过程，它主张关注与教育直接相关的人员，了解如教师、学生、家长和决策者的需求，从中发现并选择他们所关注的有价值的问题，然后把它同实际活动相比较，对教育方案作出修改，对大多数人的愿望作出回应。该模式在选择人们所关注的有价值的问题时，强调价值观的多元性。它强调质性评价方法，强调在自然环境中的观察、访谈和描述。

古巴和林肯认为，应答模式是以所有与方案有利害关系或切身利益的人所关心的问题为中心的一种评价。这些问题可以包括：是否应该削减方案预算？是否应实行责任制？教学目标是否达到？新教学计划比旧教学计划是否更为优越？等等。总之，它应该提供对于方案的担心、怀疑、赞成或反对的一切信息。（钟启泉，1989）此模式的评价者与前两种模式不同，不只是专家与学者，课程的参与者都可以参与，评价是评价者与被评价者"协商"进行的共同心理建构的过程，是一种主体价值取向的评价。此模式认为评价不仅是一个外部的可控过程，而且还是一个内部过程，是一个内部群体通过互相对话，共同来促进问题创造性解决的过程。这些理念也直接导致了后来的参与式评价的发展。这种评价模式与西方整体意识相吻合，因为它具有比 CIPP 模式更广泛的民主性。但是，应答模式是通过评价者与当事人的沟通来进行的，而且要对不同的群体准备不同的报告，必然要耗费大量的人力、物力；同时由于其主要是些描述性数据，评价时非常困难。

二、课程与教学评价理论发展趋势

西方大学自 20 世纪 50—60 年代规模扩张后，随着高等教育大众化的进程，高校原有精英时代的人才培养模式、课程与教学评价面临诸多挑战。尤其是 20 世纪 80 年代以来，各国高等教育体制改革带来高校与市场、社会更加紧密的联系，高校因此面临社会问责的压力也不断加大。教育质量评价的着眼点就从增加投入、强调生师比，强调"投入与产出比"质量评价模型的思路，转换到以学生为本，关注学生的学习过程、学习体验，强调学生学习收获上面。美国大学也不断努力通过课程改革、教师培训、教学评价等方式提高教学质量。这一时期的大学课程评价的发展也更关注教与学的过程。此外，全球化的快速进程对世界范围内的高等教育教学质量和人才培养目标提出了新的要求。近年来在世界范围内，各级各类大学都非常重视学生国际意识、跨文化交流能力的培养，即便是亚洲国家和地区也紧随其后。在这样一种教育质量观转型的背景下，以及全球化的进程中，课程与教学评价理论的发展变化趋势主要形成以下三个显著特征。

1. 重视学生评价，评价目的与评价主体日趋多元化

传统的教学评价的主体是教师，学生则是被评者，是评价的客体，因此在评价中处于被动地位。受"工具理性"或"科技理性"所支配（田迅，李林，2011），课程与教学评价追求对评价对象的有效控制和改进，以及预定目标的达成。高等教育的大众化使得高校内部成员多元化加剧，社会对高等教育的问责也越来越受到关注。美国一些研究型大学甚至提出了建设"以学生为中心的研究型大学"的目标（Vincow，1997），它们呼吁大学为了学生而存在，学生利益高度优先，大学的使命和目标是提升学生学习。甚至在对高校教师应聘和提升职称所进行的教学工作表现评定时，都必须征集学生的意见，高校越来越重视学生评价。

当代课程评价理论强调主体取向的评价，课程评价尊重不同主体的独特经验，尊重主体的多元价值，以人的自由与解放为评价目的，而不是传统的、单一的以符合某种标准为评价目的。它将课程的本质看作"反思性实践"，

学生是知识社会建构的积极参与者，评价过程是各方人士共同协商确定学习内容与学习评价的过程。在这一理念的影响下，学校对课程与教学的评价，聚焦于对学习的评价，不是仅仅用考试、标准化测验、面试、学生档案袋等方法直接评价学生的学习结果，而是从学生行为（积极投入学习活动），或在校学习态度与行为表现（准时交作业、上课不迟到）等来间接评价学生的学习成果。主要方法包括各种问卷调查，如学生满意度调查、就读经历问卷、校友调查等。强调对学生学习过程的评价，对知识和技能的理解和掌握的评价，对学生发现问题、解决问题能力的评价，以及对学生学习投入、学生的学习经历和增值发展的评价。因此，评价关注学生发展，关注学生内部的感受，评价的发展也从判断走向对话。

评价主体也日渐多元化，学生与社会成员也参与了课程的评价中。构建了政府评价、第三方评价以及学校自评价的评价模式，在学校内部则有"管理者—教师""同行评价""师—生""生—生"等多主体评价方式。

2. 评价方法多元化

在课程评价的方法上，一直存在着两种范式：一种是以科学实证主义为基础的"指标—量化"的定量方法；另一种是以建构主义为基础的"观察—理解"的质性方法。质性评价范式，在认识上反对科学实证主义的基本观点，反对把复杂的教育现象和课程现象简化为数字，主张评价应全面反映教育现实。两种范式的优势和局限性都非常明显。

20世纪60年代之前，占主导地位的课程评价范式是量化评价。量化评价受"工具理性"所支配，追求对评价对象的有效控制。20世纪60年代以后，随着课程领域主体意识的觉醒，人们开始在课程评价中自觉追求"实践理性"和"解放理性"，更尊重人的认识、情感、态度与价值观的不断发展，课程评价研究强调在广泛的社会、政治、经济、文化、种族等背景之下，深入理解课程对个人深层精神世界和生活体验的意义。这类发展性评价很难量化，比较适合使用质化研究方法。20世纪70年代以后，随着"课程理解范式"的兴起，质性评价方法受到重视。

现代课程评价则是汲取上述两种方法的优点，相互配合，互相借鉴，分别应用于不同的评价指标和评价范畴。可以量化的部分，评价方法使用"指标＋权重"方式进行；不能量化的部分，则采用描述评价、表现评价、档案袋评价、课堂激励评价等多种质性评价方式。以动态的评价替代静态的一次性评价，视"正式评价"和"非正式评价"同等重要，把定量打分与定性评价融合在一起。

3. 在学生评价内容上，重视国际意识、全球素养

传统的以学生为本的评价内容主要聚焦于学习经历，以及不同类型的学习结果。全球化的快速进程对世界范围内的高等教育教学质量和人才培养目标提出了新的挑战。世界各国都认识到，大学担负着培养适应全球化时代需求人才的重要责任。美国的《林肯计划》、日本的《临时教育审议会 1996 年决议》、韩国的《BK21 计划》等重要战略文本，都把培养卓越的具有全球素养的人才作为本国高等教育发展的突出目标和核心问题之一。大学生的全球能力的发展状况，已经逐渐成为中外大学发展的重要目标之一。自 20 世纪80 年代以来，不仅各种世界大学排名指标体系中出现"国际化"指标，在对学生学习收获或学习经历的测量与评价研究中，也开发了许多测量"国际意识"或"全球意识"的工具。全球素养、国际意识的测评将受到越来越多的关注。

总体来看，评价理论的发展趋势是从目标取向至过程取向；从重结果评价至重过程评价；从注重课程的单一维度的评价至注重整体全貌性评价；从关注课程评价至关注学生评价，并日益重视学生全球素养的评价；评价者与被评价者的关系也从主、客体的对立到主体间的协商与沟通；评价方法与手段也从单一量化方法至多种方法结合。

第二节　评价工具的类型

20 世纪 70 年代以来，评价一直是教育研究领域的热点。课程专家们总结出各种不同的评价工具的类型。根据评价标准、评价功能、评价主体可以将评价工具分成以下类别。

一、以评价标准为依据的分类

1. 相对评价与绝对评价

相对评价或称常模式参照评价，它是指以评价对象群体的平均水平或其中某一对象的水平为参照点，确定评价对象在群体中的相对位置或与群体中某一个体之间的差距的一种评价。例如，对某校某一课程统考成绩的评价，通常是以该校所在区域统考的平均水平作为评价的基准，以该校成绩在这个区域所处的位置来判断的。绝对评价或称目标/标准参照评价是指在评价对象群体之外，以某一预定的目标或标准为客观参照点，确定评价对象达到标准绝对位置的一种评价。例如，大学的英语四六级考试，以及各种小语种语言等级考试。前者的评价结果易因不同群体而变化，后者的标准比较客观。

2. 个体内差异评价

个体内差异评价是把受评群体中个体的过去与现在进行比较，或者把个体的有关侧面进行比较，从而得到评价结论的评价类型。比如，对某学生学科内不同方面的能力差异做横向比较评价，或对学生不同时期的学业表现做纵向比较评价。个体内差异评价能看出学生在不同时期、不同方面的进步状况。

3. 档案袋评价

档案袋评价也称"成长记录袋"评价，它是一种通过建立和查阅学生学业或个人发展的档案，从而评价个体内差异和比较个体与他人之间的差异的一种评价方法。目前，随着信息技术的发展，传统的成长记录袋正在逐渐发展为电子档案袋。

二、以评价功能为依据的分类

1. 诊断性评价

诊断性评价是指在课程实施之前，为预测学习者已有的认知、情感、技能方面的准备程度而做的评价。其目的是了解评价对象的现状、存在的问题及原因，以便采取适当措施或对症下药。例如，教师对学生进行诊断性评价，目的是了解学生不同的知识基础、能力类型、学习的准备状态，以便有针对地进行教学设计，因材施教，促进学生学习。诊断性评价不仅重视"症状"，而且重视指导。这种评价常常在某项课程活动实施之前进行。

2. 形成性评价

形成性评价是通过诊断教育方案或计划、教育过程与活动中存在的问题，为正在进行的教育活动提供反馈信息，以提高正在进行的教育活动质量的一种评价。形成性评价直接指向正在进行的教育活动，以改进这一活动为目的，并不关注学生的等级水平的确认。因此，它是在课程与教学活动过程中进行的评价，一般并不涉及教育活动全部过程。这种评价活动对教师帮助很大。从学生那里获得的经常性的和有用的反馈信息，可以使教师在课程实施过程中，对课程内容的组织、教学方法进行调整，教师还可以引进或调整有利于促进学生学习的课堂活动。形成性评价是内部导向的，评价的结果主要供那些正在进行教育活动的教育工作者参考。形成性评价是分析性的，因而不要求对评价资料作较高程度的概括。

3. 总结性评价

总结性评价又称为终结性评价，一般是在课程设计和实施结束后，为对课程实施的整体效益作出价值判断而进行的评价。它的一个重要功能就是确认达成目标的程度。总结性评价的直接目的是对教育效果作出判断，从而区别优劣、分出等级或鉴定合格与否，是与教学效能核定联系在一起的，它为个体的决策、教育资源投入优先顺序的抉择等提供依据。

4. 发展性评价

发展性评价贯穿于活动过程的始终，是一种过程评价。发展性评价通过系统地搜集评价信息并进行分析，对评价者和评价对象双方的教育活动进行价值判断，实现评价者和评价对象共同商定发展目标的过程。其目的是从发展的角度去判断课程实施状况和教学效果，主要是了解学生素质的全面发展状况，并用发展的眼光去分析问题，做出判断。发展性评价是形成性评价的延续和发展。我国当前推行的素质教育和新课程的实验，都将发展性评价置于重要的地位。

三、以评价主体为依据的分类

1. 内部评价

内部评价（inside evaluation）是指由课程设计者或使用者自己实施的评价。内部评价的优点在于评价者了解课程设计方案的内在精神和技术处理技巧，评价的结果亦可进一步用于课程方案的修订和完善；其缺点是，评价者有可能受自己设计思想的限制，不了解其他人对课程设计的需要，致使评价缺乏应有的客观性。

2. 外部评价

外部评价（outside evaluation）是指由课程设计者或使用者以外的其他人实施的评价。外部评价正好可以克服内部评价的缺点，评价者虽然对计划的内部思想不太了解，但却有更为开阔的评价思路，可能取得具有客观性和令人信服的结论。政府评价、第三方社会组织评价都是外部评价。美国约有 14 个评价工具都是由政府机构、国家统计署、大学联合会、私营测试公司（如 ETS 和 ACT）以及其他非营利性机构等外部组织开发和实施整个测试过程的，这些组织负责向被评价高校提供测评报告。巴西的全国性测试（ENADE）也是由私立的评价机构开发和组织的，但政府给予拨款支持，参与评价的各个大学不需要支付任何费用。

从全球视角来看，尽管外部评价是当前的主流形式，但也存在着一些来自于大学和学生的反对声音，如"评价与本校的专业、课程等不相关联，测试结果不能直接地用于改进各个具体大学的学习与教学质量"。基于此，越来越多的评价机构开始向大学提供顾客化订制服务，比如增加一些校本性问题，或根据本地需求对测试项目进行选择性的改编以增强评价测试的适应性等。

四、以评价关注焦点为依据的分类

1. 效果评价

效果评价（pay - off evaluation）是对课程计划实际效用的评价，它注重课程实施前后学生或教师所产生的变化，至于课程运作的具体状况、变化产生的原因等，则不在考察的范围。因此，效果评价往往是通过对前测与后测之间、实验组与控制组之间的差异做出判断而进行的。这种评价也因而被称为"暗箱式评价"（black – box evaluation）——只关注输入、输出之间的不同，忽略中间的过程。

2. 内在评价

内在评价（intrinsic evaluation）是对课程计划本身的评价，而不涉及课程计划可能产生的效果。比如，评价可以只就课程计划所涉及的学生经验的类型、课程内容的性质和组织等来对课程计划做出判断。至于其效果，则在评价关注的范围之外。或者说，在内在评价的提倡者看来，只要有好的课程计划，就一定能取得好的教学效果。效果评价与内在评价，一个关注结果，一个关注过程，二者具有互补性。

第三节　西方主要学习评价工具及其在中国的应用

20 世纪 80 年代后，随着世界范围高等教育市场化的大趋势，问责的主体发生变化——以学生和学生家长为主。因此，高等教育质量评价模型的理论基础转换到以学生为本，关注学生的学习过程、学习体验、学习收获，强调学生满意度上面（郭芳芳，史静寰，2012），以学生为本的评价日渐成为高校的主要评价内容。本节以及下一节将试图以学习评价为代表，具体阐释课程与教学评价的理论与实践发展的特征。本节在介绍西方主要的学生评价内容的基础上，聚焦学习评价工具及其在中国的研究应用。

一、以学生为本的评价内容

近年来，西方以学生为本的评价主要内容集中在以下三个方面。

1. 学习经历

如学术参与、社团参与、学习动机、合作能力，这是一种特别有用的间接检测学生学习的方法。

2. 学习成果

各国评价工具所关涉的学习结果可分为两种类型。一是认知结果（cognitive outcomes），二是非认知结果（non-cognitive outcomes）。前者如批判性思维、表达能力、就业能力、信息素养，后者如学风问题（作弊行为研究）、多元包容精神、国际意识。

3. 学生满意度

上述两类指标是基于亚历山大·阿斯汀（Alexander W. Astin）的"输入—经历—输出"模型而开展的，还有一类是基于用户主观满意度理论而设计的综合指标，包括学生满意度、新生适应。此中既有综合性满意度考察，还有一些针对具体教育过程的满意度评价，如新生适应、通识教育评价、大学四年级学生学习评价等。

二、主要的学习评价工具

大学生学习评价是西方发达国家高等教育质量保障的重要手段之一，历经百余年的发展和积淀，目前已形成相当丰富和完备的评价工具体系。以美国为例，在众多的学习评价工具中，比较有影响也是相对主流的评价工具有：《大学生就读经验调查》（The College Student Experiences Questionnaire，简称CSEQ）、《全美大学生参与度调查》（National Survey of Student Engagement，简称NSSE）、《加州大学本科生就读经验调查》（University of California Undergraduate Experience Survey，简称UCUES）、《大学学习评价》（The Collegiate Learning Assessment，简称CLA）、《CIRP 新生调查》（CIRP Freshman Survey，简称CIRP-FS）和《CIRP 大学四年级学生调查》（CIRP College Senior Survey，简称CIRP-CSS）。其中，大学学习评价属于标准测试型工具，用于直接评价，而其他工具则属于问卷调查型，用于间接评价。英国从1995年开始开展了全国学生体验调查（NSS），澳大利亚开展了学生课程体验问卷调查（CEQ）。此外，还有专门针对研究型大学的调查工具，如《研究型大学学生就读经验调查问卷》（Student Experience in Research University，简称SERU）

（李湘萍，马娜，梁显平，2012）。

发达国家教育评价测量工具的开发特点是，在针对实际问题的研究中逐步加深认识，而不是单纯的单变量工具的开发，或者说工具开发与问题研究相脱离。这样可以保证测量工具与测量对象之间的适切性，或保证较高的效度。表8-2显示了不同研究者针对不同的学生"经验变量"进行的研究。上述主要调查问卷囊括了表8-3中几乎所有前人探索过的变量类型。

表8-2　几十年来不同研究中涉及的学生学习"经验变量"

研究者（年代）	经验变量	学习结果变量
Pace （1979，1982）	努力的品质	1. 自我与人际了解 2. 认知能力
Bean & Pascarella （1980，1985）	1. 学术性投入 2. 社会性投入	1. 认知发展 2. 情感发展
Endo & Harpel （1982）	1. 师生正式互动 2. 师生非正式互动	1. 自我发展 2. 认知发展
Terenzini & Wright （1987）	1. 与教职员正式互动 2. 与教职员非正式互动	1. 对学校的归属感 2. 对教育质量的满意度
Ory & Braskamp （1988）	1. 学术性努力 2. 人际性努力	学业表现
Pace （1990）	学生努力的程度	1. 认知发展 2. 自我发展
Pascarella & Terenzini （1991）	1. 学术性统整 2. 人际性统整	1. 学术能力的发展 2. 自我发展 3. 情感的发展 4. 学业成就 5. 继续就读
Kaufman & Creamer （1991）	1. 同学关系 2. 课外活动 3. 学习经验	1. 自我发展 2. 智能发展
Kuh （1993）	课外活动经验	学习及个人发展

续表

研究者（年代）	经验变量	学习结果变量
Astin （1993）	1. 学习时间投入 2. 师生互动 3. 同学互动 4. 学生个人因素（打工、看电视、住宿或住家）	1. 认知学习 2. 自我发展 3. 情感发展
Hampton （1993）	1. 学校的教育质量 2. 教学状况 3. 学生个人的社交活动 4. 校园设备 5. 学生投入学业的努力 6. 学生校园的社交活动 7. 对学生的指导	教育服务质量
Cooper，Healy & Simpson （1994）	社团参与	1. 生活管理 2. 学术参与 3. 成熟的生涯规划 4. 文化参与 5. 学习自主性
Hartman & Schmidt （1995）	1. 与教师互动品质 2. 与行政人员互动品质 3. 与同伴互动品质	满意度
Kuh （1998）	1. 学术挑战的层级 2. 主动与协同的学习 3. 师生的交往 4. 丰富的教育经验 5. 支持性的校园环境	1. 学业满意度 2. 认知技能 3. 学业成就
Bean & Eaton （2000）	学生与学校环境互动	持续就学

续表

研究者（年代）	经验变量	学习结果变量
Oldfield & Baron（2000）	人际交往质量	学校满意度
Lohfink & Paulsen（2005）	师生互动	1. 持续就学 2. 教育抱负

　　表中内容在台湾张凯婷的博士论文《大学生家庭背景、入学特质、校园经验与学习成果之研究》基础上进行了局部补充和修订。

　　而且，研究工作具有长期性、积累性与继承性，这一点与我国很不相同。例如，《大学生就读经验调查》最初由罗伯特·佩斯（C. Robert Pace）于1979 年开发，但直到 1994 年才开始正式使用，并先后经过了 1983 年、1990年和 1998 年的三次改版。此外，几乎所有的学习评价工具的开发都是基于心理学研究，涉及的主要理论有社会心理与认同发展理论、认知结构理论和个体与环境互动理论。表 8－3 列出了主要测量工具及其相关理论依据。（李湘萍，马娜，梁显平，2012）

表 8－3　美国大学生学习评价的主要问卷调查工具及其理论基础与评价目的

类　型	评价工具	评价主体	理论基础	评价目的
输入阶段评价	CIRP 新生调查（CIRP－FS）	加州大学洛杉矶分校高等教育研究所	"学生参与"理论、"输入—环境—输出"理论（IEO 模型）	通过问卷调查了解新生高中时期的学习和生活情况以及学生的个人特征，为大学影响力的长时、后续研究做好准备
学习过程评价	大学生就读经验问卷调查（CSEQ）	印第安纳大学高等教育研究与规划中心	"环境—经验—发展"模型	评价大学生使用学校资源的程度和课堂内外的学习体验，提供学生自我评价和反思的信息，促进大学生学习环境质量的提高

续表

类型	评价工具	评价主体	理论基础	评价目的
学习过程评价	全美大学生参与度调查（NSSE）	印第安纳大学高等教育研究与规划中心	"学生参与"理论；有效教育实践五项原则（EEP）	测量和评价学生在学习和其他活动上的投入程度，以及学校资源配置的有效性，指导学校发展优秀的教育实践和改进不足之处，从而提高大学本科教育的质量
	加州大学本科生就读经验调查（UCUES）	加州大学伯克利分校高等教育研究中心	"学生参与"理论	检验研究型大学学生活动和学生服务的质量，汇报校园风气和了解校园环境的多样化对学生教育经历的影响，改进学生的就读经验，为校园和院系提供认证
学习结果评价	CIRP 大学四年级学生调查（CIRP – CSS）	加州大学洛杉矶分校高等教育研究所	"学生参与"理论；"输入—环境—输出"理论（IEO 模型）	全面了解大学生在四年大学学习和生活后，在认知和情感等方面产生的变化，从而研究不同的大学经历对学生发展的影响，引导学校的良性发展，属于 CIRP 项目的后测
	大学学习评价（CLA）	教育资助委员会	智力与道德发展理论	通过测量学生的高级技能水平（批判性思维、问题解决能力、写作技能、分析推理能力）来评价高校管理的成效，促进学生学习和高等教育教学质量的提高

此表引自：李湘萍，马娜，梁显平．2012．美国大学生学习评价工具分析和比较［J］．现代大学教育，（1）：30－35．

CIRP 学生调查问卷和加州大学本科生就读经验调查主要基于阿斯汀的"学生参与"理论和"输入—环境—输出"理论（Input - Environment - Output model，简称 IEO）模型。该理论强调了学生个体与大学环境的相互作用，解释了大学如何影响学生的发展。大学生就读经验调查的创始人佩斯对阿斯汀的 IEO 理论模型质疑，他构思出一种新的情境式模型，即"环境—经验—发展"（Environment - Experience - Development）模型，并形成"努力质量"的观念，成为调查的理论基础。"环境—经验—发展"模型不仅强调环境对学生发展的影响，还将这种影响与学生自身的努力和投入（即学生参与）结合起来。

全美大学生参与度调查项目最早是基于"学生参与"（student engagement）理论开发出来的，后来又重新提炼出自己的"有效教育实践五项原则"（Effective Education Practices，简称 EEP）模型，即学术挑战水平、主动学习和协作学习、师生互动、丰富的教育经历、校园环境支持（岳小力，2009）。

加州大学本科生就读经验调查的各项指标也在一定程度上依托于"学生参与"理论和建构主义学习观。佩斯、阿斯汀等人陆续丰富了对"学生参与"的理解。早期，佩斯重视大学环境与学生自身努力的相互作用。他认为，当学生投入各种有教育意义的活动的时间和精力越多，他们从学习和大学经历中收获的就越多，并由此衍生出"努力质量"模型。阿斯汀进一步普及了"努力质量"的观点，他的"参与"理论强调学生在大学经历中所投入时间和精力的质和量，突出了学生动机和主观行为对学生成就的重要作用。此后，库进一步拓展了"参与"的内容，他从两个方面考察了学生的参与：一是学生投入有效学习中的时间和精力，二是学校为学生的参与所提供的支持。他认为，学生的投入和学校的环境支持相辅相成。"参与"强化了学生各方面的技能，塑造了他们的秉性，为学生大学后的发展做好了充分准备。

大学学习评价的特点是通过情境式问题的设置，要求学生运用已有的知识和能力对接近现实的问题予以分析和辨别，其问卷的问题在一定程度上体现了认知结构理论中威廉·佩里提出的智力与道德发展理论，强调了不同阶段学生知识的发展和角色的转换。

三、我国的大学学习评价实践

近年来，我国一些学者和大学机构也开始了学习评价的理论研究与测评实践。2011 年，南京大学加入了美国研究型大学学生学习经历调查（SERU 国际调查联盟），并从 2011 年下半年开始进行全校性的本科生学习经历的普查，获得了大量关于学生学习状态国际比较的数据，并对学生学习特点有所了解和掌握。（龚放，吕林海，2011）清华大学参与的全美大学生参与度调查（NSSE）也是针对全校本科生，不过通过与同类学校的比较研究发现，较美国的同类高校学生，清华大学的本科生在某些方面从大学一年级到大学四年级的四年里纵向发展进步不明显。（罗燕，史静寰，2009）南京大学的 SE-RU 调查和关于新生适应的另一项调查（孙志凤，张红霞，郑昱，2010）都发现，中国学生的批判性思维较美国学生弱。（龚放，吕林海，2011）陆根书（2012）对中国大学生学习环境、学习方式与学生发展研究都有较为系统的探索。（陆根书，2012）学习环境通常指师生关系、同学之间的合作关系、学习的选择权、难度与竞争性要控制在恰当的范围、缓解课堂控制、缓解同学之间的误解与矛盾。

南京大学教育研究院在 2006 年开展了对全国 72 所高校的问卷调查。研究发现，我国研究型大学学生对教师教学满意度远低于普通高校学生。在问卷给出的 11 种影响因素中，选择"教师学术水平低"的学生比例最高。（龚放，张红霞，余秀兰，曲铭峰，2009）

此外，在学习投入（Study Engagement）的评价方面，方来坛、时勘等（2008）将学生学习投入量表（Utrecht Work Engagement Scale – Student，UWES – S）翻译成中文版本。学生学习投入量表是由 Schaufeli 等人在工作投入量表（UWES）的基础上以大学生为样本编制的学习投入量表。大量关于学习投入的研究都以此改编量表为评价工具。但此量表中文版本存在许多问题：它的信度、效度检验是以研究生为样本，而原量表是基于大学生发展量表；此量表是由工作投入量表改编而来，没有充分考虑学习投入的特点；西方教育体系同我国有很大差别，其学习投入的内涵与我国也相差很远。基于这些不足，舒子吁编制了适合中国大学生的学习投入评价量表。（舒子吁，2009）除此之外，大量的学习投入研究都是心理学研究。

与国外成熟的学习评价研究相比，我国的研究尚处于翻译、修订与应用国外相关评定量表的阶段。在这个过程中，评价量表的文化适应性问题受到质疑。我们仍需开发适合我国大学生学习的评价工具。

第四节　评价的实施与管理

课程评价的根本目的在于改善学生的学习状况，促进学生的发展。不同类型的评价往往贯串于整个课程实施的过程，且以教学效果、学习过程与结果的评价为主要内容。对学习进行评价，不仅仅是给学生打分，而且是为教师改进教学方法提供的一种资料，是指导和鼓励学生更积极地学习与发展的手段。总之，它为教师和学生提供重要的反馈信息。在实施以学生为本的评价实践中，对教学的评价更多与学生的学习过程和学习结果紧密地结合在一起。针对不同类型的学习结果，各种评估工具往往采用不同的评价形式。研究者在具体的教学评价中，运用不同评价形成发展了许多具体有效的策略与方法。此外，评价对象、评价周期的选择，以及评价结果的处理，都是影响评价效果的重要方面。

一、学习结果评价的策略

（一）不同类型的学习结果采用不同的评估工具

在具体的学习评价中，各种评估工具往往采用不同的评价形式。大多数关注认知学习结果的直接性评价采用测验或考试的形式，而非问卷调查。比如，巴西的 ENC－Provao 和其后继的测试工具 ENADE 关注的就是领域中特定的知识和技能，这些知识和技能被认为对于所有大学的特定领域中的课程都非常重要，都具共通性。而在美国，很多评价工具既评价特定领域的学习结果，又评价一般性的认知结果。比如，专业领域测试（Major Field Test，MFT）既评价 15 个本科专业，又同时评价各种一般性的认知结果，如分析问题的能力、解决问题的能力、解释信息的能力等。大学学习评价（CLA）则更强调通过基于实际操作的任务（performance – based task）来评价学生在宽泛的学科情境中的各种能力。所谓实际操作的任务，通常是以真实生活中的任务来呈现，如使用各种不同类型的文本和数据（这些数据必须是经过评价的），准备一个备忘录或政策建议报告等。

关注非认知学习结果和一般性能力的间接评价通常采用问卷调查形式。澳大利亚的课程经验问卷（Course Experience Questionnaire，CEQ）和美国大学生参与度调查（NSSE）就是典型的代表。澳大利亚课程经验问卷除了测量学生的一般性能力（如分析技能、书面交流技能、规划自己工作的能力）之外，重点关注学生的非认知学习结果的发展，如团队技能、自信心、对各种大学生活的满意度（如教学、大学目标、工作负担等）。美国的大学生参与度调查则关注学生参与大学活动的各个方面的信息，如本科生如何使用时间、本科生从课程学习中收获了什么、课外活动的状况及其收获等。

在当前的各种评价工具中，还有一种较为特殊的评价，即对毕业生一般性职业能力（occupational competencies）的调查。这类评价也采用问卷的形式，但调查的对象却不是在读的本科生，而是已毕业的学生。比如，澳大利亚的毕业生就业目标调查（The Graduate Destination Survey，GDS）、加拿大的青年工作转换调查（The Youth in Transition Survey，YITS）、英国的大学毕业生就业目标调查（The Destinations of Leavers from Higher Education，DLHE）等都主要关注毕业生近期的职业能力的发展状况、所选择的职业或继续深造的情况等。这些信息将被反馈给被调查的大学，并为其改进本科教育提供决策信息。

科学、技术、工程和数学领域的教学工作，具有许多其他领域的教学工作所没有的挑战，如设计课程中的实验和野外工作部分、将现代技术发明融合到课程中、指导学生进行原创性研究。可以通过各种形式的学习结果反馈，并与其他班级进行比较，进一步发现该门课程与教学的优缺点。其主要学习结果信息的获得可以通过这些方式：①课堂测验和考试；②本科生研究项目；③展示普通研究或实验室研究成果的展板；④合作经验；⑤学习档案袋（作业、论文集）；⑥学科内和跨学科的标准化测试；⑦学生期刊；⑧问卷和访谈调查；⑨重点群体访谈。

（二）有助于学习结果评价的活动

学习结果评价使教师了解到一个课程模块、整门课程或是一系列课程的教学结果，学生学到了多少及能够做什么。要使得学习结果的评价达到目的，需要许多教育活动支持，以及适当的评分技术。

教师们发现，无论是作为个人行为还是参加系里的课程评估活动，以下的活动都有助于开展学生学习结果评价。

（1）制定每一门课程期望学生达到的学习结果的标准，包括实验技能。

（2）拟定学生在不同类型的学习过程（如课程、实验和实习）中应达到的具体的知识水平和能力。

（3）将已经细化的学习结果标准融进相应课程的教学目标中。

（4）选择或开发适当的评估策略，以检验学生对特定知识和技能的掌握程度。

（5）把评估结果反馈给每个学生，并改进课程及其教学方法。

（6）根据需求，调整已制定的学习结果的标准，并重新用于对学习结果的评价。

这一系列过程循环反复，不断地促进课程和教学的改进。

（三）学习结果主要特点分析法

主要特点分析法（primary trait analysis；Lloyd – Jones，1977）越来越多地被用作学习结果评价的评分工具。（Walvoord & Anderson，1998）其主要特点是教师依据在某项作业或测验中定义的学生最重要的行为表现，并为这些重要的行为设计一套计分标准（Freeman，1994），据此给每个学生的成绩或表现打分。

例如，爱莫特（Emert）和派瑞斯（Parish）发明了一种针对代数、离散数学、统计学的多项选择和简答测试题，要求学生在完成测试题后，递交更多学习材料，以证明其在思考过程中形成的认识和对数学的理解程度。爱莫特和派瑞斯发明的计分法则见表 8 - 4。

表 8 - 4　爱莫特和派瑞斯的计分法则

分　数	评分标准
3	对概念的理解很清晰；术语的使用基本上做到前后一致；公式推理的逻辑严密；对所提问题给予了完整的或接近完整的解决办法或答案
2	对概念的理解达到了基本的水平；存在因粗心而产生的数学错误（如计算错误）；公式推理缺乏一些逻辑步骤；问题解决办法或答案不完整
1	对概念的理解很不够；存在程序上的错误；逻辑的或表示关系的步骤缺失；对问题给予拙劣的回答或根本没有答案
0	尚未对问题解决做出努力，或根本没有理解概念的表现

通过研究每一道题目得分的情况，爱莫特及其同事发现，学生不能解答大多数题目的原因在于，他们对问题的相关概念缺乏理解，而非粗心所致。这样，通过研究那些大多数学生未能完成的题目，教师就可以发现，哪些概念需要在教学过程中以其他的方式重点讲解与强调。对学生错误概念的了解，能为教师提供有价值的反思，这些反思包括如何调整他们的教学技巧，或寻找其他强化此类概念教学的方法。（NRC，1997，1999）

二、不同评估类型的使用策略

一般而言，在高等教育中，对学生学习、教师有效教学进行评价经常会使用总结性评价与形成性评价两种形式。关于有效教学评价，从 20 世纪 80 年代后，西方的教学评价就由教师"教"的评价逐步转向学生"学"的评价。博耶甚至提出了"教学学术"的概念。他认为学术包括探究的学术、整合的学术、传播知识的学术（教学学术）和应用知识的学术，并把传播知识的学术称为教学学术，将教师的教学提高到学术的高度。舒尔曼继博耶之后对"教学学术"进行了进一步的阐述，将"教学学术"在理念上发展为"教与学的学术"，并认为教学学术有和科研一样的实践过程。在此之后，学者在教学学术上积累了一系列的成果，对各类评价策略也有相当系统的研究。

（一）形成性评价的策略和方法

课程结束时对学生测评是一种典型的总结性评价。形成性评价是在课程与教学活动过程中进行的评价，对教学改进意义重大。课程评价的实践中有非常多的形成性评价的策略与方法，M. A. 福克斯和 N. 海克曼（2006）将一些主要的策略总结如下。

1. 对学生直接提问

了解学生是否理解了课堂教学内容，最简单的方法就是直接对学生提问。但是，直接提问的效果依赖于良好的师生关系，否则"谁还不明白？""还有其他什么问题吗？"这类问题只会让学生略感难堪或笼统，甚至会使课堂气氛骤然变冷。一般情况下，教师可提出那种鼓励具体回答的问题如"有多少人理解了我们正在讨论的问题？"更好的办法是教师可以让学生简单概括、复述某一主题讨论或讲座的要点、实质。在课程单元结束时，可以要求学生单独或两人一组写出关于课程内容的概要，要求学生匿名提交，并告知学生此作业不是考试，也不会计分。

2. 学生评估小组

要求一组学生在整个学期中不断地对课程进行评估。就教师如何促进学习的问题，鼓励评估小组的成员对他们的同伴实施问卷调查或进行访谈。

对于规模比较大的课堂，可以建立由两到四个学生组成的联络委员会，这个委员会定期与教师会面，讨论学习中的难点与不足。委员会成员可在自愿参与的同学名单中进行轮换，确保整个班级所有成员都能及时了解委员会成员的更新情况。此外，可以雇用那些没有申请学习该课程的学生听课，并给教师不断提供反馈的信息。（Greene，2000）

3. 学生的课堂笔记与笔记链

教师可向学生借阅他们的课堂笔记，这种方法可使教师了解学生对主要观点的掌握情况，以及对各种不同主题是否存在误解或相互混淆的现象。（Davis，1993）

笔记链则是在小型课堂中途传递一张小纸片，让学生轮流在上面写下当时正在讨论的主要观点的方法。由此，教师可获得学生认为在当时课堂上最重要的概念列表。(Angelo & Cross, 1993)

4. 非正式会谈与标签卡

教师可以在工作时间、课前或课后，通过与学生进行非正式会谈或用电子邮件，寻求反馈意见。当然，教师不应该以强迫学生尽快回答的方式提出有关课堂教学的问题。教师应该向那些他们认为最有诚意回答问题的学生提问。教师无论何时收集这些反馈信息，都应该觉察到这些信息只是个别意见，并不代表整个班级。还可使用"标签卡"的方法，在标签正反两面写上两个问题，在整个学期中分几次发给学生，请学生回答。这些问题可以是一般性的诸如"你对这门课程的整体印象是什么?""你对改进课程有何建议?"，也可是"实验环节是否与课程的其他方面紧密相关?"等细节问题。(Davis, 1993)

5. 小组教学诊断

小组教学诊断(Small Group Instruction Diagnosis, SGID)为华盛顿大学首创，目前在各类大学的教学中心都得到发展和推广。(美国国家研究理事会，2006)小组教学诊断的目标是收集、整理学生对改进教学的期望，方法是雇用一组咨询员，直接从学生和教师那儿收集信息。咨询过程一般持续15—60分钟，可以在任何方便的地点进行。但在学期中间进行最为有效，这样教师就可以有充足的时间修改课程。咨询员们应在教师不在场的情况下对学生进行访谈，其内容是找出课程的优点和需要改进的地方。咨询人员总结收集的信息后，和教师单独会面，共同讨论学生的看法和选择教学法。华盛顿大学使用这种评价方法的研究表明，学生能够珍惜在学期结束前向教师提出反馈意见的机会。这一技术实施最后是向教师提供反馈信息，包括对改进其课程教学的建议，并加强了师生之间的交流。

6. 研究生教学助理的形成性评估

教学助理是教师教学工作的重要的、有价值的反馈信息来源，这些信息涉及在课堂教学、讨论课和实验室里出现的各种成功与不足之处。教学助理可以使用以下方式，向教师和他们所属的院系提供反馈信息。

(1)教学助理通过在课堂上与学生的交谈和直接观察，每周一次转告教师关于教材、作业布置、课堂讲解等方面存在的问题。

（2）在考试之前，教学助理可以先确定考卷中有哪些模糊的和不清楚的项目。当考试评分完毕后，他也可以对学生答卷中出现的错误进行分析，并向教师或教学管理人员提供详细信息。从大量的教学助理那儿长期收集各门课程、课程内部不同环节的信息，有助于各个系找出哪些概念需要在多门课程中重复强化，或哪些错误理解可能在一系列课程学习之后仍然存在。

（3）请教学助理就某一课程或系里的课程计划，以及同一门课程的不同部分所应采取的教学和考试方法的相同点与不同点，提出建设性的意见。

7. 同行评估

一般来说，教师可以真诚、自愿地通过各种方式对他们同事的学术成果进行评价，却不愿对同事的教学有效性进行评价。然而，许多资深教师具有对被评估教师在专业知识、课程内容、教学目标和教学材料的合适性、考试技能、对测验的熟练程度、学生学习的广度与深度等诸如此类方面进行鉴定的经验和眼光。在合适的情况下，引入外系的教师，尤其是那些掌握有效教学知识并且能力很强的教师参与形成性评价，不仅有利于学生学习，而且也利于教师专业发展。具体的方法如下。

（1）观察。

受评教师可以邀请校级或本学科教学中心的顾问、同事或教学法专家访问他们的课堂，并就其教学提出反馈意见。在每次访问之前，教师可以与观察者商讨观察应侧重的方面，如学生与教师的互动、所提问题的性质等。

（2）同事进行的"正式的形成性评估"。

同事之间偶尔会发生非正式的关于改进教学的讨论和努力。但更系统、更正式的形成性评估对教师专业发展特别有用。院系或学校可以指派资深教师作为非终身任职教师的教学顾问。比如，中外大学都有的"名师工程"，要求教师两人或三人一组一起工作。教师在整个学期中多次相互观察对方上课，采访对方的学生。采访的问题侧重于学生对课程的学习情况，如较难的主题内容是哪些或是对特定某几节课的反映。根据这些观察资料，参与这个计划的教师定期会面，保密但真诚地交流意见，指出每个参与者是如何成功地或不成功地鼓励学生学习的。

（3）设立项目以及教学学术奖去促进教师之间的评价。

美国高等教育协会（AAHE）通过设立多个项目来促进教师之间在教学评估和改进教学工作中的合作。美国高等教育协会于 20 世纪 90 年代中期实施了一个项目，它涉及 12 所大学的合作，强调同行评估作为形成性评估方法之一的重要性。近年来，美国高等教育协会、卡内基教学促进会和卡内基教学研究院，根据博耶（Boyer，1990）和格莱斯科（Glassick，1997）及其同事们提出的标准和观念，联合开发了一个同行评价的项目。这个项目的目标是资助那些以鼓励所有学生有意义的、长期的学习为目的的教与学的研究。这个项目也寻求提高教学实践、教师职业的地位，并鼓励给予教学成果与其他形式的学术成果同样的重视和奖励。（Hutchings，2000）

8. 自我形成性评估：教学档案袋

教学档案袋实际上是对教师的主要教学成果和教学长处的总结文献（Shore et al. ，1986），它往往包括下列多种教学有效性的证据。

（1）新课程开发的记录。

（2）优秀教学的记录，如学生的练习簿或学生日志、学生在课程开始前与课程结束后的考试结果、批改过的学生文章。

（3）教师个人教学材料，包括课程开发材料、教学计划、对如何在教学中使用各种材料的叙述、教师尝试的改革和对它们成功程度的评价、教学录音带等。

（4）来自于他人的材料或评价意见，包括学生的作业和学生评估、同事或校友的评价。

（5）对本人如何在学科领域保持前沿水平的教学活动进行描述，如将参加专业学术会议获得的知识用于教学中。

（6）为改进教学或教学实验室设备而争取到的外部支持。

（二）终结性教学评价策略与方法

1. 学生的评估

学生对教学的终结性评估最典型的方法就是问卷调查，其主要内容包括以下几个方面。

（1）课程组织和计划。

（2）教师与学生的互动。

（3）清楚阐述及交流能力。

（4）布置的作业量及对课程难度的认识。

（5）评分、作业和考试的质量与公平性。

（6）学生对学习进展的评价。

（7）学生对努力程度、出勤率、课程参与、完成作业及学习动机的评价。

学生评估问卷有时也会关注教师教学风格、对课程的总体印象，及对教学有效性的宏观评价。对于理工科学生的课程评价，有时也包括实验室的效能、野外工作、学术研究活动等问题。需要特别指出的是，问卷中通常不应该出现学生对专业知识的了解程度这类问题。

2. 研究生教学助理评估

教学助理在参与评估之前需要被告知，将如何使用评估信息以及谁会看到这些信息。可向研究生教学助理了解以下问题。

（1）对教师教学有效性的整体评价。

（2）对教师在设计、准备和指导课程实施中，所反映出的教学上的长处和不足进行分析。如果系里需要对教师的某个特定方面的教学问题进行评价，应该向教学助理强调指出，必须为自己的意见提供足够的证据。

（3）与教学助理进行有助于其教学能力发展的合作指导程度。

（4）教师给教学助理的工作分配和对其期待的合理性。

对于所提出的每一个问题，应鼓励教学助理提供具体的例子。假如他们的回答是为人事决策服务的，访谈总结文献中必须说明与教师合作的教学助理的总人数，以及其中提供信息的人数。

3. 同行评估

在学校或院系层面进行总结性评估，需要获得更系统、更完整的关于教师教学表现的信息。这些信息具体可以通过以下方法获得。

（1）通过有效教学委员会进行系统评估。

通常系里会任命一个特别教学委员会，来评估系里正在考虑晋升和终身聘用的教师。在小型学校中，晋升和终身聘用的最终决策权在于校级的委员会而不是各个系的委员会。这时可以在晋升—终身聘用委员会中，分出一个工作小组，定期检查学校如何使用教学总结性评估结果及其操作程序。

这种特别委员会的唯一职责是评估教师的教学表现。委员会由资深教师、1—2 名青年教师、一名或多名研究生或高年级大学生组成。特别委员会中应该至少有一位委员来自外系。

委员会审查的材料有三类：第一类是被评教师提供的与教学有关的材料，包括课程计划和考卷、教与学的辅助设施；第二类是被评教师所教课程内容的前沿性、参与课程设计的情况、对课程与教学研究领域的贡献、对大学生研究计划的督导、对学生日常生活的劝导、对教学助理的帮助和指导；第三类是被评估教师的有效教学的自我评估。自我评估内容应该包括对以下问题的回答：你的教学目标是什么？为何要选择这些目标？你是如何知道学生有能力学习这些材料的？课程在多大程度上实现了你制定的学生学习目标，你又是如何知道的？在实现课程目标的过程中，你遇到哪些问题？你是如何在教学上给予学生挑战和鼓励学生参与的？你在教学方法上是如何考虑学生的水平和能力的？你对课程满意程度如何？你的教学有哪些长处和不足？当你下次再教这门课时，你会作哪些调整？你认为课程中哪些地方最有趣，哪些地方最令人失望？

被评估教师所在系的领导，同样也应提供给校级委员会一份该教师从前所上课程的学生评估、接受具体指导的学生名单和地址、接受论文指导的学生名单、过去和现在上课的学生名单、被评估教师长期以来积累的教学档案（如果有的话）。被评估教师应该有机会知晓呈递给委员会的所有材料的目录，以便可以对其进行补充。

委员会成员通过简短的面试、电话访谈、通信、简单的问卷调查，对被评教师现在和以前的学生进行访问，形成一幅学生评价的整体印象图。此外，每个委员会成员至少对被评估教师的两门课程进行课堂观察和评价，以此形成对教师递交材料的补充。

（2）同行评估问卷调查。

现有研究中，已开发了许多终结性同行评估的问卷。其中，西拉克斯大学（Syracuse University）和德克萨斯大学奥斯汀分校（University of Texas at Austin）开发了由封闭性问题和开放性问题组成的问卷，其主要内容涉及五个维度：①对学科内容与课程内容的组织；②有效交流；③对学科内容和教学的知识与热情；④考试和评分中的公平性；⑤教学方法的灵活性。在进行同行评估时，至少须有三个同系同事使用同一评估问卷。他们在审阅被评教师材料和进行课堂访问之前，应商定共同的评估标准。同时，管理部门也要向被评教师提供本系和外系的其他同行评估的高分或低分的实例。（张红霞、王玮，2006）

三、评价对象及评价周期的管理

评价对象的选择和激励也是各国评价实践中的重要考量方面。绝大多数的学生评价工具都指向即将完成学业时的学习结果。因此，临近毕业的大学四年级学生往往是各国评价测试的主要目标群体。比如，美国的大学生学习能力评价（MAPP）、澳大利亚的毕业生技能评价（GSA）、巴西的全国性学生技能考试（ENADE）等就是很好的范例。特别地，对于直接测试而言，几乎很少以已毕业的学生为评价对象，其共同的原因是，组织大规模的校外测试和说服已毕业的学生参与测试都比较困难。但问卷调查等的非直接性测试却可能既面向在校学生，也面向已毕业的学生。在如何激励被评价者更认真、更投入地参与测试和调查方面，各国都做了一些尝试。比如，巴西的全国性学生课程考试（ENC - Provao）就把参加测试作为毕业的一个基本要求；在澳大利亚和墨西哥，相关的政府组织要求测试的成绩可作为国家性的职业资格证明，参与的学生可将测试结果列入成绩单中，增强自身求职或深造的竞争力。同时，政府也积极鼓励雇主和研究生院把学生的测试表现和结果作为录取学生的重要衡量指标。上述这些措施都在激励参与者的积极性方面，取得了较好的成效，值得仿效和借鉴。

当前，学生学习的"增值性评价"正成为发展的主流。由于一次性的测试（single testing）缺乏比较的基准而受到质疑。因此，经常使用的评价周期类型为横向评价（cross - sectional assessment）与纵向评价（longitudinal assessment）。澳大利亚的毕业生技能评价（GSA）和巴西的全国性学生技能考试就采用横向评价的方式，即对一年级新生和四年级毕业生同时进行测试。在横向评价中，入学新生被作为控制组，其当前状况近似地等同于现有毕业生当时的入学状况。而美国的大学生学术能力评价（CAAP）、大学生学习能力评价（MAPP）以及大学生学习评价（CLA）则采用了纵向评价的形式。被测学生群体往往在入学时进行一次测试，经过了一段时间的学习之后，对同一组学生再进行测试。这种测试方式保证了对入学时的各种输入变量的良好控制，但存在无法控制影响学习结果的校外经验等的环境变量的缺陷。

对于评价对象及评价周期的选择，有助于更准确地评价大学对于学生发展所起的真实作用，在一定程度上保障了评价的有效性。

四、评价结果的使用

各国的评价结果主要体现为两个方面的用途。形成性评价是指把评价的结果作为后续改进的行动指南。因此，像美国的大学生学术能力评价（CAAP）、大学生学习能力评价（MAAP）等的很多评价实践，就是指向大学与专业的持续性改进。大学或者院系可根据这些系统性的评价结果，进行持续性的自我反思、自我学习与自我完善，不断提升大学的办学质量与教学效果。总结性评价指向于为高等教育的管理机构与公众提供问责的依据，为管理部门决策提供依据。在美国、澳大利亚、英国、加拿大等发达国家，专业认证（program accreditation）、资源分配（resource allocation）直接与一些权威的本科生学习结果评价相联系。根据笔者2009年对澳大利亚大学的实证性研究，"当前的澳大利亚政府每隔两到三年都会对全国所有大学进行澳大利亚学生课程体验（CEQ）调查，并根据评鉴结果对各个大学的教学质量进行排名，排名结果将作为对大学拨款的重要衡量指标"（吕林海，2010）。此外，评价结果的公开也导致公众关注意识的增强。这表现为，越来越多的未来大学生、家长和雇主利用学习评价结果选择大学和录用人员。

五、促进评价有效开展的政策措施

在实施学习与教学评估的政策和程序之前，学校的内部组织机构，如管理层、学术委员会、全体教师，都有必要对学习与教学评估达成共识。具体可以从以下几个方面着手制定一些措施。

（1）使教师积极参与选择评估方法，起草系级和校级的实施政策和措施，拟定用于分析和审查教学总结性评估结果的程序。

（2）找出所有可能存在的（包括课内和课外）教学方式和教学活动。

（3）编制评估表格及其说明文件，并让教师免费获取它们。这样教师能够从中了解到在评估过程中规定必须提供的材料和信息。

（4）建立统一的收集和使用学生信息的程序。如学校应规定保护匿名回答的程序，并确保教师只有在递交了学生期末成绩报告后，才能看到学生对他的评估意见。

（5）建立一个统一的和公正的分析和审查评估数据的系统，包括课程结束后学生评估问卷回收率的规定。

（6）说明哪种类型的信件和调查要保密，被评估教师可以看到哪些信件和调查文件。如果有必要，哪些信息可以向学生公开以利于学生日后选择课程。

美国国家科学基金委员会的报告《塑造未来》，也给学院和大学行政领导及学术负责人提出了以下建议。

（1）承担起对所有学生学习负责的责任，并认识到这不仅仅依靠校级的文字规定，还要建立具体的操作规程，并将这个责任分配到校、系两级的工作中去。

（2）建立针对院系及其课程计划的，而不仅仅是针对教师个人的评价和奖励机制。这样可以使全体教师对学生在科学、技术、工程、数学等学科的有效学习更有责任心。

（3）给广大教师，尤其是新教师提供足够的资源，保证他们有机会、同时也有时间去学习如何设计有效的教学计划、正确运用教育技术、设计探究式和协作式的学习活动，以及如何评价学生的学习成就。

（4）务必要使奖励机制无论是在理论上，还是在实际实施过程中，都能够支持这样的教师，即他们能够为学生创造友好的学习氛围——这种氛围有助于教师识别学生的个体差异，而且能为教师针对这些差异找出处理的办法提供机会。

参考文献

［1］龚放，张红霞，余秀兰，曲铭峰.2009.教授上讲台是提高高等教育质量的必由之路［M］.北京：高等教育出版社，293.

［2］丁朝蓬.2003.新课程评价的理念与方法［M］.北京：人民教育出版社，47.

［3］施方良.1996.课程理论——课程的基础、原理和问题［M］.北京：教育科学出版社，149.

［4］克罗克，J.阿尔吉纳.2004.经典和现代测验理论导论［M］.金瑜，等，译.上海：华东师范大学出版社.

［5］高凌飚.2002.基础教育教材评价［M］.北京：人民教育出版社.

［6］朱小蔓.2002.中国教师新百科：小学教育卷［M］.北京：中国大百科全书出版社，518.

［7］江山野.1991.简明国际教育百科全书：课程［M］.北京：教育科学出版社，168.

［8］庆伊福长.1984.大学评价研究［M］.东京：东京大学出版社，10.

［9］桥本重治，等.1979.教育评价要说［M］.图书文化社，9－10.

［10］钟启泉.1989.现代课程论［M］.上海：上海教育出版社，354－355.

［11］王伟廉.2004.关于高等学校课程评价的若干问题［J］.复旦教育论坛，12（2）：16－19.

［12］李国庆.2006.从评价到评定：美国基础教育课程评估的转向［J］.辽宁教育研究，（3）：82－85.

［13］田迅，李林.2011.课程与教学评价的发展趋势［J］.现代教育科学：普教研究，（1）：112－114.

［14］中国高等教育学会引进国外智力工作分会.2007.大学国际化：理论与实践［M］.北京：北京大学出版社，18.

［15］周婷.2010.20世纪美国大学教师教学评价价值取向研究［D］.兰州：西北师范大

学，11.

[16] 郭芳芳，史静寰 . 2012. 区域认证中的学生评价："奉子成婚"抑或"天作之合"？——美国高等教育质量保障机制研究 [J]. 外国教育研究，（10）：13 – 26.

[17] 李湘萍，马娜，梁显平 . 2012a. 美国大学生学习评价工具分析和比较 [J]. 现代大学教育，（1）：30 – 35.

[18] 罗燕，史静寰 . 2009. 清华大学本科教育学情调查报告——与美国顶尖研究型大学相比较 [J]. 清华大学教育研究，（5）：1 – 13.

[19] 龚放，吕林海 . 2011. 中美研究型大学本科生学习参与差异的研究——基于南京大学和加州大学伯克利分校的问卷调查 [J]. 高等教育研究，（9）：90 – 100.

[20] 岳小力 . 2009. 基于学生参与经验问卷调查的高等教育评价新途径——美国 NSSE 的理论和实践 [D]. 上海：复旦大学，8 – 14.

[21] 舒子吁 . 2009. 大学生学习投入问卷的编制及其应用 [D]. 南宁：广西师范大学硕士学位论文，49.

[22] 陆根书 . 2012. 课堂学习环境、学习方式与大学生发展 [J]. 复旦教育论坛，（4）：34 – 46.

[23] 孙志凤，张红霞，郑昱 . 2010. 研究型大学新生研讨课开设效果初探——南京大学案例调查研究 [J]. 清华大学教育研究，（6）：119 – 124.

[24] 福克斯，M. A.，海克曼，N. 2006. 大学科学、技术、工程和数学教学评估与改进 [M]. 张红霞，王玮，等，译 . 原著2003. 北京：科学普及出版社，71 – 75.

[25] 吕林海 . 2010. 大学教学的内部支持性机构及其经验借鉴研究——澳大利亚纽卡斯尔大学"学习与教学中心"的个案调研报告 [J]. 比较教育研究，（8）：145.

[26] Alexander, W. A. 1999. Student Involvement：A Developmental Theory for Higher Education [J]. Journal of College Student Development, 40 (5)：527 – 529.

[27] Astin, A. 1968. The College Environment [M]. Washington, D. C：American Council on Education.

[28] Astin, A. 1991. Assessment for Excellence：The Philosophy and Practice of Assessment and Evaluation in Higher Education [M]. New York：Macmillan.

[29] Bruce A. Weinberg, Masanori Hashimoto & Belton M. Fleisher. 2009. Evaluating Teaching in Higher Education [J]. The Journal of Economic Education, 40 (3)：227 – 261.

[30] Saylor J. G. & Others. 1981. Curriculum Planning for Better Teaching and Learning [M]. 4th ed. New York：Holt, Rinehart and Winston, 329.

[31] Pletinckx J. & Segers. M. 2001. Programme Evaluation as an Instrument for Quality – Assur-

ance in a Student – Oriented Educational System Evaluation [J]. Studies in Educational Evaluation, (27): 355 – 372.

[32] Marsh, C. & Willis, G. 1995. Curriculum: Alternative Approaches, Ongoing Issues [M]. A Simon & Schuster Company, 258.

[33] Norris, N. 1998. Curriculum Evaluation Revisited [J]. Cambridge Journal of Education, 28 (2): 207 – 219.

[34] Stufflebeam, D. L. 2003. The CIPP Model for Evaluation [M] //Stufflebeam, D. L. & Kellaghan, T. 2003. The International Handbook of Educational Evaluation (Chapter 2). Boston: Kluwer Academic Publishers.

[35] Levine. T. 2002. Stability and Change in Curriculum Evaluation [J]. Studies in Educational Evaluation, 28 (1): 1 – 33.

[36] David Nevo. 1983. The Conceptualization of Educational Evaluation : Analytical Review of the Literature [J]. Review of Educational Research, 53 (1): 117 – 128.

[37] Schwab, J. J. 1969. The Practical: A Language for Curriculum [J]. School Review, (77): 1 – 23.

[38] Vincow, G. 1997. The student—Centered research university [J]. Innovative Higher Education, (3): 165 – 178.

[39] Walvoord, B. E. & Andevson, V. J. 1998. Effective grading: A Tool for learning and assessment [M]. Jossey – Bass Rubl: shers, 250.

第九章

大学教学制度建设

　　制度是一个组织的"游戏规则"，是组织成员的行为规范。就中国高等教育质量保障制度研究领域而言，过去十几年主要从事两个方面的工作：一是配合政府主导的教学评估、"质量工程"有关项目的建设工作进行调查论证研究，主张以外部的控制、激励来促进高校教学质量的提高；二是现代大学制度研究，旨在移植西方传统的"大学自治""学术自由""教授治校"思想或策略来改造大学的权力结构，从更基础的层面探讨大学教育质量的保障机制。这种现代大学制度研究的前提是，教师的科学研究与教学效果同步、大学学术发展与学生学业成长成正比，因此在新的大学尤其是一流大学，其制度框架体系中有关人才培养工作和学生发展问题成为学科建设、科研成果评价的副产品。（汤智，潘海涵，2010）也有学者批评道，我国高教研究"存在这么一种倾向：好像谈论制度建设就只有学术自由和教授治校，而涉及人才培养就只是教学方法"（马陆亭，2010）。

　　不过，近年来这种状况发生了一些变化。从全球范围来看，随着高等教育大众化及随之而来的公共问责呼声日趋高涨、信息技术对教育改革的推动作用与日俱增、国际交流乃至国际合作办学蓬勃发展、以学生为中心的大学教育质量评价理念深入人心，与高等教育质量有关的教学制度建设越来越受到重视。例如，近年来清华大学、南京大学、西安交通大学、湖南大学等高校开展了大规模的以学生为本的学习评价研究。与此相关，教育部在总结了十年前第一轮本科教学评价的经验与教训之后，于 2013 年首次启动了专家组审核性评价模式试点工作。

本章将首先介绍美国等发达国家的大学教学制度，然后分别从国家和学校两个层面阐释相关制度制定的原理，最后对中国的特殊问题进行反思。

第一节 美国大学教学制度的主要内容

关于"制度"的定义很多，可以从政策学的视角、文化研究的视角、管理学的视角、经济学的视角等定义之。这里我们选择美国著名经济学家、诺贝尔奖得主道格拉斯·诺思（Douglass C. North）的定义。这一定义的特点是简明扼要，并具有较高的普适性，可操作性强。其定义为：为了实现一个目标、落实某项政策而制定的一系列关系人力、物力、财力和权力重新分配的操作性规则（诺思，2008）。此定义也适用于高等教育，制度是一所大学取得成功的决定性因素之一。20 世纪 90 年代以来，美国研究型大学本科教学质量之所以取得较大的提高，与其采取了一系列的本科教学改革举措，并建立了行之有效的制度是分不开的。当然，其中许多制度——如学分制，其历史源头可以追溯到 19 世纪初，但这不是本章的重点。本章将以美国研究型大学——这是大学教学改革的重点与难点所在——20 世纪 80 年代以来针对新问题采取的新教学制度为研究对象，包括教师管理制度、日常教学管理制度、促进教学与科研关系的健康发展等方面进行重点探讨。

一、教师聘任制度

梅贻琦的名言"所谓大学者，非谓有大楼之谓也，有大师之谓也"，是西方高等教育理论本土化的典范，表明了教师质量的重要性。只有一流的教师管理制度，才能吸引和汇聚一流人才；而足够数量的一流人才才能使学校的优良学风得以传承，使学术生态向良好的方向演化。公正、科学的教师管理制度是大学制度的重要构件，是学术自由健康发展的基本保证，也是研究型大学本科教学质量得以保障的最重要的政策资源。一般来说，教师管理制度应该包括三个部分，即前期的聘任制度、中期的考核制度和后期的晋升发展制度。通过文献研究可以看出，美国著名研究型大学教师管理制度的特点可以概括为：瞄准使命、严格考核，学术优先、质量第一，注重激励、尊重教师。（王正辉，2009）

1. 瞄准使命、严格招聘

我们常讲的"学校定位"在英文里称为"学校使命"（mission）。2005年美国卡内基基金会将美国的高校分为七种类型。① 即便同属研究型大学，各校也注重特色的发展。哈佛大学与其邻居麻省理工学院的定位就非常不同。从两校网站主页的自我介绍中可以大致看出其截然不同之处。前者强调"培养影响全球的领袖"，后者强调"培养科学技术领袖"。学校的各项工作都必须围绕其使命展开，教师聘任当然也不例外。哈佛大学博克校长曾经说过，他的主要工作不是"弄钱"，而是物色人才。为了引进一位物理学教授，他认真钻研其科研成果（他本人是法学和伦理学专家），以至于在他与该教授交谈时被对方误以为是物理学同行。（曲铭峰，2013）

美国研究型大学的教师聘任一般遵循以下三个标准：首先，要毕业于世界名牌大学且具有博士学位；其次，要有一定的学术经历，证明其具有能够胜任当前教学和科研工作的能力；最后，要有比较丰富的科研成果，要在同行认可的杂志上发表过文章。如哈佛大学、斯坦福大学等都以此三原则选聘教师。同时，在选聘、考察过程中措施严格，比如哈佛大学"在广泛征求校内外，甚至国内外同行专家意见的基础上，评审程序严格坚持系、院、校三级层层把关与校外同行匿名评审相结合"的办法。（王正辉，2009）

在教师招聘中，美国主要研究型大学还同时考虑教师来源的多样性，坚

---

① 具有广泛研究领域的博士学位授予权大学（D/R - E）；具有重点研究领域的博士学位授予权大学（D/R - I）；具有硕士学位授予权的一类大学（M - I）；具有硕士学位授予权的二类大学（M - II）；具有学士学位授予权的文理学院（BLA）；具有学士学位授予权的普通学院（BGC）；两年制学院。

持面向全球招聘，特别是杜绝招聘本校毕业生，以避免"近亲繁殖"。例如，哈佛大学在聘任终身教授职位时，一般要进行全国性的、很多情况下是全球性的大搜索，以寻找适合所需学科领域的一流学者和教师。（郄海霞，2006）

2. "非升即走"、严格考核

在教师晋升方面，美国主要研究型大学普遍实行"非升即走"制度。除了终身教授外，其他教师都有一定的任职期限。如果到了服务期限仍不能晋升到高一级职位，教师就要离开这所学校。这些规定都明确、详细地写入各大学的《教师手册》。目前，国内诸多一流高校也开始探索并尝试实行类似的政策。

美国研究型大学在教师招聘政策上十分重视教师的研究能力，但在教师后期晋升和奖励条件中，更多重视的是教学因素，并有专门的制度文件加以规定。据《重建大学本科教育：博耶报告三年回顾》中的一项调查显示，有35%的研究型大学在讨论教师晋升和获得终身教授职位时，将申请人从事本科教学的评价结果作为一个重要的考核因素。（Katkin，2003）以哈佛大学为例，2007年1月，由哈佛大学文理学院"教学和职业生涯发展特别工作小组"提出的《哈佛大学提高教学的合约》（A Compact to Enhance Teaching and Learning at Harvard）中，就明确规定了教员任命和晋升的条件要求。其中关于终身职位的任命条款就包括必须提交相关的教学表现材料，如一封来自申请人所在院系领导证明申请人教学成效的信，还有学生评价的得分、选课学生的名单，并要求申请人提交关于本人教学工作的自我评价与总结，总结中要有对校级或院系级课程建设计划的贡献等。（哈佛大学特别工作小组，2013）

二、多角度的教师评价制度

严格的人事管理制度的有效推行与科学的教师评价制度是密不可分的，只有对教师进行合理的考核与评价，才能正确地决定教师的去留、晋升和奖惩。美国研究型大学都有一套多角度的、行之有效的教师评价制度。

1. 评价内容全面

教师评价内容包括教师的教学、科研与社会服务各个方面。就教学方面而言，评价内容包括课前准备、课堂教学、课后答疑、课程的研发、教学手段方法的更新、教学内容的更新、课后实习、试卷设计以及教学态度等，而且评价指标详细全面。图9-1列出了哈佛大学学生评教问卷。（福克斯、海克曼，2006）

1. 学生上课前准备	是	有时	否
（1）你是否清楚教师对课程预习和参与的要求？	☐	☐	☐
（2）上课前，你是否复习上次课的笔记和阅读准备材料吗？	☐	☐	☐
（3）你是否想提前完成还未讲到的内容的作业？	☐	☐	☐
（4）如果在讲座前你获得了讲座提纲，你是否提前阅读？	☐	☐	☐
（5）你是否与同学合作完成作业？	☐	☐	☐
（6）你是否在预习中准备好下次课需要提问的问题？	☐	☐	☐
（7）通常情况下，你是否进行课前准备和预习？	☐	☐	☐
（8）作业对你是否有意义？	☐	☐	☐

（9）每周大约花多少时间进行课后阅读及完成作业？＿＿＿＿＿＿小时

（10）在这门课的学习中，已经布置了多少预习和阅读作业？［开放题］

（11）对这些预习阅读材料，你认为怎样才能学得更好？［开放题］

2. 对教师的评价	不同意————➤同意
（1）教师准备充分	1　2　3　4　5
（2）教师讲解清楚	1　2　3　4　5
（3）教师对学生的问题解答得很好	1　2　3　4　5
（4）教师真诚地关心学生的学习与教学质量问题	1　2　3　4　5
（5）教师在课后也容易接触	1　2　3　4　5
（6）教师有效地引导与鼓励学生积极参与	1　2　3　4　5
（7）教师根据学生的学习情况调整进度	1　2　3　4　5

（8）你对教师有什么评论或建议吗？［开放题］

图9-1　哈佛大学德里克·博克教学中心"课程结束时评价问卷"

2. 评价方式多样

美国研究型大学教师评价的方式是多样化的。从评价主体看，在科研及社会服务方面，主要是管理者对教师的评价；在教学评价方面，评价主体充分体现了多样性的特点，既有管理者对教师的评价，又有学生、教师、教学顾问等对教师的评价，甚至还有教师的自我评价。学生评教的形式也多种多样，如重复测量学生学习前后的变化、教学的有效性测量、对学生进行正式与非正式访谈、一分钟反馈短文、征求学生评估小组意见、查看学生课堂笔记、召集学生非正式会谈、标签卡等。（福克斯，海克曼，2005）"一分钟反馈短文"评价方法是在一节课结束时，教师让学生对类似以下的问题花一两分钟时间，用书面的方式进行回答。如你今天学到的最有意义、最有收获的东西是什么？什么问题仍然不清楚？对这些问题的回答可以帮助教师评判学生掌握教学内容的情况。"标签卡"评价方法是指任课教师在整个学期内分几次向学生发放标签卡，让他们同时回答两个问题，其中一个问题写在卡的正面，另一个写在卡的背面。其问题可以是一般性的问题，如"你对改进课程有何建议"；也可以询问对相关课程特定方面更细节的意见，如"作业中所列的问题是否太难了"。

值得注意的是，在上述诸多评价方法中，研究型大学最为重视的是学生评价，而且形成了比较规范的学生评价体系。据一项研究显示，越是著名的大学越重视学生对教学的评价（赵晓东，陈彗仙，2013），这或许是因为一流大学的学生判断是非和参与管理的能力较强。以哈佛大学为例，校方文件中明确指出学生评价对任课教师改善教学具有重要意义。哈佛大学的学生评价体现在以下四个方面：①技能知识的掌握及思维方式的转变；②授课形式：从教师课堂授课、课堂讨论、实例分析，到阅读、专业活动、书面作业及教师的评阅情况；③任课教师的长处和弱项；④整体性评价及对以后改进的建议。

不过，美国科学院和国家研究理事会的一项研究显示，对学生评价的结果应持谨慎的态度，尤其对于普通高校而言更是如此。他们通过对已有的实证研究文献进行系统分析后提出，在使用学生评价结果时应该注意以下10点。（福克斯，海克曼，2005）

（1）学生评价的结果只是应该采用的多种评估信息的一部分。因为学生的评价只代表学生的观点，需要同时考虑其他来源的信息（同事、自我报告、学生收获的证据）。学生评价相对比较容易获得，但并不能因此而给予其不适当的权重。

（2）使用多套评价结果。在做有关教师的人事决策时，应使用授课超过一个学期的各门课程的评价结果。使用从五门或更多课程而来的结果最好。此外，如果可能的话，学生评价的结果应与关于那门课或那种类型课程的教学历史记录相比较，即参照历史上或其他教师同类课的教学情况。

（3）有充足数量的学生参加评价。足够数量学生的平均值将最小化少数极端观点的影响。测量在学生多于 25 人的课堂中才能保证较好的信度。对于学生较少的课程，应检查这些学生对多门课反映的平均值，从而排除少数极端意见的影响。

（4）在解释数据时应考虑课程本身的一些特点。也许任何单个课程因素并不会对评价结果产生很大影响，而多种因素的结合（如小班课堂、学科领域等）就会对教师评价的平均值产生实质性影响。

（5）使用比较的数据。在解释评价结果时，在学校内部——如果有条件的话，甚至在多个相近学校、院系机构间——进行比较，有助于最小化任何偏态分布的影响。

（6）不要过高估计微小的差异。由于学生评教的形式往往是量化的评估，因此常常有一种过高估计其结果准确性的倾向，而实际上教师之间 10% 的差异基本上不代表实际上的差别。

（7）在人事决策中应该重视综合评价及学生对自己学习收获的评价。已有研究显示，对教师教学的综合评价或对某门课的整体效果的评价，往往与学生的成绩相关程度很高，而与学生对教学风格和表述方法的评价结果相关性并不那么高。学生对自己学习的评价是评价有效教学的一种非常有用和相当准确的方法。

（8）在课堂实施问卷调查要使用规范的程序。当评价结果用于人事决策时，为了将可能的偏差的作用最小化，必须采用规范化的程序。这些程序包括让教师离开课堂，并向学生郑重说明关于将如何使用调查数据的政策。学生评价通常在课程结束后与期末考试前这段时间进行最好。

（9）给予被评教师解释、说明权。教师应有机会与系领导或其他参与人事决策的同事讨论任何他们认为会影响学生对其教学评价的情况。需要特别注意的是，传统的学生评价问卷在不很传统的教学或测验环境下，常常不能正确反映教师的教学有效性。

（10）使用学生评教方法应该有所限制。使用学生评价问卷调查存在一个效果衰减的问题。如果过多使用学生评价问卷调查方法，学生和教师都会对此产生反感情绪。

总之，评价方式的多样化使教学评价更加彰显公平性、科学性，有助于保护、激发教师的教学积极性，从而有助于教学质量的提高。

在美国，由于研究型大学对教师终身教授资格的评审程序须严格，教师从进校始，校方就开始为其建立教学和科研成绩档案。资深的终身教授要定期听非终身教授的课，并撰写评价报告存入其档案。同时，学生在学期结束前要对教师的授课状况进行评判、打分，学校也将评判情况记录在案。除学生和资深同事评价外，还有更加正式的评价方式，包括学校常设的课程评估委员会和职称晋升及任期委员会的评价。课程评估委员会偏重于对课程计划的评价，而晋升及任期委员会则对教授的教学与科研综合表现进行全面衡量，其结果对终身教授的晋升有很大影响。（王正辉，2009）

三、种类繁多的教师奖励制度

美国研究型大学为了鼓励教师投身教学，专门设立了一些奖项，以奖励在教学上有突出贡献的教师。下面分别介绍对普遍意义的教学效果的奖励和专门鼓励教学与科研融合的奖励，以及鼓励跨学科教学的奖励。

1. 普遍意义的教学奖励制度

自20世纪80年代以来，美国绝大多数研究型大学都采取多种奖励手段，从政策和制度上鼓励教师创新教学方法，尤其鼓励将科研与教学相结合的教学模式，鼓励教师吸纳本科生参与自己的课题，鼓励跨学科教学，鼓励开设基础课、公共课。从奖励的名称上看，有以诺贝尔奖获得者或杰出校友命名的奖励，有专门为青年教师设立并以此命名的奖项，有冠以社会捐赠机构名称的奖项，还有以本校大学生组织命名的奖项。如哈佛大学、斯坦福大学、马里兰大学等都设立了优秀教学奖、青年教师优秀教学奖等。如哈佛大学的约瑟夫·利文森纪念教学奖、罗斯林·艾布莱姆森奖，斯坦福大学的沃尔特·高瑞斯杰出本科教学奖、大学生联合会杰出教学奖等。这些教学奖评选程序相当严格、竞争十分激烈。以哈佛大学约瑟夫·利文森纪念教学奖为例，每年奖励一位正教授、一位副教授或助理教授、一位专职教学人员（teaching fellow）。评选过程是先由本科生提名，再由本科生协会的学生事务委员会进行评选。每年有将近300名被提名的候选人。（曲铭峰，2006）据对斯坦福大学网站资料的不完全统计，该校现有各级各类教学奖共26项，其中大部分创设于20世纪80年代以后。为了解决工科院校因学科贴近企业与市场，教师易受物质利益诱惑的问题，近年来这类学校设立的教学奖数量远远超过综合性大学。除了如上所述的斯坦福大学的26个奖项外，麻省理工学院为11项。它们相对于哈佛大学三项、普林斯顿大学六项、耶鲁大学五项而言，明显有更大的投入。（曲铭峰，2006）

2. 融合教学与科研的奖励制度

一方面，美国各研究型大学纷纷出台了一系列举措，改变教师重科研轻教学的态度，推进教学与科研的平衡。如哈佛大学首位女校长德鲁·吉尔平·福斯特2007年上任后烧的第一把"火"就是要改变哈佛大学只重科研不重教学的传统。在她和哈佛大学代理校长的努力下，一个由九名教授组成的小组，倡议要像重视科研一样重视教学，奖励教学上的创新工作，并建议将其与教授的薪资挂钩。再如，哥伦比亚大学教务长艾伦说，他们将以哈佛大学的改革为参考，因为"学生一年交4.7万美元进入精英学校，我们有责任保证他们得到最好的教育"。（王正辉，2009）

另一方面——而且是更有效的解决问题的途径，是促进教学与科研的有效结合。为了改变研究型大学教师评价体制中重科研轻教学的现象，美国国家科委专门设立了教学与科研融合的奖励项目"教学与科研融会认可奖"（Recognition Awards for the Integration of Research and Education）（详见第六章），这对推进美国研究型大学的教学改革起到了很好的作用。

3. 鼓励跨学科教学的奖励制度

曾任康奈尔大学校长18年之久的罗德斯（2007）说："必须人为地、有意识地去营造各种观点产生交锋从而建设跨学科教学和科研的氛围。"今天美国除了在国家层面上设立以促进跨学科教学为目的的项目外，研究型大学自身通过设立专项计划和奖励措施，创设本科生科研计划，改革教师招聘与评价标准等举措，鼓励教师进行跨学科科研与教学合作。

州立大学密歇根大学的做法对我国研究型大学应该具有更大的参考价值。自 20 世纪末以来，它致力于将大学的跨学科文化融入本科教育中，提出本科教育"跨学科协同教学"实践模式。跨学科协同教学模式，即由来自多学科的教师组成教学团队，共同设计、讲授跨学科课程。这能使大学资源得到最大限度的利用，使课程教学效果达到最大化。而且，教师的合作行为也为学生提供了智力和管理上的范例，能够在无形中帮助学生形成合作意识。

该校的跨学科协同教学主要有五种形式。第一，合作课程。即由具有相关经验的教师共同设计、讲授课程。如"纳粹起源"课程，一名教师讲授历史，另一名教师讲授德国语言和文学。第二，整合式课程。这类课程通常是一个较复杂的、涵盖多学科内容的大型课程。由一个小组领导来协调和设计规划整个课程，而来自不同院系和学科的教师分别讲授课程的某一部分。如"全球变化"这门课程就采取这种形式。第三，集合式课程。此类课程是指同步讲授两至三门相关主题的独立课程，并定期召开一些联合研讨会，融合多学科的观点。如"计算机游戏导论"这门课，按照学科领域分成多个部分，每个部分侧重一个领域。如计算机游戏设计的可视性和人工智能组成一个部分，另一部分强调计算机游戏的艺术性呈现方式等。几个部分平时单独开设，但是每周都会安排时间将几门课程整合在一起进行联合讲授或实验。第四，阶梯式课程。这种模式也称为金字塔式。在这种模式下，一门课程可以由教师、博士后、研究生、高年级本科生组成的教学团队共同完成，不同成员在课程组织中承担不同的职责。如主讲教师讲授大课，博士后、研究生等组织研讨班和复习课程，高年级本科生可以担任实验室助手、负责准备教学资料、批改作业等。与此同时，学生的学习形式也比较多样，包括大班上课、研讨课，及一些小组作业、主题研究等。这种教学组织形式在国外的大课中运用得比较普遍。不过，值得注意的是，这样的课程的主讲教授一定要具有高超的学术造诣和教学技能，要对其下位的博士后、研究生等有具体有效的培训和督查。第五，链接式课程。在该模式中，两名教师分别讲授两门课程，这两门课程往往是来自不同学科的相关主题课程，同时由两位教师共同设计一门研讨课程，给学生提供一个框架，将所学的主题、分析工具等整合起来。链接课程不限于两门课程，可以拓展到三至四门课程，变成课程组群（刘海燕，2008）。显然，跨学科教学的管理是复杂的。在资源方面，师资、硬件、时间和经费投入，以及学院之间的协调等需要认真设计。其中的激励机制很重要，不过现有的激励制度不能充分支持跨学科教学的开展。从事跨学科教学的教师，尤其是新教师，往往担忧自己职业生涯的发展；协同教学的独特贡献难以得到足够的评价。（刘海燕，2008）

四、以教学为中心的教师发展制度

美国高校在建设一流师资队伍时，不仅十分注重人才遴选制度建设，而且还十分重视促进教师发展的制度建设，其中包括教师教学能力的发展。对于研究型大学来说，虽然没有统一性、计划性很强的类似我国的"高校师资培训"制度，但各个学校都根据本校实际制定了相对完善的教师教学能力发展制度。也正是因为有了这样相对完善的校级教师教学能力发展制度，才保证了美国研究型大学日常教学工作的有序开展。

与教师教学能力发展制度相应的最典型的举措是教师教学发展中心的建立。这种组织形式最早可以追溯到 1972 年至 1973 年哈佛大学校长的年度报告中。（曲铭峰，2013）当时的校长博克指出：哈佛大学文理学院的研究生院在一个重要的方面做得还不够好，具体来讲，就是在培养研究生们为今后作为教师和教育家做好准备方面做得还不够。为了提升哈佛学院的本科教育质量，博克于 1975 年创建了"丹福斯教学与学习中心"（Danforth Center for Teaching and Learning）。后来为了纪念博克校长在本科教学上的特殊贡献，该中心在 1991 年博克卸任时更名为"德里克·博克教学中心"。

美国研究型大学的教师发展制度内容丰富，下文主要从我国目前的特殊需求出发，针对教师培训内容和学术休假制度两个方面展开讨论。

1. 培训内容与培训方式

多样化的美国高校，其教师培训内容也因校而异。根据对不同层次大学的教与学中心的网站内容分析可以看出，总体而言，层次越高的大学，培训模式越是以教师为中心，在培训内容、时间、方式上，教师有很大的自主选择权，例如教师可以预约时间和预定内容。不过总体来讲，培训内容大都包括以下几个方面：教师职业知识培训、教学技能培训、信息技术培训和科研制度培训。

近年来，美国研究型大学非常注重对教师进行教学技能的培训，校级的"教师教学发展中心"经常采取教学方法讲座、研讨会、教学咨询、教学档案袋、教学工作坊、教学改革实验项目等方式，鼓励和促进教师开展教学方法的改革和创新。这些中心还聘请教学技能精湛的教师为需要帮助的教师进行系统培训，内容包括对讲课效果进行自我评价的方法，在课堂上鼓励合作学习的技巧，了解学生的需要，理解教学的多样性等（潘金林，龚放，2008）。哈佛大学"德里克·博克教学中心"对教师教学法的培训主要通过微格教学、课堂录像、课堂观察（class observation）、个别请教等方式进行。微格教学（micro-teaching）由斯坦福大学教育学博士德瓦埃·特·爱伦开创，是一种利用现代化教学技术手段来培训在职教师教学技能的方法，即通过创设一个缩小了的、可控制的教学环境，使准备成为或已经是教师的人在微格教学实习室内与指导教师、摄像人员等一起工作。角色扮演是微格教学的中心环节，教师由接受培训的学员轮流担任，学生也由学员扮演。（范建中，高惠仙，2010）课堂观察是指任课教师请一位经验丰富的德里克博克教学中心的人员参观自己的班级，并与其在课后进行深入的交谈，以获得观察者对教学的意见和建议。

科研方面的培训与教学培训是同步的，因为教师的科研能力对教学的促进作用是毋庸置疑的。美国研究型大学非常重视对新教师科研能力的训练。为了使新教师尽快地了解和适应学校的科研环境，提高个人的科研能力，许多研究型大学都设立了相关的科研管理机构，向新教师介绍相关的政策，为教师了解、寻找和申请国家、地区、企业和学校等各种级别的科研项目提供指导和服务。有的研究型大学还开设了科研能力发展培训班，帮助新教师提高科研能力。比如，马里兰大学的"科研管理证书培训班"，由"科研管理与促进办公室"和"科研合同与资助项目管理办公室"联合举办。培训内容

主要是介绍国家、州和大学的科研政策和科研管理规章制度。（郭锋，2007）

2. 学术休假与教师发展

为了鼓励和促进教师进行自主性的科学研究工作，保持与发展教师的创造性，哈佛大学于 1880 年首创了教师学术休假制度。如今这一制度已经被美国乃至西方发达国家主要研究型大学普遍效仿。该制度规定：凡符合规定的教师在一所大学连续工作六年以后，即可选择享受全薪休假半年或半薪休假一年的待遇，其间可自由从事科研学术活动而不用承担必需的教学工作量；教师还可以利用学术休假去进修、访问国际知名大学，到国内一流大学或具有强项学科的机构作学术交流，或者集中时间著书立说。（罗中枢，2004）

该制度不仅鼓励了教师自由钻研的积极性，推动了教师在学术上不断进步，而且还可以保证教师引进最新的成果以提高教学质量。可以说，学术休假制度是一种有利于教师职业发展的独具特色的制度。

3. 研究生助教制度

研究生助教（TA）、助研（RA）制是发达国家尤其是美国研究型大学的成熟经验。艾伯（K. Eble）在他的《教授成为教师》（Professors as Teachers）一书中说道："教授们的思想狭隘、轻视教学，不愿当一个教师的毛病大部分同研究生的培养模式有关。"（Eble，1972）年轻的教师和优秀的研究生为教授做几年助教或助研，不仅有利于教授的工作，而且有利于年轻教师和研究生的成长。这不仅解决了教授的助教问题，更是重要的未来优秀教师的培养机制：把博士生培养成合格教师。研究型大学应该改革研究生的培养方案，让教学实习成为其中的一个组成部分，使研究生能为今后从事大学教学或从事其他职业做好职业准备。

第二节　学校制度背后的国家制度支持

美国的高等教育质量保障体系主要由认证和评估两种制度组成。两者差别在于：认证是对最基本的办学条件的审查，是质量保障的底线；而评估是对实际运行情况的估计，可以作为分级、排名的依据。

一、美国教育认证类型与组织系统

在美国，教育认证（accreditation）是教育质量控制系统中的一个重要组成部分。为了证明自己的办学质量，任何一所院校都可以自愿向一个独立的外部认证机构（地区性、全国性或专业性认证协会）提出认证申请，并提供关于其办学过程和成就的信息，然后由认证机构派遣一个认证小组对该院校进行实地评估，以决定申请院校是否达到了既定的标准。如果达到，认证机构就会授予其认证资格证书，并将其与其他合格的院校或学术项目一起列入正式出版物中，向社会公布关于该院校的教育质量报告。美国的教育认证实质上相当于我国20世纪80—90年代的教育评估，它们的主要功能是对高等学校及其所设置的专业的一种承认，即承认它们的工作业绩、教育质量和总体发展均达到了一定的水平，认可它们具有资格，得到教育界以及公众的信任。

从教育认证机构的职责范围来看，美国的教育认证分为院校认证（Institutional Accreditation）和专业认证（Programmatic Accreditation）两种类型。所谓院校认证，是以整个学校作为一个单位进行的认证，也可以称为校级认证，即对学校整体的评估，主要是对学校的办学目标、物质条件、经费来源、师资质量和师资队伍建设、教学质量、学生工作、少数民族学生比例、毕业生就业情况、毕业生实际工作能力、办公及体育设施、各级管理水平、总体办学效益、多元化等方面进行评估，从认证涉及的范围看，院校认证机构又分为全国性认证协会（National Accreditation）和区域性认证协会（Regional Accreditation）（见表9－1）。

全国性认证协会主要负责对全国范围内的特殊教育机构进行认证。所谓特殊教育，是指提供的学位所属学科或专业，局限在非常狭窄的领域，如神学。目前，美国的全国性认证协会有：圣经学院认证协会（AABC）、高级拉比和塔木德经学馆协会（AARTS）、卫生教育学院认证局（ABHES）、职业学院与技术学院认证委员会（ACCSCT）、私立学院认证委员会（ACICS）、美国和加拿大神学院协会（ATS）、职业教育委员会（COE）、远程教育与培训委员会（DETC）等。

区域性认证协会主要负责对某一特定区域内普通教育机构进行院校认证，主要服务对象是传统的、提供综合性学科学位教育的高等院校。美国一共有六个区域性认证协会，分别是新英格兰地区大中小学协会（New England Association of Schools and Colleges）、中北部地区大中小学协会（North Central Association of Colleges and Schools）、西部地区大中小学协会（Western Association of Schools and Colleges）、中部地区大中小学协会高等教育委员会（Middle States Association of Colleges and Schools）、西北地区大中小学协会学院委员会（Northwest Association of Schools and of Colleges and Universities）和南部地区大中小学协会学院委员会（Southern Association of Colleges and Schools）。这六个认证机构覆盖了全美所有的大中小学，它们按照一定标准对各地区申请认证的院校进行整体评审。只要达到了所规定的最低质量标准，即通过认证。截至2006年4月，六个区域性认证协会共认证了2986所院校，这些院校包括公立和私立院校，其中97%以上是非营利的、有学位授予权的两年或四年制院校。（Eaton，2006）

专业认证为进入专门职业界工作的预备教育提供质量保障。专业认证于医学领域开先河，后来扩展到法律、园林、护理、会计教育等行业。专业认证由专业性认证协会进行。

专业性认证协会是为已经通过了区域性或全国性认证的院校的某些学科进行专业认证的机构。美国的专业认证覆盖高等教育中的各个层次，只要某所高校的某一专业达到最低的专业标准，就能申请通过与之对应的专业认证。例如，2006年通过认可的专业性认证机构有62所，分布在商业、医药卫生、人文、工程技术、社会科学、农业、法律等领域（Eaton，2006）。总之，美国认证制度的特点是"三三制"：三级——国家、地方、学校，三元——政府、大学联盟（CHEA）、社会中介，三类——学校认证、专业与计划认证、特殊专业认证。

在美国，除了上述院校认证和专业认证外，还从院校的性质上进行分类认证，分为特殊学校系统认证和普通学校系统认证。特殊教育机构由全国性

认证机构进行认证，而普通院校则分地区，由不同的区域性认证机构进行认证（见表 9 - 1）。（罗熙，2009）

表 9 - 1　美国教育认证的两种类型和两个系统

两种类型＼两个系统	普通学校	特殊学校
院校认证	六个区域性认证协会	全国性认证机构
专业认证	对普通院校设置的专业，如律师、医生、会计等专业进行的认证	与特殊学校相关的专业资格认证，如神职人员，以判断其是否达到社会职业市场的要求

二、美国教育认证系统的发展过程

美国是世界上很早开展教育评估的国家。早在 1784 年，纽约州就设立了大学董事会，其目的是负责全纽约州高等教育机构及其辖属各种教育事业机构的设立、管理、经费捐赠和评估等活动。（李伟娜，王宇翔，2006）1885年，美国建立了新英格兰大中学学校协会，作为中等教育机构和高等教育机构的磋商协议机构。1905 年，美国医务工作者协会首创有关医学专业的评估标准，进行专业资格认定，从而引起了其他专业资格认定，如工程教育、商科、法律教育等。1920 年，美国教育理事会制定了具体标准来规范本科院校、专科学校及师资培训机构的最低办学标准。（李成明，1999）

在 20 世纪中叶以前，美国的各个认证机构都独立运作，彼此之间不相往来；1949 年，美国出现了认证机构的管理与协调组织。比较有影响力的是两个组织：第一个是全国认证委员会（National Commission on Accrediting，NCA）。全国认证委员会试图削减专业认证组织的数量，并将它们的活动合并到区域性认证组织中去。第二个是全国区域性认证机构委员会（National Committee of Regional Accrediting Agencies，NCRAA）。它是由各区域性院校认证委员会共同组建的，目的是促进彼此间的合作，并制定共同的互补政策与程序。1969 年，全国区域性认证机构委员会被区域性高等教育认证委员会联合会（Federation of Regional Accrediting Commission of Higher Education，

FRACHE）所取代。

国际竞争日益激烈，人才成为提高经济竞争力的重要因素。随着高等教育体制中市场成分的提高，以及社会问责的呼声日益高涨，认证的重要性也就日益凸显，此时就需要一个全国性的统一组织来协调各个认证机构了。1975 年，全国认证委员会和区域性高等教育认证委员会联合会实现了合并，成立了高等教育认证委员会（Council of Postsecondary Accreditation，COPA）。1975—1993 年，美国高等教育认证形成全国统一的局面。近 20 年间，高等教育认证委员会促进美国教育认证方面取得了长足的发展，但是随着时间的推移和高等教育的发展，该组织越来越不能满足新的需求。因此，1993—1994 年，美国并存三个全国性的认证协调组织，分担高等教育认证委员会的工作。其一是高等教育认证委员会（Commission on Recognition of Postsecondary Accreditation，CRPA），主要是对各普通学校认证组织进行评审并给予承认；其二是全国高等教育院校认证决策委员会（National Policy Board on Higher Education Institutional Accreditation，NPB），负责研究院校认证面临的主要问题，提出解决办法，就建设接替高等教育认证委员会的新组织提出建议；其三是专业认证协会（Association of Specialized and Professional Accreditation，ASPA），它是美国专业认证方面的总代表。直到 1996 年，通过美国高等教育史上第一次全国性公决，新的统一的高等教育认证委员会（Council for Higher Education Accreditation，CHEA）诞生了，它至今仍然是美国高等教育认证方面的总代表。它的宗旨是通过加强认证，强化高等教育质量，实现高等学校对教育质量的自我管理。高等教育认证委员会代表美国高等学校，面向美国国会、联邦教育部、学生、家庭、公众和舆论，充当全国非官方自愿认证和质量保证的发言人；在国际上，它是美国高等教育认证界的权威代表。高等教育认证委员会是高等教育认证界的全国政策中心，是认证数据和信息的权威性来源。它提供非官方认证的全国性论坛，协调认证研究与政策分析，交流认证范例，组织会议，调解和仲裁有关争辩。高等教育认证委员会通过以上各个方面，为学生、家庭、高等学校、认证机构、赞助单位、政府、雇主和有关高等教育团体服务。（黄慧娟，2007）

三、美国高等教育评估的特点

除了上述外部认证制度外，美国高等教育质量保障体系中还包括外部评估制度。进入 21 世纪，美国的评估制度从过去强调与政府绩效拨款挂钩，发展到以学校自身定位为标准的审核制（Audit）。它是一种外部驱动的同行评估制度，旨在监督高校正在执行的教学改革活动的有效性。这种审核性评估过程一般包括院校自查、外部同行评议、撰写审查报告和后续行动等四个步骤。由于审核的内容是学生的学习过程和学习收获的增量，而不是那些用于进行院校比较的指标，且评审结果对社会公布，因此很受院校欢迎。（蒋凯，2013）

无论是认证制度还是评估制度，美国高等教育质量保障体系的最大特点是其非政府管理属性，它的产生和发展与美国的历史和社会发展特点密不可分。美国内战结束以后，资产阶级崛起，经济飞速发展，社会的发展和对人才的需求刺激了高等教育的迅猛发展，于是各种类型的大学纷纷建立。同时，由于美国实行地方分权，联邦政府不直接掌管大学，大学享有充分的自治权。当时，由于高等学校数量的激增，特别是私立大学的大量出现，带来了培养质量不高和管理混乱的问题。为了加强对高等教育质量的监督，非官方认证机构在学校自治的背景下应运而生。另外，美国社会具有很大的流动性，一个人在某州接受教育，毕业后可能会到其他州就业或升学，这就需要不同院校能够保证其质量达到共同的标准和规范，从而使不同学校之间能够做到学分互认，这在客观上也推动了高等教育认证的发展。

美国高等教育认证作用的真正凸显是在第二次世界大战之后。1952 年，《复员军人福利法案》通过，该法案决定对因战争而中断深造的美国公民提供资助，让他们有机会接受适当的教育。随着大批退伍军人涌入高校，美国高等教育的规模急剧膨胀，联邦政府不得不"每年编列巨额预算补助大学院校，受补助学校必须具有某些必要的条件"。1958 年《国防教育法》颁布后，政府加大了对高等教育机构的财政拨款，而在确定接受政府拨款的高等教育机构名单和拨款额度方面需要有关认证机构的认可，这一系列举措使得高校教育认证工作得到了极大的发展。20 世纪 80 年代以后，受新公共管理理论的影响，认证与评估工作得到更多的重视。2000 年后，受新自由主义思潮的叠加影响，在评估环节上又增加了尊重学校特色的考虑，问责性绩效评估被围绕学校自身定位的审核性评估所取代。

相对而言，我国高等教育评估制度的症结在于政府是高等教育评估的主体，居中心地位，起主导作用，其直接原因是学校自治没有实现。不过，更深层次的原因是市场经济发展不够充分。美国的高等教育评估机构是依靠市场的力量来推动的，学校是否通过评估，既与能否获得联邦政府的拨款相连，又关乎学校的社会声誉，进而关乎生源质量和社会支持力度，所以美国的高校很重视评估，并且主动积极地申请进行评估。而在我国，高等教育评估主要是对高等学校进行管制、约束的一种形式，其推动力就是政府的行政指令，其评估内容是高校对政府政策的执行力度和形式。高校往往是被动参与，师生积极性不高。然而，中国最终究竟采取怎样的评估模式，取决于社会经济的发展模式。中国的模式一定具有不同于美国的特色，但这种特色只是体现在市场、政府与学校三者之间的平衡点位置不同而已。自 1992 年社会主义市场经济体制确立开始，政府就应该放弃唯我独尊的姿态，充分尊重市场规律，积极推进"分类评估"和"评估分类"，即区别对待普通院校和特殊院校，既有院校评估又有专业评估。

四、大学与高中的衔接

20 世纪 80 年代中期，美国卡内基教学促进基金会主席博耶领衔撰写的研究报告《学院：美国本科生教育经验》，"竭尽全力鉴别了当今亟待解决的本科生学院的八个重要问题"。其中，第一个问题就是"中学教育与高等教育间的不衔接""从中学到大学的过渡是无计划的，混乱的"，不仅课程不衔接，而且"指导也不恰当"。第二个"令人困扰的问题"则是"学院教授对学生的期望与新生的学术准备之间的矛盾"。

20 世纪 80 年代后期，美国等发达国家的大学纷纷在大学与中小学之间建立平等的"伙伴关系"。（朱旭东，2001）美国在教师教育课程改革强调职业化的大背景下，发展了以"教师职业发展计划"（teacher's professional development）或"教师职业发展学校"为组织形式的"伙伴关系"。其主要目的是加强中小学教师的学术研究能力。同时，还以资源共享形式服务高中教育，参与高中的课程改革，使之与大学衔接，为大学甄别杰出人才等。例如，哈佛大学教育学院创立于 1996 年的"让教师成为研究者计划"，其目标是为波士顿地区 44 所公立和七所私立中小学校的教师提供服务。活动包括：①由来自于哈佛本校和邻近波士顿大学、麻省理工学院等多所大学相关专业教师主持的具有较强学术性的教师小型学术讨论会；②大学教师亲临中小学，对校本课程之类的具体问题进行指导；③暑期教师职业发展培训及继续教育。

第三节　教学制度建设的原理

从制度理论上讲，制度建设要遵循一些通用规则，如应该具有完备的制定、执行、监督、反馈等环节，而不是虎头蛇尾、有头无尾。（张波，2009）大学教学制度的制定环节主要包括教学评价方法和指标、教师教学行为准则、教学工作量规定等。大学教学制度的执行环节主要与下列组织有关：各级教学指导委员会、通识教育委员会等决策组织，教学中心等服务机构，教学团队或教学梯队等。大学教学制度的监督环节主要包括：督导组对整个教学活动过程（教学计划、教材和资料、试卷、作业及其批改等）的监督与指导制度、课程结束考核评价。大学教学制度的反馈环节主要包括学生评教、职称评审、优秀教师评奖等。

一、尊重高等教育教学规律

大学教学制度的制定，尤其是研究型大学教学制度制定要符合以下几个规律：第一，学术自由原则下的外表松散而内部有序的组织文化特点；第二，大学教师往往是教学与科研"双肩挑"，因而处理得当即相互促进，否则会此消彼长；第三，大学生具有较强的自主性、批判性，信息时代的大学生更具有较强的民主意识，甚至具有"文化反哺"能力。

因此，研究型大学教学制度建设要注意如下几点。首先，要充分尊重教师的学术自由。根据发达国家的经验，教学改革这项工作的关键在于教师的兴趣和投入，而不是政府的号召和校长的口号。而调动教师积极性的前提是相信教师、依靠教师，给教师（群体）以充分的教学自由。其次，对教学贡献予以承认和奖励。因此，管理工作的重心应该放在保证经费的投入与服务的支持上。

欧美发达国家的高校，尤其是研究型大学的课程设置和新课程开发，以及课程评价，多采取自下而上的程序，任课教师和基层教学委员会对具体的教学内容和方法有很大的决定权。有研究者对中美大学教学评价机制进行了比较，发现几乎所有环节都非常不同，包括评价的执行机构、评价的方式方法、评价内容及侧重点，以及对评价结果的使用。其中，最大的不同在于，美国的课程评价主要由任课教师自己组织进行，评价结果对教师下一轮教学的改进有直接的帮助。（李晓明、刘兢，2004）英国自20世纪80年代以来的改革也是如此。尽管政府在质量标准上采取了更加集权的政策，但在学校定位、学科设置、课程建设上却更加放权；在学校与教师的关系上，学校进一步加强了对教师的教学效果的考核，而教师具体讲什么内容、用什么教学方法，则由教师依据专业水平决定。也就是说，自20世纪80年代以来，虽然发达国家大学教师在个体意义上的学术自由减少了，尤其在综合课教学、协同教学、合作指导本科生研究上，需要更多的共识与协作，但相对于政府或社会组织而言，学术自由并没有被削弱，只是转化为集体形式的学术自由而已。

奖励是以评价为基础的，而公平公正是评价工作的生命。认真、细致的评价是对教学工作最起码的尊重。评价指标的设立要全面考虑各种不同因素，例如，对于打破学科界线的跨学科课程教学，除了少数很有造诣的教授外，教师们往往有畏难情绪，因为他们会遇到很多实际困难，如在跨学科环境中专家地位的丧失，由于原有学术圈的脱离在成果评奖中处于非主流地位。（Minnis & John – Steiner，2005）因此，要在教师评价上采取特殊政策加以鼓励。此外，通识课与专业课、基础课与专业课、本系课与外系课、新开课与传统课，都要有不同的评价办法和标准。

要做到尊重知识、学术自由，还要有足够的资金投入和良好的服务作保证。关于博耶报告影响的跟踪调查显示，所有学校都成立了"教学资源中心"或"教育技术中心"；60%的大学设立了"本科生研究办公室"，专门为教师和教学服务。而且过去的教训已经表明，一旦教学改革的外部经费支持没有了，改革就会随之终止。（Katkin，2003）

此外，以学生为中心、师生平等的理念越来越成为高等教育界关注的重要论题和改革实践的指导思想。以加利福尼亚大学为例，该校的《教师教学行为手册》中规定：教师和学生间关系的正当性是大学教育使命的基础；这种关系给予教师足够信任的同时，教师也承担着作为导师、教育家和评价者的权力和责任。考虑到这种关系中固有的制度权力增加了学生的易受伤害性和潜在的被强迫性，文件明确列出了教师"不可接受的行为"：

（1）未履行教学责任。包括以下几个方面。

a. 任意剥夺学生听课权利。

b. 明显地讲述与课程无关的内容。

c. 在没有正当理由的情形下，明显的没有遵循课堂教学行为规范、顺应教学规律、遵守办公时间以及如期举行考试。

d. 使用与课程表现没有直接关系的标准评价学生的作业。

e. 不当或无故拖延评价学生作业。

（2）因政治立场原因，或者因种族、宗教、性别、性取向、种族、出生地国家、祖先、婚姻状况、身体状况、身份等原因，或者因为年龄或国籍而受法律或大学规章限制的原因，或者由于任何别的或个人原因，而歧视（包括骚扰）学生。

（3）运用作为教师的身份或权力强迫学生评价或认同是非，或者因为任何别的或个人的原因而对学生造成伤害。

（4）参与或有意教唆对课堂进行干扰、干涉或恐吓学生的行动。

（5）教师与和自己有学术责任关系（教学、评价或辅导）或将来很可能有此种学术关系的学生谈恋爱或发生性行为［注：此处"将来很可能"是指

（a）按培养计划规定学生将来要上该老师的课；（b）教师知道该学生感兴趣的学术领域在该教师的学术专长范围内；（c）教师在该学生获取学位的过程中有必然的学术责任，如教学、评价或辅导]。

（6）为任何与教师本人有恋爱或性关系的学生行使学术责任（教学、评价或辅导）。

近年来，美国等发达国家在教学质量评价体系建构中不仅关注教师的教学行为——输入，更加关注学生的学业收获——输出。事实上，近年来美国等发达国家掀起了一股对学生学习过程，包括学术参与（involvement）、学习投入（engagement）和学习收获（outcome）增量评价的热潮（详见第八章）。

同时，来自于网络公开课程的挑战开始对大学校园的师生关系产生了新的深刻的影响。学生们可以选修外校甚至外国更优秀的网络公开课，并可以获得校方认可的学分。由此引发的教师人事管理问题、教师在大学中的角色问题、课程资源的重新配置问题、本土文化传承问题等，将更加严重。对于这个问题的研究亟须深入开展。

二、校内层面与校外层面制度要相互支持

大学教学质量保证制度建设依赖于学校、政府、社会三个层面协调发展。现代大学的利益群体不仅仅是学生和教师，大学的目标也不仅仅是发展和传播知识。基于伯顿·克拉克著名的"三角关系"理论，马丁·特罗揭示了西方高等教育系统政府、大学、市场三者之间关系的演变规律。第二次世界大战前，西方国家经济发展模式是放任的自由主义，发展资源依赖型经济和开拓市场是政府的首要任务，在此背景下美国出现了赠地学院法案。这一时期高等教育规模小、院校类型单一、学术权力大，除了赠地学院设立大量的实用技术专业外，大学的学术发展与经济发展的关系不显著，因此有产生洪堡学术自由思想的土壤。第二次世界大战后，随着冷战时代的到来及资源依赖型经济发展模式山穷水尽，凯恩斯经济学理论主张的加强政府宏观调控理论受到重视，国家开始通过制定一系列的政策来加强国家权力对大学的控制，特别是对一流大学的控制。这一时期的高等教育深受学术权力与政府权力的

双重影响。到了 20 世纪七八十年代，随着经济全球化和政治多极化的出现，国家权力逐渐让位于市场权力，中央政府逐渐减少控制，高等教育向分权化和地区化的方向发展，适应市场需要的高等教育学院、短期大学陆续出现。2000 年以后，新自由主义思潮和全球化的加速使市场力量更加突出。在这样的背景下，20 世纪 90 年代以来美国等发达国家来自于校外组织的教学质量保障制度得到建立健全，对此可以从三个方面加以总结。

（1）公平、公正的评估及认证机制。在美国，除了少量的职业性很强的课程外，如医学和法律，学校的专业设置和课程计划制订完全由学校负责，地方政府和专业学会只进行专业和课程计划的认证。而具体执行、实施认证工作的评估机构是独立于政府部门的社会中介机构。

（2）充分发挥社会团体和学术组织的作用。除了 20 世纪 70 年代以来专门成立的组织关注本科教育质量以外——如美国本科生研究委员会（CUR）、博耶研究型大学本科教育委员会（BCEURU），其他传统学术组织和社会团体也大力投入，如美国高等教育协会（AAHE）、美国大学学会（AAU）、美国学院学会（AAC）、美国国家研究理事会（NRC）、美国国家科学委员会（NSB）、美国州立大学协会（AASCU）、国家自然科学基金会（NSF）、国家人文学科捐赠基金会（NEH），以及民间皮尤（Pew）慈善信托基金会等。[①]这些组织在引导、监督、服务方面都发挥了巨大作用。如国家自然科学基金会资助的"万花筒计划"对科研与教学结合模式进行了大量的研究和试验；皮尤慈善信托基金会资助了许多教学改革研讨会和研究项目。据不完全统计，1991—2002 年，为了提高理工科教学质量，美国国家研究理事会（NRC）平均每年出版两份调查研究报告。各级专业学会还参与制订本专业教学标准，建设自己专业领域的教学网站，出版教学技能方面的手册、参考书等。

（3）充分利用网络技术。无论学校、政府还是社会团体，都大力创办教学改革网站。利用网络、会议等多种渠道，积极鼓励、培植、推广有效教学

---

① 皮尤慈善信托基金会既资助无倾向性项目，也资助倡议性项目。例如，其资助的皮尤研究中心（Pew Research Center）是一个无倾向性（non - advocacy）的咨询机构，总部设于华盛顿特区。该中心对那些影响美国乃至世界的问题、态度与潮流进行民意调查。

方法。如美国国家学术转换中心（NCAT）[1] 在网上帮助全国教师分析、评价、改进、推广他们发明的教学方法。国家自然科学基金会还出资建设了"国家本科生研究交易所"（NURC）[2] 网站，发布、传播本科生研究项目的成果。每年一次的全国本科生研究大会（NCUR）[3]，每年资助接近 2000 名学生与教师参加会议。（福克斯，海克曼，2003）

校外层面的制度涉及学校、社会（或市场）和政府三大关系，校内层面制度涉及教学活动的三大要素，即教师、学生、知识。校内层面的制度与三大要素的关系已经在本章开头及前几章内容中有大量论述。就制度而言，主要包括：加强组织机构建设，如教学委员会、通识教育委员会、教师教学发展中心、本科生研究管理办公室等；完善管理程序；增加教学奖励项目种类；改善教学评价工作并与教师专业发展相联系；抓好通识教育课程改革和建设等。

学校层面又可分为基层院系级和校级两层。前者包括教学保障条件与教学梯队建设，本学科教学评价规则、课程开发与课程更新的程序与规则的制定，对追求教学卓越的教师、将研究和教学紧密结合在一起的教师，给予高度的尊重和地位。整个学校层面的工作主要是教学工作地位的确定与保证，包括教学管理组织工作条例与法规建设，要保证教学评价、教师晋升制度上实行科研与教学一视同仁的政策，保证教学经费投入等制度建设。尤其要营造鼓励科研与教学结合的文化，保障本科生参与研究的条件。要鼓励跨学科教学，并以政策和制度给以保证。

总之，今天发达国家的高等教育教学改革，已经超越了课程开发、教学方式方法、教材更新等众多传统领域，更加关注制度化建设问题。教学质量保障制度需要三个层面协调发展。一是基层院系级的教学管理组织与法规，包括课程开发与更新程序与规定、教学辅助条件与课程梯队建设、教学评价规则等；二是教学工作在学校整个工作中的地位的确定与保障，包括学校奖

---

[1] National Center for Academic Transformation：http：//www. thencat. org/.

[2] National Undergraduate Research Clearinghouse：http：//www. webclearinghouse. net/.

[3] The National Conferences on Undergraduate Research：http：//www. cur. org/conferences_ and_ events/ student_ events/ncur/.

励制度在科研与教学上的一视同仁，教学经费投入保障制度等；三是国家层面的管理，包括行业协会和专业学会教学工作职责的制度化，社会评价组织与机制的规范化建设，以及社会其他团体的支持。越是高级层面的教学制度建设，越是与整个国家的社会发展、经济结构、办学体制改革的深化紧密相关。

三、学校教学制度要与学校定位相适应

根据国际经验，提高高等教育质量的重点和难点不在普通高校而在研究型大学，因为后者的教学与科研之间的冲突更加激烈且越是高水平大学越是如此。与普通高校以传播知识为首要职责不同，研究型大学的核心职责是产生新知识。因此，对于研究型大学而言，正确处理科研与教学的关系是教学制度建设的基础性工作，所有其他制度都应该遵循这个基本原则。康奈尔大学前校长罗德斯说，研究型大学有很多特点，但最主要的特点是研究与教学的相互促进。教师的科学研究成果构成一流大学最重要、最鲜活的教学内容，教师的科学研究过程构成一流大学最重要的教学过程。根据美国的经验，有学者指出当前我国高等教育实践中存在不同高校教学改革理念与方案雷同的现象，并提出研究型大学教学改革的基本原则。第一，科研与教学融合。研究型大学应发挥自己的研究项目和研究生教育的巨大资源优势，形成不同于普通大学的科研与教学"共生互动"的教育模式，而不应限制科研。第二，实行通识教育模式。第三，管理上重服务、轻监管。（张红霞，2006）

研究型大学与普通院校应该有不同的教学制度，前者应该瞄准提高教师教学改革的制度性、规定性投入，后者应该加强鼓励教师的知识更新或专业发展制度建设。无论哪一类大学，都需要关注"生师质量比"（Zhang et al.，2011）。严格教师招聘程序和标准，保证教师能够满足本校本科生的学术需求。中国研究型大学目前难以实行真正的通识教育模式，难以形成跨学科研究与教学的局面，直接原因是教师大多成长于非通识教育环境，间接原因是不同学科的教师，尤其是文理科教师之间在"什么是最有通识教育意义的知识"认识上存在巨大的分歧。只有当人文与社科、文科与理科、理科与工科

的教师在学术信念、学术规范上形成最基本的共识，跨学科的科研与教学活动才能富有成效。

随着办学自主权的逐步下放，各类研究型大学应该加强对发达国家研究型大学的学科与专业研究，正确认识本科专业与研究生专业的关系，并在充分研究的基础上进行调整。要正确区分基础学科的本科生专业与应用研究的研究生专业，二者在人才培养上具有的完全不同的功能（参见第二章有关学科与专业的概念区分）。

对于网络公开课程这个新生事物要加强研究，制定合适的管理制度，因为这既关系教学质量和教师管理的问题，又关系课程与教学改革的国际化与本土文化的传承问题。目前，我国亟须建立健全的是教育教学国际化方面的评价制度。

四、研究型大学教学管理要重服务轻监管

研究型大学教学改革成功与否的关键在于教师的兴趣和投入，而不是政府和学校的口号。而调动教师积极性的根本办法就是尊重教学工作，对教师在教学上的杰出贡献予以承认和奖励。近年来，世界研究型大学教学改革的共同特点是，运用信息技术创建教学支持服务体系，而不是传统的强迫教师集中培训、教学资格审查考核等监管体系。如哈佛大学的"德里克·博克教学中心"、密歇根大学的"教与学中心"等，这些教学支持服务中心的建立不仅使教师教学水平、学校教学管理水平得到提升，而且推动了学习方式和教学方式的变革，并为跨学科教学的发展提供了条件。目前，我国不少研究型大学虽然设置了类似的中心，但真正能够提供高质量服务的机构还没有出现。

研究型大学的教学管理理念本质上是服务而不是监督，因此选择合理的评价模式非常重要。近年来，教学评价的观念与评价模式都产生了新的发展，更加注重过程性评价与终结性评价的结合，注重评价主体多样化（学生评价、同伴评价、毕业生评价、自我评价），重视评价结果的运用尤其强调评价结果要为教师教学专业发展服务。

重服务轻监管不仅是对教师而言，对于学生的管理也应如此。一流的学生对教师学术水平的要求也是非常高的。据 2006 年一项对全国 72 所高校的问卷调查，我国研究型大学学生对教师教学满意度远低于普通高校的学生。在问卷给出的 11 种影响因素中，选择"教师学术水平低"的学生比例最高。（张红霞，曲铭峰，2007）

第四节　我国特殊的制度问题及其反思

大学教学管理制度是大学教学运行和质量保障的规范体系，是大学教学文化和大学精神的有机组成部分。制度的制定、实施、监控和反馈四个环节，既是大学教学管理制度的结构要素，又是大学教学管理制度前后相续、彼此相依的操作系统，在大学使命的引导下，大学教育管理制度有效地实现着大学人才培养的功能。然而在现实中，中国的大学教学管理制度常常出现因上述四个环节结构性失衡而导致的制度失灵现象，通常只有制定、实施环节，缺乏行之有效的监控和反馈环节。（张波，2009）

实际上，监控和反馈环节的失灵在制度的制定过程中就已经埋下了隐患。有研究者通过本科教学管理政策文本分析，指出了我国最高管理层的制度文本形式不规范。例如，一方面，规章制度过于零散，缺乏基本的法律性规定，致使具体的规章与一些宏观政策性文件内容相互交叉，长期停留在"暂行""试行"阶段；另一方面，个别规章条文过细反而限制了教学改革与创新。（张富生，2013）从政策制度"实施"环节来讲，基本模式是"传达重于实施，实施止于传达"。许多教育改革文件标题采用中国特色的书名号叠置模式，如《关于转发……《关于转发……《关于……的若干意见》的通知》的通知》，由此可见，所谓"实施"，就是层层传达。这是纵向上考虑。横向上亦然，是"条块分割"体系。如某省教育厅下发过这样一份文件：《关于转发省人事厅《关于当前职称工作中若干政策问题的通知》的通知》。由此推知，该省内的所有高校必然下发《××大学关于转发《省教育厅《关于转发省人事厅《关于当前职称工作中若干政策问题的通知》的通知》的通知》。各校转发的文件只是在原上级文件的基础上加上"希望各单位认真学习、领会精神，切实落实"而已。（张红霞等，2012）

这样的制度产生和实施机制反映了文件制定过程中两个相互联系的缺陷。第一，政府与高等教育界对于制度文件中的关键概念的内涵没有达成共识。第二，制度文件中的概念没有明晰界定或操作。因此，这样的文本在实施之前和实施过程中往往需要面对面地召集会议来"领会精神"，而且被领会的还未必是上级的真正意图。对于重要的文件往往还要集中到中央去学习、培训，或派遣"宣讲团"赴各地讲解。

学校层面教学管理制度的问题则表现为刚性过强，限制了学生的学习自由。比如，转换专业十分困难，课程的可选择性小；不同学校或不同专业开设的同一门课程的教学计划、课程表、教材、教学大纲雷同单调；课堂考勤严格，考试强调统考、闭卷和笔试等。（郭冬生，2004）一所著名高校关于教学改革的文件中写道："当前，文科教学中存在的突出问题是：毕业论文要求不严，部分课程讲课质量不高，推行'读、写、议'的措施不力……在对学生规定'读、写、议'的训练任务时，一定要有量的要求，即要确定出本课程最低限度的阅读量、最低限度的写作量、最低限度的讨论次数〔比如，一门 4 学分的课程，可在读的方面规定：精选出有代表性的著作 4—6本，每本 20 万字左右，再要求按期阅读几种主要期刊达 20 万字，总计阅读量为 100 万字。可在写的方面规定：一学期大型作业（4000—5000 字）一次，中型作业（2000—3000 字）二次，外加若干次数百字的小练习，再加上平时阅读所做笔记、摘录、心得、卡片 10000—15000 字，总计写作量20000—30000 字〕。这些'读、写、议'作业要作为课程成绩的一部分计算学分。"文科教学中问题最严重的是"两课"。某著名高校 2010 年前后几年因考试作弊而受处分的 58 名学生中，在思想政治类课上作弊者多达 23 人。

学校对于学生管理制度的基本价值取向是惩罚性规定，表现为制度内容缺乏代表性和民主性，过分强调上下级关系管理，把制度视为管理的目的。（宁冬梅，2005）教学管理制度忽视学生的权益，诸多有关学生淘汰警告和退学处理的规定大都于法无据，也不符合教育规律；缺乏对学生成长中失败或错误的尊重与宽容，使学生失去改正错误和自我反省的机会。（别敦荣，2007）大多数的制度设计普遍缺乏人本关怀的理念，以行政代学术。诸如"一切后果自负""解释权在教务处"。制度出台过于随意，甚至朝令夕改，师生应有的参与权、表决权、知情权被忽视。（张芊，刘海燕，2006）

体制决定制度。上述制度问题都可以从体制上找到答案。我国的《高等教育法》1998年才颁布，在此文件中，学术自由、教学自由开始提上议事日程，并明确了七项高校自主权，包括系科招生比例调整权、学科专业设置权、教学权、科研开发和社会服务权、国际交流合作权、机构设置和人事权、财产管理和使用权等，然而在实践上这些权利的落实与文件的规定至今存在较大距离。

目前宏观体制带来的问题主要有两个。一是评估与认证问题。应该加快分类评估步伐，而且评估内容要分类管理、多管齐下。教学评估主要有同行评估、学生评教、毕业生评价、用人单位评价等。继而要不断完善教师奖励制度。研究型大学的教师奖励制度应该符合研究型大学的实际。根据美国教师奖励制度的经验，将教授的工作分为发现的、综合的、运用的和教学的这四种不同而又相互联系的类型，但对它们的奖励要一视同仁。同时，这也是鼓励教师在不同发展阶段制定不同的学术目标，促使教师不断提高自己的科研、学术水平。

二是专业设置与课程计划的自主权，应该完全放给高校——放给所有类型的高校。否则，新兴的跨学科专业因为在专业目录中没有，即便社会有需求也不能办。结果导致为了应付上级的规定，一些专业和课程出现"挂羊头卖狗肉"的现象，这样既不利于招生也不利于就业。有人认为这是不得已而为之，因为"一放就乱，一收就死"。实际上美国曾经也很乱，现在也有很多问题，但解决的办法不是收，而是治。"乱"意味着变化，变化就有发展的可能，这也是杜威的实用主义原理之内涵。实际上在美国，专业设置与课程领域一向是社会各界参与教育大讨论的战场。（Kerr，1978）而我国仅仅靠几个政府部门的管理"精英"绞尽脑汁地想，必然是力不从心，陷入放—抓、放—抓的怪圈。我国的教学制度改革首先需要政府放权，应该借助市场的力量、社会的力量。社会需求既是改革的动力，又是改革的保证。从"一放就乱、一抓就死"的政府指导的模式，向社会和市场自动调节的机制转型，是解决目前问题的唯一有效途径。2013年首次以试点方式启动的专家组审核性评价模式预示着一个良好的开端。

参考文献

［1］别敦荣.2007. 以现代理念改革高校教学管理制度［J］. 中国高等教育，（20）：44－46.

［2］范柏乃，褚立波.2009. 创建世界一流大学的制度支撑体系［J］. 高等教育研究，（7）：17－23.

［3］范建中，高惠仙.2010. 微格教学教程［M］. 北京：北京师范大学出版社，202.

［4］福克斯，M. A.，海克曼.2005.2006. 大学理工科教学的评价与改进［M］. 张红霞，王玮，译. 北京：科学普及出版社.

［5］郭冬生.2004. 大学保护还是限制了学习的自由——我国大学本科教学管理制度—调查分析［J］. 中国大学教学，（5）：50－53.

［6］郭锋.2007. 教师发展：马里兰大学的经验——美国大学教师发展工作个案研究［J］. 国家教育行政学院学报，（3）：84－91.

［7］黄慧娟.2007. 美国高等教育认证制度的发展动向透析［J］. 教育研究，（6）：25－28.

［8］蒋凯.2013. 全球化时代的高等教育市场的挑战［M］. 北京：北京大学出版社，2.

［9］李成明.1999. 美国高等教育评估机构探析［J］. 有色金属高教研究，（2）：100－103.

［10］李伟娜，王宇翔.2006. 美国高等教育评估机构发展探析［J］. 黑龙江教育·高教研究与评估，（6）：87－89.

［11］李晓明，刘兢.2004. 关于高校教学技师评估的向几点想法［J］. 教育与现代化，（4）：46－50.

［12］刘海燕.2008. 密歇根大学本科教学改革的新动向：跨学科协同教学［N］. 科学时报，2008－07－15.

［13］罗德斯.2007. 创造未来：美国大学的作用［M］. 北京：清华大学出版社，26－27.

［14］罗熙.2009. 中美高等教育质量外部保障体系比较研究［D］. 南京大学硕士学位论文，64.

[15] 罗中枢.2004.宾夕法尼亚大学教师队伍的管理、建设及其对我国高校的启示［J］.中国高教研究，(5)：11－14.

[16] 马陆亭.2010.现代大学制度建设与创新人才培养［J］.中国高等教育，(5)：22.

[17] 宁冬梅.2005.学校规章制度的社会学分析［J］.重庆工学院学报,(9)：136－139.

[18] 诺思.2008.制度、制度变迁与经济绩效［M］.杭行，译.上海：上海三联书店，209.

[19] 潘金林，龚放.2008.教学方法改革：美国研究型大学本科教育改革新动向［J］.高等教育研究，(10)：89.

[20] 曲铭峰.2006.哈佛等美国五所研究型大学重视本科教学和保持教学与科研平衡的情况［Z］.南京大学高等教育研究所.

[21] 曲铭峰，2013.德里克·博克高等教育思想研究［D］.南京：南京大学，240.

[22] 汤智，潘海涵.2010.大学教学制度的创新取向［J］.中国高教研究，(11)：85－88

[23] 王正辉.2009.中美研究型大学本科教学质量保障制度比较研究［D］.南京：南京大学，65.

[24] 郄海霞.2006.美国主要研究型大学教师队伍管理的特点及启示［J］.比较教育研究，(4)：65－69.

[25] 余小波，王志芳.2006.高等教育质量的社会保障：特点、途径和实现条件［J］.高等教育研究，(3)：14－18.

[26] 张波.2009.大学本科教学管理制度研究十年回顾［J］.高等工程教育研究，(3)：127－131.

[27] 张富生.2013.中日本科教育改革政策比较研究［D］.南京：南京大学，241.

[28] 张红霞、曲铭峰，2007.研究型大学与普通高校本科教学的差异及启示——基于全国72所高校的问卷调查［J］.中国大学教学，(4)：20－24.

[29] 张红霞.2011.全球化背景下教育研究范式转变带来的挑战［J］.北京大学教育评论，(3)：172－181.

[30] 张红霞.2006.从国际经验看研究型大学教学改革的基本原则［J］.高等教育研究，(12)：60－65.

[31] 张红霞，等.2012.江苏高校教学制度：现状、问题与建议［R］.江苏省教育科学"十一五"规划重大课题"江苏高等教育教学制度改革与质量保证"研究报告.

[32] 张芊，刘海燕.2006.论高校教学管理制度设计中的缺失［J］.江苏高教，(6)：57－59.

［33］赵晓东，陈彗仙.2013. 学生评价教师——美国大学评价教师的主要依据［DB/OL］.［2013－08－08］. http：//wenku. baidu. com/view/9a0e15bf960590c69ec37623.

［34］朱旭东.2001. 国外教师教育模式的转型研究［J］. 外国教育研究，(10)：52－58.

［35］Eaton, J. S. 2006. Accreditation and Recognition in the United States, Council for Higher Education Accreditation, USA.

［36］Eble, K. 1972. Professors as Teachers［M］. San Francisco：Jossey－Bass, 180.

［37］Katkin, W. 2003. The Boyer Commission Report and Its Impact on Undergraduate Research［J］. New Directions for Teaching and Learning, (93)：19－38.

［38］Kerr, C. 1978. Forward［M］//F. Rudolph. 1977. Curriculum：A History of the American Undergraduate Course of Study since 1936. San Francisco：Jossey－Bass, 326.

［39］Kinkead, J. 2003. Learning Through Inquiry：An Overview of Undergraduate Research［J］. New Directions for Teaching and Learning, (93)：5－17.

［40］Marginson, S. and Rhoades, G. 2002. Beyond National States, Markets, and Systems of Higher Education：A Global Agency Heuristic［J］. Higher Education, (43－10)：281－309.

［41］Minnis, M. John－Steiner, V. 2005. The Challenge of Integration in Interdisciplinary Education［J］. New Directions for Teaching and Learning, (102)：45－61.

［42］哈佛大学特别工作小组. A Compact to Enhance Teaching and Learning at Harvard［R/OL］.（2007－1）［2013－08－20］. http：//alumna. brynmawr. edu/institutionalresearch/documents/taskforce－01242007. pdf.

第十章

大学教学的文化传承与创新

在当今全球化的时代，任何一国的传统文化不仅在宏观上对其现代化、国际化过程影响重大，而且对其大学内部学术发展和教育教学改革也有显著影响。这是因为任何国家在国际化进程中都面临不同程度的文化改造任务，而大学是文化传承与创新最重要的机构。马金森和罗兹（Marginson & Rhoades，2002）认为，伯顿·克拉克1983年提出的"政府—大学—市场"之间相互作用的"三角模型"已经不能继续用来解释世界高等教育的现状了，因为市场、大学和政府已经越来越跨越地方、国家的疆界，高等教育进入一个"全球—国家—地方"三级空间关系——高校成为全球—国家—地方机构（Glonacal Agencies）。此处"Glonacal"一词是由Global，National，Local组合而成的。有人认为，当前社会中大部分的高技术含量职业与学术活动，都可以从全球的视角加以讨论。（Jones，2007）

发达国家和地区的高等教育国际化进程，早已从过去大学人员交流活动、项目合作层面，深入人才培养目标和课程改革层面。而亚洲等后发国家高校的国际化建设重点仍然放在项目合作上，旨在争取外资。即便有一些发生在课程层面的变化，也主要关注扩大本国文化的影响力，或引进一些技术性专业课程，还没有对人的整体素质的国际化——经济合作与发展组织提出的高等教育人才培养国际化目标（OECD，1999）给予足够的重视。（Teichler，

2007）其客观原因是我国经济社会发展属于后发模式，高等教育在参与全球化背景下国际合作活动的同时，还有许多类似于美国现代化初期"赠地学院"时期的本土性、基础性工作尚未完成，这使得我国所面临的国际化与民族性的关系更加复杂。

这就是说，造成我们高等教育改革复杂性的因素，除了我们现在所处的社会发展阶段外，还有众所周知的中西文化传统的冲突。对于不同的社会发展阶段，可能存在与之相应的最佳文化因素组合。换句话说以崇尚实用、讲究规则、追求效率为特点的有利于现代化建设的西方文化，与仁厚、克己、自满自足的中国文化或所谓东亚儒学文化是完全不同的文化体系，后者可能有许多东西更适合生于斯、长于斯的亚洲等后发国家的需要。

然而，假定我们忽略不计"文化的相对性"属性，承认文化与经济社会发展、甚至与自然地理环境存在紧密关系的话，假定无论是欧美还是东亚成功的现代化经验，其共性之处部分地、甚至主要地来自于西方文化的话，今天我国的高等教育——文化传播和改造的主战场——就必须同时面对两个层面繁重而复杂的任务。一是普遍意义的文化层面；二是操作意义的教学层面。我国自近代以来就开始的中西文化之争至今仍没有形成清晰的认识，而今又被历史推向了全球化时代，因而不能不对中西方文化的差异进行理智的、真诚的思考了。至于教育层面的操作，我们不能停留在或满足于那些群情激昂的呼吁"在吸收西方优秀文化的同时应该保持中国优秀文化成分"，还应该弄清楚：在中国传统文化中究竟哪些应该被保持、哪些应该被抛弃，西方文化中哪些值得我们学习、哪些应该被排除在外，并且怎样才能在学校课程与教学中实现。

本章将首先简短阐述关于文化与现代化、国际化的关系，由此初步区分有助于和不利于我国迎接 21 世纪挑战的本土文化因素；然后从实践上考察发达国家和地区有关国际化理念或课程实践，找出其成功经验；最后，根据我国的社会文化、经济状况，初步提出符合国际化精神的我国高等教育的目标和课程体系改革设想。

第一节　国际化过程中不可回避的文化问题

从国际经验看，高等教育国际化涵盖多个层面，但体现全球意识的课程国际化往往是最后的攻坚战。近十年来，关于全球化带来的文化思考方兴未艾。（丁钢，2003）显然，这是因为课程直接与价值观有关，涉及对本土文化与外国文化的认识及评价这个从理智上和情感上都十分难以驾驭的问题。

一、正视文化与现代化、国际化的关系

近年来，学术界对本土文化与现代化关系的研究结论可以概括为如下几点：①文化类型与现代化程度存在显著的关联。经典的现代化理论倾向于认为经济体制的现代化会带来价值观、世界观的变化。但今天更多的学者认为，即便经济体制改革了，传统文化仍然持续地发挥作用。（Inglehart & Baker，2000；Inglehart & Welzel，2005）②任何一种文化都有其优秀和不足的地方，西方的现代化也不是完美无缺的。其他文化中的优秀成分，应该而且也正在被西方学习。例如，中国文化中宽容、忍让的品质历经五千年沧桑而生生不息，这既是自然的选择，也是历史的选择，因而对全球化社会具有特殊的教育价值。（张红霞，吕林海，2013）③传统文化的作用是长期存在的，即便在经济体制改革成功之后依然如此。哈佛大学教授主持的"世界价值观调查"还揭示了不同类型的民主制度与国家发达程度的关系。结果显示，一个国家的发达程度与公民的"自我表现"价值观（value of self - expression）的关系极为密切。发达国家公民往往具有很强的自我表现价值观，即自由意志。而且正是因为公民具有较强的自我表现价值观，即便是仍然处于较强宗教权力笼罩下的一些拉美国家，也可以达到中等发达水平。（Inglehart & Baker，2000）印度、巴基斯坦等南亚国家，以及一些非洲国家，虽然实行了民主制度，但仍然属于不发达国家，甚至还不及被西方国家排除在民主国家行列之

外的中国。因此，可以将民主分为两类：一类是高效的民主，一类是低效的民主。所谓高效的民主，从公民素质来讲至少需要两个条件：一是可以提出有价值的、值得讨论的议题供民主决策之用，二是有能力做出有效的判断和正确的决策。低效的民主往往与其公民在这两项素质上的明显不足直接相关，因为有价值的、值得讨论的议题及其正确的决策，首先依赖于高素质的公民作为独立个体的理性行为，其次依赖于个体之间的有效的、理性的合作关系。中国虽然在公民个体素质上不及西方，许多人不具备民主意识和能力，而且人口众多，但中国传统文化留下的紧密的人际联系使得在许多事情上的决策效率较高，这便是中国能够超过南亚和非洲一些国家的缘由。事实上这也被有些学者称为"中国模式"。

二、我国传统文化的价值与缺陷

在上述"世界价值观调查"研究中，对于亚洲文化圈中的民众具有较低的自我表现价值观现象的解释，与前人对亚洲经济发展的起伏跌宕与文化关系的研究结论基本一致。即认为儒学文化圈的群体观念、注重学习、勤勉节俭有利于现代化初期建设，或有利于渡过灾难重建与恢复期。而西方文化崇尚个人意志、创新求异、讲究规则，有利于开创新领域和保持科技先进水平。所以说，不同的社会发展时期，对应于不同文化的最佳因素组合。亚洲文化有利于全人类在困难时期生存能力的保持，西方文化有利于保持人类中的一部分精英群体走在经济发展的最前面。

参与世界价值观调查的来自于非洲的学者丹尼尔在其论文《非洲需要一个文化调整计划吗》中列出了非洲文化中若干条落后成分：缺少时间观念、宿命论、政教不分、过分的欢乐气氛、回避公开的冲突以维持表面上的社会团结等。（丹尼尔·埃通加—曼格尔，2002）如果将其中的"政教不分"理解为广义的盲目崇尚权威、愚忠愚孝，这种落后的文化成分与我国大众的不良习惯真是何其相似。

早在一百多年前的"戊戌维新"时期，我国资产阶级维新派在变法维新中就提出以改造传统民族文化心理为目标的"新民"口号。在维新派中，对中西文化心理进行系统比较的是学贯中西的严复。他认为，"在历史观上中国人好古而恶今，以治乱盛衰为天行人事之循环；西方人则力今而胜古，以日进无疆为学术政化之极则。在政治生活中，中国人讲絜矩、重三纲、亲亲、尊主、贵一而同风，多忌讳；西方人则重自由，明平等、尚贤、隆民，喜分党派，好评论"。（崔志海，1994）

以上是从价值观或行为方式上分析，下面从知识形态上分析。以儒家思想为核心的传统知识体系遵循的是重继承、轻发展的道德准则，求善重于求真。梁漱溟认为儒学是"早熟的文化"，如孔子推崇"修身、齐家、治国、平天下""三人行必有我师"。孟子的"恻隐之心，仁之端也；羞恶之心，义之端也；辞让之心，礼之端也；是非之心，智之端也"。这些"知识"自古至今都无可挑剔地正确。若将孔子与杜威进行比较，可以看出，孔子以"仁"作教育目标，"礼"作教育方法，而杜威以民主为教育目标，"经历探究"作教育方法；孔子崇尚以家、国为单位的社群主义，而杜威的"个人探索，集体验证"没有摆脱西方个人主义的传统；孔子的理想是上下有别的和谐社会，杜威的理想则是民主社会和科学理性。

庄子的思想有不少是可以发展的，如庄子的"惠施与鱼"，它以寓言的形式讨论了有关逻辑的问题，但错过了讨论真正的科学方法问题：探讨怎样才能知道鱼是否快乐。墨子也有许多科学实验的思想萌芽，但对于人口众多、资源相对贫乏的国情，仅仅是杯水车薪而已。我国引进近代科学已过百年，但在全球公民科学素养（scientific literacy）调查中，我们仍然排得很后[①]。（中国科学技术协会，2002）

那么，科学素养究竟是什么？美国《国家科学教育标准》中的定义突出了求真、质疑、批判的特点。而这个特点是完全不同于中国传统文化的。有学者认为，如果将知识论定义为对人类是否能够认识世界及其认识的确定性问题进行理性建构的话，严格地讲，儒家思想只有知识而没有知识论（成中英，2001），有伦理学而没有认识论。尽管主张科学实践的"墨子是中国第一个真正的哲学家"（Chad Hansen，2013），但他的思想因不合国情而被淘

---

① 2010 年的第八次全国公民科学素养调查资料未做国际的横向比较。

汰。儒家的独尊地位，使自身没有对手，没有冲突，致使孔子的后代难以超越导师，从而使中国知识论始终停留在古希腊"智者派"的"记忆—思辨—修辞"的认知模式上。在哈佛大学 2005 年的七大类通识教育课程中，有关中国的课程主要集中在"文学艺术"类，具体而言，有三门与中国有关的课："华夏帝国时代的女作家：怎样摆脱女性化的声音""中国文人""中国式的想象空间"。而在"外国文化"类中却没有关于中国的主题，只有日本和韩国的内容。

三、文化的改造

在西方教育经历 19 世纪翻天覆地变化的时候，我国仍然处于封建社会的发展阶段，离自发产生现代化的社会和大学的条件还有一段距离。因此，可以说整个 20 世纪中国都处于大幅度"跨越式"发展的时代。然而，尽管孔德和马克思都精辟地描述了人类社会由封建的农业社会向现代化的工业社会发展的路径，但不同的农业社会向现代化转变的过程是非常不同的，遇到的问题和挑战也不相同。中国具有几千年积淀的独特的封建体制与传统，正如费孝通在其《江村经济》中所描述的那样，它的社会文化实际上不能简单地用描述欧洲封建社会的"小农经济"这样的术语来描述，因为在小农经济背后有独特的大国政治及与其相应的家庭及超越家庭单位的复杂的社会关系秩序。

因此，从某种意义上说，"跨越式"发展就意味着告别几千年的传统，而告别传统意味着割断民族文化自然生长的根，而嫁接到另一个不同的社会发展体系中去，其中的冲突、痛苦和屈辱是不言而喻的。进入 21 世纪后，随着我国工业化进程的加快和国际化的加速发展，教育发展及其研究范式被迫逐渐与社会需求接轨、与国际规范接轨。（阿特巴赫，2009）然而，源自西方的科学研究范式以及与之相应的人文主义传统和教育思想及体制，与我国的传统和现实有着巨大的差异，因而不可避免地给教育界带来一系列挑战。

学术界对于文化与发展的关系最有成效的讨论起始于对拉丁美洲的研究。拉丁美洲已经独立了 150 多年，但拉美的一些学者已经认识到"我们有民主的硬件，而软件却是集权主义"，因此发起了促进文化变革的运动。其中，最著名的是秘鲁的"人力发展研究所"，他们在拉美几个国家的教育系统中倡导"发展十戒"。"发展十戒"涵盖的方面有：①时间观念；②工作和成就；③节俭；④教育；⑤卓越；⑥社群意识；⑦道德准则；⑧公正和公平；⑨权力与权威；⑩世俗主义。（哈里森，2002）

　　除了拉丁美洲以外，许多发达国家为了国际化的目标，也在不同程度上对自己的文化进行了改造。欧盟即是一个很好的例子。欧洲一体化可以说是国际化与全球化的一项实验。虽然各成员国根据自己国家的情况制定了一些特殊政策，但在年青一代心目中，"欧洲认同"（european identity）概念已日益深入人心。美国也是如此。在美国大学中今天非常普遍的"外国文化"或"文化与价值观"类通识教育课程，在半个世纪前叫"西方文明"，在20世纪70年代还叫"西方文化"。（唐纳德·肯尼迪，2002）

　　有研究者认为，中国公民还没有对后物质社会思想给以关注，因此中国目前缺少"批判性公民"（Zhengxu Wang，2005）。美国是在20世纪六七十年代出现具有批判性思维（critical thinking）的"批判性公民"，"亚洲四小龙"在近几年也先后出现。如果让没有理性的公民参与政治批判，是否会导致像在东南亚有些国家的议会上出现的大打出手、需要警察维持秩序的场面？下面是对20世纪90年代以后美国几乎所有大学强调的、贯串通识教育课程始终的"批判性思维"教学目标的描述：①能够辨别事物变化的模式并能运用这个模式回答或解决问题；②能够识别逻辑推理和思维过程中的错误；③能够识别、去除不相关的信息；④能够识别偏见、陈见和价值观对思维的影响；⑤能够认识到一个问题有多种解决方法。（王玮，2004）

　　从教育的角度看，中国文化的改造不能不涉及知识论的改造。任继愈认为："20世纪初，我国在尚未完成新文化启蒙的条件下，被迫从'经史子集'的范式'跨越式'地进入了现代学科体系阶段，于是不可避免地产生了一个'中体西用'的模式。"（任继愈，2001）那么，启蒙在高等教育系统中的主要内容是什么？是知识论、认识论。因为知识论是一种文化的根本，它影响到成员的所有行为方式，更何况大学是生产、传播知识的殿堂。有研究指出中国近代大学虽然都照搬了西方大学的经验，但大学校长的知识结构决定了他们处理"体、用"两者关系的方式，决定了在处理新青年与学衡派争论、科玄之争的态度，影响了办学的方向，影响了近代大学对中国社会的作用。（张红霞，2011）

从对知识和对知识产生方法的理解上看，今天中国大学与世界一流大学的差距仍然巨大。因此，今天中国的一流大学亟须以学术自由的方式开展对中西方文化差异及其与世界一流大学建设关系的大讨论，并要达成共识，其重要性不亚于近代初期。而且，由于大学是人类社会中探索知识、传播知识的专门场所，而知识是没有国界的，因此有关知识及其价值的大讨论是必需的，这是中国建设世界一流大学必须要走的独特的道路。

作为知识大讨论的结果，或者与大讨论同步进行的改革，在人才培养目标上，必须要重视批判性思维的培养，否则不可能培养出拔尖创新人才，也就不可能在国际公认的知识标准上作出创新。

当年蔡元培以文科改革作为改革的重点和突破口，今天文科改革仍然是中国大学的任务。文科改革事关教师群体对中西方关于"知识"概念差异的理解和澄清。以文科改革为契机，可以带动对知识内涵的重新认识，从而带动科学研究规范的建立、通识教育理念的推广、批判性思维教育目标的普及，以及学科建设和学风建设的发展。

第二节　发达国家和地区国际化人才培养目标和模式

在我们对文化、发展与国际化的关系，以及我国文化的价值与缺陷有一定的认识之后，再来审视西方发达国家与亚洲发达国家和地区是怎样将国际化需求落实到高等教育人才培养实践上的。

一、培养目标

关于全球化的定义众说纷纭，但一般都包括以下几个要素：时空压缩、世界一体、全球意识、资本主义扩张、跨国组织、高速信息沟通等。英国伦敦大学政治与经济学院著名教授吉登斯（2000）对全球化的描述简洁明了：全球化意味着更加强化的社会关系，本地区发生的事件与千里之外的事件有联系。克拉克·科尔精辟地指出，高等教育正在受到两个方面的拉力，一是不断强化的学习全球化，二是不断增长的民族主义。但两种拉力比想象的要更相容一些，因为国家目标中越来越认识到通过大学参与学习全球化过程的重要性，这不仅是指由此可以接触科学技术的前沿，而且需要营造能够参与全球化的下一代的学习环境。（Kerr，1994）

1983 年，邓小平用"三个面向"深刻揭示了教育在服务现代化建设、适应全球一体化趋势、迎接世纪挑战、实现可持续发展进程中的重要地位和历史任务。2010 年 7 月发布的《国家中长期教育改革和发展规划纲要（2010—2020 年）》也明确提出："加强国际理解教育，推动跨文化交流，增进学生对不同国家、不同文化的认识和理解。""从经济全球化和教育国际化的高度，制定教育对外开放的总体战略，将教育开放作为提高我国国际竞争力和增强综合国力的重要途径，作为新时期我国对外开放事业的重要组成部分。"在教育界，1996 年施良方先生在他的著作《课程理论——课程的基础、原理与问题》一书中指出："未来的课程中意识形态的色彩上会进一步淡化，适合国际交往的需要及科学技术发展的共同需要，各国之间在课程的共同性上会日益加强；一些自然科学学科会率先与国际主旋律接轨，即使一些社会科学也会在传递人类共同文明上不遗余力……这样的课程必定是一种开放的课程，它注意吸收科学发展的新成就，吸取课程改革的新经验，不断将教育研究的成果及世界性的经验纳入课程之中。"（施良方，1996）

著名高等教育家、前密歇根大学校长詹姆斯·杜德斯达说："如果说今天人们的生活空间已经打破了区域性的界限而进入全球化时代的'地球村'，那么教育当然要从小就开始培养全球意识。"潘懋元先生认为，培养学生的国际意识、推进国际理解已经成为高等教育的第四大职能。美国师资培养机构学会（American Association of Colleges for Teacher Education）早在 20 世纪 70 年代就开展全球教育和国际教育。在全国教师教育认证委员会（National Council for Accreditation of Teacher Education）1994 年的标准中呼吁各师资培养机构都应引入"全球教育"理念，培养有国际素养的教师。20世纪70年代欧盟就呼吁在语言与文化等多方面重视多民族多国家之间的交流。1999年的"波隆纳宣言"更是直接促进了欧洲教师、学生和普通公民的国际流动。一向以完美文化、完美语言标榜的法国也从2007年起将英语列为基础教育的必修课。

美国卡内基高等教育政策研究理事会主席克拉克·科尔在1980年就指出：由于当今的社会问题和知识体系已经成为国际性的了，大学需要一种超越赠地学院传统的新的教育观念，这种观念实际上就是高等教育要面向世界，或者说高等教育要国际化。（史亚杰，2002）在1992年"美国高等教育面临的国际挑战"专题研讨会上，麻省理工学院校长和斯坦福大学荣誉校长等人都明确提出，国际化已经成为高等教育发展所面临的关键性问题，他们甚至提出要把创办"全球大学"（Global University）作为未来发展的基本目标。要保持美国在经济、科学技术方面的优势，高等教育就必须参与全球性的人力资本市场和智力资本市场的竞争。

成立于1989年的欧洲国际教育协会曾申明："国际化是一个总的过程。在这一过程中，高等教育更少地趋向于本国，更多地趋向于国际发展"（王海燕，2001）。牛津大学校长安德鲁·汉密尔顿说，"在21世纪，只有全球化的世界一流大学才能有效地实现大学创造新知、教育人才、影响国际的三大职能""世界一流大学要培养国际公民，使学生成为国际事务的领导者；要培养能够领导21世纪潮流的人才，一个没有全球化视野的人不可能成为引领时代的人才"。（李江涛，孙伟丽，2011）

日本广岛大学喜多村和之教授在1986年亚洲高等教育国际化讨论会上提出："首先，所谓国际化，就是指本国文化被别国与民族承认、接受并给予相当的评价。"日本在20世纪70年代提出了从"经济大国"走向政治大国的蓝图，并同时强调高等教育国际化的重要意义，提出要站在全人类和全球的立场上，履行作为国际社会一员应尽的责任。日本临时教育审议会在对高等教育国际化的有关建议中指出，只有做一个出色的国际人，才能做一个出色的日本人。在国际社会中要想生存下去，除了牢固掌握日本文化外，还应该对各国的文化和传统加深理解。（陈学飞，2002）

新加坡是个多民族的国家，为了增进各民族对国家的认同，防止各民族的文化中心主义，该国政府在基础教育中积极倡导在各民族融合基础之上建设更高层次的"新加坡文化"。这种文化融合了东西文化的精华，具有国际性、开放性和包容性，它将儒家观念、马来人的传统、印度人的精神气质同西方科学精神结合在一起。（吴玉军，吴玉玲，2008）

新西兰三所国立大学的章程中，随处可见国际化的视角。梅西大学章程第一章《使命》中就提到，"梅西大学致力于在研究和教学领域达到国际优秀标准"，第三章《对新西兰身份认同、经济、文化、社会发展的贡献》中表示，"民族身份认同感的任何发展都依赖于同别的社会和文化习惯的差异感，我们会在国际化的环境中进行我们的研究，从全世界雇用员工，并受益于参与交换生计划"。奥克兰大学在章程第二章《奥克兰大学的特色》中提到，"这所大学（奥克兰大学）的角色既是国内的也是国际的"。奥塔哥大学章程第四章开篇就指出，奥塔哥大学要"从全球的视角为奥塔哥大学的学术和专业活动提供支持。""学校的学术人员和专业人员要立足于全球的知识体系并为此做出贡献，要从获得国际经历和建立国际联系网络上获取支持。"以上章程中体现的国际化思想不仅限于所列内容，而是在章程文本中那种无处不在的立足国际的意识。（陈立鹏，李娜，2011）

香港基础教育课程开发委员会在其课程改革报告中指出，为了应对 21 世纪的挑战，香港的教育必须以博大的胸怀应对全球化的趋势。学校的课程在帮助学生获得基本知识的同时，要给予学生以全球视野。"在新课程中，尽管民族认同是重要的教育目标，但还要有许多'全球公民价值观'内容，如多元、民主、自由、共同意志，宽容、机会均等、人权、责任等。在 80 条价值观列表中，只有少数与爱国主义、文化与文明传统有关。"（Lee，2008）

我国台湾地区自 20 世纪 90 年代以来也加快了教育国际化的进程。台湾《教育改革总咨询报告书》在"国际化"一项里提到，应"立足本土，胸怀世界"，建立一个具有国际观的现代社会。2001 年，在台湾教育改革会议之"大学教育"议题中，特别将"建设大学特色，提升大学之国际竞争力"以及"促进国际合作交流"列为讨论重点。台北市资优教育白皮书中指出，所谓资优教育的目的，就在于"培养其国际视野，协助其发挥潜能，并建立乐观进取、服务社会的人生观，以计划性地为国家培养人才，增进国家与国际接轨及在国际舞台竞争之优势"。台湾的改革比香港和新加坡明显迟缓一些。台湾学校的公民教育可以分为三个阶段：20 世纪 50 年代到 80 年代中期蒋介石的"民族主义教育"课程；20 世纪 80 年代中期到 90 年代的"过渡型公民教育"课程；2000 年至今的"综合型公民教育"新课程。（Doong，2010）

全球化和国际化将人们紧密相连，对人类经验共性的了解从来没有像现在这样重要。因此，几乎所有美国大学网站上的通识教育目标，都表达了这样一种共识：21 世纪的通识教育必须培养学生适应全球化的生活，分享其他文明的各种思想、看法和生活经历，并关注外部世界。

二、国际化课程的实现方式

美国大学十分重视课程的国际化。克拉克·科尔（2001）说过，过去大约两千年的时间，学者主要是学者，而后来的五百年，随着民族国家的兴起，越来越主要是公民了。但随着新的全球化的趋势，越来越会变为"全世界学术界的一个公民"（克拉克·科尔，2001）。从课程教学内容上看，从统一的"七艺"内容、学者自由游说时代，进入民族主义、爱国主义的时代。然而，历史总是螺旋式发展的，今天又要进入新的统一的时代。在这个全球化的时代，科尔建议的有关全球观点的教学内容主要包括四个基本主题。

1. 对相互联系的世界系统的分析。包括自然系统、生物学系统、经济系统、政治系统、通信和评估系统。

2. 关于近代文明发展的历史。"历史的观点使人们能够把他们自己放在一个有将来和有过去的时间顺序上，而且放在特定的地理位置上。没有一个一般的时间和地点的观念，要了解在构成人类历史的一长列事件中，你是何许人，或者你位于何处，那是困难的。"（克拉克·科尔，2001）让学生理解整个人类有一部历史，培养学生一种与人类的胜利和苦难联系一体的情感，才是我们需要的历史教育。

3. 关于文化的理解。学生应该理解自己的和其他人的文化，理解不同的人和文化对同一个问题的不同反应，理解多样性。

4. 行使公民的责任和义务的能力。包括发现问题、分析问题、解决问题的能力，批判性思维能力，科学思维及其他不同的思维模式及其适用条件。"［对于］这些概念，应该让学生甚至非常年幼的儿童当他们环顾他们的教室时都能清楚地获得感知。"（克拉克·科尔，2001）

例如，宾夕法尼亚大学认为，"首先要从课程入手进行国际化，因为97％的学生不可能出国"，"国际化要求教师、学生的出访、交流，但重要的是在校园内进行的国际交流"（国家教育发展研究中心，2004）。该校文理学院通过主—辅修专业或结业证书方式开展国际研究项目，扩大人文学科国际化基础，吸引留学生来校做国际项目，与其他国家教育机构建立合作伙伴关系，鼓励学生通过俱乐部、学生期刊、国际学术交流活动等方式开展拓展国际视野的课外学术活动。加州大学伯克利分校每年开设约600门国际方面的课程，和80余种外语课，约50％的社科和人文领域博士论文涉及国际问题。

在欧洲，"欧洲模块课程"和"整合式语言课程"是欧盟实现高等教育一体化的重要措施。按照"苏格拉底项目"的要求，"欧洲模块课程"分为三类：①成员国的社会、文化、政治、经济；②欧盟的法律、经济和组织结构；③进行不同成员国之间的比较。这些课程内容的制定要求至少有三个国家以上的教师参与讨论。

事实上，自20世纪60年代美国国会通过了《国际教育法》以来，发达国家不仅在课程合作上采取了多种形式，而且在课程内容上空前重视和发展国际维度。课程内容的国际化大致有以下几种方式：①开设全球共同的社会问题课程，诸如环境、贫穷和种族歧视等；②开设专门的国际主题课程，如外国文化、国际关系、国际经济、国际贸易等；③在已有的课程中增加国际最新研究成果，或采用国外教材；④开设对国家利益至关重要的地区研究课程。

美国的课程国际化从重视外语，开设相互割裂的外国历史、地理等课程，到今天已经将语言、历史、地理融合到一种相互联系的统一的"文化"概念来理解；而且用"文化"代替"文明"，从政治角度转向学术角度。下面以美国著名大学的通识教育课程为例。

美国的通识教育课程中国际化主题的展示有两种途径。一是"显性国际化课程"。这方面课程集中体现在其通识教育课程中的诸如"外国文化""历史研究""社会研究"课程中。二是"隐性国际化课程"。即通识教育课程中贯串着批判性思维方式和独立思考的精神。虽然通识教育课程的形式在20世纪80年代才确立，但这种精神是深深根植于美国文化中的。

隐性课程的价值不可轻视。国际化课程的内容与国际化过程一样，必然带来文化的冲突、融合和改造，而应对这个矛盾的最明智、最有效的办法就是采用批判性的方式开设课程。或许可以认为，这种批判性的课程内容和教学方式，实际上是美国等发达国家在20世纪80年代国际化课程建设中最有效的经验。

此外，虽然美国各层次高校都有通识教育课程，但课程目标是有层次的。奥斯丁社区学院（Austin Community College）通识教育课程中的外国文化课程，其内容主要与生活技能有关，如用外语进行交流的技巧，有法、德、俄、日、西语可供学生选修。德克萨斯州是美国与墨西哥接壤的国境线最长的州，也是墨西哥移民最多的州。因此，该州社区学院的通识教育课程中，开设了大量的关于墨西哥及拉丁美洲经济、社会和文化的课程。

尽管课程的目标和内容是有层次的，但"批判性思维"精神是共同的。其差别在于像哈佛大学这样的高层次大学，以隐含的形式将其贯串所有课程，但一般的社区学院只是集中阐述批判性思维的形式、特点和意义，后者是我国目前某些一流大学的普遍做法。

第三节　现代化是一个历史过程

现代化的最基本动力来自于生产力的空前解放。科学技术带来新的资源、新的生产方式和新的人际关系。而这些变化的最大特征是资本主义生产方式的确立和逐渐普及。资本主义生产方式中推动国际化趋势的核心生产要素是市场。所谓市场，即商品交易的场所。交易量的大小反映了经济发展水平。在市场规律作用下，随着经济发展，市场将不断扩张，也就伴随着人们的交往方式不断扩张，以及随之而来的文化交流与融合。进而，当高等教育与社会发展发生联系之后，也就带来了高等教育的国际化。因此，正如克拉克·科尔（1994）所言，高等教育国际化自近代以来从未间断过，全球化终将战胜民族主义。下面以亚洲后发国家和地区的现代化进程为例，阐述国际化是一个漫长的、不断发展的过程。

一、日本模式：从"和魂洋才"到"全球化"的循序渐进

日本近代初期的"明治维新"与我国的"洋务运动"都是"输入型"现代化的早产儿。这导致它们具有一些共同的特点：一方面改革者认识到必须吸收西方文化来弥补先天条件的不足，另一方面他们又担心民族文化灭亡，于是日本在明治维新的早期做出"和魂洋才"的选择，而中国则相应提出"中体西用"。然而，日本在19世纪后期与中国分道扬镳，全盘西化一派的主张占上风。著名日本研究专家崔新京教授认为，"比较'洋务运动'与'明治维新'我们不难发现，在东西方文化的冲撞中，中国与日本采取了相异的态度，做出了不同的文化抉择。中国采取的是'中学为体，西学为用'，做出了在'民族本位'的前提下，学习西方近代科学技术的文化抉择；日本采取的是'西学为体，西学为用'，做出了'以西洋文明为目标'，大规模学习西方文化的文化抉择"（崔新京，1999）。

从福泽谕吉和张之洞两人前后相隔20年时间发表的同名著作《劝学篇》的比较也可以看出，张之洞的《劝学篇》倾向于维护封建统治制度，而福泽谕吉则强调人人平等。福泽谕吉在该书的开篇就说："天不生人上之人，也不生人下之人。"而且，福泽谕吉精辟地指出，人人独立，国家就能独立。之后，福泽谕吉有感于中国等亚洲国家在近代受欧美国家侵略的境况，警示日本不要重蹈中国的覆辙，要脱亚入欧，发奋图强，尽早进入现代化行列。

当然，文化改造是一个长期的过程。有学者认为，借助西方物质文化走上资本主义道路的日本，20世纪初仍然保留了大量封建精神文化，两者结合导致军国主义泛滥，走向对外侵略扩张，最终使其现代化的成果毁于一旦。（杨正高，2005）不过，第二次世界大战后的日本在美国"民间信息与教育

委员会"及"教育使团"的压力下，被迫进行教育体制的"全盘美国化"。尽管这段改革是被动的，但在客观上加快了日本的现代化步伐。当然，这种脱胎换骨式的改革并非一帆风顺。例如，当时以美国的"学院认证（accredit）协会"为蓝本而成立的"大学基准协会"，原本是由一些经文部省批准设立的大学（chartered universities）的联合组织，以通过制定《大学基准》提高新制大学的学术水平为目的，显然，这与文部省的"大学审议会"审批（charter）新大学的行政管理目的完全不同，审批的标准也不同，但当时两者却合二为一了。（马越彻，2002）这就是说，美国的学术组织或第三方中介组织移植到日本就变成了政府附属组织了。这是亚洲文化的共性：与政府和市场处于博弈位置的"第三部门"难以发展。不少研究认为，日本"20世纪90年代的失落"也与政府对市场干预过多有很大关系。

20世纪60年代后，日本学术界和政府乃至产业界对大学国际化问题（实际上是文化改造问题）展开积极研讨，并逐渐取得共识。1966年，作为政府咨询机构的日本中央教育审议会首次提出：处于世界政治和经济中的当代日本人，必须充分地面向世界，应对世界的复杂形势，日本人应成为世界通用的日本人。（王留栓，小柳佐和子，2001）之后，日本政府和社会机构发布了一系列旨在推进国际化的报告和政策文件。例如，1974年，中央教育审议会在其咨询报告《关于教育、学术、文化的国际交流》中提出"国际化时代的教育、学术、文化、体育等国际交流的基本方案"即以推进国际性启蒙教育和国际理解教育，扩大师生的国际交流，完善国际交流体系。1985年，政府咨询机构日本临时教育审议会向内阁提交的第一份咨询报告指出：在当今的国际化时代，应以国际化观点研究教育改革。我们的教育机构在提高大学教育和研究水平的同时必须向国际开放，把只为日本人的封闭机构变为培养世界性人才的机构，为学术和文化发展做出贡献。1991年，文部省修订了《学位规则》，允许外国留学生用英文撰写学位论文。1995年，日本"大学审议会"进一步明确指出：大学必须培养视野广阔，富于创造性与综合判断力，掌握高深专业知识与技能，能进行跨学科学术研究，向世界推出研究成果，并活跃于国际社会的"国际人"（王留栓，小柳佐和子，2001）。由此可见，日本高等教育目标已经从立足本国上升到立足全球。例如，早稻田大学在 1995 年校庆 125 周年之际提出了全球大学（Global University）的构想，旨在"培养能纵观世界、有高瞻远瞩（Global）的眼光和愿意服务于地区性（Local）工作的精神及能力的青年。出于这种考虑，我们把'Global'和'Local'结合起来，努力使学校成为全球大学（Global University）"。东京大学现任校长小宫山宏在《东京大学 2005—2008 行动纲领》中提出，东京大学要努力成为能够聚集世界最优秀青年的学习场所，成为能够吸引顶尖学者来创造新知和交流知识的场所。（李岩松，2009）

总之，20 世纪 90 年代以后日本的改革已经超越了认识阶段和学校层面的机制改革阶段，发展到国家层面的体制改革和文化层面的转型。而且，这样的改革是基于自我反省的主动行为，而不再是"输入型"的被动行为，标志着日本的"文艺复兴"或"启蒙运动"取得决定性的成功。这无疑将对日本乃至整个亚洲的未来产生巨大影响。事实上，近年来日本诺贝尔奖得主频频出现的现象已经引起全世界的关注。回想起来，19 世纪中后期，德国首相俾斯麦曾经针对中日两国留学生赴西方学习的内容不同，成功地预言了中日两国的命运。我们不希望这样的预言在 21 世纪重演。

二、印度模式：两种文化

与日本源于儒家文化的民族传统不同，印度是一个多民族、多宗教、具有一百年殖民地历史的联邦制国家。印度 99% 的公民为教徒，拥有"中世纪世界的大学"称号。（戴妍，袁利平，2010）自 19 世纪 50 年代始，印度作为英国殖民地直接移植了欧洲高等教育体系，1947 年独立后也向美国学习，"国际化遗产对印度高等教育的影响可以说是无所不在"（戴妍，袁利平，2010）。事实上，印度的高等教育在文学、医学、法学等领域多承接英国传统，而在工程、管理、农学等领域则效仿美国，同时在历史、文化与哲学方面又不断坚持民族主义教育。（郭朝红，2009）有人认为，印度高等教育发展总体上是一种附属制的模式，主要表现为：第一，印度理工学院的创建完全以麻省理工学院为原型，建立起一整套的现代科研、教学和管理制度。第二，印度著名高校大力推行英语教学，英语成为大学和政府机关的官方语言，提高了国际交流的效率。在印度的高考科目中，英语的比重较大。（雷鸣，杨文武，2010）第三，自2006年始，印度政府允许外资直接投入高等教育，允许外国大学在印度设立校园，使得印度的高等教育加速发展。主要依靠外资和外籍专家发展科技专业，一方面赢得了外资、外企的捐助，以发展相关学科，另一方面也促进了经济发展。

不过，与日本相比，印度的高等教育发展较为缓慢。印度独立前只有16所大学、591所学院。20世纪80年代印度掀起改革浪潮，现有416所大学（其中国立24所、邦立251所、103所私立大学）和20677所学院，这些学院主要是近十年发展起来的私立高职高专学院。至今，印度的高等教育毛入学率在12%左右，计划在2012年达到15%，2020年达到20%。（郭朝红，2009）尽管印度的高等教育管理体制在形式上已经与国际接轨，如具有"大学拨款委员会"、高等院校"国家认证与评估委员会"，但这些都不是中介机构或第三方组织。（施晓光，2009）更为严重的是，一流大学里的科学技术文化与校园外广大民众的宗教文化拉开了更大的距离。这样的高等教育生态环境将成为未来发展的"瓶颈"。Marginson指出："美国创造性文化的优势之一是拥有公众、媒体和企业广泛参与的批评与革新论坛，而这往往发生在大学相关研究开始之前。"（Marginson，2011）根据一位印度教授的观点，印度的大学在科研上很少有重大的原创性成果，只有零星的少量的创新。印度最好的大学也称不上世界一流，只有几所"多科技术学院"的本科教学堪称世界一流。（印迪瑞森，2009）

印度高等教育在体制建设上较为混乱：一方面，联邦政府掌握着控制权，没有设立中介评价组织；另一方面，政府管理不力。有些学院为了摆脱政府控制，宁可不发学位，如"印度科学学院也曾有几十年没有颁发过学位，印度管理学院直至今日仍然坚持不颁发学位"（印迪瑞森，2009）。

可以说，印度的模式从殖民地时期开始就不是"体用两分"的模式，而是"两种文化"的模式：精英的科技文化与大众的宗教文化截然两分。这样的模式在现代化的早期似乎简捷、高效，但社会文化的两极分化相伴而生，而且这种分化不会随着现代化的发展而缩小，相反会越来越大。宗教固然可以使社会稳定，但如果占据重要的地位，其结果必然导致丧失一大批可以参与现代化建设的人力资源。因此，从长远来看，印度模式是缺乏后劲的模式。

印度目前已经认识到文化问题，且现有的一系列改革行动实际上与文化改造有关。其国家认证与评估委员会专门开发了一套评估与认证的"价值体系"和高等院校质量发展"理念"，还提出了五大"核心价值观"，其中第三条为要求学生坚持真理、正义、合作。（郭朝红，2009）这同时也说明了，只有输入型的科学技术现代化，缺乏人文、社会科学现代化的辅佐是有很大局限的。

三、香港模式：国际标准与儒家传统的和平共处

同为殖民地的香港地区，与印度有很大的不同。从地理位置、自然环境上看，与印度比，香港的国际化（有其）得天独厚的优势条件。作为国际金融中心，20世纪60年代后香港已发展成全方位开放、与国际充分接轨的城市。更重要的是香港具有儒家传统较印度的宗教而言，是一种积极进取的文化。

香港的大学在大学制度、管理方式等方面都借鉴了国际高等教育的经验，学校享有很大的自主权：自主履行教学、科研和社会服务功能；政府不直接管理大学，实行大学自治和学术自由；社会利益相关者参与决策和主要治理环节。香港的大学具有在全世界招聘校长、院长、系主任以及教授的权力，可以不考虑他们的国籍。而且，海外学者可以直接参与决策，半数评议委员由海外学者担任。（何斌，2005）在管理体制上，香港的大学有属于第一层次的行政主管部门，即直接隶属香港布政司的教育统筹局；有属于第二层次，作为重要教育咨询组织的教育统筹委员会。另外，还有1965年成立的大学教育资助委员会和学术评审局作为中介机构，负责对不同类型的院校进行质素检讨和监控，在高等教育质量外部保证方面起着重要的作用。（卢建红，2005）

值得关注的是，在处理国际标准与民族文化关系上，香港的三所著名大学呈现出多元互补的格局，为后发国家的高等教育现代化过程提供了经验。

香港大学创办者何启（1859—1914）出生于香港，早年留学英国，并获

医学和法学双学士学位，回港后投身于教育、卫生和公共事业，是香港历史上第三位非官职华人议员。1887 年，何启创建香港大学前身——香港西医书院，并亲自担任教授。1909 年，何启又为筹建香港大学四处奔走，并出任香港大学助捐董事会主席。香港大学成立后，他将西医书院并入其中。由于何启对香港教育事业的巨大贡献，1910 年英国政府授予他爵士勋位。创建香港大学的另一位大功臣是香港第十四任总督卢嘉爵士（Sir Frederick Lugard）。他任职期间为 1907 年 7 月到 1912 年 7 月。香港大学教学楼"卢嘉楼"、宿舍楼"卢嘉舍"及山顶的"卢嘉道"都以他的名字命名。香港大学成立后依法设置了学校管理部门校董会、评议会、校务委员会。按照英国制度，聘请原任菲尔德大学副校长、东方学家伊律为副校长，港督卢嘉只是兼任校长，副校长实际担负校长之责。

不难理解，香港大学从成立伊始就复制了英国模式，今天仍然是世界著名的国际化名校。除了中文系之外，香港大学其他的院系全部用英文授课。香港大学教师中，99% 的人有国外学习经历，外籍教师占了教师总数的40%—50%。（钱伟，2009）

香港中文大学成立于 1963 年，为香港第二所大学。香港中文大学由原来的三所书院合并而成，即新亚书院（1949 年创建）、崇基学院（1951 年创建）和联合书院（1956 年创建）。1986 年香港中文大学成立第四所书院——逸夫书院。香港中文大学是香港及亚洲唯一一所实行书院制的高等学府，这种模式是英国牛津大学和剑桥大学的传统与中国古代书院传统的有机结合。目前，四个书院各具特色，如最早的新亚书院侧重中国文化，而最新的逸夫书院则注重高科技。

香港中文大学从成立的第一天起，就确立了自己的办学宗旨——促进中西学术文化传统的交流与融合。（张泰岭、吴福光，1997）根据《香港中文大学条例》，香港中文大学的主要授课语言为中文。近几年校方也不断强调中英双语的教育方针，香港中文大学外籍教师也超过了教师总数的 30%。

香港科技大学成立于 1991 年，是一所办学历史仅 20 多年，但发展迅速的国际化大学。创校初期的教学人员来自 29 个国家，30 个民族。他们从 15 个国家获得博士学位，其中以美国最多（占 70%）。香港科技大学现职教师中，全部拥有博士学位，35%的教师是从国外留学返回的香港人，25%的教师是到过国外留学的内地人，12%的教师是到过国外留学的台湾人，其余28%的教师为外籍教师。（余海波，2010）

四、后发国家高等教育国际化的三个阶段

综上所述，发展中国家高等教育现代化建设一般经历三个发展阶段。由于国家的性质和历史不同，在这三个阶段中大致采取了两种不同的模式，即儒家文化模式和印度模式。

1. 体用两分阶段。又称文化剧烈冲突与反思阶段。在此阶段的早期，不仅是大学和整个社会都是政府的附庸，而且政府的概念也还不是宪政政体下的政府，市场也没有社会契约意义上的公平竞争的市场，因此改革派不占优势。日本的明治维新，我国的戊戌变法、五四运动，后期的科玄之争是典型案例。而且，这个阶段发展中国家经济落后，国力弱小，市场经济不发达，民族危亡的威胁巨大，必须要集中有限资源发展科学技术，好比在稀树草原上建设一个小暖房；所以政府主导地位存在相当长的时间。日本、新加坡、中国都经历了这个阶段。日本在20世纪90年代后才开始改革，国立大学法人化则是表现之一。

印度与日本及中国不同，跳过了文化冲突反思阶段，即体用两分阶段，直接以"附属制"的形式在充满各种各样宗教的社会生态里构筑起资本主义经济制度，号称世界一流的"印度理工学院"，好比在沙漠上建造暖房。印度与外部世界的反差，远大于日本的大学。印度与香港也不同，因为印度宗教文化与中国儒家文化对待现实的态度完全不同。似乎可以预见，尽管印度的大学可以在短期内迅速发展起来，但从长远看，其潜力不如儒家传统国家的大学。美国大学校长批评今天中国的大学在学术自由上不如印度大学（Simmons，2003），但是，太多太强大的宗教使得印度的普通民众在精神上的自由不及中国百姓。这同时也说明只是科学技术现代化，没有人文、社会科学的现代化，社会的现代化进程是不可持续的。可以推想，一旦中国文化改造取得成功，就会像日本一样，走上可持续的自主发展的现代化道路。

2. 体用二元化阶段。在这个发展阶段的国家经济高速发展，国力较强，改革派占有优势，在高等教育体制和大学行为上出现二元分野。一方面，一流大学倡导现代化、国际化制度建设，如政府放权、学术自由。另一方面，由于政府习惯于集中资源建造"暖房"，大学也没有学会自治的技能，致使大学与政府难以脱离，形成了表面"繁荣"而背后存在一系列难以摆脱的矛盾。如：中国大学普遍存在着"公民教育"与传统道德教育的矛盾；思想政治教育在整体上与社会转型时期的客观现实的矛盾；自然科学原理与儒家思想的矛盾；现代人文精神与以儒家思想为核心的中国传统人文教育内容的矛盾；"杰出人才""优势群体""创新团队"计划层出不穷而创新成果缺乏的矛盾；学科建设项目众多与学术发展状况令人担忧、学术不端行为猖獗的矛盾。同时，中国传统文化中家族观念导致教师之间、教师与校领导之间、教师与政府官员之间、校领导与政府官员之间形成利益集团——"制度肿瘤"。（李侠，2011）

亚洲高等教育研究专家西蒙·马金森（S. Marginson）认为，目前亚洲孔子文化圈（日本除外）高等教育发展已经形成了一个有效的独特的模式：政府控制很强；传统的重教文化推动了教育普及的快速发展；每年一次的高考缓解了教育公平问题，家庭负担学费弥补了政府投入的不足，加快了高等教育发展。但其缺陷是，缺乏学术自由、学校自治，其学术创新必然受到限制。（Marginson，2011）家族中心的文化是把"双刃剑"，有利于教育普及，但阻碍体制改革。马金森的观察与清华大学历史系教授秦晖对中国经济发展模式的评论相同：如果说有"中国模式"存在的话，那么中国模式就是"既低自由又低福利"（秦晖，2011）。在西方通常左派要福利（如民主党、工党）、右派要自由（如共和党、保守党），结果是两派博弈取得平衡。因此，他的结论是，这种中国模式不值得赞扬。（秦晖，2010）笔者的观点是，如果这个模式是难以回避的历史必然的话，那么今天大学的任务就是要尽可能缩短它的存在时间。

3. 体用一致阶段。这个发展阶段的国家经济稳健发展，国力较强，经济结构趋于合理，整个国家政治体制和高等教育体制进入体用一致的现代化阶段，政府、大学、市场各负其责、相互支持。尽管校园外大众社会可能或多或少仍然呈现"体用两分"的景象，但这种状况会随着教育的普及不断得到改善。日本今天大概处于体用一致的初期阶段，香港和新加坡也大致相同，而我国大陆则明显处于体用两分向体用二元化阶段的过渡时期。

上述亚洲的历史经验告诉我们几点。第一，先有国际化，才有世界一流大学，然后才有民族地位。对于这一点必须在政府、大学乃至全社会达成共识，否则就难以走出体用两分阶段。第二，国际化的最后堡垒是体制的国际化，而不是引进外资、学生交流、教师合作等，后者只是体制改革的必要准备。而体制的基础是文化。如上所述，我们的传统文化在学生、知识、社会三个因素上的关系是"学而优则仕—经史子集—官本位"，不同于西方的"学生中心—科学知识—民主社会"。与此相应，在政府、市场、大学三者之间的关系上是政府为本。然而，亟须我们深思和解决的问题是，亚洲发达国家的现代化并没有使传统文化被完全丢弃。当然，有人认为，东亚的这些融合模式必然带来缺乏原始创新能力、遭遇发展的"玻璃天花板"结果。那么，中国应该走怎样的融合之路？下面将基于上文及前面各章内容中的相关讨论，首先从教育的角度对中国文化的价值、教育价值进行剖析，然后对关乎高等教育体制改革的文化改造提出几点看法，最后对课程国际化提出几点建议。

第四节　中国文化的教育价值

如果将文化从其自然环境的起源上进行定义，而不是着眼于后期的物质、行为、制度层面，便可以帮助我们进一步澄清各种文化的善恶、优劣之处。人类至少有两种主要文化。一是取扩大生存资料路径之西方文化，二是取控制生存资料消耗速度路径之东方文化。地球上的自然资源经过 17 至 19 世纪的西方工业化进程、殖民主义扩张的消耗，在 20 世纪已经捉襟见肘，使得运用科学技术手段扩大资源的西方文化开始出现危机。尤其进入 20 世纪后半叶，资源与人口之间的矛盾在全球化的背景下逐步升级，由此引发了西方社会科学中出现和复兴了一系列反思经典现代性的批判理论，哈贝马斯的交往行动理论是其突出代表。

一、中国传统文化与当代西方的交往理论

哈贝马斯在其代表作《交往行动理论》中提出人的四种行动类型：工具性行动、法制调节行动、自我表现式行动和交往（communication）行动。哈贝马斯认为，第一种工具性行动的合理性标准主要体现在相关行为的"真实性"上，如科学发现。第二种法制调节行动对应的标准应该是符合社会法规的程度或"正确性"。第三种自我表现式行动的标准则是行动者在听众面前自我表现（如讨论、演讲）的"真诚性"。对于第四种行动——交往行动，哈贝马斯认为它"更具合理性"，并起到统摄其他三种行动的作用。（哈贝马斯，1994）不过，哈贝马斯的交往行动理论没有摆脱个人中心的视角，只是作为权宜之计将个人利益与群体利益绑在一起。换句话说，与其说哈贝马斯的交往是一种新的行动类型，不如说是西方文化直至20世纪晚期才在新的人口形势下萌生出的与中国传统文化的精髓殊途同归的一个新发展、新变化。可以理解，由于这种新变化在西方文化中积淀很少，因此尽管哈贝马斯已经意识到交往行动"更具合理性"，但难以对它提出标准。而儒家早已给出了人际交往行动的最高层次——"礼让"，其标准即"和谐"。

当然，在全球化时代，礼让不同于封建时代的谦卑，也不同于老子的"无为"，而是为了更有效地避免冲突、增进理解而调用策略性知识做出的行动。是当其他三种行动（工具性行动、法制调节行动、自我表现式行动）都无济于事之后的最高层次的行动。它需要参与交往的人具有足够的能力做出适时、适地、适度及联系三者的程序选择，以达成最小的效率损失。这就是说，教育的功能不仅是传递科学的工具性行动以增进资源的总量，不仅是提高个人表现的感染力以控制别人，也不仅仅是学会遵纪守法、听天由命，而且要传递那些当不同行动产生冲突时可以消除冲突的策略性行动。与上述基于个人的真实性、正确性、真诚性标准不同，交往行动是以交往双方的"和谐性"为标准的，通过行动的适时、适地、适度和程序的有节奏的"拿捏"

而实现。礼让不仅是一种策略，如外圆内方，而且是一种修养，暂时的沉默、缓议、回避是一种修养；忍辱负重更是一种修养。

在杜威之前，康德就有断言："在自由意志的运用与对必要管束的服从之间进行调节，是教育的最难课题。"杜威理论实际上通过民主与科学的结合回避了这个难题，但在面对全球化社会中新出现的中西方文化、科学主义文化与人文主义文化发生冲突时，这个问题已经难以继续避而不谈了。而且，正如卢梭（1980）所言："人类在道德修养方面的潜力远非我们想象得那样有限，只是我们的懦弱、恶习和偏见限制了它。"中国文化和中国历史已经证明了卢梭断言的正确性：礼让是可以教育的，人的自私性是可以通过学习得到限制的。这也让我们看到中国文化中这一优秀成分得以传承的希望。

信息化是 21 世纪的又一特点。信息技术加快了全球化的进程，为社会发展模式的转型、教育思想的更新、教育模式的转型提供了支持。足够的信息使人能够更有效地感知跨文化理解与礼让的必要性和重要性，同时使人更快地获得行动效果的反馈，有利于及时调整交往策略。信息的畅通无阻，已经使封建等级制的纵向行政结构失去了过去曾经拥有的提高管理效率的价值，减少了过去因信息滞后带来的误解与社会动荡。信息技术已经带来教育内容和方法的变革，使得一些超越时空的教学内容和必要的时空交错的学习模式—如"翻转课堂"（The flipped classroom），在今天得以顺利进行。

二、全球化时代杜威哲学的必然发展

如果将文化的定义建立在上节开头所言的自然环境的起源上，人类便不能将 21 世纪和平的期望全部压在科技发展上，而是要同时开发利用各种文化资源，即在不同文化之间取长补短。这个问题如果能够得到正确处理的话，以擅长调整人际关系和生产关系、分享有限资源为特点的中国文化对西方一味攫取自然界的思路将是一个有益的补充。杜威曾经在回忆访问中国的经历时说过，"与其说学习到了什么新鲜的事物，不如说获得了崭新的看待事物的视角与侧面。西方的任何事物在这里都会变得完全不同，……世界未来的希望指日可待"（简·杜威，2009）。

与孕育杜威理论的 19 世纪末美国社会相比，今天参与全球性事务的人群无论是规模还是多样性都大为增加，而且代表非西方文化的影响力也非当年可比。因此，在"地球村"环境中，杜威倡导的"科学与民主"生活方式和教育哲学需要做相应的更新。而这个更新之道可以从中国传统儒家文化中汲取。正如劳思光所建议的那样，充分发挥中国哲学的"指引效力"，从而在教育意义上构成对西方哲学解释性效力的补充。（劳思光，1983）

那么，除杜威名著《民主主义与教育》的开篇中针对生物个体生存竞争的类比隐喻，应该增加生物群体或种群的类比。譬如，为了繁衍生息，有些生物种群在个体力量难以战胜自然力量的情况下，就会形成群体的力量，而为了保证群体的利益，有时需要无条件地牺牲个体利益；在交往行动上，表现为高层次的"礼让"。这一点在西方文化中是难以接受的。不过，近十几年来，西方心理学界开始关注利他主义（altruism）行为的研究。长期以来认为"道德不可传授"的美国道德教育理论也开始松动，哈佛大学著名校长德里克·博克（2008）已经明确地对这个断言提出挑战，认为采取研讨式的方法，可以将优秀的道德传授给学生。

诚然，能够有效表达如此高层次的礼让行动，不仅需要道德修养上的训练，还需要建立在正确的认识之上，因为所有道德训练和认知内容都需要符合科学原理，而后者是西方文明的优势。不仅如此，对于涉及大多数人利益的问题，谁做出礼让甚至牺牲、谁具有决定权以及以怎样的方式进行等问题，还必须依靠科学的方法，绝不是封建等级制下的为既得利益的一小部分人而牺牲大多数人利益的办法。换句话说，在这里儒学的宽容、礼让不是消极低效，而是积极稳妥。礼让的时机、方式、程度因情境而异，因而需要依靠科学的方法来决策。因此，它不是交流的终极目标，只是达到目标的策略。教育的终极目标是维持人类的生存与推动文明进步。礼让是交流的最高层次的修养与技能，需要科学素养与人文修养高度融合的教育方式。

活跃于 20 世纪的西方"民主"缺乏对非科学文化的包容，这在 21 世纪的全球化环境下必须加以改造。这就是说，要求教育的民族文化认同使命应该逐步让位于全球责任使命的目标，不仅对于发展中国家适用，也对发达国家适用，因为跨文化交流能力必然成为 21 世纪的首要教育目标。事实上，跨文化理解与交流已经出现在诸多国家的教育内容中，诸如提倡鼓励合作学习、团队活动等。跨文化交流的内涵不仅包括不同民族文化的交流，还包括科学与人文之间的交流、不同阶层文化之间的交流、不同性别文化之间的交流。只有用科学的态度对待各种文化和文明，才能使世界整体上向科学文明的方向逐步演化。

关于跨文化交流能力的认知基础，哈贝马斯（1994）特别强调文化认知转换机制及其复杂性。他说，跨文化理解"发生在文化上根深蒂固的预先理解之背景中。这一背景毫无疑问是整体延续的"。那么，可以设想，以人类"性相近"的自然属性为起点，考察中西文化的不同演进路线，再现古希腊三杰的辉煌历史和我国古代百家争鸣与儒家胜出的必然结果，直到今天的中西方文化殊途同归的融合，就应该成为师生共同"探究"的国际化课程的核心内容，以重构学生"整体延续性"的文化理解。而且，学生不仅需要获得本文化的整体延续的知识背景，还要获得他文化的整体延续的背景。其实，哈贝马斯的这种"整体延续性"理解的观点，在20世纪初斯宾格勒构建的"历史形态学"理论中已经奠定了基础，而且汤因比的系列文化史著作《历史研究》已经初步展示了各种文化史的形态演变过程，为相关教育内容开发提供了基本的资料。相对于杜威初级教育阶段的实际"经验"模式而言，对世界各种文化自然进化与相互作用的历史过程进行模型构建式的"虚拟探究"，应该成为高层次跨文化理解的核心教育内容。

如果说20世纪的教育是以杜威的"科学＋民主"为理想，那么21世纪的教育理想应该是"科学＋礼让"。这里的"礼让"是包涵与科学理性一致的"正义"的概念，而且这个"正义"超越了民主的范畴，扩大到对异质文化的包容。保证这样的交往行动合理、有效进行的基本人文条件，已经在中国两千多年的历史中完成了初步的"实验"，但要在全球环境中推广将是一个长期的过程。因为根据杜威的原理，新"习惯"要取代旧"习惯"，必须要达到像旧习惯曾经有过的"根深蒂固"且自然而然的程度。（杜祖贻，2003）不过，全球化进程带来的社会需求将是这个实验的强大的催化剂。

第五节 探索我国课程国际化改革的设想

文化的核心是价值观问题。价值观的变革必须有主动诉求的参与。而这种主动诉求的最佳方式是通过教育改革。教育改革，课程是根本。在课程体系建设上，可以借鉴发达国家的成熟经验，诸如重视基于课堂的国际化课程开发，重视通识教育课程在文化融合和文化改造中的作用。

一、重视课程与文化的关系

发达国家的实践给我们的重要启示之一是，要重视课程与文化的关系。课程是文化的载体，是文化的传播工具。课程开发问题，实际上是文化选择问题。西方发达国家的课程内容及教学方式，十分重视批判性思维的培养，而批判性思维的首要意义在于其科学文化属性。科学文化在课程内容上的核心表现就是重事实、重证据、重逻辑推理；在教学方式上的基本表现就是讲真话，师生间、同学间公开公平对话，并随时准备修正错误。这是因为大家共同的目标是求真而不是求威信、求政治地位。

而我们的课程如何？目前，突出的问题似乎存在于公选课中的政治和道德教育课。有些课延续了半个世纪也没有进行真正的改革。许多任课教师由于深知其教学内容已远远落后于学生的知识范畴、落后于社会需求，不得不在教学内容上代之以政治笑话、在教学方式上采取调侃的手法，以此吸引学生。

然而，这样做的意义是什么呢？是对待国家大事可以采取"明哲保身，但求无过"的态度；是说话要含沙射影，而不要直截了当；是认真与严肃地对待学问和其他一切都是自寻烦恼，等等。因此，现在越来越多的学生玩世不恭、少年老成或崇拜钻营，诚信和严肃反而被认为是作秀或愚蠢。

为了找回自我，学生们选择了网络世界，因为在那里可以看到零星的真话，也可以表现自我。今天，对于文化改造的需求，学生已经走在我们前面，而我们教师实际上在掩耳盗铃，没有与时俱进，没有代表学生的利益。

一位大学新生说，在我们这个时代最大的吃苦耐劳是"理性"，不要狂热。另一位学生说，这些课的唯一好处是锻炼我们排除干扰的能力。一位研究生在论文中写道，政治偏见影响人文学科学生的判断力，有唯一标准答案的主观性试题对学生创新能力有负面影响。

如果说从前的社会环境还不允许我们全面改革课程体系的话，今天的条件应该说已经成熟了。国内学术界已有大量的关于改革德育课及类似课程的调查报告和研究论文，其研究结果都充分说明了这一点。

今天我们要"跨越式"发展，赶超世界先进水平，在哈佛大学的学生研究他国文化、反思自身文化、迈向国际化的时候，而我们的学生却在不得不花大量精力学习外语的同时，还要应付许多与国际化毫无联系，甚至背道而驰的课程。我们每一个教育工作者，正在眼睁睁地看着学生背着沙袋和别人进行万米决赛！

另一类与文化有直接关系的课程存在于我们称之为"素质教育"类的课程中。该类课程非常重视中国古代人文经典、诗词的学习。学习经典著作的意义可以概括为两点：一是召唤使命感。古人的智慧和人格可以使人的精神升华，这些经典本身具有无比的教育、感召力。二是培养历史感。历史事件当时为何如此？今天乃至将来又该如何？思考这些问题都能激发学习者的历史使命感。

对于这两点中西方经典的价值是共同的。我们往往忽视中国古代经典中的人文精神与发源于古希腊文化的以批判性思维为基础的人文精神之间存在的许多不相融之处。"如果说，中国儒家的'人—文'是由'仁—礼'构成的，那么古希腊人与之相对应的'人—文'是由'自由—科学'构成的。也就是说，对古希腊人而言，能够保证人成为人的那些优雅之艺是科学，而对'自由'的追求是希腊伟大的科学理性传统的真正秘密所在。"（吴国盛，2001）

而自由的精神是进行批判性思维、进行创新的本源。拉丁文在英、美已于19世纪从普通教育公共必修课中取消，而我们今天的中小学，甚至大学的必修课都不容置疑地保留有相当多的文言文和古诗词。这里不是说拉丁文和文言文或某一个哲学流派不具备文化遗产的价值，而是说它们不具备全球化时代教育目标下的适合于所有学生的最佳课程价值。

因此，中国经典是必要的，但不是充分的，它们需要筛选、需要其他知识来补充。而且，在开设儒家、佛教经典课程时，最好的方式是与学生共同讨论诸如"为什么中国古代科学文化得不到发展，而发展了儒学"等问题。事实上，即便是美国，今天也超越了赫钦斯（R. M. Hutchins）的阅读经典（赫钦斯，2001）的做法，而是用批判式的态度对待经典，从现实问题的视角去研究经典。

二、重视教育理念的一致性

已有不少学者指出，20 世纪 90 年代中期开展的以传统文化为核心的大学生文化素质教育理念，与 2000 年后许多一流大学自发引进的国际通识教育课程理念有许多相悖之处，而且与全球化的社会需求、学生需求存在不少矛盾。从心理学上讲，让学生同时接受教育目标不一致的两种课程体系，而且不加以批判性的比较和分析，是非常不利于学生"成长"的。（Zhengxu Wang，2005）怎样处理这两者之间的矛盾问题，已受到学术界的长期关注。华中科技大学老校长朱九思 2004 年就提出将文化素质教育改为通识教育。

不仅如此，思想政治类课程使矛盾进一步复杂化。学界普遍认为，思想政治教育是重要的，但其内容与形式在整体上与社会转型时期的客观现实存在很大矛盾。这种矛盾不仅导致了广大学生的价值困惑和认同危机，而且不少专门从事学生思想品德教育的教师自身也存在价值冲突或迷失。（樊娟，2009）通识教育、文化素质教育、思想政治教育三类课程教育目标的不一致，严重影响了学生的学术诚信品德的养成。

同样，怎样处理自然科学原理与儒家思想的矛盾极具道德意义上的挑战性。在我国许多著名大学课程体系中，自然科学课程已经国际化，但人文社会科学课程很难做到与国际接轨，中国人文经典确实不应该从中国大学的教学内容中排除。与西方有助于科学素养培养的人文精神不同，我国以儒学为代表的传统人文精神虽然有助于克服科学的局限性，却不利于科学素养的培养，然而，"科学素养"将是全球化社会中各国大学生（而不是全体公民）健康"成长"的逻辑的和心理的起点。在西方文化中，科学既是"用"又是"体"，杜威的教育理论就是典型代表——科学探究既是教学目标、教学内容又是教学方法，既是培养智力又是培养民主主义的道德。而我国一百多年来体用两分的局面至今难以改变。有人认为我们的"文艺复兴"一课还没有补上。（任继愈，2001）显然，对这些矛盾的处理不仅是对研究者学术智慧的挑战，也是对其学术诚信和爱国主义品质的考验。

由此可见，处于后发国家的学者必然面临许多学术伦理悖论，其中最痛苦的大概是爱国主义与学术诚信之间的矛盾。"Academic integrity"一词我们通常译为"学术诚信"。我们文化中没有这个词所表达的丰富而独特的内涵：不仅有诚信之意，还有正直、执着、严谨。信仰与行为一致的意思，举个例子，杜威比卢梭的学术诚信度要高。即使在亚洲的一些较发达国家，虽然国家需求与学生需求是基本一致的，但知识观与学生需求的关系还没有理顺。这可以从一些国际学生能力评价项目结果中得到反映：亚洲学生的总分很高，但对知识的兴趣和信心很低。换句话说，"学校即社会""教育即成长"的教育哲学在目前的中国，甚至在一些发达的亚洲国家，不同程度上仍然难以完全适用。这也是多年来我国素质教育成效甚微的根本原因。

可以说，基于中国传统文化形成的富有特色的人文教育，是当代高等教育取之不竭的源泉，但同时也是改革中最困难的部分。由于发源于我国儒学的人文精神与发源于古希腊的人文精神的不一致，现行文科和理科基本分属于两个不同的价值观体系。文科的教师和学生很累，不仅要花精力按照国际研究规范去求真，还要削足适履地按照我们的"辩证法"把清晰的结论模糊化。这个问题解决不好，不可能有成功的通识教育，因为教育目标上的矛盾会导致学生无所适从，或以隐含课程的方式教会学生不诚实，而且会视不诚实为能力、策略。文化上的逻辑一致性对教育效果具有决定性的意义。

当然，改变信念是一个痛苦的过程。清朝末年我国改书院、废科举、兴学堂，曾经引起了剧烈的社会和文化动荡。难道今天我们会认为当初的改革是对祖国文化的背叛？美国从"西方文明"课变革到"外国文化"课，也经历了几十年的反思与磨合。（Keller & Keller，2001）但20世纪80年代培养的美国新一代今天已经开始在社会文化的重塑中发挥了重要作用。

大力倡导和切实发展批判性思维，是解决传统文化与现代人文精神不一致问题的极好方法。从各国著名大学校长和高等教育专家对世界一流大学的定义中可以看出，一流的本科教育是世界一流大学的必要条件；而一流的本科教育又是与培养批判性思维的教育目标分不开的。（Levin，2010）具有批判性思维的公民是有利于和平发展的全球化进程的，因为这样的公民能够保证高等教育国际竞争是一种"正和博弈"。具体而言运用批判性思维教学方法可以应对几个亟须解决的难题。

（1）用分析的、批判的态度，从现实的和全球的视角去分析、讨论我国的经典，处理我国传统经典的优势与缺陷。

（2）将中西文化的冲突呈现给学生，让学生以理性的、批判的态度，探讨有利于今天发展初期的文化与有利于今后长远发展的文化之间的关系。

（3）采取批判式的、讨论的方式对不同伦理道德体系进行分析，可以对当代大学生的伦理错位、缺乏道德、道德矛盾等问题进行一定的补救。

总之，国际化与民族性关系主题应该纳入教育内容中，对这个关系的批判性审视的态度更是教育目标的核心。

三、正确对待爱国主义教育

1. 拓展爱国主义的内涵。人类历史上疯狂鼓吹狭隘的、畸形的爱国主义的有古罗马帝国、蒙古帝国、拿破仑的第二帝国、希特勒，以及第二次世界大战时的日本。然而，21世纪的强国之路已不是那些狭隘的民族主义可以走得通的。21世纪是知识经济社会，是以科学技术为轴心的世纪。现代化要求公民有爱国之心，更要有爱国之力。国际主义是爱国主义面向全人类的发展，是人的价值观视野的进一步扩大，是人对自身存在与人类社会关系的积极认知的产物，是人们把自己国家的权益与人类社会的权益统一起来的结果，是人们走出民族和国家的局限，把自己的存在延伸到人类范畴的一种进步。但是，国际不是一个抽象的存在，而是各个国家的总和。国际主义也不是一种抽象的情感，每个人最现实的国际主义精神首先就是爱国主义，因为建设自己的祖国是建设世界的一部分，就像做好本职工作是最好的爱国行为一样。

全球化是人类社会发展的必然趋势，它在深化发展中国家与世界联系的同时，也带来了一系列挑战。我国青少年越发凸显的"价值冲突"与"认同危机"便是这种挑战的突出表现之一。一项对上海五所高校大学生的问卷调查发现，高达51%的学生认为根本没有必要了解中国历史。（樊娟，2009）另一项对北京等六大城市大学生的调查结果显示，"对中国21世纪头20年实现全面建设小康社会的奋斗目标"没有信心的学生占20.1%。（樊娟，2009）美国布朗大学的一项心理学研究发现，从学习目的和动机来看，中国青少年的"自我"概念已经从过去普遍认为的"社会指向型"逐步转向"个人指向型"。（Li，2006）

因此，在相关的课程国际化实践中要注意以下几点。第一，在全球化视野下，积极、认真开发既符合时代需要，又能精练、系统地反映中华民族优秀文化、适合于所有专业学生的通识教育课程体系，而不是在封建主义和教条主义框架内对古典原著的照本宣科。要以乐观的态度、宽阔的胸襟吸纳一切人类优秀文化；要将爱国主义定位在以促进全球和平和共同发展的基础上，倡导国际主义的崇高品德。死守本土文化而怕其变，并不是道德家。一千多年前，韩愈针对文人之间耻于相师的现象就倡导"无贵无贱，无长无少。道之所存，师之所存也"。

从哈佛大学的通识教育课程理念来看，道德教育的显性方式主要是"伦理推理"类课程和隐含在所有课程中的正义感和求真精神。对于意识形态问题的处理，是通过分析和推理的方法。教师将不同的伦理道德体系真实地呈现在学生面前，不把自己的价值判断强加给学生，而是以分析的方法与学生共同讨论其产生的历史背景，及其对今天和未来的利与弊。

第二，爱国不是被动的服从、不是盲目的献身精神，而是一种主人翁的姿态，一种积极主动忧国忧民的姿态。对于马克思在大英博物馆留下的脚印，我们不要将其仅仅当成激励学生勤奋、刻苦的范例，而要重视马克思志向远大、敢于质疑、勇于批判的精神。爱因斯坦也说过："使青年人发展批判的独立思考，对于有价值的教育也是性命攸关的。"（爱因斯坦，1979）高等教育要培养的不应该是燕雀之愿，而是鸿鹄之志！

第三，爱国不等于空洞的政治口号。政治是一门学问，而不是一种狂热的情绪。"发达社会还尊重一系列的较轻的美德，如办事稳妥、整洁有条理、讲礼貌、准时。"（马里亚诺·格龙多纳，2002）相反，在传统文化主导的国家，"人们只重视一些大的美德，如正义、勇敢和崇高气概"。日本在第二次世界大战后的大发展时期认识到，缺乏理性基础的伦理体系而导致的全民政治热情于知识发展不利。因此，为了配合政治体制、经济体制的改革，号召淡化政治教育，关心最基本的道德。20世纪30年代的日本中学教科书中写道："爱国主义的最便捷途径，是在日常生活中严于律己，在家庭中保持良好的秩序，尽心尽力完成自己的工作职责。"（戴维·兰德斯，2002）

2. 重视爱国主义教育的循序渐进。我国从幼儿园就开始进行爱国教育，但到大学阶段仍然停留在"修身"之上，而置"治国、平天下"于次要地位。这从许多高校的校训都片面强调德可见一斑，如清华大学校训为"自强不息、厚德载物"，南京大学校训为"诚朴雄伟，励学敦行"，东南大学更是"止于至善"。

造成这种现象的直接原因有二。一是空洞的政治口号、狂热的民族主义削弱了对基本行为规范养成的重视，因此上大学后还需补行为规范的课。二是没有真正认识到知识的发展是生产力发展的基础，伦理道德只是配合法律维护生产力发展的"助手"，因而忽视培养学生对伦理学、政治学的学术探讨兴趣与能力。

因此，高等教育的德育课程要完成多重任务。修身：行为规范、理性教育；治国：批判性地分析社会问题；"平天下"：倡导国际主义胸怀。由于今天的"国"和"天下"已经不是春秋战国时代的内涵了，能够治理它们的人所必须具有的素质，就不仅仅是仁义道德所能涵盖得了的。今天的爱国教育要与学生共同探讨、共同造就21世纪的中华民族认同感——我们炎黄子孙既然可以造就灿烂的古代文明，就有能力再创辉煌。21世纪是我们民族振兴的大好时机，但任何一个想要奋发图强、改变命运的民族，都必须进行彻底的理性的自我批判与自我解放。要在保持重道德传统的基础上，真诚地学习欧洲的理性精神与美国的创新精神，塑造道德、理性和创新为一体的21世纪中华民族崭新文化。

参考文献

[1] 阿特巴赫 . F. G. 2009. 高等教育变革的国际趋势 ［M］. 蒋凯，主译 . 北京：北京大学出版社，70.

[2] 爱因斯坦 . 1979. 爱因斯坦文集 . 第 3 卷 ［M］. 许良英，赵中立，张宣三，译 . 北京：商务印书馆，310.

[3] 陈立鹏，李娜 . 2011. 新西兰国立大学章程文本的要素分析及启示 ［J］. 国家教育行政学院学报，（1）：85 – 90.

[4] 陈学飞 . 1996. 当代美国高等教育思想研究 ［M］. 沈阳：辽宁师范大学出版社，86 – 91.

[5] 史亚杰 . 2002. 简注日本高等教育国际化特点 ［J］. 高等教育研究，（3）：41 – 43.

[6] 成中英 . 2001. 中国哲学中的知识论（上）［J］. 安徽师范大学学报，（1）：7 – 8.

[7] 崔新京 . 1999. 关于中国"洋务运动"和日本"明治维新"的文化思考 ［J］. 日本研究，（2）：90 – 93.

[8] 崔志海 . 1994. 中国近代改造国民性思想的先声 ［J］. 史学月刊，（4）：38 – 43.

[9] 戴维·兰德斯 . 2002. 文化使局面几乎完全不一样 ［M］//塞缪尔·亨廷顿，劳伦斯·哈里森 . 2002. 文化的重要作用 ［M］. 北京：新华出版社，39.

[10] 戴妍，袁利平 . 2010. 印度高等教育国际化的特点及趋势 ［J］. 比较教育研究，（9）：72 – 76.

[11] 德里克·博克 . 2008. 回归大学之道 ［M］. 上海：华东师范大学出版社 .

[12] 丹尼尔·埃通加—曼格尔 . 2002. 非洲需要一个文化调整计划吗？［M］//塞缪尔·亨廷顿，劳伦斯·哈里森 . 2002. 文化的重要作用 ［M］. 北京：新华出版社，107 – 122.

[13] 丁钢 . 2003. 价值取向：课程文化的观点 ［J］. 北京大学教育评论，1，（1）：18 – 20.

[14] 杜祖贻 . 2003. 杜威论教育与民主主义 ［M］. 北京：人民教育出版社，74.

[15] 樊娟 . 2009. 新生代大学生文化认同危机及其应对 ［J］. 中国青年研究，（7）：42.

[16] 郭朝红 . 2009. 印度高等教育评价的价值体系与质量发展理念探究 ［J］. 教育理论与实践，（11）：62.

[17] 国家教育发展研究中心 . 2004. 2004 年中国教育绿皮书 ［R］. 北京：科学教育出版

社，272.

[18] 哈贝马斯．1994．交往行动理论．第 1 卷［M］．重庆：重庆出版社，135－141.

[19] 哈里森，L．2002．文化为什么重要［M］//塞缪尔·亨廷顿，劳伦斯·哈里森．2002．文化的重要作用［M］．北京：新华出版社，23.

[20] 何斌．2005．香港高等教育国际化现状分析［J］．比较教育研究，(1)：16－19.

[21] 赫钦斯．R．M．2001．美国高等教育［M］．汪利兵，译．杭州：浙江教育出版社，193.

[22] 吉登斯·安东尼．2000．现代性的后果［M］．田禾，译．南京：译林出版社，155.

[23] 杜威．杜威传［M］．单中惠，编译．合肥：安徽教育出版社，363.

[24] 克拉克·科尔．2001．高等教育不能回避历史——21 世纪的问题［M］．王承绪，译．杭州：浙江教育出版社，36，34，39，42.

[25] 劳思光．2013．中国哲学研究之检讨及建议［J］．南京大学学报，2013，(2)：79－91.

[26] 李江涛，孙伟丽．2011．中外校长热议：中国建设世界一流大学最缺什么［EB/OL］．新华网 http：//news. xinhuanet. com/politics/2011－04/24/c－121341383. htm.［2014－09－30］.

[27] 李侠．2011．科技界的利益集团形成机制［J］．民主与科学，(1)：12－13.

[28] 李岩松．2009．东亚大学的国际化发展趋势［J］．北京大学教育评论，(2)：103－119.

[29] 卢建红．2005．多元化的香港高等教育质量保证体系探讨［J］．理工高教研，(4)：82－84.

[30] 卢梭．1980．社会契约论［M］．何兆武，译．北京：商务印书馆，87.

[31] 雷鸣，杨文武．2010．中国和印度高等教育体制比较［J］．南亚研究季刊，(2)：94－100.

[32] 马里亚诺·格龙多纳．2002．经济发展的文化分类［M］//塞缪尔·亨廷顿，劳伦斯·哈里森．2002．文化的重要作用．北京：新华出版社，89.

[33] 马越彻．2002．日本高等教育改革：回顾与展望［J］．胡建华，译．高等教育研究，(1)：94－99.

[34] 钱伟．2009．香港高校国际化办学特色分析［J］．浙江教育学院学报，(6)：38－56.

[35] 秦晖．2010．中国模式值得夸赞吗［N］．商周刊，2012－10－25.

[36] 秦晖．2011．有没有中国模式［N］．经济观察报，2004－04－06.

［37］任继愈．2001．二十一世纪的中国哲学［J］．中国哲学史，（1）：6-7．

［38］施良方．1996．课程理论——课程的基础、原理与问题［M］．北京：教育科学出版社，334．

［39］施晓光．2009．印度高等教育政策的回顾与展望［J］．北京大学教育评论，（4）：118-129．

［40］唐纳德·肯尼迪．2002．学术责任［M］．阎凤桥，等，译．北京：新华出版社，83-84．

［41］王玮，2004．重新认识"批判性思维"及其在课程中的运用［J］．比较教育研究，（11）：62-66．

［42］王海燕．2001．高等教育国际化的理念与实践［J］．北京大学学报：访问、进修专刊，254-260．

［43］王留栓，小柳佐和子．2001．日本大学国际化的进程与回顾［J］．日本问题研究，（1）．

［44］吴国盛．2001．科学与人文［J］．中国社会科学，（4）：4-15．

［45］吴玉军，吴玉玲．2008．新加坡青少年国家认同教育及其启示［J］．外国中小学教育，（7）：48．

［46］杨正高．2005．"和魂洋身"的日本现代化［J］．贵州大学学报：社会科学版，（4）：82-86．

［47］印迪瑞森．2009．印度建立世界一流研究型大学的前景［M］//刘念才等．2009．世界一流大学：策略·创新·改革．上海：上海交通大学出版社，71-91．

［48］余海波．2010．香港科技大学的发展与启示［J］．国家行政学院学报，（11）：43-47．

［49］张红霞，吕林海．2013．杜威教育哲学在全球化时代的发展［J］．教育发展研究，17，64-71．

［50］张红霞，2002．科学素养教育的意义及其本土化诠释［J］．清华大学教育研究，（4）：20-26．

［51］张红霞．2011．建设世界一流大学的中国道路——近代中国大陆著名大学经验与教训的反思［J］．通识学刊，（3）：83-101．

［52］张泰岭，吴福光．1997．粤·港·澳高等教育交流与合作探讨［M］．广州：广东高等教育出版社，228．

［53］中国科学技术协会，中国公众科学素养调查课题组．2002．2001年中国公众科学素养调查报告［M］．北京：科学普及出版社，210．

［54］ Banks, J. A. 2004. Approaches to Multicultural Curriculum Reform ［M］//J. A. Banks & C. A. McGee Banks. 2004. Multicultural Education: Issues and Perspectives. Hoboken, NJ: John Wiley & Sons, Inc, 242 – 264.

［55］ Chad Hansen. 2013. 2013 – 5 – 12. Mozi. http: //www, hku, hk/philodep/ch/moencyred. html.

［56］ Clark, B. R. 1978. Academic Differentiation in National Systems of Higher Education ［J］. Comparative Education Review, (22): 242 – 258.

［57］ Clark, B. R. 1983. The Higher Education System: Academic Organization in Cross – National Perspective ［M］. Los Angeles: University of California Press. 315.

［58］ Conant, J. B. , 1949. Education in a Divided World ［M］. Cambridge, Mass: Harvard University Press, 130 – 131.

［59］ Doong, H. 2010. Taiwan's New Citizenship Curriculum: Changes and Challenges ［M］// Grossman D. L. et al. Citizenship Curriculum in Asia and the Pacific, 43 – 60. http: // www. hie. edu. cn/zhuanti (xin) /zhuanti201012/50. doc.

［60］ Inglehart, R & Welzel, C. 2005. Modernization, Cultural Change, and Democracy: The Human Development Sequence ［M］. Cambridge University Press, 344.

［61］ Inglehart, R. & Baker, W. E. , 2000. Modernization, Cultural Change, and the Persistence of Traditional Values ［J］. American Sociological Review, 65, (1): 19 – 51.

［62］ International Social Science Council, UNESCO. World Social Science Report 2010: Knowledge Divides ［EB/OL］. UNESCO pub. http: //www. unesco. org/shs/wssr. 2011 – 02 – 15.

［63］ Jones, P. W. 2007. Education and World Order ［J］. Comparative Education, 43, (3): 330.

［64］ Keller, M. Keller, P. 2001. Making Harvard Modern ［M］. Oxford: Oxford University Press, 417.

［65］ Kerr, C. 1994. Higher Education Cannot Escape History: Issues for the Twenty – first Century ［M］. New York: State University of New York Press, 248.

［66］ Lee, W. O. 2008. The Development of Citizenship Education Curriculum in Hong Kong after 1997: Tensions between National Identity and Global Citizenship ［M］//D. Grossman, W. O. Lee, & K. Kennedy. 2008. Citizenship Curriculum in Asia and the Pacific. Dordrecht: Springer, 29 – 42.

［67］ Levin, R. C. 2010. The Rise of Asian's Universities. As the Seventh Annual Lecture of the Higher Education Policy Institute. The Royal Society, London, England. 中文版见：亚洲

大学的崛起 [J]. 清华大学教育研究 . 2010, (4): 2 - 7.

[68] Li, J. 2006. Self in Learning: Chinese Adolescents' Goals and Sense of Agency [J]. Child Development, (77): 482 - 501.

[69] Marginson, S & Rhoades, G. 2002. Beyond National States, Markets, and Systems of Higher Education: A Glonacal Agency Heuristic [J]. Higher Education, (43): 281 - 309.

[70] Marginson, S. 2011. Higher Education in East Asia and Singapore: Rise of the Confucian Model [J]. Higher Education, (61): 587 - 611.

[71] OECD. 1999. Quality and Internationalisation in Higher Education [M]. OECD Publishing, 272.

[72] Simmons, R. 2003. How to Make a World - Class University [N]. South China Morning Post, 2003 - 01 - 18.

[73] Teichler, U. 1999. Internationalization as a Challenge of Higher Education in Europe [J]. Tertiary Education and Management, (5): 5 - 23. 转引自: 刘念才, Sadlak, J. 2009. 世界一流大学: 战略·创新·改革 [M]. 上海: 上海交通大学出版社, 134.

[74] Teichler, U. 2007. Die Internationalisierung der Hochschulen' (Internationalization at Universities). Frankfurt a. m. Campus: 38. 转引自德国哥廷根大学副校长希尔萨德·卡斯帕·海尼 (Hiltraud Casper - Hehne) 教授在 2012 年 5 月 20 日南京大学校庆 110 周年国际研讨会上的报告《应对全球化背景的教育挑战: 国际化与研究型教学》。

[75] Zhengxu Wang. 2005. Before the Emergence of Critical Citizens: Economic Development and Political Trust in China [J]. International Review of Sociology, (1): 71 - 155.

附录 1

哈佛大学通识教育特别工作组教育改革报告

哈佛大学·文理学院

目　　录

前　言

一、实行通识教育的原因

二、通识教育课程的目标

三、通识教育课程

1. 要求

2. 教学

3. 课程大类描述

（1）艺术与诠释

（2）文化与信仰

（3）实证推理

（4）伦理推理

（5）生命科学

（6）物质科学

（7）世界上不同的社会

（8）世界中的美国

四、基于活动的学习——一种首创

五、实施

1. 课程发展

2. 管理

3. 研究生教学

结　语

前　言

这篇报告描述了哈佛大学通识教育的一个新方案——除专业课程之外，所有学生在他们取得哈佛大学学位之前必须要完成的一系列课程的要求。我们相信这一新方案对现行的本科教育改革是一个补充：专业领域的变化和新的辅修领域的增加，科学与人文领域新课程的增设，更新和奖励教师对本科教学的投入，以及哈佛大学所提供的获得课外经历的许多机会——这些课外经历都与正式课堂学习相联系。我们在这篇报告中所描述的通识教育的目的在于使本科生能够学以致用，能够根据他们在毕业后将要从事的职业、将要过的生活，全力以赴地在课堂内外学习。

接下来，我们将提出：

● 哈佛大学通识教育的一个全新的理论基础；

● 通识教育课程的八大学科领域；

● 决定哪些课程应该纳入通识教育课程的新的指导方针：为满足学生需求提供更多的选择空间；

● 在通识教育课程以及其他课程教学中鼓励更多的教学方法上的创新；

● 探讨将课外活动与课内学习联系起来的一种基于活动的学习模式。

通识教育（general education）是自由教育（liberal education）的一个独特组成部分，只有当本科生学习经历的其他组成部分与之配合进行时，它才能发挥效用。因而，结合关于通识教育新方案的提出，我们强烈地支持我们全体教员正在做出的如下努力。

（1）对专业课程体系的结构与要求进行重新考察。

（2）在专业教育中，对学生书面交流与口头交流能力给予更广泛的指导和重视。

（3）专业院系应该开设更多的满足外专业学生的需求与感兴趣的选修课程。

（4）进一步发展跨学科课程和本学科分支课程，并建设起能够支持它们的灵活的管理机制。

（5）为本科生提供更多与学术系列教师接触的机会。

我们特别工作组具有回顾"哈佛大学课程评价历史"的优势，我们也亲眼看见了目前哈佛大学正在进行的许多教学改革的创新之举。全体教员在改进本科生的教与学的活动中正在取得很大的进步。我们全校教员凭借合作与进取精神已经取得许多成绩，我们工作组希望通过报告能够引起人们关注这些成绩，为此而尽微薄之力。[①]

一、实行通识教育的原因

哈佛的教育是自由的教育，即一种在自由质疑精神下进行的，不需要顾虑论题是否恰当或者它的职业用途的教育。这种学习不仅仅使学习的方式更加丰富，同时它也是一种文明的成果。它提升了学生对人类及其所栖居的自然界的意识。它使学生更深刻地思考自己的信仰与抉择；更有自我意识，对他们的假设和动机更具批判的眼光；在解决问题过程中更具创造性；更能理解和感受他们周围的世界；更能全面地思考他们生活中所出现的个人的、职业的、社会的问题。大学是这样一种学习的机会，一个可以摆脱时间与精力约束进行思考的机会，而这种约束在大学以外的生活中却经常无处不在。

自由教育也是对以后生活的准备。在本科生离开大学以后，正是他们所

---

① 我们提议中的许多原理都回应了同事们发表在《关于哈佛学院通识教育的论文》这一小册子中的详细而精确的建议，他们的建议也可以在网上获得，网址为 http://www.fas.harvard.edu/curriculum-review/gened_essays.html。值得一提的是，我们追求的通识教育的目标以及如何实现它们的方法，都和 Peter Bol，Peter Galison，Jennifer Hochschild，Charles Maier 以及 George Whitesides 在这篇论文中所表达的观点极其相似。我们也注意到 Harry R. Lewis 在《没有灵魂的卓越：一个伟大的大学是怎样忘记教育使命的》（Excellence Without a Soul: How a Great University Forgot Education）（纽约：公共事务出版社，2006）中对通识教育的强烈的（当然，我们希望是过早的）呼吁。Derek Bok's 校长有本最新的书《我们的弱势大学：一个对于学生学了多少以及他们为什么应该学得更多的公正考察》（Our Underachieving Colleges: A Candid Look at How Much Students Learn and Why They Should Be Learning More）（普林斯顿：普林斯顿大学出版社，2005）。

学的各种学科知识，以及他们在此过程中所获得的技能与思维习惯塑造了他们将来的生活。而我们的一些学生将继续成为学术界人士，有许多人会成为物理学家、律师以及企业家。① 但无论是来自美国或其他国家，所有人都将成为公民，并且同样将参与能影响到其他人生活的决策制定。他们都将与变革的力量交战——文化的、宗教的、政治的、民主的、技术的、全球的。他们都将不得不去评估经验性的主张，理解文化诉求，以及在他们的个人与职业生活中面临的道德困境。而自由教育正是以一种博识的与深思的方式给了学生应对这些挑战的对策。

自由教育是非常必要的，但这并不意味着它的目的是指向学生的职业目标，或者给他们大学毕业后的生活直接指导；也并不意味着是借着奉承许多人所持有的观念，即认为我们所熟悉的世界是唯一重要的，从而向学生灌输自信。完全相反，自由教育的目的是动摇陈见，是使熟悉的变成不熟悉的，揭示隐藏在表面之下与之后的东西，摒弃原来的方向并帮助他们找到确定新方向的方法。自由教育通过教会学生质疑陈规，促进自我反思，训练批判性的、分析性的思考，通过让他们体验一种由于接触极其不同的历史事件与文化现象而产生的疏离感——这种事件与文化超越了他们甚至是我们教师自己的理解能力，由此达到上述目的。正因为专业院校不教这些东西，雇用者也不教，甚至绝大多数的研究生培养计划也不教这些东西，通识教育才至关重要。而以上这些机构实际上是在束缚（deliberalize）学生：它们把学生训练得像专业人员那样思考。然而，在基础人文和科学方面的一种准备，对于培养人能够摆脱职业生涯或专业轨道进行批判性地、审慎地思与行的能力至关紧要。自由教育通常展现一系列历史性的、理论性的并且相关联的视野，而这些视野正是使学生在以后的生活中获取启迪与能量的源泉。正是考虑到自由学习（liberal learning）的这一特点，即在学生离开哈佛大学以后，自由学习可能给他们的生活带来影响，我们提出了后面的通识教育课程计划。

自从上次全体教员建立一个通识教育课程计划后，世界已经改变了。知

---

① 大约 5% 的哈佛学院的毕业生愿意继续攻读自然科学与人文科学的基础学科博士学位；有 8% 的毕业生则表示暂时不继续深造，在将来某个时间再深造。2006 年，53% 的毕业生表示愿意进入专业学院攻读博士学位，如商学院、医学院或法学院。

识状态改变了，哈佛大学也改变了。我们认为通识教育课程计划应当把这些改变纳入考虑范围之内，当然我们并不赞同我们应当教那些仅仅训练学生如何处理当今问题的课程。教授在课堂上通常会将他们所教的内容与我们周边正在发生的事联系起来，而我们希望强调的是这种联系对于学生的重要性。我们并不提倡教学生时事要闻，而只有将时事要闻与学生生活中的东西结合起来，帮助学生更好地弄清事物，才是自由教育所提倡的内容。我们都相信自己所教的东西是重要的，是值得学生去知道的，而通识教育就是一个我们可以解释它们为什么重要的平台。

哈佛大学教育是多维度的：学生组织、表演艺术、体育运动以及宿舍生活，都对本科生的智力、伦理和个人的成长发挥了作用。不过学术经历却是中心，它共有三大组成部分：主修、选修和通识教育。主修使得学生能够深入地追求一种学术兴趣；选修则能够使他们去探索各自主要学术方向以外的领域，去拓宽他们的兴趣与激情；而我们所构想的通识教育，则是以一种清楚明白的方式将学生在哈佛大学的所学与未来的社会相联系，并且能够帮助他们理解与赞美这个世界的复杂性以及他们身在其中所担当的角色。我们的学生所生活的世界与我们中的绝大多数人所成长的世界迥然不同，我们现在所面临的挑战就是如何让他们在这样一个世界中引领一种欣欣向荣、硕果累累的生活。今天的世界密不可分，三四十年前这在某种程度上简直是无法想象的；但同时，它又是一个深度分化、不稳定和不确定的世界，尽管这在新闻与公众生活文化里并不显著。由于新的且无法彻底理解的原因，哈佛大学学生所处的未来环境将十分复杂，而他们必须从中作出选择。他们的生活选择也将影响其他人的生活。我们的使命就是通过提供适应21世纪的通识教育课程计划，帮助他们找到自己的路并担负起自己的责任。通识教育的教学内容与专业教育的教学内容是持续一致的，它是自由教育的一部分。但是以一种独特的方式教授，并且具有独特的目标。在通识教育这个平台上，我们的学生将学会理解为什么我们在基础人文与科学课程中所学的一切都与他们的生活、他们将身处的整个世界紧密联系。因此，通识教育就是自由教育的展示窗口。

二、通识教育课程的目标

我们所设计的通识教育课程具有四大主要目标，这些目标旨在将大学经历与毕业生即将面对的世界相联系，因此它们在许多方面都是相互交叉和重叠的，而且它们也并不与具体的学科或院系相对应。

1. 通识教育让学生为公民参与做好准备。公民参与意味着参加公众生活。在整个大学学习和生活中，尤其是通识教育课程计划中，哈佛大学都应当努力探索以鼓励学生成为积极的、全心投入的地方性公民、国家性公民乃至国际性公民。而要想达到这一目标，就应该要求学生能够理解地方、国家和全球变化背后的驱动力量；了解在塑造一个社团及其身份过程中那些发挥作用的多元文化、政治、经济和社会机构，以及科学技术的进步等因素。学生们应该珍惜今天的作为公民所特有的既是地方的又是世界的、既是本国的又是国际的责任。学生中的大多数都将是美国的公民，但是无论他们是美国公民还是将要回国的外国学生，我们都应当帮助他们对美国的历史、体制和价值观形成一个批判性的、平衡的理解，并且能够对这些体制与价值观在多变的全球环境中的位置有一个批判性的正确评价。

2. 通识教育让学生能够理解自己作为传统艺术、思想与价值观的产物，同时又是其参与者。学生应当理解在文化冲突中的战败得失，他们要重视跨文化差异调解中的巨大困难；他们也需要看到看似对立的文化是如何从共同的传统中产生的，而且尽管二者存在差异，却能够彼此产生深刻的影响；学生也应当知道如何去"阅读"不同文化及其审美的表达。关于他们自身文化和其他文化的艺术、宗教与思想的历史知识，能够帮助学生去领会他们所栖居的世界在信仰与行动上的可变性的本质，这也能够帮助他们看到他们自己的文化是如何被塑造成这样的，以及他们自己的传统与其他文化传统的联系。要想让学生在当今世界里成功地航行，熟悉过去与现在的文化动态至关重要。

3. 通识教育让学生能够批判性地、建设性地看待变化。学生需要了解引起现代生活变化和转型的驱动力，这不仅是作为公民权行使人能做出明智的决定，也是为了在一定程度上主宰他们自己的生活。或许，当今没有任何领域的成就能够比科学技术领域产生更强大的社会变革力量，而学生要想熟悉这个领域的重要概念与课题，并且真正理解这些概念与他们自身的社会、个人与民族问题的联系，接受通识教育就是途径之一。快速变化也是当今政治、经济与文化生活的特点之一，我们的世界并不稳定。已有的课程往往基于这样的错误认识，认为学生只要理解当今事物的形态就能够参与将来政治、社会、经济与技术等活动。我们的学生正是被这种错误引导着。他们必须带着适应世界快速行进步伐的技巧离开哈佛大学。

4. 通识教育使学生进一步理解他们所说所做的伦理层面的意义。自由教育的目标不仅是获取信息、技巧、技能，更要提高在应用所学知识时对所引起的伦理后果的判断能力。帮助学生批判性地反思自己的信仰与价值观，并且学会如何合理地捍卫自己的信仰与价值观，有助于培养学生的伦理意识。让学生体验历史上与国际上曾塑造他人生活的信仰与价值观，并把自己对价值观选择的可能性置于其中，也可以培养他们的伦理意识。当然，学生们也可能会继续坚持他们来到哈佛大学前所奉行的原则，但这必须是在自觉的、有意识的思考下完成的。此外，即使他们并不认同其他文化的信仰体系，他们也应该对其有一个更深刻的理解，他们应该看到由于文化差异、宗教差异、社会经济差异、科学技术发展的冲击等不同的因素而导致的价值观冲突。

三、通识教育课程

1. 要求

基于我们提出的上述通识教育的基本原则与目标，我们提议我校通识教育课程体系涵盖如下八大类。学生必须在每一类课程中选修至少一门课程（半学年）。八大类为艺术与诠释、文化与信仰、实证推理、伦理推理、生命科学、物质科学、全球各社会、世界中的美国。

除此以外，我们强烈建议全体教员积极主动地探索"基于活动的学习"

模式，①为今后的通识教育课程创造一种新的学习方法和学习环境。

通识教育课程的特点在于强调广度（breadth）、背景（context）和联系（connectedness），强调学生所学的知识与他们未来工作与生活的联系。学生们将来要进行文化遗迹的解释与鉴别，参与政治活动，处理技术发展带来的问题，接触不同背景和类型的人，甄别公共媒体中出现的各种各样的所谓科学主张，以及应对个人与职业生涯中面临的伦理困境。建立课堂教学与本科生感兴趣的现实生活情境之间的联系主要有两大目的：一是向学生证明自由教育中的一切都会以某种方式与他们大学以后的生活有关；二是——并且同样重要的是，这种联系的建立是培养学生对他们正在学习的学科领域终身兴趣的一种方式。

因此通识教育课程应当：

（1）为在上述第二部分中所描述的通识教育的一个或多个目标服务；

（2）向学生展示范围广博的学习材料，而非深入关注单一主题或者阅读几本著作；

（3）帮助学生学会如何运用抽象的概念化知识或历史知识来理解和讨论具体的、现实的论点和问题；

（4）使学生意识到他们所有课程的作业对于他们将来成为什么样的人、过一种什么样的生活都具有深远的影响。

我们所提议的通识教育课程并不是想要充当一个完备的向导，去告诉学生一个受教育者所应当知道的一切事情。那样的话，所要涵盖的内容实在太多了。由于上述课程计划中的八大类涉及相当宽泛的学科领域，因此任何主题都可以在其中找到自己的教学空间，而且所有学科和专业门类都被涵盖在内。通识教育计划里的课程，都应该着眼于满足上述通识教育的目标要求，以及下文将要阐述的相关学科领域的准则。这一点正是区别通识教育课程与绝大多数的专业主修课程和选修课程之处。因此，这八大类课程的教学并不

---

①　除了通识教育的要求，哈佛学院目前要求学生能够在英语之外的另一种语言上达到一定的熟练程度，而且还要修习一门展示性写作（expository writing）课程。不过在本报告中我们还没有涉及这些新要求。我们赞同学院的"读写常务委员会"为加强这一方面的教育而做出的努力，我们也鼓励全体教员能够重申对学生的语言要求。

与具体的院系相联系。我们希望在某些通识教育课程中，能够由来自不同科系，甚至是不同学部、不同学院的教员进行合作教学，而其他课程则可以从单一的学科角度来教授。

在我们所设计的通识教育课程方案里，学生能够从学校相关委员会认可的各种类型的课程中挑选出他们需要的课程。有些通识教育课程将独立于系科课程计划，放在全校课程目录中，而其他课程则放在各系科的课程计划里。① 通识教育课程计划中的任何部分学生都不能免修，但将通识教育课程获得的学分可以同时计入专业课的学分。特别要说明的是，如果某专业课程能够满足一个或两个上述通识教育目标，以及下文将阐述的相关课程领域准则，学生将可以用这些课程来代替通识教育学分；反过来，我们也希望科系能够允许学生用某些通识教育课程代替专业学分。有些专业课程可能会同时满足通识教育八大类中的两个以上类型的标准，那么学生可以自己决定该课程学分应该计入其中的哪一类。我们应该注意，不要让学生面对一个限制太多的课程方案，也不可采取一种"通用模式"套用所有的通识教育课程。

2. 教学

教学是我们通识教育课程方案的一个有机组成部分。② 大型的讲座可能是一种有效的教学形式。但是通识教育课程应当努力去创造这样一种学习氛

---

① 列在全校课程目录前面的通识教育课程的学科内容或主题应该是宽泛的、通常适合于大多数学生；而专业课程往往更专业化，它对学生的有关学科广度的要求往往基于他们在其他课程中已经获得的准备，因此它更适合于在这个学科上已经有一定基础的学生。

② 教学改进常务委员会以及一月份学期委员会（the Committee on January Term）都强调了课堂教学中学生参与的重要性。对此可以参看他们在《哈佛学院课程复兴》（2006）中的报告，在网上也可以看到此后的相关报告，网址为：http://www.fas.harvard.edu/curriculum - review/cr_ committees.html.

围，在这种氛围中教师与学生以及学生与学生之间的关系是紧密互动的。[①]
提高学生的参与度是许多课程评估委员会所期望的标准，而且这也应该是通
识教育课程尤其应当追求的目标。作为我校广泛提升大学教学工作的一部分，
我们提议在所有的通识教育课程中，都应当尽可能地让学生享有与教师和同
学在课堂上讨论所学内容的同等机会。在大班教学的情况下，这可能意味着
要留出一部分学时让学生提问与讨论。此外，因为具体的、实际的练习可以
使学生更好地记住所学的东西，通识教育课程应当努力将所教的基本概念与
原理应用到解决实际问题中，应用到完成具体任务上、实际物件中，以及课
外实践中。[②]

3. 课程大类描述

所有通识教育的课程都应该满足上述的标准。接下来要阐述的是在具体
的学科领域中，一门课程是否适合通识教育的其他标准。针对每个学科领域
的所有标准都应当适用于那一领域内的所有课程。这些标准，以及学科领域
本身，是在与广大教师们的广泛讨论中得以产生和发展的。自从《10 月 13
号初步报告》发布以来，特别工作组的成员已经接触了（在某些情况下不止
一次）教员理事会、主席核心小组、教育政策委员会、本科教育委员会、教
学与职业发展特别工作组、哈佛大学牧师、生命科学理事会、社会科学咨询

---

① 关于师生互动的重要性可以参考 Ernest T. Pascarella 和 Patrick T. Terenzini 所著的
《大学如何影响学生》（How College Affect Students）第二卷：《第三个十年的调查》。深入
的智力上的交往比社会交往对学生产生更强烈的影响。关于这方面也可以参考 Richard
J. Light 所著的《充分利用大学：学生说出自己的思想》（Making the Most of College：
Students Speak Their Minds）。关于班级大小对学习的影响可以参见 Pascarella 和 Terenzini
的著作。

② 关于基于案例与问题教学法的成功，可以参阅 Bok 的著作。需要说明的是，科学
技术教育委员会也提出类似的观点：通识教育课程与科系课程中的科学导论课，应当是
以问题为导向，并且提出这些导论课应该"强调科学产生的社会历史背景……要先于基
本原理的教学"［《科学技术委员会的报告》（Report of the Committee on Science and Tech-
nology Education）］。也可以参阅《增强哈佛自然科学与工程学：大学科学与工程学科规划
委员会的初步报告》（Enhancing Science and Engineering at Harvard：The Preliminary Report
from the University Planning Committee for Science and Engineering）（2006 年 6 月）。网址为：
http：//www. provost. harvard. edu/reports /UPCSE_ Interim Report. pdf.

理事会、人类学系、化学与生物化学系、英国和美国文化与语言系、历史系、美国文明史系、科学史系、音乐系、心理学系、哲学系、物理学系、拉丁语言与文学系，以及社会学系。我们也约见了先前的通识教育委员会与核心常务委员会的成员，约见了学生课外活动管理人员，约见了哈佛大学的监督部。我们与教师个人和教师团体进行了多次的交流；在本科生理事会的协助下，我们访谈了许多学生；而且我们参与了与同事的一对一的讨论；我们也进行了多种不同小组的集体访谈，就我们提出的通识教育课程学科领域征求意见。哈佛的许多同事非常慷慨地抽出时间，毫不吝啬地与我们分享他们的观点，对此我们表示衷心的感谢。

（1）艺术与诠释

通识教育的目标之一就是帮助学生理解他们自己及他人是传统文化与信仰。实现这种理解的措施之一就是发展一种审美反应（aesthetic responsiveness）以及诠释生活中各种各样文化形式的能力，包括文学或者宗教典籍、绘画、雕塑、建筑、音乐、电影、舞蹈、装饰性艺术品，而这些技能可以让学生带着智慧的、批判性的眼光投身到艺术与思想的世界中，从而理解那些思想是如何产生又如何得以传播的。读一首诗、看一幅画、听一段音乐都需要非常复杂的能力，这些能力可以促进对事物观察和感知的敏感性，以及在知识和情感上的互动。学生需要知道如何解释文化作品，比如说他们需要知道如何将表面上的东西与内在的象征相区别，而这对于评估与搞清从宗教文章、抒情诗到流行音乐与电影中的所有事物是非常重要的。知道一些语言与感知的知识能够加强学生们的审美反应以及对文化现象的解释。让学生从理论上和哲学上探索关于意义的产生与接受的问题，这能够增强他们对文化现象获得价值与重要性方式的意识。

"艺术与诠释"中的课程应当：

① 发展学生的批判技能，这里也就是他们的审美理解与诠释能力；

② 让学生接触原始文本和/或者一种或多种媒体中的艺术作品；

③ 教会学生根据一定的理论框架来分析这些作品，比如说批判理论、审美学、艺术哲学、修辞学、语言与意义理论和感知理论（theories of perception）；

④ 安排可行的、合理的、室外的活动，比如说参观展览、表演、阅读，

或者是与表演者、导演和管理者进行互动交流，同时要允许学生进行有关创作。

（2）文化与信仰

学生自己以及他人都是传统文化与信仰的产物和参与者。在发展这一意识的过程中，学生不仅要获得解释与回应艺术和思想的技巧——如上所述的审美与诠释学科领域的目标，他们也需要将这些作品放在一定的情境中来考察社会、政治、宗教、经济以及跨文化的因素是如何使得这些思想与艺术作品得以产生并被接纳的。同时，他们也应当学会文化与信仰是如何调解人们对自身与世界的理解的。

文化与信仰在塑造身份认同与社会团体过程中的作用并不是简单的一个过程：它们可能导致变革，也有可能阻碍变革。文化表达从来没有像今天这样被广泛地传播过，以至于在20年前闻所未闻的音乐、图像以及各种各样的文学作品今天都可以得到，而且这也改变了我们对文化的认识。我们比历史上任何时刻都要强烈地感受到各种文化之间的相互依存，它们跨越国家、区域、宗教以及民族疆界，然而，那些不同文化的国家与民族团体之间却还是以各自文化的名义挑起冲突。

宗教信仰与行为是这一范畴中的某些课程所应当涵盖的主题。在全世界，宗教有史以来是，也将继续是塑造身份认同与行为的力量。哈佛大学不是一个宗教教育的机构，但是宗教是我们学生生活的一个重要组成部分。[①] 在进入大学之后，他们常常需要花费大气力去搞清楚他们自己和同伴们的信仰与行为间的关系，以及宗教信仰与坚定的非宗教的学术世界间的关系。让学生们有机会了解宗教信仰和习惯对世界以及他们自身的影响是非常重要的。

在"文化与信仰"的课程中，将会有许多具有现实意义和理论意义的主题：翻译问题、原作者的概念（它对抵制剽窃或者版权问题的重要性）、审查机构、对于宗教以及其他文本中的冲突的解释、审美体验机构（美术馆、音乐产业、教堂）的作用、教规的形成、现代性与反现代性之间的冲突、暴

---

① 即将进入哈佛大学的学生中有94%的人称他们"经常"或"偶尔"讨论宗教，有71%的人说他们参加宗教组织。

力及其主张。

在"文化与信仰"类课程中应当：

① 让学生接触原始文本和/或者一种或多种媒体中的艺术作品；

② 教会学生如何根据作品的历史、社会、经济情景及其产生与传播的跨文化条件来分析这些作品；

③ 考察传统文化与信仰塑造个人与团体身份认同的方式；

④ 将课程中所涉及的材料与学生生活中可能出现的，与他们所关心或感兴趣的文化问题相联系。

（3）实证推理

毕业之后，学生们将经常要在极其复杂的情况下为自己和他人作出重要的决定。例如，面对一个法庭上已经被证明有罪的被告，他们必须决定，应该给他什么样的医学治疗；是否要支持某个政策提议；以及如何去管理个人的财务。当然，作为个人和市民，他们也会被号召去评估他人所作出的经验性的主张。有关实证推理课程将教导学生如何做出决定和从经验性的数据中得出推论。它们教学生如何去收集和测量信息、评价证据、理解概率原理、解决问题、从可获得的数据中得出推论，以及如何去认识一个基于已有证据的基础上无法解决的问题。而为了获得这些能力，学生必须学会如何将概率理论、统计学、决策论、逻辑学以及数学等抽象的原理与概念应用到具体的解决问题中。他们通常可以通过在实际问题的训练中学会解决问题；正如一个人如果单靠阅读有关波士顿马拉松赛跑的资料永远也成不了一个马拉松赛跑者一样——一个人也不可能只靠听讲座或读数据而成为一个好的问题解决者，学生只有在亲身实践实证推理的过程中才能够真正地掌握它。

实证推理并不是零散知识的堆积。它是一种非常连贯的能够指导人们作出正确推理与决策的一系列互相关联的概念性技巧。举几个简单的例子。学生可能会学到这样一些统计学原理：如意外的观察点会回归于平均值；放宽报告不确定事件的标准既会增加观察值，又会增加错误的可能；极稀少情况下具有某种典型特征的人有可能并不属于那个情况；在某些相互作用过程中，对各自双方最好的选择有可能给他们整体带来最糟糕的结果。学生知道人们在推理过程中易犯的错误，也是很有帮助的。比如，把相互关联关系误认为因果关系，在估算可能性时忽略对基本概率的估计，过度解释巧合，以及好多诸如此类的事。知晓这些常见的推论过程中的陷进，能够帮助学生很好地避免它们。

实证推理应该放在多种学科的情境下教授，例如医学与疾病、国家政策和政治行为、法律或者经济决策等，这样学生就能够带着内在兴趣进行他们的分析。我们希望部分学生通过学习自己学科领域的统计与分析方法来达到通识课程的要求。同样，联系具体问题的应用性数学与逻辑学课程当然也可以算为通识教育课程。

"实证推理"类课程内容应当包括：

① 用于推理以及解决问题过程中的概念性和理论性的工具，例如统计学、概率论、数学、逻辑学、决策论等；

② 为学生提供亲自动手的训练机会，让他们在自己感兴趣的领域中将这些工具应用到具体的问题中；

③ 在合适的教学内容中，使学生了解在推理与解决问题过程中人们常犯的一些典型的错误。

（4）伦理推理

学生在他们的个人生活与职业生涯中将要作出的许多决定都会牵涉伦理问题。例如，选择一个应该支持的政治候选人、评估国家政策、协调专业性互动、解决家庭困境，以及在众多的生活方案中作出最终选择。"伦理推理"中的课程将教导学生怎样从基本原理出发讨论、推演道德的和政治的信仰与习惯，并应用于评价他们自己的关于伦理问题的主张。这些课程将考查那些对立的概念和理论，包括自由、公正、平等、民主、权利、义务、优质生活等，会举例说明学生可能遇到的公共的、职业的和个人生活问题中的伦理困境。由于此类课程需要明确地将理论与实践相联系，因此将会有哈佛专业学院的教员参与，以提高教学效果。

在学习如何斟酌伦理问题的过程中，让学生面对一个和他们自己非常不同的价值体系通常是很有益的，能够使他们注意到在自己的伦理价值体系中并没有考虑到的这种价值，这种价值可以是来自于一个过去的或者不同的文化体系，也有可能与某种宗教传统有关。

通过让学生去面对重新评价甚至要改变他们从小就形成的价值观的挑战，这些课程促进了学生的个性发展，也培养了对于公民而言非常重要的辩论与商议能力。科学技术的进步将继续给未来世界带去困难的且无法预测的伦理问题。也许当不同文化的伦理信仰相互冲突的时候，人们对社会与经济全球化的冲击感触最深，而学生必须武装好，让自己投身到21世纪的现实即将带来的挑战中。

"伦理推理"类课程应当：

① 帮助学生检视一些对立的观念和理论，诸如优质生活、义务、权利、自由、公正等伦理概念；

② 教导学生如何去评价和权衡、支持与反对这些不同观念与理论；

③ 将这些观念与理论应用到他们生活中的具体伦理问题，例如那些产生于医学、法律、商业、政治和日常生活中的伦理悖论；

④ 在适当的时候，使学生了解与他们自身不同的价值体系，例如不同的宗教或不同的历史时期的观念。

（5）生命科学

科学知识指数式的增长带来了科学与工程学对社会所有成员（包括科学家与非科学家）产生越来越大的影响。在科学与工程学领域，理解生命——它的起源、它的变化及其被环境改变的方式，以及人类历史延伸的可能方式——将继续是一个重大的研究领域。而研究生命有机体的科学与工程学已经在以各种方式影响到我们的学生，如这类研究催生了救生药物、诊断与解释人类疾病的技术、作为新食物来源的转基因动植物，以及生物战技术的产生。生命科学正面对几个世纪以来一直争论不休的各种公众议题，难以取舍，包括自然选择进化论、胚胎干细胞研究的合法性以及人类克隆的道德规范等。

"生命科学"类的通识教育课程的教学内容主要是生命科学与生物工程学里的主要事实与概念，以及这些事实和概念与教室或实验室外生活的联系。这些课程并不是为了训练学生成为未来的科学家或使他们去修习更多先进的科学课程，因此其内容并不需要深入覆盖具体的科学分支。相反，生命科学的通识教育课程应当传达那些能够广泛应用到大学以后生活里的内容。而为了做到这一点，它们应当：

① 向学生介绍与生命科学相关的关键概念、事实以及理论；

② 最好通过亲自动手的实验室训练，教授学生生命科学的实质；

③ 将科学概念、事实、理论与方法与真实世界中被广泛关注的问题相联系；

④ 在可行及合适的地方，让学生讨论下面任何一个主题内容：知识、实业者和（或者）科学活动之间的关系；科学知识发展中的社会文化作用；关于正在学习的知识和（或者）方法的历史；对自然科学真理性及其地位的分析与评价。

尽管大多数与真实世界相联系的具体问题是适合教学的，但我们的课程仍应当努力提供给学生概念性的工具，能让学生批判性地使用它们去评估他们将来可能遇到的科学主张。

理解生命科学可以使学生将来更好地适应由于生命科学与生物工程学的进步带来的生活上的变化；了解通过科学实验能够获得什么和不能获得什么的知识，可以进一步让学生参与到社会活动中去，如评价科学主张、对于一项实证发现考虑其他可能解释，能够重视这些发现的不确定性。此外，"生命世界"里的科学知识能够提供许多材料，这些材料对于学生理解毕业后将面临的许多与伦理有关的问题和决定非常重要。

(6) 物质科学

人类对于生命之外的物质世界的理解，对社会产生了深远的影响。许多发明创造促进了能源的储存与开发、核动力的发展、行星与星系起源的探索，以及电脑与因特网的发明。自然科学里的概念也为探讨众多全球性的社会问题提供了基础，包括对石油天然气的依赖、空间探索、核武器的制造、气候变化以及数字通信系统下的隐私问题。采用新的方式去研究、利用能量与物质，科学与工程学在我们学生的整个人生旅途中将继续扮演非常重要的角色。

物质科学类的通识教育课程应该教授自然科学与工程学里的主要事实与概念，并且将它们与学生日常生活中遇到的问题相联系。这些课程并不旨在培养未来的科学家或者工程师，而是向学生提供一个关于物质世界本质的坚实的基础性的理解。因此，这一类通识教育课程应当传递那些能够广泛应用到大学以后生活里的内容。为了做到这一点，它们应当：

① 讲授关于物质世界的关键概念、事实与理论，使学生能够看懂在他们毕业以后科学界将取得的新发现与概念性的突破；

② 尽量在实验室里通过亲自动手的方式，教授学生自然科学与工程学实验过程的实质；

③ 将科学概念、事实、理论、方法与那些本科生广泛关注的真实世界中的问题相联系；

④ 在可行与适合的时机，讨论如下问题：知识、实业者以及（或者）科学活动的社会角色；在科学知识发展中社会环境的作用；关于正在学习的知识和（或者）方法的历史；对自然科学真理性及其地位的分析与评价。

尽管大多数与真实世界相联系的具体问题是适合于教学的，但我们的课程仍应当努力给学生提供概念性的工具，能让学生批判性地使用它们去评估他们将来可能遇到的科学主张。

理解"物质科学"对于实现通识教育的一些目标至关重要。无论在国内还是其他国家，物质环境的许多特点都是自然科学里广泛研究的对象，这些特点并不是一成不变的：不仅仅是自然力量在不停地重塑着我们的世界，而且人类自己也是重要的塑造力量。了解关于物质世界的关键事实、理论以及相关概念，对于学生将来适应变化、成为有意识的公民而行使职责，以及批判性地思考许多与自然科学研究相关的伦理问题，如新能源的成本与效益问题，都是基础性的。

（7）世界上不同的社会

哈佛大学的本科生成长在一个世界上最强大的国家里。当今的美国无论是在文化上、经济上、军事上还是科学上，对世界的影响都是空前的。然而，因为这个原因，美国作为一个不断参与世界上各种社会活动（有时合作，有时冲突）的国家，她的学生却很难以一个国际化的视角来理解她。受新闻媒体和公众文化对其他社会的表述方式的影响，学生很容易从某种普遍意义上认为其他国家的人"本质上"也是美国人。而"世界上不同的社会"类课程的一个重要目标，就是通过使学生熟知与他们自身不同的价值观、习俗与制度，通过帮助他们理解信仰、行为以及社会组织产生的方式是多么不同，来帮助学生克服这种狭隘的观念。

这些课程会通过多种跨学科的探究方法来考察经济、政治、法律和社会关系。这些课程也会关注文化习惯或者宗教信仰及其对社会结构的影响。这些主题既可以从当代的又可以从历史的视角进行探讨，只要它们能够帮助学生发展对人类组织社会的多样性的意识。这类课程里的有些课程也许主要关注过去或者现在的某一种单一社会形态，但是它们必须展示这种社会形态与其他一种或者更多社会间的跨越时间或空间的联系（包括美国）。其他课程可能会讨论一些跨越国界的议题，如分析资金、物品、人口、资源、信息或者观念的流动与转变。

"世界上不同的社会"类课程里有很多具有广泛可行性与智力兴趣的课题，包括移民政策、种族身份与地位、宗教和政府、全球市场以及立宪。

总之，"世界上不同的社会"课程应当：

① 考察美国以外的一个或更多的社会；

② 展示各社会间联系和/或者一个单一社会里不同历史阶段的联系；

③ 将所学的内容与学生在全球化的时代里可能遇到的各种社会、政治、法律或者经济议题相联系。

（8）世界中的美国

学生需要了解美国以外的社会，但是在离开哈佛大学时他们也应当对美国社会有一个成熟而又细致入微的理解。这一类的课程主要考察美国社会、政治、法律以及经济与制度，并将美国社会与其他社会相联系。这些课程内容挑战了许多学生刚来哈佛时的观点——关于做美国人意味着什么、美国价值观的广泛性与多样性、美国内部不同团体间的关系，以及美国与世界其他地方的关系。这一类课程将会帮助学生在国际化框架下理解这个异质的、多民族的国家。通过在历史和（或者）比较的背景下学习美国的社会、政治、法律和经济制度，帮助学生为履行公民义务而做好准备。

这些课程会通过多种跨学科的探究方法来考察经济、政治、法律和社会关系。这些课程也会关注文化习惯或者宗教信仰及其对美国社会结构形成的影响。从实效上看，通过研究美国自身以及美国周围的世界，这一类课程也是对"世界上不同的社会"课程的补充。无论课程是从一个历史的或当代的角度出发，它们都要将所学的内容与学生在全球化的时代中很有可能面临的，涉及美国社会、政治、法律以及经济制度的议题相联系。

"世界中的美国"类课程有很多具有广泛可行性与智力兴趣的课题，包括收入不平等、卫生保健、防止种族与性别歧视的积极行动、移民、选举法、分区制与城市化、富州与穷州、双语主义、原始主义以及历史文献的解释。

"世界中的美国"课程应当：

① 从当代或历史的视角检视美国社会、政治、法律和（或者）经济制度与习惯；

② 展示美国那些制度与习惯和世界中其他社会的制度与习惯的联系；

③ 将所学的内容与学生在全球化的时代里可能遇到的各种社会、政治、法律或者经济议题相联系。

四、基于活动的学习——一种首创

课外活动是哈佛一个成功的案例。从《深红色》（crimson）和多种大学生音乐剧、戏剧，到通过菲利普斯·布鲁克斯家庭协会为志愿者提供的各种机会等，学院为学生提供了上百种活动与项目。有60%的学生称他们在校期间参加过某些类型的公众服务。去年，近1200名学生——学生总数的五分之一——参加了哈佛大学赞助的国际体验活动。学生还参加视觉和艺术表演，参与政治运动和在校园机构里工作，开展各种实习，许多学生在实验室工作。

少量正式的程序是为了鼓励学生看到，课堂上所教的与花费他们许多精力，并且在很多情况下，指引他们一生工作方向的那些活动之间的联系。我们建议学院任命一个委员会，来促进基于活动型学习的创造性，目的是帮助学生了解自己是如何把课堂上的所学运用到课外所做的事上的，反之亦然。在哈佛并不寻求官僚主义的课外生活，我们寻求的是为学生提供能够通过建立课内外体验的知识链接来丰富他们对两者的体验。

这样的计划还有许多待定的细节，因此我们建议学院设立一个委员会（由哈佛文理学院、学院有关管理人员、专业学院的成员以及学生组成）来制订一项基于活动为基础学习的计划。委员会应该建立基于活动为基础的学习的机制。例如，通过邀请教师（自愿原则）主动提供一篇论文或者一份练习，以解释课程与课外活动之间的相关关系。委员会还将讨论知识产权和执行问题：谁来管理个人项目？将如何对它们进行评估？所有的学生都应当要求参加吗？工作应当评定等级还是不评定？我们又如何聘请到专业学校的教师？此外，委员会还将提出一个试点项目并在日后对它做出评价。

我们认识到在制订基于活动的学习计划过程中，所面临的后勤问题是非常严峻的，但在学生方面却有一个趋势，即他们认为课外生活与其学术经验是完全脱离的。我们认为，我们应当想办法把本科生生活的各个方面更加紧密地联系起来。如果说哈佛教育的部分目标就是利用自由学习让学生为生活做好准备，那么以活动为基础的学习就是实现了这一目标很自然的一环。

五、实施

尽管一个新的通识教育课程计划的实施与管理细节超出了我们特别工作组的权限，不过基于我们提案的内容以及和同事们关于课程发展的讨论，我们仍旧给出了一些建议。

1. 课程发展

通识教育课程的成功依赖于许多方面，但最基本的就是提供了好的课程的好教师。而要实现这一目标，却需要花费时间、想象力以及资源：老师需要从学院中招聘；需要根据心目中理想的通识教育新的指导方针，发展课程；为了通识教育的学分，科系需要参与建设相关的课程。一个新的系统不应该建得太快：这不应该是把现成的课程简单地移到新课程框架结构中的事情。或许，对有些现成的课程只要调整就能放在新的通识教育的学制中，但是这一计划的有效启动，要求有令人振奋的新课程。因此，我们呼吁各方都为开发通识教育大量课程清单尽一份力。

2. 管理

我们建议有一名学院成员能够指导整个通识教育课程计划，我们也进一步提议能够成立一个新的通识教育常务委员会，这一委员会由将担任小组委员会主席并负责监督一个或多个通识教育种类的学院成员组成。此外，这一委员会还应包括学院院长、研究生院院长、文理学院院长及学生代表。由于通识教育并不指向特定的部门，各小组委员会应包括来自不同科系与部门的教师。

常务委员会（及其小组委员会）将负责以下职责：

（1）招聘教师开发新的通识教育课程；

（2）确定现有的适合于通识教育的课程，并在必要时协助教师调整这些课程，以满足标准通识教育课程的要求；

（3）建议教师充分利用教学创新的机会；

（4）建议学院院长将资源分配给发展通识教育课程；

（5）任命一个独立的委员会每五年一次定期对所有通识教育课程要求与成果（包括学科领域的制定与所提供的课程标准）进行总结。

通识教育常务委员会（及其小组委员会）不应对通识教育课程强加统一的标准要求（如阅读量、考试次数等），不仅要有一系列的列在课程目录前面的通识教育课程，学生通过修习它们能够实现通识教育的要求，还应当有足够数量的被常务委员会指定的符合通识教育标准的科系课程，以使学生能够通过修习他们喜欢的课程而达到通识教育的要求。

各科系应当积极推荐通识教育课程，因此常务委员会不仅要和教师个人合作，还要和各科系主席合作，以便鼓励他们的教师去发展目录前面的通识教育课程以及为专业研究者和类似的非专业研究者提供通识教育学分的科系课程。此外，正如常务委员会和各部门在讨论时所批准的一样，学生应允许选可以双重计入专业和通识教育学分的课程（无论他们是目录前面的课程还是科系课程）。

委员会也应鼓励同事探讨与来自哈佛大学其他学院的教职人员联手的可能性。我们认为哈佛大学的不同学院之间财务上的相互关系问题不应成为改善本科生教育，或增加新型教学机会的障碍。我们呼吁哈佛大学的领导以及独立的学院能够降低壁垒，让感兴趣的职业学校的教师也能够在通识教育课程计划中从事教学。

在恰当的时机，通识教育应该努力实现小班教学，以促进和鼓励更强的师生互动，教给学生同伴参与和积极的学习体验。而被批准可以获得通识教育学分的课程，较之核心课已经享有额外的支持，也应当获得额外的管理支持。

最后，历史表明，随着时间的推移，通识教育课程将会失去它的重点。为什么一个满足通识教育要求的课程很重要，而另一个类似的课程却不重要？这将会让师生越来越感到费解。这里有一种倾向，即通识教育的课程变得越来越窄和专门化，当然也会有这种情况，即随着世界的变化以及知识和我们追求知识方式的变化，学院将会对通识教育的学科领域和课程标准做出相应的改变。因此，我们建议通识教育课程应当服从委员会所做的每五年一次的审查，该委员会是由学院成员但不是通识教育委员会的成员（包含学生代表）所组成。

　3. 研究生教学

一个新的课程计划自然要考虑它对研究生寻找教学机会能力的影响，因为我们所提议的体系不是针对大学里各部门的，在这一方面，它看起来似乎创造了一种不确定的条件；不过，我们敦促教师不要将研究生辅助教学限定在任何特定的教学类型中。在任何一种教学中，包括强调活动、动手和实验室经验的新型教学法，我们都需要培训研究生并争取他们作为我们的伙伴。我们应认识到，我们通过教授经验、训练以及相关形式的专业发展，以支持三年制和四年制在社会科学与人类学方面的研究生的承诺将继续被信守，但是根据本科生学制的需求，而不是教学类型一成不变的标准，如部分大型讲座课程，我们必须提供更丰富的机会。在研究生院里，将来成为教授的博士生的教学经验越多样，今后他们在发展自己的课程时也就会越有策略、越有成效。

结　　语

在制定本报告中的建议时，我们始终牢记着我们学院与众不同的性质，具有专业知识的教师、本科生学制的内容，最重要的是学生的兴趣、才能和需求。在要求的课程的结构之下，该计划为学生提供了很大的灵活性，并为教师提供了找到富有想象力的教学方法的机会，以将自己专业领域的知识传授给那些或许不会成为学科专家的学生。它强调的是主题，而不是学术规范；它将本科生广泛关注的课题与课堂上所教的内容联系起来，它所寻求的是通过一种教学法激发学生对一生探求主题的兴趣。自由教育的每一部分同样如此，它教给学生能够应用到生活各处的批判性态度、技能和知识。我们的建议与哈佛大学以往的通识教育课程计划也是一致的：它规定了一系列要求并且呼吁开发一套额外的部门课程，而不是主张学生以一个开放的分配制度的形式任意跨越现有的部门所提供的课程。自 1945 年以来，我们的教师一直都相信对学生需要学什么的问题具有判断。通识教育所阐述的就是自由教育为什么很重要。

通识教育特别工作组

2007 年 2 月

（本文由南京大学教育研究院 2010 届本科生胡立如翻译、导师张红霞审校）

附录2

加利福尼亚大学学术岗在职教师行为规范

本学术岗在职教师行为规范于1971年6月15日由加利福尼亚大学学术委员会审议通过，后来经过多次修订。学术委员会修订该规范的具体时间分别是：1974年5月30日、1983年3月9日、1986年5月6日、1992年5月7日、2001年10月31日和2003年5月28日。校务委员会也对该规范进行过多次修订，具体时间分别是：1986年7月18日、1987年5月15日、1992年6月19日、2001年11月15日和2003年7月17日。此外，1988年9月1日，此规范进行了技术性调整。

有关学术岗在职教师行为规范、全体教师行为政策和处罚管理的范围和实施的其他政策在APM－016（大学全体教师行为政策和处罚管理）中得到阐明。

前　言

大学是一个追求并维持一种有助于分享、拓展和批判性审视知识及其价值，从而推动智慧发展的环境。为有效达成此中心任务，全体教师应该在各自擅长的领域里去自由地追寻和传授符合学术探究准则的真理。

教师（包括终身教职人员）的权利是以教师的专业特长及学术自由，与大学的特殊职能这两者间的相互支持关系为基础的。这个关系也是制定教师职责的依据。

制定学术岗在职教师行为规范的目的就是保护学术自由，为了保证教学和学术的最高标准，为了推进大学作为高等教育机构应该践行的特殊使命。

本规范的第一部分阐述了大学在保障教师追求大学主要职能的条件和权利方面的责任。

本规范的第二部分详尽阐述了基于一般职业共识的职业行为准则。这些共识是，某些现存的规则，可以作为，可接受的教师行为的基础。背离这些规则的行为会被教师视为是不可接受的，因为它跟大学的任务是不一致的。不可接受的教师行为类型的表述，是给出一个事实上存在的最低限度的可接受的合适的标准。这种表述同时给所有背离这些最低限度标准的并可能导致被处罚的人很好的警告。

第二部分从"道德原则"和"不可接受的行为类型"两个方面进行阐述。

"道德原则"内容主要取自美国大学教授协会1966年发布的职业道德声明（此声明于1987年6月进行了修订）。这些原则包含了肯定最高职业目标的道德规则，具有激发抱负的特点并且描述了教师应当努力奋斗的目标。符合这些原则的行为显然不会导致纪律处分。这些道德原则将不同于紧跟其后的不可接受的教师行为类型。于道德原则不同，不可接受的教师行为部分的语言表述具有强制性特点，并且对最低行为水准（即底线）作了声明。在这些底线之下的行为将受到大学的纪律处罚。

"不可接受的行为类型"是根据道德原则，明确列举了不可接受的大学教师行为类型的具体事例，这些行为将受大学纪律的约束。正如在第二部分介绍的那样，这些例子"没有被道德原则证明为合理的"，并且它们"明显损害了前言中阐述的大学的主要职能"。

道德原则围绕过去和现在职业方面的主要关注点展开。下面举出的不可接受的大学教师行为类型的例子并非穷尽了所有的情况，因此希望随着今后各种案例的处理和职业标准的完善，将推动对此规范的进一步修改与完善。教师的任何与上述的不可接受的大学教师行为标准类似的行为，可能据此规范受到纪律处罚——尽管在此规范中并未特别地列举出来。然而，应当注意的是，此规范中的任一条款不应当被理解为是判断对教师服务集体代扣正确与否的基础。目前，存在的包含这些行为（对教师服务集体代扣）的规章和处罚源自此规范外的其他规范。

此规范的第三部分阐述对不可接受的大学教师行为进行处罚的实施程序。这些程序必须符合基本的公平标准，并且必须有相当数量的教师参与实施过程。为了指导各个大学制定遵守本规范和校学术委员会章程的处罚程序，第三部分规定了每个部门必须遵守的强制性原则和虽然供选择但强烈建议的原则。

第一部分　教师的职业权利

为了支持大学是高深知识学习的场所这一大学的主要功能，大学行政管理的主要责任是保护和鼓励教师的教、学、研究和公益服务。在适当的情况下处罚大学教师职员的权力来自于大学全体教师和行政管理层的共识，即处罚的目的是维护有利于这些追求的环境。这些环境中有关的教师权利包括：

1. 自由探索和自由交流思想；

2. 有呈现跟讲授的课程内容存在争议的材料的权利；

3. 享有宪法保护的言论自由；

4. 有校学术委员会章程、校务委员会常规和大学管理条例规定的参与大学管理的权利，包括：

（1）认可课程内容和授课方式；

（2）确立入学和毕业要求；

（3）任命和提拔教师；

（4）选举院系主席和特定的学术负责人；

（5）处罚教师以及制定处罚学生的条例和程序；

（6）制定教学责任规范，以及评价教师和学生成绩的规范；

（7）决定院系管理方式。

5. 教师的提拔、终身教授评选和处罚的评判（应符合公平程序和合理过程）纯粹基于该教师的职业水平和职业行为。

第二部分　职责、道德原则和不可接受的行为

这里列出的教师责任、道德原则和不可接受的教师行为类型是围绕教师个体与教学、学生、学术、大学、同事及社区等方面的关系而言的。大学处罚（区别于其他谴责或行政管理行为）应当只针对教师的不当行为——或者行为本身严重，或者该行为反复发生导致情况严重，抑或行为导致了严重的后果。以下的"一般原则"意在规定此规范应用到的所有情况。

此规范规定的学校处罚仅在如下情况下实行，即教师的行为不符合道德原则，并且严重损害了前言所阐述的大学的主要职能。在一定范围内以下例子中提到的违反大学政策和跟道德原则不一致的行为并非必然导致本规范界定的处罚。以下列出的 1—5 五部分不可接受的行为类型只是些例子，它们符合前面的标准，因此可推出它们应服从大学处罚条例。还有一些严重的不当行为本规范没有特别列出。如果这些不当行为符合前面的标准，对它们的处罚可能仍然应以此处罚条例为依据。

1. 教学和学生

道德原则：

"教师鼓励他的学生自由地学习。教师尊敬每一个学生个体并且坚持自己作为知识的引导者和建议者的正确角色。教师尽一切可能的力量培养学生的诚实学术行为，并确保自己对学生的评价反映学生的真实能力。教师尊重教师和学生间的信赖关系。教师避免对学生的任何剥削、骚扰和歧视。教师

应承认来自学生的重要的学术帮助。教师应保护学生的学术自由。"（1966 年美国大学教授联合会声明，1987 年修改）

教师和学生间关系的正当性是大学行使教育使命的基础。这种关系给予了教师足够的信任，教师拥有着作为导师、教育家和评价者的权力和责任。这种关系中唯一的固有的制度权力增加了学生的易受伤害性和潜在的被强迫性。教师和学生间的教学关系必须受到保护，以免那些可能妨碍实现大学目标和理想的学习的影响或行为。当教师负责对学生进行学术督导时，任何时候他们间的恋爱或性方面的关系都是不合适的（即使是两相情愿）。任何这样的关系都危害了教育过程的正当性。

在这里，"学生"是指教师学术督导下的所有个体。

不可接受的行为类型是：

（1）没有履行教学责任，包括：

（a）任意剥夺听课权利；

（b）明显地教与课程无关的内容；

（c）在没有正当理由的情形下，明显的没有遵循课堂教学行为规范、顺应班级要求、遵守办公时间以及如期举行考试；

（d）用不能直接反映课程表现的标准评价学生的作业；

（e）不当和无故拖延评价学生作业。

（2）因政治立场原因，或者因种族、宗教、性别、性取向、种族血缘、出生地国家、祖先、婚姻状况、身体状况、身份等原因，或者因为年龄或国籍而受法律或大学规章限制，或者任何别的或个人原因，而歧视（包括骚扰）学生。

（3）违反大学政策，包括旨在不歧视残疾大学员工的相关指导原则。

（4）利用作为教师的身份或权力强迫学生评价或认同是非，或者因为任何别的或个人的原因而对学生造成伤害。

（5）参与或有意教唆对课堂进行干扰、干涉，或恐吓学生的行动。

（6）教师和自己有学术责任关系（教学、评价或辅导）或将来很可能有此种学术关系的学生谈恋爱或发生性行为。〔注："将来很可能"是指①按培养计划规定学生将来要上该教师的课；②教师知道该学生感兴趣的学术领域在自己的学术专长范围内；③教师在该学生获取学位的过程中有必然的学术责任（教学、评价或辅导）。]

（7）为任何与教师本人有恋爱或性关系的学生行使学术责任（教学、评价或辅导）。

2. 学术

道德原则：

"在深信知识进步是美好的和有价值的这一信念指引下，教师应认清自身担负的特殊使命。他们对所教学科应该担负的主要责任是追求并讲述在他们看来是真理的东西。为此，教师应全心全意去发展和提高自身的学术能力。他们应该认同在应用、拓展和传授知识时进行批判性自我反思和评价的义务。他们应该践行学术诚信。尽管教师可以追逐私利，但这些私利不能严重妨碍或危害他们的探究自由。"（1966 年美国大学教授协会声明，1987 年修改）

不可接受的行为类型：

违反了学术诚信原则，比如研究过程中有不端行为和（或）故意侵犯别人的著述、研究和发现的知识产权。

3. 大学

道德原则：

"作为学术机构的一员，教师应不遗余力去成为有效的教师和学者。尽管教师遵守已声明的学院规章（不违反学术自由的规章），他们保留有批评和寻求修改以前定下的规章的权利。教师应认识到他们在决定校外工作数量和性质时他们拥有的在学院规定范围内的全部责任。在考虑中断或停止他们的服务时，教师应认识到他们的决定对学院计划产生的影响，因此应对他们自身的打算给予足够的注意。"（1966 年美国大学教授协会声明，1987 年修改）

不可接受的行为类型：

（1）故意扰乱大学倡议或批准的庆典或活动；

（2）煽动他人不遵守大学规章制度且构成了一种明显、紧迫的危险——将导致对个人或财产的暴行或虐待或者大大损害大学的中心职能；

（3）未经批准大规模使用大学资源或设施用于个人、商业、政治或宗教目的；

（4）强制扣留大学团体里的其他成员或威胁对其进行人身伤害或对其进行骚扰，妨碍了该个体在大学的正常活动；

（5）因政治立场原因，或者是种族、宗教、性别、性取向、种族、国家出生地、祖先、婚姻状况、身体状况、受保护对象的身份原因，或者因为年龄或国籍而受法律或大学规章的限制原因，或者由于任何别的或个人原因，而歧视（包括骚扰）大学员工；

（6）违反大学政策，包括不歧视残疾大学员工的相关指导原则；

（7）严重违反管理大学教师专业行为的大学政策——包括（但不限于）应用于研究、校外专业活动、信仰冲突、临床教学实践、职场暴力以及检举人保护等的政策。

4. 同事

道德原则：

"作为同事，教师承担源自学术团体所有成员应尽的义务。教师不歧视或骚扰同事。他们尊重并且捍卫同行的自由探索。在交流批评意见和想法时，教师对别人的观点表示应有的尊重。教师赞同学术上的争论并且在对同行进行专业评价时努力做到客观。教师接受彼此间分担管理学院时应承担的责任。"（1966 年美国大学教授协会声明，1987 年修改）

不可接受的行为类型：

（1）依据不直接反映专业表现的标准评价教师的专业能力；

（2）因政治立场原因，或者是种族、宗教、性别、性取向、种族、国家出生地、祖先、婚姻状况、身体状况、受保护对象的身份的原因，或者因为年龄或国籍而受法律或大学规章限制的原因，或者由于任何别的或个人原因，而歧视（包括骚扰）同事；

（3）违反大学政策，包括不歧视残疾同事的相关指导原则；

（4）违反既定的人事手续保密规章。

5. 团体

道德原则：

"教师享有和全体公民同样的权利和义务。他们和其他公民一样自由表达他们的观点，参与这一团体的政治进程。当他们以个人和私人身份做或说时，他们应有意识地避免给人造成他们代表大学这一印象。"（1971 年加利福尼亚大学学术委员会声明）

不可接受的行为类型：

（1）故意将个人观点说成是大学或其他任何机构的言论立场（如果仅仅是为了身份识别，教师在公开声明时在其姓名后附上与学院的从属关系是允许的）；

（2）有过导致被判刑并且明显表明不再适合当教师的触犯刑法的行为。

第三部分　实施和处罚

学术委员会建议每一个参与大学校园管理的部门制定并且定期检查处理教师不当行为指控调查的程序以及纪律处分的执行情况。

程序应该和学术委员会的附则一致。每个部门应当正式通知大学规则和管辖权委员会、大学特权和任期委员会本部门采用的手续以及任何后续的修改。这些委员会则定期直接向学术委员会汇报各部门采用的程序并且向委员会推荐那些他们认为适于确保和学术委员会的附则一致或者促进各部门在必要和可取范围内一致的程序。

1. 在制定处罚程序时，每个部门必须遵循以下原则

（1）除非符合学术委员会各部门合理协商并采纳的指定的大学处罚程序（如前面对本部分的介绍那样），否则管理部门不可对职业不当行为给予任何纪律处罚。处罚听证会的系统程序在学术委员会第 336 条附则中有陈述。

（2）除非教师在部门特权和任期委员会前已经有过一次听证的机会并且随后由合适的行政官员对处罚备了案（如学术委员会第 336 条附则所述），否则不可强加任何纪律处罚。

（3）如果纪律处罚的裁决人在知道或本应该知道某违反教师行为规范的行为三年之内没有发放建议处罚通知，那么超过这个时间后不可以实施任何

纪律处罚。

（4）除非已经找到了合理根据，否则纪律处罚的裁决人不可以发出建议纪律处罚的通知。合理根据的标准是指控告中的事实（如果是真的）证明强加给违反大学教师行为规范的处罚是正当的，而且纪律处罚的裁决人对大学能够提供的支持这一控告的可靠证据是满意的。在一些纪律处罚的裁决人想要实施纪律处罚的情况下，该部门的听证委员会必须举行一次听证会并且对提供的证据有个结论（除非被指控的教师在听证会之前和纪律处罚的裁决人就此问题达成共识或者明确表示放弃他或她的听证权利）。

（5）采用的程序应当包括如下的大学关于教师行为和纪律管理政策认可的纪律处罚（其中教师行为规范部分是一个整体）：书面警告，降低工资，降职，停职，取消或削减荣誉身份，开除。部门特权和任期委员会不应当建议比建议纪律处罚通知里更严酷的处罚。对一种不当行为实施一种以上的纪律处罚是可以的，比如书面警告和停职。

2. 在制定处罚程序时，建议每个部门遵循以下原则

（1）为了促进有效及时地处理纪律问题，建议每个部门的特权和任期委员会设置人数少于委员会全体委员的听证小组。

（2）应有一个恰当的机制来考虑和调查来自教师、职员、学生、管理部门和其他大学成员的不当行为指控。制定的程序应当有利于一个正式的、可带来建议处罚行为的指控调查。

（3）因为教师有意识地参与自我约束是可取的，而且为了在某些有可能成为正式处罚程序的该程序开始阶段向管理部门反映教师的意见，应当制定合适的程序以使教师投身参与不当行为指控调查和/或向合适的管理官员建议一个处罚命令是否应当签署。鼓励院系制定旨在提供教师调查人员培训、咨询或法律指导以助于教师处罚案件调查的程序。

（4）在正式处罚程序启动之前，应给予对教师不当行为指控非正式处理的机会。应当制定案件调解程序（案件调解是指纪律处罚的裁决人和被指控犯有不当行为教师双方都认可的调解）。调解人应在调解方面有过训练，被视为是中立的第三方并且有在大学里的经历。在一些解决纪律指控的处理意见已提交给学术委员会并确定开始实施的情况下，鼓励纪律处罚的裁决人在

确定最终处罚结果前和部门特权和任期委员会主席磋商。

（5）应采取适当的预防措施以防止泄漏调查和处罚过程中的机密。应制定程序允许控告者在州法律和大学政策允许范围内了解正在进行的处罚过程（包括处罚结果）。

（6）应有在最大可能范围内区分调查和司法职能的条款。一个已参与调查不当行为指控或建议过应签署处罚命令的教师后来不应当作为特权和任期委员会的一员参与该处罚的听证会。

（7）在所有程序实施过程中，应制定具体规定以确保在一定时间跨度内某些行为可能或必须实施。应尽全力去遵守合理的、特定的时间限制。理论上，听证会应在被指控教师被告知纪律处罚这一刻起 90 天内举行。有权参加听证会的教师不允许随后通过拒绝合作或缺席安排好时间的听证会的方式耽误处罚的实施。听证会不因教师休假或没有出席而推迟。

（8）对于个别案件有考虑撤销或终止处罚的条款（无论是自动地或是通过行政自由裁量权）。过失的性质和影响决定处罚的严厉度和类型。

（9）应当制定以保密方式记录保存所实施的处罚并且在符合州法律和大学政策前提下将这些记录告知学术委员会和校行政管理官员的程序。

（本文由南京大学教育研究院 2011 届硕士生何华春翻译、导师张红霞审校）

附录 3

哈佛大学德里克·博克教学中心介绍

（有删节）

哈佛大学德里克·博克教学中心建立于 1975 年，源于社会捐赠，后为表彰哈佛大学校长、杰出教育家德里克·博克的贡献而以之命名。中心附属于文理学院，约占哈佛大学一半的资源。全职人员八名，来自于各院系的教师。中心不输出任何教学理念，只是服务和帮助教师共同探讨教学改进问题。以前主要是年轻教师和研究生助理使用中心，近年来教师使用率有所提高。中心也接待外来学校和机构的咨询。

中心的目标是为教师［包括教学助理（TFs）、教学助理组长（HEAD TFs）、教学辅助人员（Course assistant）、个别辅导教师（Tutor）、主讲教师（Courseheads）、教授］和学生提供资源和咨询的支持性服务中心，以提高本科教学质量。

2009 年中心网站主要包括五大模块，服务（Services）、意见（Advice）、项目（Programs）、资源（Resources）、中心介绍（About Us）。2010 年略有调整，模块整合为六大部分，中心介绍（About Us）、即将举行的活动（Upcoming Events）、项目（Programs）、资源和意见（Resource & Advice）、博克博客（Bok Blog）、搜索/常见问题（Search/FAQ），基本原理较之前不变。本文采用 2009 年的网页版本译成，特此说明。

一、服务模块（通常理解为"课堂中的技巧"）

服务模块主要包括下列次一级的模块：实践教学、课堂录像、讲授法、组织课堂讨论、用遥控器和其他技术的教学、课堂动态和多样性、课堂观察、及时回馈、个别咨询、国际教师。

（一）实践教学又叫微型教学。中心为即将成为讲师的人们提供了一个气氛融洽的微型教学聚会，参与者的身份在教师与学生之间互换，您可以给别人上课，听取他人对您的评价，也可以以学生身份给他人的课堂一些建议。每一个教学案例都被录制下来。微型教学训练给新教师一种自信、支持和反馈，为他们成为教师上好第一堂课打开快捷高效的大门。

（二）课堂录像。中心会帮教师录制课堂录像，然后教师可以与受过训练的中心咨询员一起观看，咨询员能够与教师一起关注教师关心的所有方面。课堂录像的版权属于教师自己，而且这些服务都是免费的，哈佛大学任何一位教师都可以申请。中心建议为了保证录像和声音的质量，教师最好到我们设备齐全的教室里上课。

（三）讲授法。讲课最关键的是吸引听众。中心咨询员可以提供课堂设计、录制课堂、班级访问、辅导声音投射、汇报等服务。一些文章可以提供教师20天内抓住学生注意力使他们积极参与的方法，同时教师若要讲课中利用好在线视频资料、遥控器等，可以看一下教学技术这一内容，这个部分也提供了丰富的授课的视频案例，读者可以一目了然地发现哈佛大学哪些课程受学生欢迎，进而直接点击查看。最后还给出了讲课的小贴士：开始讲课时从学生已经知道和感兴趣的入手；观察课堂中是否所有学生都在记笔记，等学生写好教师再继续讲；课快结束时，如果没有讲完就留到下一次课等。这些非常贴心的提醒，让教师知道怎么计划才能有高效的课堂。

（四）组织课堂讨论。小贴士提醒：组织课堂讨论不只是要知道该讲授哪些知识，哪里应该展开讨论，还需要追踪和即时处理课堂真实情境中发生的事情。最佳的讨论不是基于教学的需要而是基于学生的需求。教师需要了解学生，针对不同个体做出恰当反应。中心给出几个步骤：①准备；②了解学生；③在讨论中经常提问、听讲、反馈。准备：比如熟悉教材，要在头脑中形成一个整体宏观的印象，决定好哪些是教师要完成的任务，哪些学生必须学会。为了完成目标，教师得做一个计划，为教师每一个话题想一个有趣的问题——当然也不要准备过细，一张纸和一些标记就可帮助教师记住特殊的问题。了解学生应该做到：学生及其学习才是课堂关注的焦点，教师要知道学生的名字、学习方式和兴趣，第一堂课要介绍和熟悉彼此，之后要跟每一个学生进一步接触。讨论过程中教师要准备有趣和令人回味的问题以激发学生的兴趣，使之注意倾听，这样教师就会得到有价值的信息和了解学生是怎么思考的。教师要及时做出反馈，引导学生们思考得更深刻些等。中心也给出了一些资源，如图书馆有关课堂教学的书等以及在线资源，这些需要登录才可以使用。还附录一些"提问的艺术""小组合作""一个课堂，不同世界"等方面的文章供参考下载。

（五）用遥控器和其他技术的教学。遥控器（Clickers）是一种教学的专业反应系统，网站有一个视频可以看到教师是怎么进行课堂操作的。学术技术组也有一个详细的说明，介绍怎么使用遥控器支持。PPT 是一种比较常见的上课工具，教师可以根据链接看到其他大学和微软公司提供的帮助性的教程，以及一些评论和建议。设计问题是使用遥控器教学最为高效的方式，它适用于生物、自然、化学、统计学、地理、天文等课程。学术技术组还为个性反馈系统（PRS）提供了更特殊的支持——一些专家、学者使用个性反馈系统后的建议和指导。中心与学术技术组合作，技术组提供技术训练和咨询，帮助支持哈佛大学课程管理部门进行在线多媒体和软件开发。中心则提供课程中使用网页、汇报软件及其他技术工具的教育性的建议。教师可以去教学媒体服务和哈佛图书馆看到另一些指南。

（六）课堂动态和多样性。每一个群组和班级因为各有各的特点而有独特的形态。作为教师，一个重要的任务便是教授各种各样的学生。这里详细介绍了班级组织的不同和学生个体的差异及多样性，以及课堂中的"热烈时刻"。《火炬还是流水》、中心提供的处理"热烈时刻"的视频、一些关于课堂各方面事项的贴士都会给教师授课一些借鉴和提醒。同时，还推荐了一些可以从教学中心、哈佛图书馆和谷歌书库寻找到的参考书。

（七）课堂观察。教师可以邀请中心一位经验丰富的工作人员去教师课堂，听完课后以保密的方式与自己交谈，以一个客观观察者的身份告诉自己教学上存在的问题。不过这种观察一般适合于小班教学，或者当教师觉得录像会影响学生注意力时。该网页中还有关于什么情况下选择录像、什么情况下选择课堂观察的方法，以及两种方法的优缺点和如何准备等相关内容。

（八）及时反馈。及时反馈可以及早改善教学质量。中心会提醒教师在学期的第三或第四周收集学生对教学的反馈。反馈有现场反馈（相应表格可以在网上下载）和在线反馈两种形式，一般在课堂中进行的现场反馈会有较高的回收率。一些教学小班的教师喜欢找中心的工作人员帮忙，请他们通过访谈的方式收集学生的反馈，这样的方式既省力又可信。学生的反馈对于教师改进教学来说非常重要，中心很乐意于与教师一起讨论收集到的学生的评论和反映，并给出恰当的建议，从而提升课堂质量。同时，教师自己要与学生就他们反馈的问题进行交谈，让学生知道他们所反馈的意见存在分歧及其意见分布的范围，因为很多时候学生对同一个问题的反应可能完全相反。当然，重要的是要让学生知道教师将做出哪些改进。该网页还就使用在线反馈的方法（在线填写教学评价表）提供了一些技巧。

（九）个别咨询。中心为所有教师提供个别咨询，所有的咨询都是以保密的方式进行的。咨询的话题包括教学技能和技术应用、教学内容设计、课后作业与课程论文题目的拟定以及考核方式与评分方法等；还包括课程管理与教学助理的管理、组织课堂讨论的主要技能和技术、期中和期末考试结果的解释与反馈、怎样批改学生作业并反馈给学生、大课情况下评分的公平性、课堂特殊情况的解决、课堂录像与课堂观察的相关问题、教师之间人际关系的处理、低 Q 分数情况处理等。

（十）国际教学。中心的工作人员将为来自于外国的教师和教学助理提供值得信任的任何有关教学的咨询，包括对哈佛大学学生特点的了解、哈佛教学特点的了解、英语表达等问题。网站列出的 2010 年春季开设的"口头交流技能课程"，是专门为留学生教学助理准备的。其中，会告诉教师将会学到哪些东西，2009 年参与者的反馈、具体的日常安排表、注册方法。它还为国际教学助理提供了视频和出版物的链接以及有关英语项目机构、国际办公室等职能部门的联系方式。

二、建议模块（通常理解为"课程前后的设计"）

建议内容主要包括下列次一级的模块：教学计划、学期规划、考试评分和反馈、课程评估、毕业生写作教学助理、专业指导、教学档案。中心工作人员针对课堂教学的主要环节都给出了简要的建议。教师也可以直接链接到小贴士、打印文献、课堂录像以及其他学校教学中心的相关资源来获得帮助。

（一）教学计划。具体包括教学计划的功能和结构以及哈佛大学最近的教学计划案例。教学计划功能有三：一是通过告知课程目标和课程形式把学生引入课堂；二是在教师和学生之间达成一种关于授课形式与作业形式、考试方法的协定；三是提供给学生和教师可供参考的后勤信息资源和指南，比如课堂作息表、办公时间、课程和教学内容的目的等。一个教学计划包括学习目标、目的动机、基本信息、课程内容、学生责任、考试评分方法、教学理念。同时，这个部分还特别列举了哈佛大学最新的一些教学计划案例，包括历史、哲学、数学、法语等课程，给了教师一些很直观的借鉴。

（二）学期规划。网站给了一些小贴士，告诉教师整个学期应该考虑的事情，包括计划时间表和计划需要的资源两大部分。时间表包括学期前的准备、学期前不久、课程开始、课程开始不久、期中刚刚结束、接近期末等几个部分。每个部分也都给了教师一些建议。

学期前准备阶段：主讲教授（或资深教师）应该意识到课堂教学开始之前必须确保一切相关工作如期完成，如教学计划、测验方法、论文题目、实验和问题的分配等是否规划好，是否考虑到需要助教并与其充分沟通，是否清楚图书馆书单的版权问题以及哪里可以打印讲义。教学助理需要和院系及相关教师接触商讨自己愿意参与什么样的课程。

学期前不久阶段：主讲教授（或资深教师）提前与教学助理见面，讨论他们对课堂和学生的职责分工问题。教师要反复检查借助教学中心支持做出来的安排是否合理，如果不行，可以与中心联系，教学助理可以通过课堂实践教学和教学大会得到培训。教学助理需要认识到自己的责任，此时应该让自己熟悉所有这些教学内容和设备，因为尽管从未使用过这些设备，但学生期望教学助理你知道实验的方方面面。

课程开始阶段：主讲教师应该购买好实验材料，在每一次课堂上您可能有大量不同性质的学生，您得清楚和概括地说明教材的大框架。班级授课很快就开始，教师确保自己和教学助理已经为电子班级授课受过专业培训了。教学助理需要参与课堂，通过名字和面孔熟悉学生。学生期望教师助理知道教学的每个细节，以及它是怎么与作业、测验及教师的教学联系在一起的。教师在课程开头要给学生提供一个清单，如果没有自我介绍的话。

课程开始不久阶段：教师这时候应该注意提交课程此期间的成绩，并告知学生做出是否继续学习这门课程决定的截止日期。同时，也要注意发现学生的具体问题，尽可能让学生跟上进度。前几周后的自我反省会使本学期余下的一切事情进展顺利。教学助理熟悉学生的名字、及时回复作业和给学生建设性评论，这最能使教学助理从一开始便得到学生的支持。中心可以为教师和教学助理提供班级授课录像、学生反馈、实验观察、总体咨询。

期中，刚刚结束阶段：此时是处于挣扎中的学生的关键时刻。让那些处于失败危险和低分状态的学生知道他们的薄弱环节，建议他们来办公室补习或请家教。习惯于"大学是严酷的"大学年级新生可能需要特别的指引。

接近期末阶段：尽早地从整体上对学生期末论文和项目做准备，确保对每个人评分公平。在学期快结束的前几周内，会发现春季高年级以及挣扎于其他课程的学生缺乏动机，这时需要考虑特殊辅导，或者以其他任何形式来激发他们的兴趣。中心提供了一些供教学助理组长使用的手册，指出在整个学期课程中需要注意哪些管理细节，也提供日程安排、教师手册，和班级授课、教室、课堂讲义、图书馆、学术技术组，以及科学中心讲课演示和媒体服务等。

（三）考试评分和反馈。这是学生和教师最直接、最重要的交流方式。这些信息可以让教师知道学生应该学习什么，帮助学生朝着目标前进，给学生有用的回馈。为了让学生能够更好地理解和学会使用考试评分反馈信息，教师应该告诉学生每一个课程中分级和反馈的目的，明晰课程评价标准，清楚地表述反馈给学生的信息，并且做到对所有学生打分和反馈的一致性。评价的另外一个部分是学生论文的自我评价，学生利用3—5个问题来自评。自评可以帮助教师确定学生对论文了解的多少。学生阅读文章后回复的电子稿可以作为教师自评的依据。中心提供的有关考试评分和反馈的资源是一些文档，比如考试分数、文理学院教师手册、学术造假、对回复的再回复、同龄人回复清单等。

（四）课程评估。它是一种教学效用评估，内容包括一些易于实施的技巧和策略手段。借助评估，教师可以知道学生是否学习、课程是否重要。对学生的评估可以通过课堂小测验、考试、问题设置、独立完成作业等形式进行，但是它们不能够完整描述出学生个性和能力的差异，所以中心又提供了一些有用的技巧，比如预测试学生、中期或早期评估、一分钟的论文或小测验。同时，中心把与教学效用评估相关的一些因素联系起来，教师可以通过它们之间的关系具体分析，包括自我评估、同龄人观察、导师观察、专业发展、教学咨询、学生评估等。中心提供的课程评估资源还有专家的文章和其他大学类似机构的做法，这些供教师参考。

（五）毕业生写作教学助理。1988年开始的为时一学期的"毕业生写作教学助理项目"，对学生的写作、创造、测序任务做出回应，为讲师创建了跨学科的论坛。教学助理、助教、导师，以及其他有至少一学期教学经历的人都可以申请成为毕业生写作教学助理。参与者必须做到：在学期开始前有教学计划，学期结束时有报告。教师如果想要得到有关申请的详细指导，可联系中心。中心网站也展示了该项目过去和现在的参与者，并提供了哈佛大学其他与写作相关的资源链接供教师查看。

（六）专业指导。如果教师懂得自己的专业责任，就能够很好地处理自己与学生、课堂的关系。教师可以直接观看中心最近录制的有关专业指导的视频——"罗森教授给教学助理的意见"。网站上还有针对不同对象指导的资源，比如分别为教学助理准备的"教学大会"和为教学助理组长准备的专业性指南，这些都是来自于哈佛大学文理学院和哈佛大学文理研究生院对教师进行指导的正式文件，内容非常详细。

（七）教学档案。这个子模块包括四个部分：建立教学档案、教学档案的组成、教学档案资源、将学生的评价记入教学档案。无论是小规模的文理学院还是较大的州立大学，教师招聘都需要应聘人提交有关自己教学理念的说明文件和教学档案记录。中心和职业服务办公室也建议教学助理和其他教师创建自己的教学档案，收集教师在其发展期间的材料——既能展示教学理念，又能记录教学成绩。因此，中心提醒教师从教学生涯的一开始就要注意保存教学计划、手册、作业，思考和描述自己的教学理念等材料。如果要到其他单位应聘或接受考核，还要求一份来自院系的介绍信函、来自学生的推荐信、一段录制好的课堂教学视频、所有学生对教师教学的评价。教学档案由教学理念的描述、过去作为教师的责任描述、教授过的课程与班级列表、教学技能的主客观评价、反映为改善教学而做出的努力的描述、推荐信、设计好的教学大纲、课堂视频记录等部分组成。网上也提供了怎样做教学档案的参考资料。

三、项目模块（通常理解为"教师的第二课堂"）

主要包括教学大会、教学奖励项目、克里斯坦森研讨课、新教师协会和新教师导航、教学助理组长联谊会、中心剧团、基于活动的学习、说中学。中心通过项目的形式对特殊群体教师和课程提供特别的支持。

（一）教学大会。中心在秋、冬季的学期伊始，分别召开一到两天的教学大会，在哈佛大学教书的任何人都可以参加。主要以教授讲座、工作坊等形式出现；有专业性的和跨学科的两种类别，涉及教学过程的所有方面。

（二）教学奖励。中心在每学期一次的特殊招待会上利用注册办公室收集到的 Q 分数评价数据来评价和表扬教师。他们会给讲师、教学助理、助辅人员颁发哈佛大学教学优异证书。网站上列出了往年秋季和冬季获得教学证书的人员名单。

所谓 Q 评价，是由本科生教育委员会（CUE）设计的，注册办公室负责管理的一种评价方式。每一学期末学生会收到一封信，要求评价他们学习的课程。评价量表以 5 分为满分，达 4.5 分以上的教师才能得奖。这种评价机制便是 Q 评价，它对教授和讲师很有价值。需要知道结果的教师可登录 Q 网页查询。中心工作人员很乐意为讲师和教学助理组长解释分析 Q 评估，同时还提供了小贴士让教师自我分析。

给予教师的奖励分为两个级别：优秀教学证书、特色教学证书。发证书的形式也很特别，是在招待会上发放证书。

（三）克里斯坦森研讨课。每个秋季，中心为教授和有经验的讲师提供10周的高级研讨班来增强教师案例教学的技能。在研讨班上，利用实际的教学案例，探讨课堂讨论中断的因素和鼓励学生做出选择的方法。研讨课为教师提供了一个讨论他们的技艺、分享共同的挑战、互相学习的机会。

（四）新教师导航。它是每个秋季由中心与哈佛文理学院办公室合作举办的半天研讨课。给新教师介绍哈佛大学的教学文化，回答如"谁是哈佛大学学生"等一般性问题以及介绍课程体系、成绩等级、学科程序等细节问题。"新教师导航"给新教师提供了一种了解彼此，接触哈佛大学委员会成员、学生、系主任和资深教师的方法。青年教师协会由分管院系和中心组织并主持，通过提供教学建议和实践教学的方式帮助新教师快速转型。2008年，新设了"研究管理工作间"，为新教师建立研究小组和申请科研经费提供了方便。教师聚集在工作间和工作餐上，为新的合作和熟悉彼此创造很多机会。2010年，新教师导航项目和青年教师协会将合并后成立青年教师协会（NFI）。

（五）教学助理组长联谊会。它可以使帮助教学助理组长的工作更容易些。谁有课堂上不能解决的问题，有其他课堂授课的经验，或者只是简单地想要与跟自己关注同一话题的人交流，都可以借助此联谊会。主要交流方法是通过网络邮件讨论——讨论任何感兴趣的问题如班级授课、寻找教师、确保打分公正有效等任何不可预料的事情。如果你是一个教学助理组长，如果有任何关于中心提供服务的问题都可以通过电子邮件来报名参加。这一部分还提供了讲义和文档，包括的内容有：教学助理组长导航中提到的文档和贴士单、中心收集的短小讲义、其他感兴趣的手册和指南等。

（六）中心剧团。它是成立于2007年的戏剧组织。它把教学与学术生活中的话题搬上了交互性的戏剧场。中心剧团使学术向更多的人开放，可以提高教师的教学、学习、实验能力。在10—20分钟的表演过程中，有观众与沉浸在角色中的演员的交流、观众之间的讨论、观众尝试新行为的表演。表演分成四类：教学助理与教授之间的商讨、实验室中的生活、教师关系、临床试验伦理。过去三年已经表演过八场，读者可以清楚地看到每一次表演。这种表演会在中心教学大会上、文理学院青年教师协会上、部门培训会议上，以及在哈佛大学其他学院和邻近大学举行。

（七）基于活动的学习（ABL）。该部分介绍了基于活动的学习的含义、内容和课程资源。在基于活动的学习中，学生要进行公共服务、实际工作、社区研究、班级联合实习等，目标是增强学生的学术实践经验，学会理论联系实际、观念结合方法、学习使用数据来做出结论。从 2005 年以来已有1000 多名学生参与，波士顿有 50 个非营利性组织与基于活动的学习课程合作。网站上还可以看到 2008 年到 2009 年基于活动的学习课程的全面描述，2010 年春季基于活动的学习课程的具体进展，2010 年至 2011 年拟提供的课程清单，以及有关与基于活动的学习合作组织的信息。

（八）说中学。这是将口头交流技能的教学整合到本科生课程体系中的一种实验性课程计划，是本科生课程教学的一种创新。说中学的形式包括课堂报告、上课发言、与教师交谈、转引他人的话。说中学有多种作用，如提升学生批判性思维能力、加深学生对课程资料的理解、建立一种特殊的学科学习过程、培育重要的交流和领袖技能。网站列出了许多参与过这种教学的教师的反馈信息，也列出了针对本科生进行教学的资源。本科生口语训练辅导教师非常重要，他能帮助学生准备汇报、演讲、争辩等任何需要公共场所表达的事项。

四、资源模块

资源主要包括小贴士、哈佛大学词汇表、研究报告、视频、书籍、中心图书馆、网络链接。

（一）小贴士。具体包括书目教学、合作学习、课程计划、讨论引导、差异性、打分、主要教学助理、讲课、对学生的建议、中心提供的服务和技术支持等的小贴士。

（二）哈佛大学词汇表。哈佛大学词汇表帮助教师翻译神秘的术语，提供有关教学资源的贴士。教师可以通过"打开浏览这些主题分类"和"从下面的目录索引打开确定的一个"这两种方式使用之。这些术语具体包括"从A到Z的教学词汇表""大学教学与学习的有关政策""学术年一览""哈佛大学课程项目和学位""教授课程（为青年教师和教学助理)""教师可用资源（主要来自于中心)""当学生需要帮助时"等七大块内容。

（三）教学中心研究报告和再版。中心研究计划赞助的问卷调查项目的结果已经公布，两篇最新的在线研究报告可以在网上查看。《关注教与学》杂志也已再版，关于学生学习、人类学习的研究，也获得了一些新进展。网站已一一列举。

（四）视频。中心有一系列大学教学视频可供观赏。这些教学视频通过采访编辑变成了有效教学的案例，哈佛大学教授、教学助理、教学辅助工作人员可以直接来中心借走DVD，但是其他人就得购买了。有少许视频链接是有用的，您可以看一点预告。上面详细列举了八个视频案例，接下来还给出了更多视频链接，您可以在中心网页上找到。

（五）书籍。网站列举和推荐了五本代表性的著作。《教美国学生：给国际教师和助教的指南》《火炬还是流水：会议教学指南》《教的艺术和技艺》《给教学助理的资源》《经验之声：哈佛大学教学研讨课的思考》。

（六）中心图书馆。中心图书馆汇集了与教学相关的大量科目的书籍，内容关涉基于活动的学习、评估、技术、学习类型、班级成员性别、讨论引导等。图书馆有纸质书和电子书。所有书和DVD可以借用两个星期。

（七）提供美国其他名校诸如加州大学伯克利分校、麻省理工学院的教学中心的链接。

五、中心介绍

网站上具体列出的信息可以帮助教师直接寻找和联系到中心。它主要包括了中心的历史与地位、工作日历、位置、全日制工作人员、院系教学助理的申请、教学咨询员的职责及其与院系教师的关系。

（一）历史与地位。中心成立于1975年，已有30年历史，目的是提高哈佛大学本科生的学习质量。网站详细介绍了前身、名字由来、丰富多样的项目和资源、合作伙伴、服务的人群、服务的宗旨、服务的项目等。

（二）工作日历。这个部分包括 2010 年春季和秋季两个季度中心具体的计划和日程。每个月什么时间具体做什么事情很清楚。

（三）位置。介绍了中心的主要办公地点，从这里也可以看到中心配备的教室。

（四）工作人员。包括八名全日制员工，以及 4 名高级管理人员。还列出以往在中心工作过的人员名单。

（五）院系教学助理。这部分划出了院系教学助理的权利，你可以去申请与同事们一起创办研讨会、工作间、培训课等项目来帮助院系教学助理，以共同提高教学水平，也可以得到中心的培训和指导以获得专业化的发展。同时网站列出了 2009 年到 2010 年各院系的教学助理人选。

（六）教学咨询员。这一部分包括教学咨询人员、教学咨询人员与院系教授的关系、教学咨询员的职责等，并列出了正在担任教学咨询员的相关人员名单及其联系方式。

（南京大学教育研究院研究生徐银银翻译，导师张红霞审校）

出 版 人　所广一
责任编辑　高文娟
版式设计　杨玲玲
责任校对　贾静芳
责任印制　曲凤玲

图书在版编目（CIP）数据

大学课程与教学：原理与问题／张红霞，吕林海，
孙志凤著. — 北京：教育科学出版社，2015.3
（高等教育研究：原理·历史·个案系列丛书）
ISBN 978－7－5041－8274－6

Ⅰ.①大…　Ⅱ.①张…　②吕…　③孙…　Ⅲ.①高等学
校—课程—教学研究　Ⅳ.①G642.3

中国版本图书馆 CIP 数据核字（2015）第 052158 号

高等教育研究：原理·历史·个案系列丛书
大学课程与教学：原理与问题
DAXUE KECHENG YU JIAOXUE：YUANLI YU WENTI

出版发行	教育科学出版社		
社　　址	北京·朝阳区安慧北里安园甲 9 号	市场部电话	010－64989009
邮　　编	100101	编辑部电话	010－64989520
传　　真	010－64891796	网　　址	http://www.esph.com.cn
经　　销	各地新华书店		
制　　作	北京博祥图文设计中心		
印　　刷	保定市中画美凯印刷有限公司		
开　　本	169 毫米×239 毫米　16 开	版　　次	2015 年 3 月第 1 版
印　　张	24.75	印　　次	2015 年 3 月第 1 次印刷
字　　数	355 千	定　　价	59.00 元

如有印装质量问题，请到所购图书销售部门联系调换。